うちなーの夜明けと展望

『うちなーの夜明けと展望』出版にあたって

大村　博

「大村さん、沖縄には土人がいるんですってね」

「そうですか。だとすればあなたの目の前にいるんですがね……」

「ん、……」

僕が東京・ヤマトに遊学した1960年頃のヤマトゥンチュの心象風景は大体こんなところだったかなと思います。

また、私たちウチナーンチュも学校教育の影響もあって、一生懸命「日本人をやっていた」ころなので、そのギャップに苦しんだことを思い出します。繊細で、多感だった僕に引き寄せて言えば、随分長い間「生皮を剥ぐ」思いをしてきました。

「みんなちがって、みんないい」（日本の童謡詩人・金子みすず）とはいかなかったのです。哀れなウチナーンチュでした。

僕がウチナーンチュに目覚めたのは、37年間の東京生活を切り上げて帰郷し、半年間沖縄の生きた歴史を勉強してからです。特に「人類館」事件は強烈な衝撃を僕に与えました。50代の半ばを過ぎるまでこの事実を知らなかった僕の無知、ウチナーンチュの情けなさにショックを覚えたのです。

対ヤマトとの関係で沖縄の歴史を知るにつけ、伊波普猷氏の「日琉同祖論」の誤りを正しその呪縛からウチナーンチュを解放していかなければ、ウチナーの〝自由〟とウチナーンチュの〝幸せ〟はないと確信するようになりました。いわば〝人間の尊厳〟を取り戻さなければならないと思い至ったわけです。

この本は、僕のそういう思いも含めて、『琉球・沖縄の自己決定権を樹立する会』に結集した会員、なかんずく幹事の皆さまのそれぞれの経験、立ち位置から書かれた貴重な提言集となっています。また、その道の専門家である外部の方にも多大なご協力をいただいたことを深く感謝申し上げます。

今後の沖縄を考えるうえで参考にしていただければと思います。


（出版責任者、「樹立する会」幹事代表）

目次

巻頭のことば

共同の「遺言書」＝普天間基地閉鎖・返還への提言　山内　徳信　9
沖縄、夜明けへの展望 ― 過去から学び未来を拓くために ―　石川　元平　15
「復帰措置に関する建議書」が遺したもの　平良亀之助　23
うちなーぐちを沖縄方言としないのはなぜか　宮良　信詳　31
沖縄における植民者としての日本人と沖縄に在住している日本人の在り方　川越　弘　39
ウチナー嫁となって50年　大城貴代子　52
アメリカの民主主義は死んだ　川満　信一　60
卑弥呼コードで解く嘘つき国家　海勢頭　豊　65
オバマ大統領へ直訴の手紙　金城　実　68
なぜ「琉球共和社会憲法」が必要か　川満　信一　76
うちなーナショナリズムに陥らないために　大村　博　79

詩二編

戦争が二度とあってはいけない　石原　絹子　85
セレクション　仲里　房笑　86

「樹立する会」文書

メッセージ　91

設立趣旨　92
会則　93
翁長雄志県知事への要請書　95

沖縄戦の実相

私の戦争体験　石原絹子　99
〝命どぅ宝〟恒久平和を願う沖縄の心　石原絹子　105
遺骨収集の現場と辺野古から見える沖縄の過去と未来　具志堅隆松　107

沖縄戦と靖国裁判

靖国合祀ガッティンナラン！裁判について　金城実　113
靖国合祀取消しを求めて　松井裕子　114
この世の地獄を生き抜いた原告Aの意見陳述要旨　原告A　115
沖縄靖国裁判、第二審迫る！　松井裕子　116
靖国合祀控訴審「遺族請求を棄却」、遺族側は最高裁に上告　松井裕子　118
「沖縄靖国神社合祀取消訴訟」の歴史的意義　石原昌家　119
ヤスクニ化した沖縄―事実を直視し、考えよう　石原昌家　121
私の被害申告書　大村博　138

無防備平和条例をめざす運動

県都那覇市で無防備平和条例をめざす！　西岡信之　143
那覇市の無防備平和条例をめざす運動、新たな選択肢として　多和田栄子　144

憲法九条を地域から実現する無防備地域宣言運動とは…。　西岡　信之　146
メア元アメリカ総領事発言に寄せて　大村　博　147

金武湾闘争から何を学ぶか
金武湾反ＣＴＳ（石油備蓄）闘争を振り返って　崎原　盛秀　151
安里清信思想と沖縄の自立構想　宮城恵美子　162

若者の貧困及び生活と環境の現場から
沖縄の若者の格差・貧困をなくしたい　西岡　信之　177
リサイクルから見える自治と自立　嘉数　学　188
自然環境と観光政策　内海　正三　193

琉球民族の自己決定権を考える
エッセー（Ⅰ）　大村　博　197
エッセー（Ⅱ）
島人うちなーぬアイデンティティーうまあい　安里　充広　223
沖縄における地方分権の課題と可能性　嘉数　学　225
沖縄　一国二制度への道　宮城　弘岩　227

平和と共生の社会をめざして
民意無視する安倍首相野望の正体　大峰　林一　231
八重山地区教科書採択問題　安良城米子　234

「沖縄ファン」ヤマトに増やそう　小村　滋　237
琉球民族とアイヌ民族の連帯と民族自決権樹立　大城　信也　247
パンドラの箱は開いた～スコットランド独立投票と沖縄　新垣　毅　256
基地問題解決に向けた新たな平和運動を　嘉数　学　266
アフガニスタンの女性人権活動家　マラライ・ジョヤとの出会い　狩俣　信子　270
沖縄とベトナム～国際交流の現場から　村田　光司　271
當間孝太郎さん投稿記事に対する私なりのコメント　大村　博　274
琉球新報記事に対する私なりの注釈　大村　博　275

辺野古の闘いの現場から

辺野古の今　根気比べを勝ち抜けるか　由井　晶子　279
辺野古闘争と沖縄の自己決定権　安仁屋真孝　282

関連文書・資料

復帰措置に関する建議書　289
建白書　427
掟15か条　430
国連関連文書　431
川満信一著「琉球共和社会憲法」私案　446
道標求めて・琉米条約１６０年 主権を問う Ｎo・88、89、90「胎動」編　452
未来築く自己決定権—戦後70年　差別を断つ　455

巻頭のことば

共同の「遺言書」＝普天間基地閉鎖・返還への提言

山内徳信

一、展望の開ける普天間飛行場の返還

大村博から原稿依頼文と電話がきた。「うちなーの夜明けと展望」と言う本の出版を計画していると言う。多忙を極めており、辺野古の反基地闘争の現場もかけつけねばと気は焦っていたので、一旦断ることにしたが、彼は言葉を強めて言った。

「沖縄県民にとって今年は戦後70年だ。戦後の歴史に翻弄され、苦難の中を闘い続けてきた70年だ」「今に生きているウチナーンチュ（沖縄人）の共同の遺言書にするつもりだ」と言って、後に引くつもりはない。

遺言書と言われて、私は書くことにした。

さて、大村の頭から片時も離れない沖縄の苦難の歴史がある。

それは1609年の薩摩の琉球侵略に始まり、明治政府による琉球処分（日本への併合）、唯一の地上戦となった沖縄戦、その後に続くアメリカ軍による占領支配、天皇メッセージ（沖縄の軍事占領継続を希望）、米軍の「銃剣とブルドーザー」による基地の構築、沖縄民衆（県民にあらず）による「島ぐるみの土地闘争」、四原則貫徹→訪米要請（直訴）、人権と尊厳・平和を求めた復帰闘争、自治権拡大闘争、教育と命を守る闘い、全軍労闘争等々。

戦後の70年を迎えても尚続く、日米両政府の沖縄への理不尽な差別抑圧・人権無視は、とても民主主義国家にあっては許せるものではなく、忍耐の限界を超えており、その象徴的なものが、小さな島沖縄（全国の0・6％）に全国にある米軍基地の74％が押しつけられており、その沖縄で宜野湾市の真ん中（市街地）にある普天間飛行場の即時閉鎖・返還を長年にわたって要求しても、全く聞く耳をもたない。

沖縄県民の長年の要求、あらゆる選挙の結果も、「県外・国外」への移設である。

このような世界一危険な飛行場が戦後70年間も市民の生活環境を破壊し、教育環境を恐怖に晒し続けている事例が、アメリカにも日本国内にもあり得ないことだ。重ねて言うならば、70年経っても普天間飛行場を「閉鎖」か、「県外、国外移設」を実現させないのは、日米両政府が沖縄を「植民地」と考え、沖縄の人間を植民地の人間としか考えていない安倍晋三（首相）、菅義偉（官房長官）等々は植民地主義者であり、県民として許すわけにはい

かない。

普天間飛行場を県外・国外でもなく、沖縄県内のタライまわしである辺野古への移設計画は、植民地支配の更なる継続である。うちなーの夜明けのために、辺野古反基地闘争にさらにみんなで力を合わせたい。

日本政府に対し、普天間飛行場問題を何十回、何百回、何千回訴えても聞く耳なし、遂にオール沖縄で安倍晋三首相に直接「建白書」を提出しても全く反応なし、私も官邸に同行し一部始終を見たのである。

これが日本政府の沖縄への差別の実態である。日本の安全保障の為に基地が存在すると言うならば、日本全国民で対応すべき問題である。全国47都道府県で平等に負担すべきである。

いくら要請しても聞かない。いくら訴えても聞かないならば、沖縄側にも「覚悟」が必要だ。一寸の虫にも五分の魂のあることを政府は知るべきである。沖縄は確かに1％（0・6％）にも満たない小さな島（人口140万人）である。小さな「針山」である。針は小さくても政府が飲み込むことは出来ない。針を飲み込めば怪獣は死ぬ以外ないのだ。

大村は「出口のないトンネルはない」と信じ、「朝のこない夜はない」、太陽が東の洋上から昇ってくることを信じ、このタイトルをつけたのだと思う。

辺野古の現地で体を張って闘っているテント村の皆さんも、キャンプ・シュワーブゲート前の皆さんも、「うちなーの夜明けと展望」を抱きながら頑張り続けている。闘いの「大義」は闘い続けている民衆にあり、市民にあり、オール沖縄の県民にあることに、我々は誇りと自信をもって闘いを勝利したい。

二、読谷村の「村民ぐるみ」の読谷飛行場返還闘争

読谷村の真ん中に旧日本軍によって造られた読谷飛行場（255ヘクタール）があった。戦後はアメリカ軍の基地となり、パラシュートの降下演習場として利用され、事件・事故のたえない米軍基地となっていた。

復帰後75年～95年にかけて米軍の訓練・演習のたびごとに、村長と議長を先頭に「村民ぐるみ」の現地での抗議行動を展開することにした。同時に日米両政府関係機関に、厳しい抗議行動（要請）を続けた。

ここに読谷村の沖縄における反基地闘争の「成果」（返還実現）をあげることに成功した。その戦略戦術の概要を書き、今後の闘いの参考にしたい。

その一は、読谷村の闘いは、実行委員会（すべての団体）方式をとり、会長、副会長には村長と議長が就いた。

その二は、事務局は役場の職員組合が担当した。

その三は、態勢は「オール読谷」（村民ぐるみ）を基

本とした。

その四は、反基地闘争は「村づくり闘争」と位置づけた。

その五は、21世紀の歴史の批判に耐え得る村づくりをすすめる。

その六は、村づくりの目標を「人間性豊かな環境文化村を作る」とした。

その七は、反基地闘争の理論武装は、日本国憲法の3本柱とアメリカの独立宣言の中の「人権条項」とリンカーン大統領の名演説文を参考にしてつくり上げ、相手に厳しく迫っていった。

その八は、読谷村の主人公は米軍でも日本政府でもなく、読谷村民であることをたえず強調した。

その九は、米軍基地が基地として機能しなくなるように、基地の中に文化（公共・公用施設）の楔を打ち込むことにした。要するに、日米両政府（米軍）を相手に強力な自治体外交を展開し、基地の中に福祉センターや野球場、まつり会場、読谷村役場庁舎、文化センター等を作り上げたのだ。

その十は、既成概念にとらわれず、基地の構造を文化の構造で乗り越える発想が必要である。

その十一は、日米両政府を相手に、大胆で、しなやかにして、相手の心に迫り、風の如く、水の如く、基地返還を求め続けたこと。

その十二は、真剣な自治体外交がやがて、相手の中にも理解者も増え、味方が出来、遂に大きな山（読谷飛行場）は動くこととなった。

三、ダイナミック自治体外交の展開

今の日本政府・安倍晋三首相や菅官房長官、外務・防衛大臣等の沖縄への度を過ぎた失礼な対応（翁長知事の当選後の表敬挨拶さえも拒否）を見れば、トップに立つ器にあらず「小人」者である。

「度量のせまい人」「品性の卑しい人」を小人と言い、傲慢な沖縄差別を続ける者には、県民の悲痛な願いを解決してやろうという気持など、さらさら感じられないのである。かつて、安倍晋三首相は参議院の予算委員会で私（山内）に「日本のヒットラーになるな！」と厳しく指摘された男である。

我々沖縄県民は不条理な国家権力に弄ばれる県民であってはいけない。県民の圧倒的支持を得て登場した翁長雄志知事には、自信と勇気を持って堂々と日米両政府に立ち向かい、胸を張って「沖縄の主人公は沖縄県民である」ことを、両政府に思い知らす必要がある。これは日本国憲法の「主権在民」の精神を貫くことである。

戦後70年も広大な米軍基地を押しつけ、更に新しく辺野古新基地建設を強行することは、人間の道にも反し、民主主義社会にあって許せるものではない。

名護市長選挙、沖縄県知事選挙、衆議院選挙（四選挙区）とも、すべて辺野古新基地反対者が当選したのである。沖縄県の「主人公」の民意は、はっきりと示されたのである。

沖縄は日米両政府の軍事的植民地ではない。もし辺野古新基地建設計画を「中止」しないと言うのならば、沖縄にあるすべての「米軍基地」の撤去運動を県民運動として提起していくことを表明する必要がある。

日本政府（安倍晋三首相）は、言葉巧みに憲法解釈をねじまげ、従来の自由民主党の憲法論とは違ってきた。要するに「戦争の出来る国づくり」に進んでいることを県民、国民は知るべきである。

県民よ！　国民よ！　辺野古新基地建設計画は戦争への準備である。

70年前の「沖縄戦の悲劇」を我々は忘れない。基地を持つものは基地にて滅ぶ。「基地と県民の生活、平和、文化、観光作業は両立しない」ことを、県民は認識するようになってきた。

翁長雄志沖縄県知事よ、あなたは沖縄県民の知事だ！稲嶺進名護市長よ、あなたは名護市民の市長だ！

あなた方二人の背後には大勢の県民が、市民がいる。沖縄の歴史を切り拓き、沖縄の人々に夢と希望、自信と勇気を与えて下されー。

四、宜野湾市民と市長への提言＝普天間飛行場の返還試案

私は「基地の村」と言われた読谷村の村長（１９７４〜１９８８）を六期務め、日米両政府（現地米軍等）を相手に、村民の生命、財産、安全を守り抜くために、村民ぐるみで読谷飛行場（米軍基地）の撤去、返還を勝ち取りました。その経験を踏まえて提言致します。

今年は戦後70年です。普天間飛行場は世界一危険な基地と言ったのは、アメリカ政府の国防長官（ラムズフェルド）でした。

「危険」と言う実態を感じつつも、何故市民は声を大にして普天間飛行場の撤去・閉鎖・返還を組織的に、主体的に、計画的に自らの問題として「命を守る闘い」「夢あふれる街づくりの闘い」として訴え、闘わないのでしょうか。

宜野湾市の「主人公」は宜野湾市民です。普天間基地の司令官ではないのです。子供たちに代わって大人は物を言ってください。「物を言わない人々は滅ぶ」「物を言わない（主張しない）人間は奴隷である」との指摘もあります。

市長には厳しく提言したいと思います。

市長は市民の「命と財産、そして安全を守る」のが第一の仕事です。

今年は戦後70年です。普天間飛行場の即時閉鎖、返還を求めるべきです。市民は墜落の危険に晒されているのです。70年間も児童生徒たちをはじめ市民の生活を破壊し続けてきたのが普天間基地です。そういう自覚が必要ではないでしょうか。市当局と議会は車の両輪です。議会の責任も市当局と同じく大きいものがあります。


戦後沖縄県民は石川市（旧）の宮森小学校の墜落事故の惨事、宜野湾市内の沖縄国際大学への墜落事故の記憶は生々しく残っております。

普天間飛行場が市街地の真ん中を占拠し、その爆音は市民生活を破壊し、宜野湾市の大いなる発展を阻害し続けてきました。

市民よ勇気を持って立ち上がってください。権力者や基地支配者が本当に怖いのは市民の「決起」です。市民の抵抗、目覚めです。

人権や平和は座して待つものではありません。市民自らが立ち上がって闘い取るものであります。宜野湾市が本当に世界一危険な普天間飛行場を撤去させたいとの自覚と固い決意があるのでしたら、先ずはその為の「実践」が必要です。市長の要請やパフォーマンスだけでは市民の願いは実現されないのが沖縄の基地問題である。

「汝の立つ所を深く掘れ、そこに泉あり」。これはドイツの実存主義哲学者ニーチェの言葉である。普天間飛行場の撤去を日米両政府に決定させうる力を持っているのは宜野湾市民そのものであることをニーチェは言っておるのです。私もそう思っているのです。普天間飛行場の問題解決を真剣に考えるならば、その解決策は案外足元にあることを教えてくれているのです。泉の水が湧き出す如くです。

市長と議長が各団体代表の先頭に立って米軍（各司令官）と交渉するに当たって彼らより、より高い精神力、包容力、硬軟織り交ぜて交渉する力量、相手を説得しうる戦略戦術を準備する等、必要な準備を整え、堂々と交渉に入る。交渉はいつでも宜野湾市がリードすることが肝要である。

そこで第一に市の北側にある北中城村の石平《いしんだ》の在沖米軍司令部の四軍調整官（在沖米軍の最高司令官）に対し、市長、議長、各団体代表者から市民の要求として三年以内に普天間飛行場の閉鎖・返還を要求する要請書を提出する。

司令部の対応者は目の前が真っ暗になり暫く返事も出来ない衝撃を受けるだろう。米軍はやっと気を取り直して、その要請文は受け取れない、日本政府（外務省）を経由させろと受け取りを拒否する。市側は司令官への要請文だと言って受け取らず帰る。その交渉の模様を記者会見をして市民に報告する。

第二は宜野湾市の南側に君臨している「在沖アメリカ総領事館」だ。アメリカ政府を代表する出先機関である。そこには総領事と称する国務省の役人が責任者としている。総領事に対しても市長、議長、各団体代表者をもって「市民ぐるみの闘い」として、三年以内に普天間飛行場の閉鎖・返還を要求する。

ここは国務省の出先機関であり、総領事の公邸の真上を飛行機は轟音をとどろかせて離発着しているので、市民と同じように爆音被害の凄まじさは知り尽くしている。それ故に総領事にすれば「来るべきものが来た」と観念し、「普天間飛行場からアメリカ軍は撤退せざるを得ない時期が来た」と悟るのである。

その日の内に「マグニチュード8の大激震」は、東京のアメリカ大使館を経由しアメリカ政府（ペンタゴンとホワイトハウス）に速報されるのだ。これを受けてアメリカ政府は普天間飛行場の撤退問題の協議に入るのである。

市民の皆さん、一回の要請でアメリカ側が動くとは限らない。宜野湾市民が決意をこめて立ち上がったからには、目的達成の日まで結束を固めて闘いぬくことである。普天間飛行場の返還を勝ち取った後、市民が夢に見た壮大な跡地利用としての街づくりが展開されるのである。

第三は、いよいよ「本丸」（普天間飛行場）への歴史的な返還要請と言う、歴史的転換をもたらす自治体外交である。

戦後70年、市民を脅かし、市民生活を破壊し続けた普天間飛行場の司令官に、市長と議長を先頭に「市民ぐるみ」で各団体代表が目を輝かせ、堂々と、普天間飛行場の「三年以内」の閉鎖・返還を要求すると言う、かつてなかった自治体の主体的、創造的な闘いが始まったのである。

押しかけてきた市民代表の要求は、司令官にとっては「マグニチュード8」と言う地下のマグマの爆発にも相当するものであった。緊張した中で司令官は、暫く考え込んだあと「要請内容はアメリカ本国へ報告する」と言うのが精一杯であろう。市長や議長、爆音訴訟原告団長、各団体代表者達は一歩も引かない厳しい姿勢で終始一貫「三年以内」の返還要求を突きつけるのだった。

二ヵ月後にアメリカ側の正式な回答を求めます。若し不可能と言うことになれば、宜野湾市として普天間基地への「給水」をストップすることも検討せざるを得なくなります。と市長をはじめ各団体代表が口を揃える。「基地給水」のストップを宣告された基地司令官は顔色を失い、あたふたと「少し待ってくれ」と助けを求めてくるのである。

こうして宜野湾市民の代表者と普天間基地の代表者・司令官が二ヵ月後には同じテーブルに着き、三年以内普天間飛行場の閉鎖・返還に向けた話し合いが具体的に展開する。話し合いの主導権は宜野湾市側が握るのは当然のことである。

2015年2月15日（元読谷村長、前参院議員）

沖縄、夜明けへの展望
―過去から学び未来を拓くために―

石川元平

一、はじめに

国家権力を総動員して、辺野古新基地建設を強行しようとする動きを見る時、明治政府が琉球王府の強い反対を押し切って、武力併合した琉球併合（琉球処分）が思い出されて仕方がない。長年、武器のない島、王国として近隣諸国はもとより、欧米列強とも〈修好条約〉を結んで、平和裡に共存してきたのであるが、日本という国だけは違った。近年明らかになったように、「主権国家」である琉球に、軍隊と警官隊をもって、武力併合したのであった。昨年（２０１４年）５月４日の琉球新報と沖縄タイムスの特集で、首里城歓会門前に立つ、着剣した明治政府軍兵士の姿は、象徴的であった。

歴史家・山里永吉の「首里城明け渡し」の史劇で、尚泰をして「戦世んしまち　弥勒世んやがて　嘆くなよ臣下　命どぅ宝」と言わしめたが、ヤマトに連行された尚泰は、今流に言えば、一種の〝拉致〟であった。２月27日（２０１５年）から、浦添美術館で開催されている〈琉米・琉仏・琉蘭修好条約〉等の特別展で、初公開された三つの国際条約も、明治政府によって強権的に奪われたものであった。奪われたものは、当然返還を求めていくべきである。

明治政府は、1879年にまず琉球を併合した。その後、ほぼ15年間隔で、1895年に台湾を（尖閣もその時期）、1910年に朝鮮を併合し、植民地化した。朝鮮半島は大陸への橋頭堡を築くために、沖縄は南進政策の拠点づくりが目的であった。いずれも帝国主義による領土拡張が狙いで、こうして沖縄は軍隊の駐留する島となった。

二、戦後70年、沖縄戦の教訓は

沖縄本島南部の摩文仁には、1975年にオープンした〈平和祈念資料館〉（旧館）があった。旧館には、住民の視点が欠落しているのでは、との指摘や批判があった。

そこで、1995年の「戦後50年」を機に、住民の視点で新しく建設されたのが、現在の〈沖縄県平和祈念資料館〉である。新館建設には、私も建設推進委員として参加したが、次に「設立理念」を紹介しよう。

「設立理念」

「1945年3月末、史上まれに見る激烈な戦火がこの島々に襲ってきました。90日におよぶ鉄の暴風は島々の山容を変え、文化遺産のほとんどを破壊し、二十数万の尊い人命を奪い去りました。沖縄戦は日本に於ける唯一の県民を総動員した地上戦であり、アジア・太平洋戦争で最大規模の戦闘でありました。

沖縄戦の何よりの特徴は、軍人よりも一般住民の戦死者がはるかに上まわっていることにあり、その数は十数万におよびました。ある者は砲弾で吹き飛ばされ、ある者は追いつめられて自ら命を断たされ、ある者は飢えとマラリアで倒れ、また敗走する自国軍隊の犠牲にされる者もありました。私たち沖縄県民は、想像を絶する極限状況の中で、戦争の不条理と残酷さを身をもって体験しました。

この戦争体験こそ、とりもなおさず戦後沖縄の人々が米国の軍事支配の重圧に抗しつつ、つちかってきた沖縄の心の原点であります。

〝沖縄のこころ〟とは、人間の尊厳を何よりも重くみて、戦争につながる一切の行為を否定し、平和を求め、人間性の発露である文化をこよなく愛する心であります。私たちは戦争の犠牲になった多くの霊を弔い、沖縄戦の歴史的教訓を正しく次代に伝え、全世界の人々に県民個々の戦争体験を結集して、沖縄県平和祈念資料館を設立いたします。」

1975年（2000年4月1日　一部修正）　沖縄県

私は、長年「沖縄戦記録フィルム1フィート運動の会」にかかわってきたが、沖縄戦の最大の教訓は、「軍隊のいるところ、基地・陣地があるところが戦場になった。また、「軍隊は住民を守らない。」ということであった。それどころか、壕追い出し、食料強奪、捕虜の禁止、スパイ容疑での虐殺、等々、枚挙にいとまがないほどである。「軍隊は住民を守らない」ということと関連して、栗栖統合幕僚会議元議長は、『日本国防軍を創設せよ』という著書の中で、「国民は、軍隊は国民の生命や財産を守るものだと誤解している人が多いが、軍隊は国家体制を守るためにある」と、本音を吐いている。それこそが、昔も今も変わらない軍隊の本質である。

沖縄戦は防げなかったのか、という問いについては、45年2月14日の「近衛上奏」がよく知られているが、近衛は天皇ヒロヒトに対して敗戦は避けがたく、降伏をすすめたのであるが、天皇が「もっと戦果をあげてから」といって突入したのが、沖縄戦であった。皇土（本土）防衛のための「捨て石」作戦といわれた所以である。近衛上奏の時点で天皇が降伏を決断していたら、沖縄地上戦も、その後の広島、長崎への原爆投下もなかったことになる。87年の沖縄「海邦国体」への天皇招聘にあたって、沖縄の労働者は、天皇ヒロヒトの戦争責任と戦後責任を追及して、来沖に反対した。結果として天皇の来沖は叶わなかった。

読谷村楚辺に、昨年の「6・23慰霊の日」に建立された〈艦砲ぬ喰え残さー〉の巨大な歌碑がある。結びの歌詞の中に「誰《たぁ》があの様　強《し》いいんじゃちゃら　恨でん悔でん　飽《あ》きじゃらん　子孫末代《しすんまちでぇ》　遺言《いぐん》さな」というくだりがある。戦争責任を問う反戦歌であるが、現地見学をおすすめしたい。

三、戦後の米占領支配

沖縄戦が終わっても、沖縄に平和は訪れなかった。47年5月3日施行の「日本国憲法」制定に、沖縄は参加できなかった。47年9月20日の「天皇メッセージ」は、サンフランシスコ講和条約締結前のことであるが、天皇は「沖縄に対する米国軍事占領は、25年ないし50年あるいはそれ以上」つづける必要があり、「とくにソ連と中国が同様の権利を要求するのを阻止するだろう」などと、マッカーサー元帥あてに「覚え書」をおくった。日本国憲法制定後のことで、天皇の「国事行為」とは全く真逆の〝政治行為〟として、あとで沖縄から批判をあびた。はたして、51年9月8日に締結し、52年4月28日発効の「サンフランシスコ講和条約」第三条は、天皇の希望通りとなった。おまけに同日、吉田茂首相（全権）一人で調印した「日米安保条約」と「行政協定（地位協定）」については、米軍の自由な基地使用が、その時点で約束された。

講和条約締結の動きに対して、米占領下の沖縄では「日本復帰促進期成会」を結成して、奄美を含めて「即時日本復帰」の署名運動が展開された。結果は、沖縄群島で72・1％、宮古群島で88・1％、八重山群島で81・9％、奄美群島では99・8％という高率の署名が集約された。この署名は、別の歎願書とともに、サンフランシスコの吉田全権と米国のダレス特使のもとへ、9月5日までに届けられた。しかし日米両政府は、沖縄群島などの住民意志を顧みることなく、沖縄切り捨ての「第三条」を含めた対日講和条約を締結した。60年4月28日に結成された復帰協（沖縄県祖国復帰協議会）は、条約発効の4月28日を「屈辱の日」として、大衆的復帰運動の起点にしたのである。27年にわたる米占領支配は、軍事優先で、県民の生殺与奪の権限を持つ高等弁務官が君臨していた。復帰運動を指導した屋良朝苗沖縄教職員会長（当時）は、「沖縄の姿は、十重、二十重に囲まれた、鉄筋コンクリートのようなもの」と捉えていた。しかし沖縄県民の不撓不屈の闘いによって、多国間で結ばれた、国際条約を乗り越えて、勝ち取ったのが「72年復帰」であった。しかし、勝ち取った復帰であったが、内容は、69年の「日米共同声明」路線に基づく、〝核かくし、基地自由使用返還〟であった。

なお、今日の基地問題に係わる教訓的な闘いとして、56年の〝島ぐるみ土地闘争〟がある。米占領軍は、「プライス勧告」を受けて、沖縄戦直後の基地の囲い込みにつづいて、土地の新規接収の暴挙に出てきた。銃剣とブルドーザーを前に、県民は「四原則」（一括払い反対、適正補償、損害賠償、新規接収反対）をかかげて闘った。その結果、「一括払い」によって、土地の永代借地権（使用権）を獲得しようとした米側の狙いを阻止した。この闘いに敗れていたら、おそらく、完全な植民地と化していただろう。「四原則」の貫徹はできなかったが、重要な「一括払い」を阻止した〝島ぐるみ〟の土地闘争の教訓を改めて確認しておきたい。

四、いま問う、「72年復帰」とは何であったか

２０１５年1月15日、日本政府外務省は「外交文書」41冊を一般公開した。翌16日、琉球新報、沖縄タイムスは特集を組んで報じた。新たに確認ができたことも多々あり、ありがたかった。ただ、これまでの新聞論調でも散見されたことだが、現在の基地問題にも通底する〝沖縄返還の態様〟について、新報社説は、「基地を大幅に

減らす『核抜き本土並み』を願う　沖縄県民の切実な願いに対して…」と書いた。こういう論調は誤解を生みやすい。県民要求が何であったかは後述するが、「核抜き本土並み」は、日本政府の県民騙しの方針、宣伝文句であった。

69年3月8日、政府の諮問機関である基地問題研究会（主宰　久住忠男）は、佐藤首相に対して、沖縄返還の態様について「核抜き本土並み」の報告書を提出した。これが日本政府の方針になった。3月10日の衆院予算委における、社会党の前川旦衆院議員に対する答弁で、佐藤首相は「核抜き本土並み」返還を明言した。71年5月15日には、衆院本会議における「返還交渉の中間報告」で、愛知外相も同様に明言した。このように、「核抜き本土並み」は、日本政府の基本方針であった。

一方、沖縄側の復帰要求は、「即時無条件全面返還」である。この方針は、1968年4月14日の「第13回復帰協定期総会」で決定された。顧みれば、復帰運動初期の「速やかなる復帰」から「完全復帰」、「即時完全復帰」と、極めて素朴にして、単純明快な要求であった。こうした中、復帰運動の高まりに追いつめられた政府自民党は、県民懐柔策を打ち出してきた。65年の佐藤首相来沖を契機に、翌66年8月に来沖した森総務長官の「教育権分離返還論」。前後して中曽根康弘氏の、米軍基地のない宮古、八重山の「地域別返還論」。更には67年9月、佐藤首相の沖縄基地を「要」とした「核安保論」。同10月、核付き返還の露骨な下田駐米大使発言、等々。こうした沖縄県民無視の返還論に対して、復帰協は、長期異民族支配には「即時」、核付き条件には「無条件」、分離論には「全面返還」となる「即時無条件全面返還」を打ち出した。これが、日米両政府の沖縄施策、返還論に対置した復帰協の要求スローガンであった。この闘いを通して県民意識も覚醒していった。

68年11月10日に実施された初の〝主席公選〟で、革新統一候補になった屋良朝苗は、復帰協の方針をかかげて当選した。日米両政府に対して、県民の復帰要求を明確に突き付けたのである。69年11月下旬の「佐藤ニクソン日米首脳会談」は、沖縄の主席公選の結果を受けて行なわれたが、21日に発表された「共同声明」は、「核隠し、基地自由使用」という、県民騙しの欺瞞的返還であった。

71年11月17日、琉球政府の屋良主席は、「即時無条件全面返還」等の、県民の復帰要求が詰まった『復帰措置に関する建議書』を携えて上京した。屋良主席の上京を察知した政府自民党は、同日の衆院返還協定特別委で、自民党議員の緊急動議によって、返還協定を強行採決した。屋良主席は、その日の「日記」に、沖縄の要求は「ヘイリ（幣履）のように扱われた」と記した。

ひるがえって、「復帰43年」の沖縄の実態をみるとき、「0・6%」の国土面積の沖縄に、「74%」の米軍基地の存在は、〝本土並み〟を履行しない、日本政府による沖縄県民への約束違反であることが分かる。復帰協が、69年の「日米共同声明」路線による欺瞞的沖縄返還を糾弾しつづけてきたのは、そのためであった。

いま、日米両政府は、96年の〈日米合意〉を理由に、辺野古基地建設を強行しようとしている。普天間基地返還の移設条件というものだが、これも県民を愚弄する、まやかしの基地押しつけ論だ。そもそもこの問題の発端は、95年9月4日の「米兵による少女暴行事件」である。島ぐるみの、8万5千人が結集した「10・21県民総決起大会」で日米両政府に要求したのは、「基地の整理縮小」を含む四項目要求であった。そのことで、初の〈県民投票〉も実施された。

96年の「橋本・モンデール会談」による普天間基地全面返還の発表は、県民の怒りと抗議に応えるポーズをとりながら、県内移設という条件をつけた。これが今日の辺野古問題である。橋本・モンデール会談後の、「橋本・クリントン会談」では、日米安保を「アジア・太平洋安保」に拡大する、日米安保の再定義で合意した。

このように、不幸な「少女暴行事件」と「基地整理縮小」を求める県民要求を逆手にとった〈日米合意〉そのものが、いかに不条理で不当なものであるかがわかる。したがって、不当な〈日米合意〉の結果、押し付けようとする辺野古新基地建設は、絶対に許してはならない。

辺野古新基地建設阻止の論拠の一つに、不当な〈日米合意〉の追及があるが、同時に、「72年復帰」に向けての、日本政府による沖縄県民への約束、「核抜き本土並み」、とりわけ〝本土並み〟基地の整理縮小を、この際、改めて強く求めていくべきであろう。

五、これからを展望する―結びにかえて―

「戦後70年」、今年も、ヴァイツ・ゼッカー元西独大統領の「戦後40年の記念演説」がきかれた。「過去に目を閉ざす者は、現在にも盲目になる。」と、いうものである。その教訓をいかし東西ドイツは統一され、かつて敵国同士であったドイツとフランスは、EUの中心国になっている。ヨーロッパの国境線も低くなった。ところで、日本はどうか。隣国の中国や韓国との歴史認識の溝は埋まらず、敷居は益々高くなったままである。

「戦後70年」に当たっての「安倍談話」の準備がすすめられているが、有識者会議「21世紀構想懇話会」の結論も想像に難しくない。会議を取り仕切る座長代理の北岡伸一国際大学学長は、集団的自衛権行使容認の結論を導いた、安保法制懇の座長代理を務めた人物である。懇談会のメンバーも、札付きの改憲論者、歴史修正主義者で固め、中国、韓国関係の研究者は含まれていないという。「安倍談話」が発せられたあと、世の中はどう動いていくか、心配の種は尽きない。

沖縄の視点からいうと、「村山談話」にも不満があった。この国の不幸は、ほんとうの意味で、「戦後総括」がなされていないことである。沖縄の戦中、戦後史を抜きにして、この国の戦後総括はあり得ない。率直にいって、沖縄の戦中、戦後史に向き合えば、この国の歪んだ歩みの修正ができるはずである。ひと言でいうと、70年に及ぶ対米従属から脱して、日本の真の独立を達成するカギが、沖縄にあるということである。しかし、この国の指導者たちは、カギをもつ沖縄に「目を閉ざし」「盲目となって」再び過ちをくり返そうとしている。

沖縄は昨年1月の名護市長選で、国家権力からの「銭雨」の攻撃を防いで、「辺野古の海にも陸にも基地はつくらせない」という、稲嶺市長の再選を勝ち取った。11月の県知事選での翁長知事誕生と、12月の衆院選での、沖縄四全選挙区でも、「建白書」実現を求める、保革を超えて決起したウチナーンチュのアイデンティティーに覚醒した人々が勝利した。

3月4日は「サンシンの日」である。辺野古のすわり込み現場のテントを、県警機動隊が強制撤去する中、ウチナーンチュの魂を揺さぶる、三線の大合奏が展開された。伊波義安さん（73才）の呼びかけで、国指定重要無形文化財「組踊」保持者の島袋英治さん（72才）も加わったという。私は、そこに琉球・沖縄の潜在的な力を見た。不条理な国家権力や軍事力に負けない文化力、人間力の発露をみる思いがしたのである。

琉球・沖縄の自己決定権を樹立するために

沖縄の私たちは、日本帝国主義（明治政府）による武力併合から、沖縄戦、米占領支配、朝鮮戦争、ベトナム戦争、中東湾岸戦争、アフガン・イラク戦争等々、あらゆる形の戦争を見てきた。基地・軍隊という構造的暴力の被害者という立場だけでなく、沖縄は〝悪魔の島〟と呼ばれる「加害」の島にもなってきた。私は海外の東西南北の地点から、沖縄を眺望してきた経験がある。現在の基地の島沖縄は、「太平洋のキーストーン（要石）」として、他国侵略の拠点としてある。しかし、琉球の昔から、「万国津梁の邦」であったように、今日的に見ても、平和創造のアジマー（十字路）、「ピース・アイランド」たりうる地位を占めている。万国津梁の鐘として知られる首里城正殿の鐘の銘文は、冒頭に次のように刻銘している。「（訳文）琉球国は南海の勝地にして、三韓の秀を鍾め、大明を以って輔車となし、日域を以て唇歯となす」

舟楫を以て万国の津梁となし…」。この誇り高い崇高な精神は生かされ、現在世界各地には、40万人を超えるウチナーンチュがくらし、活躍している。

今年に入って、突然〝キューバと米国の国交回復〟のニュースが飛び込んできた。この次、また〝北朝鮮と米国の国交回復〟というニュースに接しないとも限らない。そうなれば、在韓はおろか、在沖米軍の存在価値も無くなるだろう。和平は、見えない交渉の後、突然やってくる時もある。和平が誕生した暁には、沖縄から釜山―ソウル―ピョンヤン―中国―ロシア―ヨーロッパへの、シルクロードならぬ、〝ピースロード〟建設も夢ではなくなるだろう。こういう夢も持ちながら、基地経済から脱却して、東アジアを始めとする諸国との共生の道を追求する時代に入ったように思う。

そのための決意としても、私は「戦後70年」（沖縄戦70年）にあたり、沖縄から「沖縄は二度と国家権力の手段（物）として利用され、犠牲を被ることを拒否する」決意を込めた「非武装、中立の平和宣言」が発せられないか、と思っている。

また、米軍基地問題の推移によっては「日米の軍事植民地化を排し、人間の尊厳を脅かす米軍基地の『即時無条件全面撤去』を要求する」ことを、いまから真剣に議論していく必要があると思う。沖縄の海も空も陸も、人間までも支配しつづけようとする国家権力への有効な対抗手段になりうると思う。紆余曲折はあっても、サンフランシスコ体制を乗り越えたようにオール沖縄の態勢でもって展望を切り開いていけるのではないか。

前述したように、私たちウチナーンチュには、古の昔から「万国の津梁」「イチャリバ、チョーデー」という、地球市民的な広い肝心《ちむぐくる》が受け継がれてきた。沖縄地上戦を体験して培い、獲得した〝命どぅ宝〟（生命こそ宝）という、普遍的な価値をもつ、平和思想がある。この思いは〝平和の礎〟に具現化し、結実している。哀れな戦世をくぐり、人々を立ち直らせたのは、三線に代表されるウチナーの文化力であった。沖縄には軍事力に優る文化力と人間力、平和力があることに、私たちウチナーンチュは、もっと自信と誇りをもっていい。同時に、「沖縄のことは、ウチナーンチュが決める」気概を持つべきだ。

このように考えると、沖縄には、世界の平和創造、構築の土壌が備わっていると信ずる。沖縄は今後、アジアをはじめ、世界各地の若い世代を中心にした交流と学びの場として、また、情報発信の場として、人類生存に貢献し得るのではないか。その意味からも、沖縄に「国連アジア本部」のような国際的な平和機関の建設ができないものか、と思う今日このごろである。

（琉球・沖縄の自己決定権を樹立する会幹事代表）

「復帰措置に関する建議書」が遺したもの

平良亀之助

現在の「沖縄県」は、1972年5月15日に、米国の統治から日本に施政権が返還された、いわゆる「日本復帰」が起源である。

だが、その「沖縄県」は、そこに住む人たちが納得し、同意してそうなったものではないということを、今（2015年2月現在）改めて確認しておく必要を痛感する。

辺野古に新基地を造らさない、という基本姿勢の下に結集した島ぐるみの「オール沖縄」を代表する知事を無視し、冷遇する日本政府のあからさまなやりくちを見せられると、なおさらその気持は抑えがたく、高ぶる。

復帰して「沖縄県」になって43年を経て、大方の記憶から遠ざかっているかも知れないが、あの「日本復帰」の中身に対し、時の琉球政府は異を唱えたのである。その具体例が「復帰措置に関する建議書」である。この建議書が、琉球・沖縄の歴史上、初めて選挙で選ばれた行政主席（屋良朝苗氏）によってまとめられたことは、民主主義の観点から極めて重要視されなければならない事である。

その建議書の前文は、屋良主席自ら認《したた》めたもので、その中に「日米政府が進めている復帰の中身は、県民の要求が十分反映されていない憾みがあります」と明記してある。

だが、日本政府はこの建議書を門前払いして、復帰措置の中に琉球住民の最終的な意見・要求に何らの配慮もしなかった。あの72年復帰が第三の「琉球処分」と呼称されたのは、言われなきことではないということを知っておく必要がある。

この建議書に込められた中身は、43年以上経た今の沖縄の状況においても、十分通用すると、私は確信を以って断言したい。そのことは、裏を返せば沖縄の現状は、復帰の当時と何ら変わっていないという証である。否、変わっていないどころか、むしろ沖縄における米軍基地は再編・強化され、地元の要求とは相容れない方向へ進んでいる。

その具体例が、オスプレイの強行配備であり、辺野古への新基地建設、高江のヘリパットの強行である。そして、嘉手納基地の戦闘機その他の装備も復帰当時のものから新兵器に変わっている。その上、米軍がらみの犯罪や人権侵害は後を絶たない。

では、その「建議書」は如何ような経緯で生まれたのか。冒頭に記したように、1972年5月15日、日米の合意によって、琉球は日本に復帰したが、その合意は、約二年半前の1969年11月22日の日米交渉（佐藤・ニクソン会談）による日米共同声明であった。

これを受けて琉球政府は、施政権返還に伴う事務と調整をするための窓口として「復帰対策室」を新設し、私も外部（琉球新報記者）から採用され、復帰対策業務に加わった。

復帰対策というのは、結局はアメリカの統治下にあった行政区域を、日本国に統合するための制度移行であり、私はその実務を遂行することに追われた。

日本政府は、アメリカの統治下にある琉球政府に対しては、米側に気がねして、全くといっていい程に、何らの介入もしなかった。だのに、いざ施政権返還が決まったとなるや、もはや琉球が日本の一地方自治体であるかのように、復帰対策の実務の骨子を、一方的に琉球政府に指示してきた。

あの当時の、私の業務にまつわる私的な記録「復帰対策の裏街道」に、次のように記してある。

沖縄の施政権の返還を決定して日米共同声明が発表されたのは、1969年11月22日である。ところが、それから数日そこらで、日本政府から①琉球政府の国・県事務分離についての検討、②復帰時における本邦の法律適用に関する調、③沖縄及び本邦の政府関係機関の調、④標準的沖縄県の機構の調―を琉球政府に対し、公文書で依頼してきたことである。

これが、なんと調査の具体的な事項例のサンプルやフォームまで指示してきたもので、短時日にそれだけの準備をなし得るとは思えない。

つまり、11月22日の共同声明で、沖縄返還を72年に実現するということは、既に日本政府では周知のことで、各省庁においてもそれに向けた準備は進められていたのではないか。

それにつけては、わが琉球政府は、なんと共同声明が発表される四日前の、69年11月18日に、復帰対策室の準備の要員として、私を含め三人の職員に辞令を交付しただけ。

従って、復帰に備えて具体的な準備などありようはずもないし、日米共同声明で、72年復帰が明らかにされてはじめて、自分たちがやるべき任務の重大さを、実感として認識した次第である。

ものごとは通常の順序として、それ相当の受け入れ準備をしておいて、当該事態に臨むのが通例である。

それにしては、琉球政府は余りにも知らなさ過ぎた。しかも復帰というケタはずれに大きい、歴史的大事業だというのに、数年前から復帰時点を知らされて準備にかかっていても、満足な準備はできないほどであろうのに、総理の訪米まで琉球政府には何の手順も知らされず、いきなり「復帰実現」という形でやってくる。そして、琉球政府が動転して、さて、どうしたものかと思案し始めたところへ、かねて本土側が用意してあったものを突きつけてきたのだ。全くなす術も知らず、自己の立場を見詰める時間もないまま、本土側からはその公文（依頼文書）に、期限までつけてきたのだから、琉球政府としては完全に本土政府の事務の下請けをせざるを得なかった。

以来、復帰の終幕まで、琉球政府はその下請けから脱することができず、ますます本土ペースは濃くなってきた。

本土がそのような押しつけというか、琉球政府に考える余裕を与えない形の復帰スケジュールを断行してくるのは、決して偶然ではないと思う。戦後二十数年間、一方において沖縄を差別の眼差しで見詰めながら、他方では沖縄を担保に入れて高度成長しているという、沖縄に対する負い目も感じるのか、本土側で、これまで「沖縄の連中は要求上手になってきた」とか、「本土側の弱点をちゃんと心得ている」などの声が聞かれるようになってきた。沖縄の人たちの意識の目覚めに、一種の恐怖を感じてきたようだ。

そのため、沖縄の人たちに考える時間を与えることは、本土側の潜在恐怖をより顕在化することになる、と本土政府が先読みすることは、十分考えられよう。（略）

沖縄の歴史を読めば読むほど、本土の沖縄に対する差別構造に根ざしたものであり、フェアプレーの原則を欠いてきたからだ。

結局、この流れは復帰の時まで変えることができず、全て政府官僚ペースで復帰に関わる施策は進められていった。

そのような状況を見兼ねて、かって官公労（沖縄官公庁労働組合）で活動した仲間が疑問を抱き、何らかの対処をしなければならないとの声が出てきた。自治権拡大要求の中から誕生した公選主席の下で、自治が無いがしろの形で、日本政府に収斂されていくのを黙視できない。ことによっては、議論を交わして主席に提言することを目的に、行政府内で「行政研究会」を発足させ、私もこれに加わった。

行政研究会のメンバーに共通していたのは、あの強大なアメリカを相手に、祖国復帰闘争を闘う中で勝ち取ってきた自治や諸々の権利を、復帰という流れの中に埋没させてはならないという自治意識に集約された思考であった。

例えば、琉球政府が実施している教育委員会の公選制が、復帰によって本土同様に任命制にすべきではないという意見をまとめ、復帰措置要求に盛り込むよう、主席に提言したほか、沖縄の民衆の力によって獲得した権益の継続を貫くよう提言もした。

しかし、日本政府官僚対弱小地方公共団体という構図は、所詮は多勢に無勢、政府の思うがままに復帰に伴う制度移行は進められていった。そのような流れで推移して、復帰前年の71年を迎えるが、沖縄側からは特に異を唱える声も上がらない。これは、後で判ることだが、政府の復帰措置の状況が、琉球政府与党ほか、主席の支持団体（労組、各種民主団体など）に伝わらないことに因るものだった。

そして、日本政府はその年の10月、「沖縄国会」と銘打って臨時国会を開き、沖縄の復帰に伴う返還協定をはじめ、関連法令を全て成立させるスケジュールを着実に進めていた。

だが、この沖縄国会が目前に迫った9月段階に入っても、何故か、公選主席を誕生させた革新勢力からは、何らの動きもない。そのような状況の中、個々人としては疑問を持っていたのだろう。9月30日、官公労ＯＢと行政研究会が集まって、沖縄国会に対して、沖縄から何らかの行動を起こさなくてはならないのではないか、という議論になった。

その場で、私が「沖縄の復帰に関する法律案は、既に琉球政府の復帰対策室に送られてきている。これの中身を知らずに、どのようにして沖縄の声を国会にぶつけるのか」と問題提起した。

これには、一同動転するほどの驚きを見せたが、すぐに気を取り直し、その法律案を手に入れて、中身を点検することに全力で取り組むことを確認し、行動に移ることにした。

復帰後の沖縄が生きるも死ぬも、この特別措置法案の中身次第である。だが、この法案が大詰めにきたころから、復帰対策案の中でも、私ら実務に携わる者には、何がどうなっているか、全く知らないペースでことは進められていたようだ。

同様に、立法院の与党（社大党、人民党、社会党）や、革新共闘の中核をなした労組、民主団体にも、復帰措置に関する情報は全く入らない。従って、私が、復帰対策室に関連法案が届いているのを知ったのも、そこに居合わせたという偶然による直感が働いたからであった。

そのような状況認識が共有された以上、その関連法案の点検は一刻も猶予ができない。早速、就任したばかりの副主席（宮里松正氏）に申し入れて、日本政府によって成案された「復帰措置に関する法律案」（現物）を入手した。それをひとまず行政研究会がチェックしてみたが、案の定、中央官僚ペースで仕上げられた返還協定や法律案の中身は、地元住民側の視点からは、とても納得できるものではなかった。

そこで、琉球政府の方針として、返還協定案も含めて、法案全てを総点検することにして、正式に「復帰措置総点検プロジェクトチーム」が設置され、超短期決戦体制による点検作業が行なわれた。ただ、この総点検に対しては、自ら仕上げてきた成果を、自ら再点検するという矛盾に、復帰対策室の幹部から反発と不満の声があったようだ。しかし、裏を返せばそのような矛盾が堂々と実行されること自体、それまでの復帰対策室に、広く住民の意見や要望が反映されないまま、事務処理されたという証明でもあった。

ともあれ、総点検作業はそれこそ死に物狂いで、那覇市内の八汐荘とゆうな荘に泊り込みで行なわれた。チーム各人の使命感に満ちた頑張りによって、何とか沖縄国会（10月16日召集）に、沖縄側の最後の意見と要求を提示することに間に合わすべく、点検によって洗い出されたものをまとめて、行政主席（屋良朝苗氏）に上申した。

ところが、後で分かったことだが、総点検でまとめられたレポートを手にした屋良主席は、洗い出された意見や指摘をストレートにぶつけることによる、日本政府側の要路の立場を慮ったという。それで、個人的に相談のしやすい大学教授らの意見を聴しながら、自ら手を加え、真剣に手直しをした。

しかし、誰もが認める、温厚で人格者の屋良主席も、チームによって総点検された中身には驚嘆し、自ら執筆した前文を添え、公選された行政主席の責任を自覚した上で、日本政府に意見具申する決心をしたのである。

表題も、当初は単に「意見書」の予定だったのを、「復帰措置に関する建議書」にした。そして、1971年11月17日、この建議書を携えて屋良主席は東京へ赴いた。

ところが、国会はその日、衆議院沖縄返還協定特別委員会で、同返還協定の審議の最中であったが、沖縄から建議書が持ち込まれるのを、政府・与党は先刻ご承知といったところか。屋良主席が羽田に着いた午後三時十五分と同時刻頃、野党議員の質問が続けられている最中、自民党が審議を打ち切って、日本がアメリカに一方的に従うという中身の返還協定並びに復帰措置法案を強行採決した。

このことは、単なる多数決による強行採決の範疇にはおさまらない。

日本政府の主権の及ばない琉球に、わざわざ「沖縄住民の国政参加特別措置法」を制定してまで、沖縄代表の議席を国会に設けたのは何だったのか。単刀直入に言えば、復帰後に沖縄から出る不満等を想定して、「沖縄代表も出席している中で決めたこと」という既定事実をつくり上げておく画策であったはずである。

しかし、その特別委員会には、当然にして沖縄からの「国政参加」議員が、委員として出席しており、二氏（安里積千代氏と瀬長亀次郎氏）が質問通告も出して、質問の順番を待っていた。だのに、二氏の質問は封じられ、琉球政府が最終的にまとめあげた「復帰措置に関する建議書」は門前払いされた。

この、なりふりかまわぬ政府・自民党の強行採決は、この建議書が取り上げられたら、対米交渉のスケジュールが崩れることを、最優先に配慮したに過ぎない。

だが、この強行採決に、どうしても納得できない屋良主席は、衆参両院議長並びに総理大臣ほか全閣僚に「建議書」を提示し、これに盛られた琉球政府の意見と要求の実現方を強く要求した。

結局、建議書に込められた沖縄の声は、国会における強行採決により、日本政府に届かなかった形にはなったが、その建議書の中身は日本政府に対し、文書要請されており、沖縄が日本本土並みの状況にならない限り、いつまでも有効だと私は確信する。

因みに、この建議書の前文に「県民が復帰を願った心情には、結局は国への平和憲法の下で、基本的人権を願望していたからにほかなりません」と、沖縄の人たちの復帰への志向を明確にしてある。そして、「沖縄はあまりにも国家権力や基地権力の犠牲となり、手段となって利用され過ぎました。復帰という一大転換期に当たって、このような地位から沖縄は脱却していかなければなりません」と、沖縄の向かう方向の展望を明示してある。更に続けて「日米共同声明に基礎を置く沖縄返還協定、沖縄の復帰準備として閣議決定されている復帰対策要綱の一部、国内関連法案には、県民の要求が十分に反映されていない憾みがあります。そこで、私は沖縄問題の重要な段階において、将来の歴史に悔いを残さないため、また歴史の証言者として、沖縄県民の要求や考え方などを、ここに集約し、県民を代表して、敢えて建議するものであります」と結んである。

ところで、冒頭の部分で触れたように、今（2015年2月現在）、まるで羅針盤を失ったかのような、日本政府の、地元の民意を無視しての辺野古海域への新基地建設にひた走る蛮行を見るにつけ、私たちは43年前の「日本復帰」に臨んだ状況を振り返り、整理してかかる必要がある。

つまり、日本政府が、辺野古海域に勝手放題に蛮行を強行できるのも、そこが、復帰により自国領土になったからであろう。しかし、あの「復帰」は、これまでの経過で明らかにしたように、琉球政府は異を唱えて、日本政府に対し、意見と要求をこめた「建議書」を提示してあり、この建議書の中身は依然として有効であると思うと、合点がいかない。

そもそもわれわれは日常の中で「沖縄県」と言っているが、この呼称には、琉球列島に住む誰一人の同意もなしに、そうなっていることを、今一度立ち止まって考えてみよう。

つまり、我が琉球は、日本が鎖国の状態にあった1850年半ば、先んじて米国、フランス、オランダと修好条約を交わした、れっきとした国際間における独立国であった。これを、武器を持たない国として、あのナポレオンに疑問を抱かせたといわれる程の、この小さな島々を、武力を背景にして押し入ってきて、いわゆる「琉球処分」をした結果が「沖縄県」である。まさに、地元の何の同意もなしに、一方的に名づけられたのである。

それが、今度はあの無謀至極の戦争の結果、「沖縄県」を戦勝国のアメリカに差し出すことで、自らの生き延びる策に全神経を傾ける。

その典型が、あの「天皇メッセージ」である。「アメリカが必要とする間、いつまでも沖縄を占領して使用してよい」と、自らの命乞いにも等しいメッセージを、米側に差し出した。

そのことが枕になって、琉球列島は一方的に日本から切り離されて、アメリカの統治下に置かれた。それが1952年4月28日のサンフランシスコにおける対日平和条約である。その時点で、明治政府が一方的に名付けた「沖縄県」は消えて、再び「琉球」になった。

従って、米国統治下の「琉球政府」の公文書には「沖縄」の文字は消去された。

しかし、平和憲法の下への帰属を願望する沖縄側にとって、この願望を断ち切る元になった対日平和条約が交わされた4月28日は、100%の願望であったものが封じられた日として、「屈辱の日」を合言葉にして、毎年「4・28」を復帰運動のスローガンとして反米を基調とした日本復帰運動を展開してきた。

その運動をリードし、先頭に立ったのが、沖縄教職員会であり、その先導役を務めたのは会長の屋良朝苗氏であった。

沖縄県の人口の四人に一人が戦争の犠牲になったといわれる沖縄戦の反省から、教職員会が第一に掲げたスローガンは「再び教え子を戦場へ送らない」で、平和憲法がある祖国・日本へ帰ることこそが、沖縄の人たちが人間らしく生きる道だと、復帰運動の先導役を果たしてきた。

その流れ・方向を導いた屋良朝苗氏が、琉球・沖縄の歴史において、初めて選挙によって選ばれた首長（当時は行政主席）になった。

そのような背景を背負った屋良朝苗氏の宗旨は、琉球（沖縄）が日本になることであった。だがその屋良朝苗氏にして異を唱えたままの状況が、なお悪化された形で今に至っている。

「誇りある豊かさ」を掲げて、日本政府の蛮行に立ち向かっている、オール沖縄の翁長雄志知事の原点は、普天間飛行場の閉鎖・撤去、そして県内移設の断念を求めた「建白書」の先導的役割を果たした重責が認められたことだと思う。

その建白書が創出された背景には、あの「屋良建議書」への意識が反映されたという。翁長知事の日本政府に対する政治姿勢（信念）に、復帰時のあの建議書に盛り込められた意思をもって臨んでほしい。

あの復帰の表看板は「核抜き、本土並み」であった。何ひとつ本土並みになっていない沖縄に、この上更に辺野古新基地、そして高江にヘリパットの強行だ。

あの「復帰措置に関する建議書」に、日本政府がいくばくかの配慮がなされていたら、今の、このような無謀、勝手放題な蛮行はやれなかっただろう。

この建議書は、形式上は門前払いされて、日本政府に届かなったことにはなっているが、しかし、屋良主席は、衆参両院議長並びに総理大臣ほか全閣僚に直接、文書要請してある。

復帰して、沖縄県は七人の知事がバトンを受け継いできたが、誰一人、あの建議書を取り下げる意思表示をしていない。

従って、私は、復帰時と今の沖縄の現状が変わらないのであれば、あの建議書は有効であると言い続けている。

奇しくも、あのときの門前払いと同じような民意無視による蛮行が続行されている。翁長知事には、43年前に、門前払いされた沖縄の意思を、日本政府に再認識させる意味においても、知事は威風堂々として相対すべきである。

歴史を振り返っても、沖縄・琉球は、ヤマト（日本）に、貸しはあっても借りは全くといっていいほど無い。従って、ヤマトに対しては、貸したものを返せという立場であるべきわれわれが、対ヤマトの場面では、優位のポーズをとるべきです。こっちが平伏する必要はない。

翁長知事の、ウチナーンチュの秘めた底力に信をおいた日本政府との交渉に期待し、そこから、わしたウチナーの展望を夢見たい。

（小禄九条の会代表）

（「復帰措置に関する建議書」の全文は巻末の関連文書のなかに所収されています。参照して下さい）

うちなーぐちを沖縄方言としないのはなぜか*

宮良信詳

0、沖縄語か、沖縄方言か？

「うちなーぐち」を始め、しまくとぅばを今なお「方言」と呼ぶ人たちが、うちなーぐちの普及を進めている人々の中にも、マスメディアや研究者の中にも少なくない。うちなーぐちを「沖縄方言」とするのにはあまりにも問題点が多過ぎて極めて不適切であり、むしろ「沖縄《うちなー》語《ぐち》」だとすべき充分な根拠があることを以下に提示する。「琉球諸語」についても同様、「琉球方言」とすべきではない。個別のしまくとぅばとして、他には奄美語《あまみぐち》、国《くん》頭語《ぢゃんぐち》、宮古語《みゃーくふつ》、八重山語《やいまむに》、与那国語《どぅなんむぬい》などが挙げられる(UNESCO 2009)。

一、歴史的考察

(理由1) これまでの語彙統計学における研究では、「琉球方言」と日本語の分裂時期を1700年程前だとしている（服部1954、名嘉真1992、安本1994）。ほぼ同時期にドイツ語と英語が西ゲルマン語から分岐して姉妹語として独自の道を歩んでいるように、日本語も沖縄語も〝姉妹語〟として1000年以上にもわたって独自の道を歩んで来ている。その意味でも、上記研究における「琉球方言」という呼び方は適切ではない。関連事項については第5節も参照。

(理由2) 沖縄語が描く精神世界においても、本土日本は「やまとぅ」、本土日本人は「やまとぅんちゅ」、日本語は「やまとぅぐち」としてはっきりと区別されている。しかも、「うちなー」と「やまとぅ」に関しては、一方が他方を包含する関係ではなく、両者は対立する概念として認識されている。それで、「うちなーんちゅ」は日本人であっても、「やまとぅんちゅ」ではないとして、はっきり区別している。つまり、「やまとぅ」と「うちなー」、「やまとぅんちゅ」と「うちなーんちゅ」という対立の構図は、沖縄語が創り出す精神世界において長年にわたり継承されてきた共通認識そのものである。

(理由3) 「やまとぅ」と「うちなー」の対立は琉球王国の存在とその歴史がはっきり証明している。また、最近のゲノム人類学の研究でも（木村2011）、DNAに含まれる遺伝子情報から「琉球人」と「本土日本人」という対立が遺伝学的に証明されると説いている。琉球人は、台湾先住民や中国からの影響が非常に少なく、本土日本人ほどは朝鮮半島からの影響を受けておらず、それでも両者は最も近縁な集団だとされる。

（理由4）8世紀における国家としての古代観を綴った『古事記』（712年）には「日本」という呼び名はまったく出て来なくて、7世紀の隋との関係までは「倭国」が国名であり、「日本」という国名は、中国の国家が8世紀に編纂した歴史書の『唐書』にはじめて現われたという（神野志2009）。「倭」は奈良朝の大和朝廷の時代に「大和」となる。現在の沖縄語における本土日本を指す「やまとぅ」や、中国を指す「とー」は8世紀頃の両国の呼び名なので、奈良時代を直接映し出す語彙である。

遣唐使は、702年から752年までの期間は、薩摩の坊津（鹿児島県南薩摩市）から沖縄を経由し東シナ海を横断するルートをとったという。沖縄を中継地としていた時代は、当時の「うちなーんちゅ」は遣唐使のことをおそらく「やまとぅ」から訪れた「とー」に向かう「やまとぅんちゅ」と呼んでいたと推測される。そこから、「うちなーんちゅ」の記憶の中には「やまとぅ」「やまとぅんちゅ」「やまとぅぐち」が蓄積され、「日本」という呼び名が沖縄語に反映されることはなかったと考えられる。

それで、沖縄語における「やまとぅ」と「うちなー」、「やまとぅんちゅ」と「うちなーんちゅ」、「やまとぅぐち」と「うちなーぐち」の対立の構図は、中国を表わす「とー」、中国人を表わす「とーんちゅ」、中国語を表わす「とーぬくち」と同様、8世紀にはすでに成立していたものと推測できる。そのような呼び名とその解釈が今日に至るまで1000年以上もの間、沖縄語の世界では息づいていると考えられる。

（理由5）古い歌謡や叙事詩を収録した『おもろさうし』は16世紀から約100年かけて編纂されたものだが（仲原・外間1965）、基本的には平仮名で書かれ、まれに漢字も使われている。ところが、首里王府の編纂にもかかわらず、仮名表記に一貫性がなくて、そのため難解な箇所がいくつもある。例えば、係り助詞「どぅ」が「と」「ど」「る」「ろ」で表記されている（間宮2005）。平安朝になって発明された仮名が広く伝わることはなく、仮名が借り物だったことを示している。一方、奈良時代に編纂された『万葉集』であれば、同根語彙がいくつも散見されることは衆目の一致するところである。

それで、〈しまくとぅば〉が独自の道を歩み出したのは奈良時代あたりか、奈良朝上古語以前で、日本語とは姉妹関係にある〉と結論づけることができる。

二、沖縄語の音韻・音声的特徴

沖縄語と標準的な日本語との違いを比べながら、類型論的な見地から、その音声的・音韻的特徴を取りあげる（Miyara 2015b）。当然ながら、以下に述べる特徴は原則として他のしまくとぅばにもあてはまる。

（理由6）沖縄語では、（1）が示すように、声門破裂音［ʔ］（「っ」）が半母音や鼻音の前であらわれ、その有無が意味を変える。さらに、（2）が示すように、語の始めにおける母音の前ではかならず声門破裂音「っ」を伴う。その結果、〈沖縄語では、日本語と違って、母音で始まる語はない〉と一般化できる。

（1）「っやー」〝2人称単数〟：「やー」〝家〟
「っわー」〝豚〟：「わー」〝1人称単数〟
「っんに」〝稲〟：「んに」〝胸〟

（2）「っあま」〝あそこ〟「っいり」〝西〟「っうすめー」〝お爺さん〟

（2）のように、母音で始まる語はすべて「っ」（＝［ʔ］）を伴うという言語事実は常に予測できるので、余剰的特徴であり、表記上の簡潔性から、「あま」「いり」「うすめー」に書き改めることができる。

（理由7）日本語における通時的な子音変化として、p＞Φ＞h（上田1898）というp音の推移がみられる。ところが、（3）のように、〈しまくとぅばはジャポニック語族（Serafim 2003）におけるp音の古い姿を留めている〉。八重山語や宮古語や国頭語の場合には、そのような通時的子音変化は起こっていない。ところで、「しぃ」「ぴぃ」「ぎぃ」における母音は中舌高母音［ɨ］を表わす。一方、首里や那覇近隣における沖縄語では（4）が示すようにp＞Φという変化で留まったままである。

（3）四箇の八重山語
「ぱしぃ（pasɨ）」〝箸〟　「ぴし（pifi）」〝女性〟
「ぴぃに（pɨni）」〝髭〟　「ぺー（pee）」〝つま先〟
「ぷす（pusu）」〝星〟　「ぽーぎぃ（poogɨ）」〝箒〟

（4）首里や那覇の沖縄語
「ふぁー」〝葉〟　「ふぃー」〝火、日〟　「ふー」〝運〟
「ふぇー」〝屁〟（*ふぉー）

（理由8）沖縄語には、（5）が示すように、日本語にはない子音連鎖（kkʷ, ttʃ, ntʃ, mp, nnd, nndʒ, ɦk, ɦgʷ, nn, mm, ʔmb, ʔndʒ, ʔnn, ʔmm, ʔw, ʔjなど）が数多くあり、音配列の違いを示している。そこでは、〈日本語における主要な子音連鎖の制約がしまくとぅば（沖縄語）には当てはまらない〉。

（5）kkʷa〝子〟　ttʃu〝人〟　Na:Φantʃu〝那覇の人〟
nndaɴ〝見ない〟　nndʒuɴ〝見る〟　wikigaɦgʷa〝男の子〟
ndʒi〝刺〟　mpa:mpa:〝嫌々ながら〟　ʔmba〝湯葉〟
ʔmbusaɴ〝重い〟　ʔmma〝馬〟　ʔndʒasuɴ〝出す〟

（理由9）内容語であれば、沖縄語ではすべて2拍以上という語構成上の特徴がある。（6）のように、〈日本語の単拍語や2母音語に対応する語が長母音をもつ2拍語になることが多い〉。

（6）「ちー」〝気、血〟　「きー」〝毛〟　「にー」〝荷〟
「てぃー」〝手〟　「ふぇー」〝蝿〟　「くゎー」〝桑〟
「くぃー」〝声〟　「くぇー」〝肥え〟

（理由10）沖縄語や与那国語では中舌高母音［ɨ］が音声上は存在しないが、しまくとぅばには中舌高母音が音素／ɨ／として存在しないと音韻体系が維持できなくて崩壊してしまうという議論がある。その理論的根拠は日本言語学会機関誌『言語研究』における一連の研究（宮良1996,1997,2009;Miyara2011）や宮良・新川（1994）、大森（2005）などで見られる。それに基づくと、〈しまくとぅば（沖縄語も同様）は類型的に中舌高母音音素／ɨ／を含む6母音音素体系となる〉。そのため、日本語の5母音音素体系とは対立する。

三、沖縄語の形態的特徴

〈沖縄語独自の語形成に関する規則〉のいくつかを紹介する（Miyara 2015c）。

三・一　長母音化

（理由11）〈沖縄語では、語尾の母音を長くすることによって、新たに〝その特性をもつ人、もの〟を表わすことが出来る〉。（7）では名詞語尾の母音が長められ、（8）では形容詞語根の最後にくる母音が長められている。

（7）「ゆんたく」〝おしゃべり〟→「ゆんたくー」〝おしゃべりな人〟
「しま」〝地域〟→「しまー」〝地元の人、産物〟
「やまとぅ」〝本土日本〟→「やまとぅー」〝本土日本人、産物〟

（8）／なが（さん）／：

「ながー」〝〜の長い人、もの〟
「からじ　ながー」〝髪の毛が長い人〟

／まぎ（さん）／：

「まぎー」〝大きい人、もの〟
「ちぶる　まぎー」〝頭でっかちの人

一方、日本語の「おしゃべり」は、状況によって沖縄語の「ゆんたく」の場合もあれば、「ゆんたくー」の場合もあり、あいまいである。しかし、沖縄語では両者が規則的にはっきりと区別される。

三・二　接尾辞化

（理由12）〈英語のworkerのように〝動作を行う人〟を表わす接尾辞-erが沖縄語にもある。（9）における動詞に付く接尾辞「やー」（/-jaa/）がその意味を表わしている〉。

（9）／やー／：

「いゆ　とぅやー」〝魚を捕る人〟
「くさ　かやー」〝草を刈る人、芝刈り機〟
「うみ　あっちゃー」〝海を生業とする人〟
「うた　さー」〝歌手〟

（理由13）動詞だけでなく、〈名詞語尾に「あー」（/-aa/）を付けると3連続母音になるので、それを嫌って名詞語尾母音の脱落が起こるという語形成が、（10）では見られる〉。その結果できた名詞は通常好ましくないニュアンスがつきまとう。

（10）／あー／：

「ゆくさー」（jukus_-aa）〝嘘をつく人〟
「たんちゃー」（tantʃ_-aa）〝短気な人〟
「ゆんたかー」（juntak_-aa）〝おしゃべりな人〟

（10）における「ゆんたかー」も、すでに（7）で見た「ゆんたくー」も、同一名詞「ゆんたく」から派生されている。

さらに、沖縄語では、「ゆくしむぬ」〝嘘言〟という複合語と、動詞派生語の「いー」〝言うこと、言う行為〟との複合化により、「ゆくしむにー」〝嘘つき行為〟を形成できる。（9）の「うた　さー」では、動詞「すん」〝す（る）〟に「やー」が付いて「さー」になっている。その「うた」〝歌〟に代わって「ゆくしむにー」にすると「ゆくしむにーさー」〝嘘つき行為をする人〟ができる。日本語における「嘘つき」は〈嘘をつく行為〉なのか、〈嘘をつく人〉なのかはあいまいだが、沖縄語では規則的に区別できる。

（理由14）〈場所をあらわす名詞に接尾辞「んちゅ」を付けると、（11）で示すように〝その場に根をおろす人〟を意味する名詞がつくれる〉。

（11）「んちゅ」：
「なーふぁんちゅ」〝那覇出身の人、那覇に住む人〟
「うみんちゅ」〝海で働く人〟
「あぎんちゅ」〝陸に住む人〟
「しまんちゅ」〝地元の人〟

（理由15）〈指小辞の「ぐゎー」は〝存在に対する慈しみ〟を表わし、（12）が示すように有生名詞にも無生名詞にも付属される〉。

（12）「ぐゎー」：
「ちるーぐゎー」〝愛しのチルー〟
「さきぐゎー」〝大好きなお酒ちょっぴり〟
「まやーぐゎー」〝猫ちゃん〟

日本語の「小道」における「小」と対応するのは、沖縄語では「ぐまみち」における「ぐま」〝小〟であり、「ぐゎー」ではない。

ところで、（8）で示した長母音化により、形容詞「ぐまさん」から「ぐまー」〝小さいもの〟が形成されるが、それに「ぐゎー」を付けば「ぐまーぐゎー」〝小ちゃくてかわいいもの〟も形成される。

三・三　接頭辞化

（理由16）〈沖縄語では、原則としてすべての形容詞が接頭辞として機能する〉という特性が顕著である。例えば、接頭辞「ぐま」は形容詞「ぐまさん」〝小さい〟から派生される。それを使って「ぐまいゆ」〝小魚〟、「ぐまぐぃー」〝小声〟、「ぐまぶい」〝小降り〟ができる。対応する日本語の「こざかな」「こごえ」「こぶり」における「こ」は形容詞「小（ちい）さい」との関連はない。

ところで、「ぐまぶい」に対して、「ぐゎー」が付属されると「ぐまぶいぐゎー」〝時雨、慈雨〟もつくれる。

四、沖縄語の統語的特性

（理由17）〈沖縄語における動詞形は法要素で結ぶ〉が、日本語の動詞形は時制で結ばれる（Miyara 2015c）。例えば、「始ま・い・ん」、「始ま・た・ん」においては、「・ん」が叙実法（出来事を事実だと言い切る）、「・い」が現在、「・た」が過去を表わしている。さらに、法要素の違いにより、その現在形として「始ま・い・る」「始ま・い・み」「始ま・い・が」「始ま・い・ら」もある。

平叙文では「始ま・い・ん」「始ま・い・る」が使われ、残りは疑問文で使われる。日本語の動詞形は法要素を欠き、以上の5つに相当する形式は日本語にはない。

(理由18)〈疑問の対象の違いにより、法要素が異なる〉(Miyara 2015c)。「始ま・い・み」では文全体が疑問の対象で、その応答は「いー」〝はい〟か「ゆぃーゆぃー」〝いいえ〟になる。疑問詞「誰《たー》」「何《ぬー》」「何処《まー》」などが対象になると「始ま・い・が」が使われる。「始ま・い・ら」は焦点化(理由17を参照)と係わっている。

沖縄語の疑問文では疑問と確認を区別し、「タラーが行ちゅん　なー?」では事実の確認、「タラーがどぅ行ちゅる　ゆぃ?」では焦点化された要素「タラーがどぅ」について確認している。日本語には以上のような5つの疑問文動詞における形式的な区別はなく、いずれの場合でも終助詞「か」で疑問文に変換されている。

(理由19)焦点化とは、文中の語句に焦点をあてることで、その部分が強調される用法である、沖縄語の平叙文では「私がどぅ悪っさる」のように係り助詞「どぅ」で焦点をあて、法要素「る」で結ぶが、疑問文では「誰がが　行ちゅら(やー)?」のように係り助詞「が」で焦点をあて、法要素「ら」で結んでいる。さらに、「タラーが行ちゅんでぃ　言ちゃんでぃどぅ　思とーる」や「誰が行ちが　すら?」のように文タイプに焦点があてられる場合もあるが(Miyara 2015a)、ここではこれ以上は触れないことにする。このような〈焦点化の用法〉は現代日本語では見られない。

(理由20)日本語の「酒をやめた」に対応する沖縄語は、「酒やみたん」か、あるいは「酒やみーたん」になる。後者では話し手が出来事の現場に居合わせたこと(証拠性)を表わすので、その主語は話し手以外を指すことになるが、前者ではそのような制約はないので、普通一般にその主語は話し手を指す。〈日本語では証拠性を表わす形式そのものはない〉。

(理由21)沖縄語では、使役文「あんまーがチルーんかい豚肉《しし》買《こー》らしみたん」〝お母さんがチルーに豚肉を買わせた〟は誘発文「あんまーがチルーんかい豚肉買らちゃん」〝お母さんが豚肉を買うようにチルーに働きかけた〟を常に含意し、構造的にも包含関係にある。それで、〈沖縄語の使役化は原則として誘発化を伴う〉と言える(宮良2015e)。日本語では、この種の誘発化も使役化との関係も見られない。

五、まとめ

以上の理由から、沖縄語は音声的・音韻的にも、形態的にも、さらに統語的にも数多くの独自性が見られ、そのような基本的な特性を取り込んだ体系は日本語の体系とはまったく異質なものになる。さらに、個別のしまくとぅばの言語体系は当然存在するものの、すべてのしまくとぅばを包括した「琉球語（琉球方言）」という単一の言語体系は存在しない。そのことは〝「琉球語」の母語話者〟というのが現実には存在しないことからも分かり、沖縄語は琉球語の方言というわけにもいかない。それでもなお、総称的であっても個別的であっても、しまくとぅばを「（日本語の）方言」と呼ぶのであれば、日本政府の国語政策（すなわち、１８７９年の廃藩置県により琉球諸語、１９１０年の日韓併合により韓国語、を強制的に捨てさせて日本語を国語とする）による呪縛から脱却できないでいると言うより他はない。このような精神の植民地化から解放されることがアイデンティティーの強化や自己決定権の意識とも深くつながる。しまくとぅばと人権については、宮良（2015d）を参照。

（琉球大学名誉教授）

＊本稿は危機言語財団第18回大会、沖縄（２０１４年9月17日沖縄コンベンションセンター）における基調報告「しまくとぅばの歴史としくみ」を編集・要約したものである。

参照文献

服部四郎 (1954)「言語年代学、即ち語彙統計学について」『言語研究』26/27: 29 − 77. 日本言語学会
神野志隆光（2005）現代新書　1776『「日本」とは何か−国号の意味と歴史』東京：講談社
木村亮介 (2011) 沖縄タイムス朝刊文芸欄、6 月 8 日 .10 日号
間宮厚司 (2005)『おもろそうしの言語』東京：笠間書院
宮良信詳（1996）「中舌高母音音素 / ɨ / に対する批判に答える」『琉球の方言』20:68-85. 法政大学沖縄文化研究所
宮良信詳（1997）「中舌高母音音素 / ɨ / を巡って」『言語研究』111:107-129. 日本言語学会
宮良信詳（2011）「ジャポニック語族の中の琉球語派−系統、体系、及び現況」
パトリックハインリッヒ・下地理則（編）『琉球諸語記録保存の基礎』、12-41. 東京外国語大学アジア・アフリカ言語文化研究所

Miyara, Shinsho (2015a) A generative approach to focusing in Okinawan. In: P. Heinrich, S. Miyara, & M. Shimoji (eds.), *Handbook of the Ryukyuan Languages,*141-155. Boston: de Gruyter.

Miyara, Shinsho (2015b) Phonological aspects of Ryukyuan languages. In: P. Heinrich, S. Miyara, & M. Shimoji (eds.), *Handbook of the Ryukyuan Languages,* 175-198. Boston: de Gruyter.

Miyara, Shinsho (2015c) Shuri Okinawan grammar. In: P. Heinrich, S. Miyara, & M. Shimoji (eds), *Handbook of the Ryukyuan Languages,* 379-404. Boston: de Gruyter.

宮良信詳 (2015d)「しまくとぅばの今」『月刊琉球』3 月号 : 13-17. 沖縄、宜野湾：琉球館
宮良信詳 (2015e)「沖縄語の接辞動詞 /-ras/,/-imi/ について」
Southern Review 29:1-22. 沖縄外国文学会
宮良信詳・新川智清（1994）「沖縄本島与那原方言における中舌高母音音素 / ɨ / について」『言語研究』104:1-31. 日本言語学会

名嘉真三成 (1992)『琉球方言の基層』東京：第一書房
仲原善忠・外間守善 (1965)『校本おもろさうし』東京：角川書店
大森一郎 (2005)「大宜味村津波方言の音韻の研究」琉球大学人文社会科学研究科修士論文

Serafim, L. A. (2003) When and from where did the Japonic language enter the Ryukyus? A critical comparison of language, archaeology, and history. In: A. Vovin and T. Nagata (eds.) *Perspectives on the origins of the Japanese Language,* 463-476. Kyoto: International Research Center for Japanese Culture.

上田萬年 (1898)「語学創見、第四：P- 音考」『帝国文学』4.1:41-46.UNESCO (2009) *Interactive Atlas of the World's Languages in Danger.*
安本美典 (1994)「日本語の起源」『日本語論』2.11:12-35.

沖縄における植民者としての日本人と沖縄に在住している日本人の在り方

川越　弘

日本の罪責の立場から

沖縄と日本の関係について考えるとき、植民地と被植民地との関連で考えなければならない一面がある。日本人である自分を中立的な立場に置いても、沖縄では成り立たない。私は沖縄に来て5年になるが、最初は沖縄を見つめていた。基地反対運動に参加していても、学んで勉強するという立場を取っていた。そして、沖縄の民衆運動は日本の中での存在価値が高いと考え、沖縄の民衆運動から日本全体の民衆運動に広がって行くように、と願っていた。今もその思いは変わらないが、それだけでは足りないと考えるようになった。以前に書いた「沖縄に赴任して沖縄で考える」の中で、「彼らが忍耐強く続けられるように支えることではないかと思う」と書いて、自分を客観的な位置に置いていたが、それだけでは不十分だと思うようになった。沖縄の人たちの中に入って沖縄の人と共に基地反対闘争をしていても、それだけでは十分ではないと考えるようになってきた。

それは、植民地の加害者としての立場に自分がいるということ、その中にあって私が沖縄に存在しているということをしっかりと考えて行かなければならない。これが私自身の課題となってきたのである。

日本キリスト教会が沖縄伝道に目覚めた背後には靖国問題があった。キリスト告白による国家権力からの独立だとする闘いであることを自覚したことから、沖縄伝道が始まったと理解している。「沖縄県の同胞に対する負い目を果たすために沖縄開拓伝道を開始」したとあるが、「沖縄県の同胞」という言い方に抵抗を感ずる。しかし復帰前の言葉であることを考えると、致し方ない面もあろう。ここにある「負い目」とは、とくに沖縄戦におけるキリストの体なる教会の兄弟姉妹と沖縄の人々に対する罪責という日本キリスト教会の自己批判が込められており、その罪責を担う伝道を行うことを課題とした。「沖縄伝道は、教勢伸展の有望な市場開拓ではなく、出血してこそ沖縄伝道の意味がある」として始めたのである。

それゆえ沖縄伝道は、沖縄の痛みを教会の痛みとして行くことにあると考える。そのためには沖縄を知るということだ。知っているつもりでいても、知らないことのほうがはるかに多い。それだけではない。私たち日本人には、沖縄を踏みにじった側の者であるという自覚が欠けている。少しはあると思ってはいても、本当は全く足りない。沖縄の人々が本当に望んでいることは、沖縄に痛みを与えた側の者たちが、沖縄の人々以上に沖縄の痛みを感じ取らなければならないということである。沖縄の人々の叫びを聞いて、私たちはそれ以上の痛みを自ら持たなければならないという立場にあることが、最近見え始めてきた。

しかし現実はそうではない。彼らの痛みに少しも近づいていない。沖縄の人々の叫びを他人事のようにして見る自分があるからだ。そうならば、この自分が差別者側にいる深い罪にからめとられていると思わなければならない。

ここに私自身の自己訓練の課題がある。沖縄の人々の痛み以上に日本人である者の罪を深く覚えるということ。これは私の一生の宿題である。そしてこれは日本人全ての責任である。日本人はこのことを、これまで真剣に考えて来たであろうか。少なくとも私自身、真正面に向き合って来なかったし、ほとんど多くの日本人も、これまで考えなさ過ぎて来たのではないかと思う。

基地反対闘争に参加し共闘している中で、沖縄の人たちの心の中に入ったと、簡単に思ってはならない。そうしている中で自分の責任を果たしたかのような、日本人の免罪符となってはならない。いつも思い起こさねばならないことは、沖縄に痛みを与えた日本人の罪としての自己検討ではないか。この責任を回避して、どうして沖縄の人々と基地反対の連帯闘争をすることができるか。「天皇来沖反対アクション」や「琉球・沖縄の自己決定権を樹立する会」と取り組む中でも、日本の国家と日本人の罪を自分の意識の根底で覚えながら、沖縄の人々と共に反対闘争をする。これは在沖日本人の生涯の取り組むべき大切な点である。これは教会の課題である。教会の使命・ミッションである。キリストに仕える者の務めであると、私は考える。

そのためには沖縄の歴史を学ぶべきであり、薩摩侵略・琉球処分・明治の植民地政策・沖縄戦・戦後と日本復帰と今日の問題をしっかりと知ることである。さらに沖縄戦を経験した人々の声、現在の沖縄の人々の声を聞くことだと考える。沖縄だけでなく、今も八紘一宇の思想の下でアジアや日本の民衆を支配し続けてきている日本の国家権力の剥奪の歴史を知って、それに批判しないで同調している私たち日本人の己の姿を知ることである。

沖縄の人たちの本当の願い…沖縄に痛みと苦しみを与えている日本人こそが沖縄人以上にその痛みを深刻に自覚して欲しい。

沖縄の人たちは、自分のアイデンティティーが何であるかを求めている。「国籍は日本にあるが、日本人になりきれない」と言う人が多い。ある日本人が私に言った。「沖縄の人を同じ日本人として見てなければかわいそうよ」。本当にそうだろうか。そこには無意識の同化主義があると見る。

25年ほど前、川崎の登戸教会に赴任していたとき、沖縄出身の友人から沖縄の歴史について聞いたことがあった。その時の言葉が忘れられない。「私は日本人ではない。多摩ニュータウンで牧師をしているが、東京に住んでいても自分が沖縄人《ウチナンチュウ》であるという意識を一瞬たりとも忘れたことがない」。私はこの親しい友人の言葉にショックを受けた。このショックは私にとって良い経験であった。沖縄の認識が向けられて視野が広められたと思っている。

沖縄の人々には日本人《ヤマトンチュウ》にない優れた目を持っていると私は思う。人間を見る目である。彼らは人を表面からは見ない。琉球の歴史と伝統があるためか、４００年の差別と侵略と戦争の痛みを経験しているためか、そこから人の本心を読み取る目が養われている。日本人は人より上に立とうとする競争心が人一倍強く、学歴と家柄と血統で人を見ようとする。ウサギと亀のおとぎ話があるが、沖縄の人々はゆったりとしてはいるがいつも本物を見ようとしている。日本ではごまかしのきくものが沖縄ではそれがきかない。教会では改革主義の教義学を教えているが、彼らには食いついてくる情熱がある。たとえ理解に苦労したとしても、真理であるならば目を輝かして追及してくる。ここに沖縄の人々の誠実さがあると言える。

毎日、那覇空港は観光客で溢れている。年間６００万人近くの観光客である。青海原に広がる南海の島、コバルトブルーの海と空、白砂の浜辺とさんご礁、亜熱帯の気候と多様な植物と一年中色鮮やかな花が咲いている。イチャリバチョウディ（出会えば兄弟）の沖縄に憧れるのであろう。しかし沖縄の人々が日本の観光客に本当に知ってもらいたいのは、今に至るまで日本の犠牲になっており、今も差別を受けている沖縄とその歴史である。

70年前には、その悲惨さと苦難は筆舌に尽くしがたく「あらゆる地獄を一つに集めたような戦場だ」と、米従軍記者が報道したほどの住民を巻き添えにした沖縄戦があった。最も悲惨な経験をした沖縄の人々は、軍隊は住民を守らないことを骨の髄から認識している。そんな中で、日本全体の0・6％の沖縄の土地に在日米軍基地の74％がある。この沖縄戦を経験した土地からアジアや中近東に戦闘機が飛び立ち、ベトナム人からは悪魔の島と言われていた。今は戦争訓練機の爆音と落下の不安の中にいる。やがて戦闘になった時は、まず襲われるのが沖縄の基地であろう。未だに多発する米兵犯罪に怒りを抱いている。80％以上の沖縄県人が辺野古新基地建設に反対していても、国が平然と工事を進めていることに命を懸けて怒りをもって阻止行動を起こしている沖縄の民衆を、何とも思わない沖縄大好き日本人がいるのは不思議な現象である。

私たち日本人は、琉球処分（不必要なものを処分する）から今日まで上からの目線で沖縄を見下してきたし、今もその意識は変わっていない。日本の同化政策と日本人同化意識があるからだ。日本人と沖縄人を混ぜ合わせて、日本の論理で沖縄を見つめるのだ。「沖縄が日本とほぼ同じになってきたのは、それだけ沖縄が成長してきた」と人は言うが、それこそ植民地意識が根底に横たわった認識である。

1945年、天皇を頂きとした明治国家支配構造による侵略戦争や植民地支配の犯罪性が瓦解して、日本は、アメリカを中心とする世界の連合軍の要求するポツダム宣言を受諾して無条件降伏をした。ここに神の義の裁きがある。ところが、日本自体が担うべき戦争罪責の負の遺産のほとんどを沖縄に押し付け、戦後の経済繁栄の美酒に酔って自らの戦争責任を問うことがなかったし、今もない。日本が痛まなければならない痛みを、これまで差別してきた沖縄に今も痛ませて、未だに沖縄を見下ろしている。

政府は2013年4月28日を、サンフランシスコ講和条約の発効（1952年）した「主権回復の日」としたが、その日を沖縄は「屈辱の日」と呼んでいる。沖縄は自決権のないままに日本から切り離され、日本国憲法の基本的人権の枠から外されたからである。

実は、日本はその日から「主権を回復したのではなく、日本の主権を放棄した」のである。昭和天皇は1947年9月、「天皇メッセージ」をアメリカに届けて、沖縄の土地提供と米軍駐留を求めた。1951年9月、アメリカはサンフランシスコ講和条約を結び、同じ日に日米安全保障条約を結んだ。この条約の目的は「日米行政協定」

にあり、その内容は日本全土における米軍基地の自由使用を認める一方、アメリカは日本の防衛義務を負わないとするものであった。それは、アメリカの「望むだけの米国軍隊を、望む日本の場所に、望む期間だけ駐留する権利を獲得する」要求に、天皇は自分の立場をアメリカから擁護してもらおうとして、アメリカに従属する国家体制を建てた。これこそが安保条約の根本趣旨である。

「日米行政協定」は「日米地位協定」と、本質を変えずに名称を変えた。これがあるために、日本政府は対米従属というアメリカの奴隷になっている。日本人が独立し自立しているとはゆめゆめ思ってはならない。日本人は無意識の内に国家からの天皇制宗教的価値観によって心の中までも収奪されている。日本人はアメリカの隷属状態となったままに天皇の宗教に絡め取られているという二重の隷属状態の中にある。その担うべき任務を日本の道具として沖縄に押し付けて、日本は奴隷でないように思っているだけである。

沖縄の人々の怒りは、日本の政治・官僚・財界を含む日本人に向かっているが、沖縄に住んでいる日本人にぶつける。どこにも持って行くことのできない彼らの悲しみの叫びを、沖縄に住んでいる日本人に向けることは当然であろう。

沖縄の人々が日本人に願うことは、沖縄の痛みと苦しみを理解して欲しいということである。今さら沖縄に同情してもらっては困ると言う。沖縄戦を押し付け、「集団強制死」を命じ、米軍基地のために沖縄の住民の土地を強奪した日本政府に、無意識的・半無意識的に同調して加担してきた日本の民衆が沖縄大好き人間になったとしても信用できないと言う。そのためには、沖縄に痛みと苦しみを与えた加害者であることをよく認識することだ。日本人こそが沖縄の痛みを沖縄人以上に自覚して欲しいというのが、沖縄の人々の本当の願いだからである。

琉球・沖縄の自己決定権と日本人の立場
…キリストに仕える者として…

1879年、政府は処分官（捨てるための処分）松田道之を琉球に派遣させた。彼の率いる武装警官180人余と兵士約400人は首里城を囲み、尚泰王に「沖縄県設置」を通達し、強制的に合意を迫った。武力をもって沖縄の主権を侵したのである。この「琉球処分」の後、沖縄は皇民化・同化政策が推し進められ、その帰結として沖縄戦の悲劇があった。

日本の敗戦後、沖縄は米国統治下で人権が侵されて来た。「25年から50年以上をアメリカが租借《そしゃく》することが望ましい」という天皇メッセージによって、反対する住民の前で銃とブルドーザーで山畑はつぶされ、軍事基地にされた。このメッセージを基に日米両政府は、サンフランシスコ講和条約と日米安保条約を締結させ、その日米地位協定によって半永久的に沖縄に基地を置いた。沖縄が日本に復帰しても基地はかえって拡大し、民衆は米軍犯罪に悩み、危険視し反対している中でのオスプレイの訓練と辺野古新基地建設など、今もその重圧に苦しみ続けている。この沖縄の植民地の現状を考えたとき、その源流として「琉球処分」に突き当たるのである。

今や「沖縄は自立しなければならない。日本に埋没しない独自の歴史的主体として自己主張をする。沖縄は沖縄として自己決定権を拡大していかねばならない」という声が沖縄全体に広がっている。

１８５４年、琉球王国はアメリカ合衆国と琉米修好条約を締結した。その後、フランスと条約を締結し、１８５９年にはオランダと条約を締結した。沖縄が主権国家であった証しである。日本政府はこの３条約を没収し、現在、外務省が保持している。外務省は、この３条約の「経緯が明らかでない」との理由で、返還の回答を避けている。日本の政府見解は、「琉球王国が外国と結んだ条約に有効性があるのかどうかについての解釈は困難」として、無効とも有効とも答えずに態度を保留しているが、政府が保持し続ける理由はない。すぐにでも沖縄に返すべきである。

１８６９年、「ウィーン条約法条約」を国際連合が採択した。その51条に、「国の代表者への脅迫や強制行為の結果、結ばれた条約（合意）は無効と規定する」とある。この条約は１９８０年発行し、日本は81年に加盟した。

「琉球処分」の実相に当てはめると、ウイーン条約法条約51条の禁じた「国の代表者への脅迫や強制行為で結ばれた条約（合意）は無効」となる。この規定は、すでに当時存在していた「国際慣習法」と重なり、現代からさかのぼって適用されるものである。それに対して外務省は「確定的なことを述べるのは困難」と回答しつつも、不当性を否定していない。否定出来ないからである。

２００７年９月13日、国連総会で「先住民族の権利国連宣言」が採択され、「先住民族」の定義をした。その定義を「後から来た入植者の侵略を受け、同意のないまに（入植者の造った）国家の支配下に組み込まれながらも、民族としての心のよりどころを失わず、先祖伝来の言葉や伝統・文化を受け継ごうとしている人々」とした。すなわち、近代国家が「国民形成」の名のもとで、「野蛮・未開」と見なしてその民族と土地を一方的に奪って併合し、民族の存在や文化を無視軽視し否定することで、さまざまな形の「同化主義」を手段としてその集団を植民地支配した結果、生じた人々のことであるとした。

　国連の人種差別撤廃委員会は、２０１０年３月、「人種差別撤廃条約」に基づいて、沖縄への過重な米軍基地の集中を「現代的形式の差別」として「人種差別撤廃条約の適用対象」と明記し、日本政府に勧告を出した。

　それに対して外務省は、「沖縄県居住者、出身者は日本民族であり、一般に他府県出身者と同様、社会通念上（差別の対象となるような）生物学的または文化的諸特徴を共有している人々の集団とは考えられておらず、本条約の対象にならない」とする同省の見解を出した。ここに「沖縄県居住者」（他府県出身者）が最初に書かれ、その次に沖縄「出身者」（沖縄生まれ）と順序つけて書かれている書き方に注意する必要がある。「日本人を優先し、沖縄の人々はそれに準ずる」という内容が含まれていると捉える。「沖縄人は低劣な土人」とあるブログに書かれていた言葉に、どこかで根底でつながっているのだ。政府の「言語、宗教、慣習、文化などが日本本土との関係で異なっているという認識が必ずしも一般にあるとは認識していない」という説明は、日本と異なる歴史と独自の高い文化を所有している沖縄を、日本の歴史と文化の中に包含するという表現であって、それは同化主義であって沖縄侮辱としか言いようがない。

　そんな中で、沖縄の自立や独立を建てるために日本人の立場はどうあるべきか。沖縄人と日本人、異なる歴史を背負って生きる者同士が協力して一つのものを建て上げるにはどうすべきか。とくに教会は何をすべきか。日本人が沖縄でキリストに仕えることとどう関連するのか、ということを考える。

　キリストの体なる教会と結び合っている私たちは、沖縄の兄弟姉妹と共に礼拝を行い、共に国籍が天にあると認識している。教会はキリストが私たち信仰者の頭となっていることを基盤にして、ここから沖縄人《ウチナンチュウ》と日本人《ヤマトンチュウ》の在り方を考える。「キリストに在って一つである」ということは、地上では異なっていることを認めて生かし合うことにつながるからだ。沖縄の人々と日本人は、それぞれ異なった歴史と文化を背負って生きている。混ぜ合わせたり同化したりするのではない。混ぜることや同化することは、相手の心の中に入ってやがて日本の側に入れ込む。これが植民地支配者の意識である。私たちが三位一体の神認識に立つとき、それぞれが異なる独自性と個性と自由を認めて生かし合うことへと推し進められる。沖縄の立場があり日本の立場があるという認識である。日本の立場とは、植民地的支配ではなく沖縄の自由と独自的個性を生かし、沖縄の傷みを傷む立場のことである。沖縄の立場とは、差別され虐げられている自らの存在を日本に訴えることであろう。そこから、異なる者同士が一つのものを建て上げることにつながると認識する。

私たちには、沖縄の問題を正しく日本に伝えるという責任がある。沖縄の問題を沖縄の人々が語り伝えることは必要である。しかしそれ以上に、日本人が沖縄の人々の声を、沖縄の問題とその傷みを沖縄の人々以上の傷みをもって日本に向けて語って行くことはもっと大事ではないか。そのことを沖縄の人々が本心に求めているからだ。私自身、これまで虐げて踏みにじってきた日本の歴史の中に埋没していたために、自分にとってとても困難な作業である。しかしそんなことを言ってはおられない。

沖縄の苦難をどう捉えるのか、
沖縄の苦難を宿命とするのか
…沖縄に将来があるとすれば、それは一体何であるか…

佐喜眞美術館長の佐喜眞道夫さんの書かれた「沖縄の心を」の中で、丸木位里・俊の「沖縄戦の図」を解説している文章がある。そこにこう記している。「この絵は沖縄戦という地獄を克明に描き、戦争の実相を余すところなく表現していて、そのすさまじさに見るものをして一瞬たじろがせます。しかし、じっと目を凝らしてみていると、水墨の奥からさまざまな形が見えてきて、『語られることのない戦争の闇』を透かして『闇の向こうの光』までも伝え、逆に勇気が与えられます」。私はこの言葉に驚きをもって読んだ。「戦争の地獄の闇の向こうに光が見える」というのだ。ここに歴史の深層が横たわっているのを感じ取る。

沖縄の人々の声には「いつまでこの闘いをしなければならないのか」というため息とつぶやきがある。彼らは疲れ切っている。疲れて体が消耗していても、基地反対と日本の人権差別からの解放を叫ぶのは、沖縄人《ウチナンチュウ》であろうとするからである。「沖縄だから仕方がない」という運命論、「差別を受けるのは沖縄の宿命なのか」という葛藤が沖縄の人々の中にある。「沖縄の宿命であってはならないとすれば、それはどうあるべきか」という葛藤である。この葛藤は沖縄の自己確立の葛藤である。

沖縄の人々の叫びは叫びだけで終わってはならないし、叫びだけでは終わらない。沖縄戦の語り部を通して、艦砲射撃の中で逃げ迷っている人々の叫び声が痛みをもって私の中に響いて来る時、主イエスの十字架上の最後の言葉「わが神わが神、どうして私を捨てたのか」という叫びと重なって聞こえるのだ。「どうして沖縄がいつも差別を受け、捨てられる立場に置かれるのか」と、悶々と湧いて来る現在の沖縄の人々の叫びも、あのイエスの叫びと重なって聞こえるのである。

ヨハネによる福音書9章には、イエスの弟子たちが生まれつき盲目の人を見たとき、「この人が生まれつき盲人なのは、だれが罪を犯したためですか。本人ですか。それとも両親ですか」と、イエスに質問をした場面がある。イエスは「本人が罪を犯したのでもなく、また、その両親が罪を犯したのでもない。ただ神のみ業が彼に現れるためである」と答えられた。このイエスの言葉を沖縄に当てはめてみるとどうなるであろうか。

九州での講演の帰り、乗り合わせた機内でその講師と隣席して話をする機会があった。その先生は全てを前向きに考える人であることを知った。「どうしていつも前向きの考え方をするのですか」と尋ねると、「沖縄戦の聞き取り調査を1000人以上の人に聞いている中で、全てのことを前向きに考える見方が身についた」と言われた。「あの悲惨な沖縄戦を経験した者たちにとって、『明日に向かって生きるには、全てのことを前に向かなければ生きていくことができない』と言う人々の生き方を見て、自分もそのような考え方に変わってきた」と語られた。

沖縄の400年の差別の歴史を運命として、それを宿命のように考えるべきではない。沖縄の人々の葛藤は自己確立のための葛藤であるが、その場合、差別を与え続けている者に対する復讐の論理を構築して自立に向かうのであろうか。もしそうだとするなら、どこに時代と民族を超えた普遍性が起こり得るのか。

差別を受ければ受けるほど、むしろその逆に別の新しいものが蓄積されているのを私は信じている。差別する者と差別される側との二極間の対立よりも、それを越える大きなパワー、新しく生み出される宝石のようなもの、それが蓄積されるということである。その新しいもの、これこそ「神のみ業が沖縄に現れる」ことであると信じるが、それは一体何であろうか。

それは世界に向かう平和を作り出す使命感と、最も弱く虐げられた者への人権回復運動ではないか。沖縄が痛みを経験すればするほど、その意識が深められ蓄積しているると信じるのだ。今は基地反対運動に集中して、それに精力を費やして精根を尽き果てている状態でありながらも、ここから「沖縄の自己確立と自己決定権」が着々と養われていると思う。沖縄には、日本にあるような右翼・左翼意識は希薄である。あるのは、日米同化とそれに対する「沖縄の自己確立と自己決定権」意識である。この「沖縄の自己確立と自己決定権」の樹立が、日本人の「自己確立と自己決定権」を呼び起こし、69年前に打ち出した「日本国憲法」の「主権在民」・「基本的人権」・「平和主義」を本格的に成熟させて行くと言っても過言ではない。

日本は対米従属によって天皇制を温存し、その国家構造の傘下に財界と官僚と政治が現存し、それが明治以来の「国家有機体説」（国民一人ひとりが国家を形成する細胞）と「国家無答責の法理」（国政に仕える上級公務員は天皇に対してのみ責任を負い、公権力を行使して国民に損害を与えても国家は賠償責任を負わないとする原理原則）の構造的差別社会を形成している。そのような中で、未だに日本の民衆意識の中に「平和憲法」の語る「主権在民」が育っていないと私は考える。

しかし今や、世界の中心はアジアに移行しつつある。世界経済の3分の2がアジアに集中していると聞く。これから求められる東アジア共同体という大きな潮流の中に、日本が仲間入りできる登竜門は歴史認識と日本の戦争責任にある。これがきちんと解決できないならば、国際的に置き去りにされるであろう。

そんな中で、この「沖縄の自立と自己決定権」の確立が、東アジア共同体の核となって拡がることを予見する。現に、「沖縄が『国連アジア本部』となって世界平和に貢献する」という声が、沖縄の人々の間で高まっている。沖縄は地域的にも歴史的にもその最適な条件にあると言われているからだ。

ペテロは、使徒行伝2章の説教でヨエル書を引用して「終わりの時には、…あなたがたのむすこ娘は預言をし、若者たちは幻を見、老人たちは夢を見るであろう」（17節）と語った。キリストを十字架にかけて殺す策略的行為は罪悪そのものであるが、神はイエスを「人々の手に渡されて、神ご自身の手の中に受け取られた。人間の悪の行為を御自分の栄光のために用いられ、十字架で死んだキリストを復活させ、天に昇らせ聖霊を送って教会のかしらに君臨させて教会とこの世界を統治させたもうたからだ（23、24節）。神は、その時代の民族差別と争いの闇の中にある異邦人世界にもこの福音を伝えようとして、「若者に幻を見せ、老人に夢を与えられた。この夢を私たちは沖縄で見ることを期待する。キリストが照らされた光を沖縄に照らすのは、この光であると信じるからだ。

「本土の牧師たちは沖縄を捨てた」

「本土出身の牧師たちは、沖縄戦を前にして沖縄と沖縄の教会を捨てて逃げた」という日本の教会に対する批判が、70年経とうとしている今も沖縄の教会に根強くある。この言葉を耳にするといつも心が痛む。

私も沖縄に赴任する前は、何度も沖縄の教会の人々から聞かされた。かつて沖縄と沖縄の教会に訪問した時、心に残ったのは日本の加害であった。17世紀初頭の薩摩侵略、明治維新の琉球処分、太平洋戦争の沖縄戦と集団強制自決、そして戦後と今日の基地問題。沖縄は日本に隷属のように痛みつけられ踏みにじられ、今もそれが根強く続いているということを聞いて、カナズチで頭を叩かれたような衝撃を受けた。

それ以上に、「沖縄戦が始まる前、沖縄で伝道していた日本の牧師たちのほとんどが日本に疎開して、沖縄戦の痛みと苦しみを住民と共にすることを避けた」ということを聞いた（実際は3名の沖縄出身の牧師が亡くなっているが、その他は日本人牧師と同じく疎開していたらしい）。それまでは日本の教会に期待していたためか、このことから沖縄の牧師以上に信徒たちが「日本の教会に失望を抱き始めた」ということを知った。私もその時沖縄で伝道していたならば、当たり前のようにして日本に疎開するだろう、当然のこととしてその時代の牧師と同じく沖縄の教会に失望をもたらすだろうと想像して愕然とした。それ以来、戦争前に沖縄から離れた牧師と私自身が二重写しになって、沖縄の教会を考えるたびにその思いから避けたいという気持ちに誘われていた。

そんな中で、日本キリスト教会大会伝道局長が私のところに来て「沖縄で宣教していただきたい」と言われた。当時勤めている教会の間で板挟みになって葛藤したが、その言葉が神の言葉のようにして私を捉え、やがて決意に至らせた。

沖縄伝道を考える時、私の尊敬する牧師に服部団次郎がいる。彼は東京神学社を卒業して、１９３３（昭和８）年那覇教会の牧師となり、１９３５年名護に伝道し、沖縄救癩協会を設立した。

1944年、10・10大空襲以後、日本軍の命令で日本人と多くの沖縄の人々が本土に疎開した中に、服部団次郎も疎開者の引率者として九州へ疎開した。彼は著書『沖縄から筑豊へ』の中で、筑豊の人になっていく自分の心の動きを語っている。「沖縄の玉翠ということは、これからもなお果てしなく続くであろう（沖縄の）苦難の道を思うとき、どうして私が一人安易の道を選ぶことができよう。これからどのような道を選ぶにせよ、沖縄の人々との苦難に連帯するという、そこから逃避してはならない。そのような思いに駆られて、ついに、筑豊の炭鉱夫となることを決心するに至った」という。

「服部牧師は、日本軍の沖縄布陣、教会建物の接収という非常事態の中で、これまでの仕事を継続することが困難となり沖縄を去った。疎開先の九州での彼の胸のなかには、戦火の中に自分が残してきた教会や、ハンセン病患者たちのことが激しくあったに違いない。戦争直後の沖縄の教会には牧師がほとんどおらず、生き延びた僅かの信徒たちを中心として戦後教会史がつづられていったことを説明する中で、『本土出身の牧師たちは、沖縄とその教会を捨てて逃げてしまった』という批判が、彼の心の奥に沖縄コンプレックスとして潜んでいたに違いない。彼は『自分自身としてもまず地の底から再出発するということの中に、沖縄につながる本当の生き方を見出すことができるのではないだろうか、とそう思うようになった』とも書いている。貧困と窮乏と激しい労働の中で愛児2名を病気で失ったほどの炭鉱夫生活は、服部牧師にとっては沖縄へのお詫びの生活であったと解釈していいのかも知れない」（『この後の者にも　連帯と尊厳を　ある炭鉱伝道者の半生』の巻末「服部団次郎牧師に寄せて 平良修記」）

これが、彼の精一杯神に誠実に従おうとする姿勢であったのであろう。彼の痛みはよくわかるが、私自身、彼の生き方には足元にも及ばない。

1969年10月、第19回日本キリスト教会大会で、「沖縄県開拓伝道推進に関する建議案」が可決された。その理由は「沖縄県の同胞に対する負い目を果たすために、沖縄開拓伝道を開始することを建議する」とある。

「沖縄伝道とは、幾世紀にもわたって積み重ねられた罪責と沖縄の苦しみを担うものである。沖縄伝道は、教勢伸展の有望な市場開拓ではなく、出血してこそ沖縄伝道の意味がある。…沖縄は（占領地米国と米国策に乗じた宣教師によって）、キリスト教に対する誤解や反感も少なくない。…キリストをかしらとした真実な教会形成の志をもって伝道を進めることだ」（渡辺信夫）。「日本の教会は、今よりももっと早く沖縄の主にある友らとの交わりを回復すべきであった。戦争末期の事情を考えれば責任でもあったはずである。1972年（日本復帰）を間近にして、今こそこの時を外しては、彼の地の兄弟に対して申し訳ないのみならず、過去において教会に仕えた先輩に対してもまことに恥ずかしいことと思わざるを得ない。沖縄開拓伝道にあたって第一に考えることは、使命を負う伝道者である。沖縄の人々は誠実であるため、伝道者がどんな志を持っているかを判断する能力を備えている。ヤマトではごまかしがきくが、ウチナーではごまかしがきかない。そのために、職業的な伝道者、一時の腰掛け的な説教者には御言葉を聞こうとしないであろう」（藤田治芽）と、出発時に語られた。

よく言われることは、「日本の神学校を卒業して沖縄で伝道しても、使いものにならない」。「日本の教会で成功を収めて教勢を上げた牧師であっても、沖縄では全く歯が立たない」と沖縄出身の牧師が語る。「沖縄をいつまでも国内植民地の上に立って、その目で見ているからだ」という。自らを低くして、沖縄の人々と同じ視点から沖縄を見るという自覚が足りないからであろう。沖縄の伝道とは、何世紀にもわたって積み重ねられた沖縄に対する日本の罪を償うキリストの十字架を担う教会を形成することであるからだ。

沖縄では「解放の神学」が叫ばれている。民族の苦しみからの解放としての「解放の神学」ではない。神の主権のもとにある「解放の神学」である。沖縄で教会が自立することは、沖縄の自立を根底から支えるようになることだ。同時にこのことは、天皇とアメリカに隷属している日本国家と日本人の自立を促すものである。さらに東アジア共同体の中心的な役割も沖縄にある。その風穴をあける鍵が沖縄にある。

沖縄が差別され痛みつけられ苦しみに遭うほど、運命ではなく摂理として働かれる神は、沖縄を苦しみのままにして置くことをなされない。死からよみがえられた主イエスは、差別を受けて踏みにじられるほどに、踏みにじられた者を宝石のように輝きを増させるであろう。それは、平和を造り出すという行為であり、人権を回復するという光を世界に向けて照らすことである。沖縄にキリストの教会があることは、日本と日本の教会全体が益になることに資するものである。

パウロは「死者に命を与え、存在していないものを呼び出して存在させる神を、アブラハムは信じ…たのです。彼は希望するすべもなかったときに、なおも望みを抱いて信じ、『あなたの子孫はこのようになる』と言われていたとおりに、多くの民の父となりました」（ロマ4：

17、18）と語る。沖縄で伝道するとき、この言葉ほど励みになるものはない。沖縄の教会の現状を見て判断するのではない。アブラハムは神の祝福の言葉を受けて、実際は、子どもの生まれない夫妻の間で一人だけ子どもが与えられて、地上を去った。そこを見て行きたい。

川越　弘（かわごし・ひろし）

1945年石川県生まれ。日本キリスト教会沖縄西原教会牧師。日本キリスト教会靖国神社問題特別委員会委員。「樹立する会」幹事代表。

ウチナー嫁となって50年

大城　貴代子

一、初めて「沖縄」を意識

私が初めて沖縄を意識したのは中学一年、学校から映画「ひめゆりの塔」を鑑賞した時のことだった。同じ年頃の少女たちが悲惨な戦場にかり出され、看護する映像に沖縄戦の恐怖を覚えた時だった。

1946（昭和21）年4月に小学校入学の私には、直接の戦争体験はないが防空壕に逃げたこと、高台にある我が家から遠くに見える町の工場が焼け空が花火のように明るかったことは忘れられない。B29の飛ぶ気味悪い音、そして大人たちが話す広島の新型爆弾の話におびえ、真夏の雲は原爆の雲に見えた。

まさに戦後の混乱期に育ち、ラジオからは毎日のように「尋ね人の時間」の放送を聞き、夕方は「鐘のなる丘」の軽快な歌を一緒に口ずさみ、電車に乗れば白衣姿の傷痍軍人の弾くアコーデオンに出会い恐ろしかった。

5年生の頃、学校で永井博士の「この子を残して」の紙芝居を見て長崎の原爆のことを学び、6年生の修学旅行では広島の原爆ドームを訪れ、中学校の修学旅行では京都や奈良で戦争孤児に出会った。

両親が戦争に負けたことを嘆く会話、復員船やＧＨＱ・戦犯の新聞記事や放送を見聞きしながら子ども心にも戦争の怖さが身についていたが、沖縄戦のことはほとんど耳にしたことは無かったし、学校でもおそわったことはなかった。

二、沖青協と日青協、山口県連合青年団との交流

卒業後、地元の青年団結成に関わり、宇部市連合青年団の副会長をしながら山口県連合青年団の常任理事をしていた１９６３（昭和38）年2月、県教育委員会から、職場（宇部興産（株）の本山病院の栄養士）にＴＥＬがかかってきた。

「沖縄から青年達を迎えるので出席してほしい」と。沖縄青年という言葉に何となく興味を覚え参加することにした。来県したのは「日本健青会」（末次一郎会長）の招待した第三次国内研修団の一行で、健青会をはじめ沖青協（沖縄県青年団協議会）、ボーイスカウト、４Ｈクラブ、ＢＢＳ等の青少年団体の代表で山口県側も同じ青少年団体の役員が参加した。知事公舎で橋本山口県知事の出席のもとで交歓会が開かれ、私は同じ青年団活動をしている沖青協のメンバーと向かい合って交流した。

お互いがどんな活動をしているかとの話し合いの中で、沖縄の通貨ドルを見せられ、青年団は駅伝大会やエイサー、『祖国復帰』の運動をしている。本土に来るのにパスポートが要る等々初めて聴く話に私は強い関心を抱いた。

沖縄がサンフランシスコ講和条約で日本から切り離されたことを初めて知った。

それが縁となって、その年の夏に山口県からも初めて沖縄へ青年達を15人派遣することが決まったようで、各市町村教育委員会をとおして一人ずつ推薦されることになった。

当時、市町村の青年団長は全て男性（副団長は女性）、女性が推薦される余地はないのではと思った。やはり市町村から推薦されたのは全員団長の男性達であった。

私は2月に沖縄青年団員との交流の時初めて知った沖縄へ行ってみたい、出会った青年（後に夫となる大城栄徳）との再会が出来ればと思い異議を唱えた。

その結果、引率の旅行社添乗員を降ろし、女性として私が派遣されることが決まった。

こうして山口県と沖縄県の青年団交流がスタート。１９６３年8月9日～18日、10日間かけて鹿児島経由で初めて沖縄を訪問することになった。

生まれて初めてのパスポート申請、種痘接種、ドル交

換をするなど海外渡航の気分だった。8月8日、山口県青年会館で一泊しながら事前研修を終え、16人の訪問団員は翌9日鹿児島に着いたが台風接近で欠航、さらに鹿児島で一泊。8月10日やっと沖縄丸に乗船できた。24時間の船旅はひどい船酔いに苦しみ、検疫や荷物検査などで下船までも相当時間がかかった。

真夏の太陽がギラギラ照りつける那覇港には沢山の出迎えの人があふれ、私たちは沖青協役員の出迎えを受け、2月に来県したメンバーとも再会した。

米国民政府の階下にあった琉球政府庁舎（現在　沖縄県庁）で大田政作行政主席を怖々表敬訪問した。三日間かけての「沖縄観光」、案内先は那覇・南部では首里城跡・博物館・紅型工場、海軍壕をはじめ幸地腹門中墓、黎明の塔、ひめゆりの塔などの戦跡めぐり。

北部は伊豆味のパイン畑で行き止まりだった。V・F・Wにて食事をし、中部観光は基地の街コザを視察、プラザハウスで本土ではとても買えない高級なジョニクロのウイスキーや時計、煙草をお土産に買った。

最終日は沖青協の役員たちとの交歓会があり、基地の島を訪れた全員が沖縄病に罹ったようだった。

琉球の歴史を知り、基地の島沖縄を実感し、見る物、聴くもの、そして文化も全て本土とは違い、悲惨な沖縄戦で多大な犠牲を被ったうえ、日本の独立と引き替えに北緯27度線で沖縄は切り離されアメリカの施政権下に置かれている沖縄。

祖国への復帰が県民の悲願であり、祖国復帰協議会の中心的メンバーは青年団や婦人会などであることを知ることとなった。

山口県連合青年団は、この交流をきっかけに秋に開催された山口国体へ5人の青年団員を招待、その後毎年沖縄へ青年達の派遣が続いた。さらに日本青年団協議会（日青協）としても各県の青年団が沖青協との交流をとおして「祖国復帰をかちとろう」と連帯し復帰運動の輪は広がっていった。

三、パスポートを手に　新郎の国へ

沖縄訪問の翌年、私は県連合青年団の副会長、大城栄徳は沖青協会長になっていた。

青年団活動からスタートし文通をとおして私は意気投合した。沖縄の置かれた状況に憤慨し青年たちが取り組んでいる活動に感動、一緒に沖縄で運動したいと両親の反対にあいながらも沖縄に恋してしまった。

１９６４（昭和39）年10月、東京オリンピック開会にあわせて世界各国から招待された青少年と共にオリンピックを観戦しながら、富士山や鎌倉、静岡のヤマハ工場などの観光地を案内する目的で「東京オリンピック世界青少年キャンプ（東京学芸大学の敷地内に10月6日開村〜25日閉村）」が開催された。山口県代表（全国から200人）として参加した私は、オリンピックが閉幕しキャンプ村の閉鎖後、山口に帰郷して11月1日挙式をあげた。

まだ、沖縄のことが十分知らされていない山口県では、地もとの新聞等でも私たちの結婚のことが大きく取り上げられた。

〝祖国復帰〟のカケ橋に　文化の日、新郎の国へ
青年団活動が縁結び　宇部の内野さんと沖縄青年
（昭和39年11月2日　サンケイ新聞）

〝青年団交流が縁結び〟大城君（沖縄）と内野さん（山口）
（昭和39年11月1日　防長新聞）

きよう晴れて結婚　青年団活動が縁結び
（昭和39年11月1日　中国新聞）

しあわせ一ぱいの新郎　新婦
沖縄青年と厚南の内野貴代子さん　青年団交流で結ばる
（昭和39年11月1日　宇部時報）

渡航目的は、観光ではなく「結婚のため」と申請、日本政府総理府の発行した身分証明書は下記のとおりとなっている。

第250730
　本証明書添付の写真及び説明事項に該当する日本人内野貴代子は結婚のため南西諸島へ渡航するものであることを証明する。
　この証明書は本邦に帰国するまでの間有効である。
昭和39年9月22日
内閣総理大臣　池田勇人　印
下線部は手書き

11月3日、外国扱いの沖縄へは柳行李二つと布団袋、そして私の大切な楽器「電子ピアノ」を国鉄のチッキで鹿児島の宿へ送り、夫と共にパスポートと母が持たせた持参金（必要なミシンや家具を買うようにと）を持って我が家を後にした。

荷物が届くまで鹿児島や宮崎を観光、やっと11月9日ひめゆり丸に乗船し翌日那覇港へ着いた。西原村（現在西原町）から夫の兄たちがトラックで港に出迎えてくれた。

結婚後は、働くことを約束していて教員になることを希望していたが、沖縄の人以外は公務員になれなかった。

夫は、喜屋武真栄先生（夫は当時、沖青協の会長として復帰協の副会長もしていた）に頼のんで受験日までには入籍する約束で受験願書は受理してもらっていたので、早速婚姻届けをして、私は晴れて日本人からウチナンチュになった。

翌年3月、「滞在期限が過ぎているから出頭するように」とのハガキが届き驚いた。手続きは法務局にいた夫の兄がしてくれ、詳細は覚えていないが手元にあるパスポートには次のとおりの紙がホッチキスで留められている。

本籍沖縄県中頭郡西原村字小那覇999
氏名　大城貴代子
右の者は琉球住民としての資格を取得した旨
届け出があったことを証明する
1965年3月8日
出入管理部長
垣花　敬　印

下線部は手書き

四、婦人団体連絡協議会・県労協婦人部結成と本土婦人たちとの連帯

念願の教員採用通知は、南大東の学校であった。9月に出産の予定が判り離島勤務は無理とのことで残念ながら辞退した。その間、夫の勧めで琉球政府公務員試験も受験、合格していた。長男を出産し3ケ月過ぎた1965年（昭和40）12月1日、琉球政府建設局に行政事務職で採用された。沖縄で夫持ち、子持ち女性の再就職の困難さ、保育所さがし、子育てと仕事の両立の大変さを痛感したことが後に婦人問題に目を向けるきっかけとなった。

再就職して半年、琉球政府公務員でつくる労働組合（官公労　糸洲一夫委員長）の教宣部長の瑞慶覧さんから青年団活動の経験がある貴女に婦人部の役員を引き受けてほしいと声がかかった。

組合活動の経験もないし、育児時間（子育てのための）を行使中であることを理由に断ったが、翌年また婦人部を再建するので協力してほしいと頼まれた。

女性が働くことの難しさや女性に対する差別的慣行（お茶くみや補助的な仕事ばかり等）を実感していた私は喜んで参加した。そこには婦人部長の伊礼信子さん（裁判所の係長　後に沖婦連の役員）、与儀久子さん（後に外間久子　県議会議員）や知念都由子（知念ウシさんの母）さん、などそうそうたるメンバーがいたにもかかわらず一番若輩（28歳）の私が再建後の新しい婦人部長に選出されたのだった。

職場のお茶くみ問題や生理休暇、産前産後休暇、公立保育所の増設等々公務員労働者として働く女性の要求は多岐にわたっていた。また教職員会婦人部の運動や軍職場に働く女性の人権問題を知り、私は女性たちの連携の必要性を痛感した。

1960年代になって保育所設置促進協議会の結成や物価値上げ反対消費者大会、第1回物価メーデー（沖婦連・婦人有権者同盟主催）等の盛り上がりや相次ぐ女性団体の組織化が進んでいた。新日本婦人の会、日本婦人会議、日本婦人有権者同盟などの沖縄支部結成が続き、1967（昭和42）年9月30日、沖縄婦人団体連絡協議会（第一次婦団協）が結成された。会場の教職員会館には、あふれんばかりの女性が集まり私は沖縄女性のパワーに圧倒された。

1968（昭和43）年5月には、総評の山本まきこ婦人対策部長を団長に日教組、自治労、全逓労婦人部、大阪総評婦対部の女性5人が来沖、県内の婦人労働者との交流が実現した。それを契機に、労組婦人の組織化が必要と考え沖縄県労働組合協議会(県労協　亀甲康吉議長)に婦人部を設置し働く女性の問題を一緒に解決していくことになった。

こうして8月3日沖縄教職員会館で沖縄県労働組合婦人連絡協議会（県労協婦人部）を結成、私が初代の婦人部長になった。

復帰運動の盛り上がりと連動して、婦人運動の牽引は婦団協が中心であった。主要組織は沖婦連、教職員会婦人部、県労協婦人部の他、農協婦人部、遺族会婦人部、婦人有権者同盟、新婦人の会、日本婦人会議、沖青協女子部でその運動は県外から訪れる女性団体からも高く評価されていた。

復帰運動の中で、女性問題（男女平等の闘い等）は欠落していたと評されたこともあったが、女性の人権・子どもの幸せ、暮らしと平和を守るというスローガンのもとで女性たちは団結し、国会行動などで本土と沖縄の連帯した運動を展開することができた。

激動する復帰前後における女性たちの運動は特筆すべきことだと思う。

五、屋良・平良・大田知事のもとで行政に関わって

1972（昭和47）年5月15日午前6時、降りしきる雨のなかNHKの迎えの車で私は与儀の那覇市民会館前に着いた。核抜き本土なみ返還を要求した県民の願いは叶わないまま、復帰の朝を迎えたのだ。

ウチナンチュになっておよそ8年、やっと日本人に戻ることができた喜びと復帰に対する不満が交錯する中で、一人の主婦として「水道の蛇口をひねれば何時でも

水が出る暮らしを（子育て中の私には断水が一番困っていた）」、そして保育所の充実、新生沖縄県に対する期待についてインタビューに答えた。

職場（労働局婦人少年課）は、復帰と同時に労働省沖縄婦人少年室（初代室長　伊波圭子）になった。この日をもって私達琉球政府職員は、国家公務員、沖縄県職員、市町村職員へと身分移管された。私は県職員となり、那覇渉外労務管理事務所労務課（軍従業員が間接雇用となり、労務基本契約により県が雇用主となった部署が新設）への辞令をもらい、夕方は与儀公園での県民大会へ参加、慌ただしい復帰一日を終えた。

復帰により初代屋良朝苗県知事が誕生した2年後の1974（昭和49）年4月、私は企画調整部広報課県民相談係長へ昇任した。まだ、保健医療等の専門職種以外では女性の行政職の係長は少なかったが女性の積極的登用であった。県民相談係の仕事は、知事の広聴活動としての行政視察と県民との対話、そして知事宛の陳情・要請の処理が主であった。

新しい沖縄県づくりの政治課題は山ほどあった。核も基地も無い平和な沖縄を実現するには、戦後処理問題をはじめ基地問題、本土との較差是正、振興策等々…。

広報課では、屋良朝苗・平良幸市知事の意向に添って離島、辺地での住民の声を反映させるために対話の場をつくる「知事広聴」を精力的に実施した。5年間の係長時代離島の全てを周り、県民の意見・要望を聴き、行政に反映する仕事に携わることができた。

事務調整では、屋良知事は時々額に縦皺をよせながらも真面目で真摯に対応、県政運営に携わる知事の「鈍角的対応」を学び、平良知事は「いちゃればチョウデイ」「僕は屋良知事ほど元気ではないから余り無理な日程を入れるな」との人間味のある好々爺、二人の知事の元で多くのことを学ぶことができ幸せだった。

1978（昭和53）年12月、病気で倒れた平良知事の辞職に伴って県政は替わり西銘順治知事が誕生した。国際婦人年の真っ直中、女子差別撤廃条約の早期批准、実効る男女平等法の制定に向けて日本中の女性たちの運動は盛り上がっていた。

二人の子どもが難しい年頃になり、夫も電電公社に勤めながら那覇市議会議員として政党の活動を続けており、私は仕事と家庭、組合活動の両立に悩んでいた。

1981（昭和56）年4月女性たちに押された私は、初の女性の組合専従になる決意をした。沖縄県職員労働組合の総務財政部長を引き受け、続けて自治労婦人部長専従となり、第三次婦団協の事務局長として思う存分の組合活動にも専念出来た。

１９９０（平成２）年、大田昌秀知事の誕生で女性の登用は飛躍的に進展した。全国で二番目の副知事（尚弘子）が誕生し、女性政策室も新設された。那覇地方裁判所長（大城光代）、沖縄タイムス編集局長（由井晶子）が誕生し、沖縄の女性たちは全国一元気で大いに輝いていた。

１９９５（平成７）年、北京で開かれた国際婦人年世界会議へ71名の女性たちを参加させ、女性総合センターの設置など知事の公約で県政運営は大きく変わったことを実感できた。

そして私も、女性政策室長を経て商工労働部次長、生活福祉部長、文化環境部長という貴重な行政経験をさせていただいた。

１９９８（平成10）年11月、大田知事が敗北し稲嶺恵一知事が誕生。夫の介護もあり、私は翌年３月勧奨退職した。大田政作主席、屋良朝苗主席・知事、西銘順治・大田昌秀・稲嶺恵一知事と６人のリーダーの元で貴重な経験ができた。

沖縄に恋して34年間、私の人生にとって最高の幸運な時だったと言える。

六、兵戈無用＝殺してはならぬ、殺させてもならぬ
沖縄に基地は要らない！

介護退職をして14年４ケ月、２０１０年（平成22）８月、夫が亡くなり私はおひとり様になった。沖縄での生活に慣れなかった頃、夫が亡くなったら山口に帰ろうと思ってい私だったが、一人になっても夫と共に愛した沖縄に骨を埋める覚悟をした。

介護疲れから抜け出すために、琉球新報カルチャーの短期講座で歎異抄を学んでみることにした。講師は、読谷村にある真常寺の北村昌也住職であった。

沖縄は祖先崇拝で本土の仏教（檀家制）とは大きくちがい、私もお寺には無関心となり歎異抄を理解することはとても難しかった。夫の死後、納骨でお世話になっている浄土真宗沖縄別院とのご縁ができ、真常寺で再度の親鸞講座「歎異抄の世界」を学ぶ機会もできた。

介護を中心に過ごしていた私は、なかなか喪失感から抜け出すことができず苦しんだが、失語症のボランティア活動を継続し、「かりゆし長寿大学校」へ入学することで、自由な時間と新しい出会いを手にいれた。

おひとりさまの気軽さで趣味のシルバーピアノを習いはじめ、女性の政治活動支援や「オール沖縄」島ぐるみ会議の共同代表の一人にもなった。

34年間の行政経験と女性運動をとおして言えること

は、沖縄は戦後70年経っても未だに基地問題に翻弄されていることである。こんな不条理なことが何故許されるのだろうか？　私が青春をかけて恋した沖縄の現状は、「基地の中に沖縄がある」半世紀前に初めて訪れた沖縄と全く変わっていない。

仏教徒は戦うことを嫌い、平和をこよなく愛する根拠の経文（仏説無量寿経）に「兵戈無用《ひょうがむよう》」がある。釈尊（オシャカサマ）は、「殺してはならない、殺させてはならない」と説いておられる。「兵」は軍隊、「戈」は武器。「兵戈」の中にはもちろん沖縄の米軍基地も含まれている。

未年の今年、辺野古新基地建設が強行されつつある中で、「兵戈無用」～沖縄に基地は要らない～と全国の友人、知人に年賀状を送った。

超高齢社会を迎える中で、後期高齢者の仲間入りを前に私の関心事は女性問題から人生の終い仕度、「終活」に移りつつある。

私が恋した沖縄、夫たち若者が青春をかけて勝ち取った復帰や護憲反安保の闘いは現在も続いている。「何のための祖国復帰」だったのか。沖縄の自立とは？　沖縄の独立は可能か？　男女平等の社会は何時訪れるだろうかと、夫の仏前に毎日語りかけている。

（琉球・沖縄の自己決定権を樹立する会幹事代表・「島ぐるみ会議」共同代表）

アメリカの民主主義は死んだ

川満信一

一、それでよいのか日本国

沖縄防衛局は27日、名護市大浦湾側のキャンプ・シュワブ沿岸部で、クレーンや支柱の付いた大型作業船2隻と資材運搬船3隻を使って、辺野古新基地造成作業を強行したという。

あらためて確認するまでもなく、辺野古新基地造成をめぐっては、沖縄内では相反した利害の争いが続き、また、県と国との間でも未解決の政治課題として係争中である。

現在の民主主義を正当化する根拠は、選挙による民衆の意志表示にある。この基本ルールにしたがって２０１４年11月の沖縄知事選挙では、辺野古新基地造成を承認するか、それとも否認するかが争われた。そして否認・承認撤回を主張する新知事が選ばれた。

にもかかわらず、新基地の造成作業を強行するのはどういうことか。これはだれが見ても民主主義の基本である選挙制度を無効にする暴挙でしかない。世界に向かって、日本国は民主主義の国です、などとはもはや言えない。日本国は選挙結果を足蹴りにし、人権を踏みにじり、軍事ファシズムへと暴走する前世紀的な野蛮国だ、と宣言しているようなものである。

たとえ、片隅の私的な係争であろうと、その利害調整が定まらない間は、法律上の裁定くらいは待つべきである。現段階の国民国家は法治国家であり、いかなる権力も憲法で保障された「民の声」を無視しては統治できないはずだ。辺野古新基地造成工事を強行すると独裁権力にしかならない。

日本国はこれまで北朝鮮をはじめ中国やその他諸国の「人権侵害」について、進歩した民主主義の先輩という姿勢で非難したり、制裁を科したりしてきた。

ところが自分のふところでは、民主主義や人権など完全無視の、とんだ悪代官ぶりを臆面もなく振る舞っている。

仮に沖縄の知事選挙で、新基地造成の賛成が多数だったとしても、それに反対し、賛成しない選挙民がいるなら、彼らを納得させるだけの理由を説明し、了解をとりつけたうえで、国策の実施へ移るのが筋道であろう。くり返されるのは日米合意と共同防衛という標語だけである。国連軍という偽の看板で、中国・ロシアを除く各国に軍事基地を確保し、中国包囲網という防衛ラインを構築するという戦略によって、辺野古新基地造成を正当化するというのが理屈である。アメリカの世界支配の野望に便乗した日本の共同防衛構想は、はたからみれば理屈に合わない軍事妄想としかいえない。そもそも、アメリカが自分の国家と領土を防衛するというなら、アメリカの西・東沿岸に核の砦を築けばよい。なぜ太平洋を越えて、中国の軒下に位置する沖縄まで張り出してきて、挑発的な基地強化を推し進めようとするのか。理屈に合わないからこそ沖縄は異議を申したてているのである。

政府の代表たちは、口を開けば国の方針はすでに決まっており、たとえ名護市民および県民が賛成しなくても既定方針に基づいて「シュクシュク」と基地造成を進めるとオウム返しをしているだけである。

その「既定方針の国策」なるものが、アメリカ軍部のヤクザな戦争屋たちに洗脳された戦略でしかない、ということに気付こうともしない。根拠の薄弱な中国仮想敵視を唯一の情況認識とし、防衛包囲網という戦略に踊らされているだけのことだという事実に気付いているのか、いないのか。そういう国家のリーダーたちの世界認識は痛ましい限りである。政治家やトップ官僚たちをくさすのは、ままにならない庶民の日常的鬱憤のはけ口でもあるが、その鬱憤のはけ口に耳を貸さないリーダーは、民主主義などと縁のない「遺存種」でしかない。

明治以降の日本国のアジア諸国に対する国策が、功罪何処で道を間違ったのか、リーダーたちが日本近代史について無知なはずはない。そしてまた敗戦後の日本の経済成長の背後に、何が担保されていたかについても、十分承知であろう。東京はじめ他都市の無差別空爆、広島・長崎への原爆投下、沖縄・南洋諸島における死闘、その痛切な反省から戦争を政治の手段にしないという戦後の憲法が創られた。戦争を放棄した平和国日本、それが経済成長の担保だったという見解は正しい。諸国のそういう日本国への信頼回復が、70年間の努力によって、いよいよ実を結ぼうとする時に、なぜ日本国は後戻りの軍事国家に急変しようとするのか。

その見方からすれば、沖縄の知事選挙で結集した声は、そしてまた辺野古や高江で渦を巻いている名護市民の声は、地の底、海の底、あるいは天の声の代行だと思う。アジア各地や沖縄戦で戦死した兵士や民間人は地の底から、海のもくずと消えた兵士たちは太平洋の底から、そしてその声を聞き届けた天は彼方から「道を間違えるな」と警告している。生命は一度絶えたら再生できない。しかし今日の日本経済は、敗戦の廃墟から再興して巨財をなしている。再生不可の生命を犠牲にせず、再興可能な経済をいかにリフォームしていくか、それが平和憲法のもとでの政治理念だったはずだ。その理念を放棄して、アメリカの過去の栄光（軍産学複合体）の軍事産業へ舵を切りかえようともくろむ安倍現政権の政策に「道を間違えるな」と警告を発しているのである。

日本国のリーダーたちは、戦後の民主主義制度を煩わしいものに思い、即決による軍事強国の夢を追っているように見える。

歴史が進化するか、ただ転移するだけかはわからない。いずれにしても元に戻ることはあり得ないだろう。単独の野獣、群れの生物・植物から、意識的に体験を蓄積し、社会や文化を創ってきた人類という集団が、後戻りするわけはない。近代以降、個の人権に目覚め、集団の譲り合いのバランスをどう調整するか、その試行錯誤を重ねてきた現代社会の成員が、昔の戦争奴隷や農奴に戻るわけがない。

にもかかわらず、歴史を戻そうとする君主的リーダーたちは、いつの世にもモンスターのように出現するが、彼らモンスターは、歴史の進化・転移という原理によって葬り去られるだけである。議会の多数決で収まる問題と、衆知をつくして決める課題があることを認識しなければ、政治家はつとまらないはずだ。

要するに現代社会では、民主主義の原理に逆らうことは出来ないということをオエライさんたちにも認識してもらうことだけである。「シュクシュク」も「ギャギャ」

もない。民主主義の原点を見失っていはしないかと抗議しているのだ。辺野古の反基地闘争をめぐる国と沖縄の関係は、このままでは民主主義の自滅を暗示しており、「日本国民よ、政治に自信を取り戻せ」、と警鐘を鳴らしている。

「辺野古案撤回」を公約して10万票差の重荷を背負った翁長知事は、日本国の民主主義を死なせないためのドン・キ・ホーテの勇気をもつことをもとめられている。「残念だ、不快だ」という情感のレベルから、国家の進路を誤らせないという覚めた意志の力を、政治の場で発揮して欲しい。翁長知事は孤立しているわけではない。2015年1月25日の沖縄タイムス紙に掲載された「新基地反対世界の声書簡全文」に名前をつらねている各国の知性と良心たちに象徴される世界の「目」が、しっかりと支えている。

ただちに県警機動隊、海上保安警備隊にたいして、現場出動の停止を指示し、工事業者にも作業の中断を求める勇気ある決断を迫られている。死に体の民主主義に蘇生・復活の治療を施すには、それしかない。

二、アメリカの民主主義は死んだ

2015年1月28日の沖縄タイムスに、「米国の代弁者失う」の見出しで、米国特約記者・平安名純代が書いている記事を見ながら、冷戦時代からアメリカが掲げてきた民主主義の看板も、無残に色あせ果ててしまった、という思いがきた。

近代化の烽火をあげたフランス革命で掲げられた理念は「自由・博愛・平等」だった。それに基づいて第一次大戦が遂行された。またドイツ、イタリア、日本の三国同盟を、民主主義に反するナチズム、ファシズム、天皇制ボナパルティシズムとして位置づけ、三国との戦争を正当化したのが第二次世界大戦だった。そして、大戦後は、博愛と平等をどこかに置き忘れて、「共産圏」に対する「自由主義陣営」というプラカードを立てて、冷戦を企てたのがアメリカとソ連だった。世界史の手習いではそうなっている。

アメリカの「自由主義」は「民主主義」といつでもセットである。しかし、アメリカの国益優先の自由主義が、世界の諸民族にどのような犠牲を強いてきたかは列挙するまでもない。特に敗戦処理として占領された沖縄における米軍統治27年間の、言論弾圧から政治・経済にわたる強権の執行はその見本である。「自由主義」がエゴイズムの一方的行使だったら、そんなもの豚に食わせたほうがよい。問題はセットになっている「民主主義」である。リンカーンの宣言といわれる民主主義の理念「人民の人民による人民のための政治」は、いつの間にか「アメリカのアメリカによるアメリカのための世界政治」となっている。

「反対する住民が現場に近づくことができなければ計画は進められる。安倍政権は強行策を必ず見つけるだろう。そうなれば沖縄は遠くから反対を叫ぶことしかできなくなる」、この米高官のことばに、民主主義の社会で育ってきた感性や、教養の欠けらでもあるのか。

「普天間の辺野古移設を定めた日米合意も沖縄の民意だ。この合意が工事を進める根拠となっている以上、われわれも現行計画を進めるしかない」と国務省高官は工事強行の理由を説明したという。それではまるで手前味噌の情況分析でしかない。沖縄にこれ以上軍事基地を増強する必要がほんとにあるのか。あえて増強すればアジア各国の軍事的緊張を促し、米・中関係にも溝を広げるだけで、防衛どころか戦争促進の政策にしかならないのではないか。軍事の専門家たちが、素人でも予測できる状況の先行きを読めないはずはない。

「戦争経済」を唯一の選択と考えるなら、中近東を中心に展開している「テロ戦」を東アアジア市場に移すという戦略もあり得るだろう。するとイスラム戦士に変わって、神風特攻隊や文革戦士たち、北朝鮮・韓国の戦場をぐってきた兵たちの出番ということになるか。東アジアの巨大人口地域で「テロ撲滅」などというターゲット不確定の戦乱がはじまり、難民移動やパニックが起きた状況を想像するだけでも、世界の終わりを予感させる。アメリカはアフガニスタンやイラク、現在進行の「イスラム国」介入でも、紛争を収めるどころか蜂の巣をつついて逃げ出すような失敗をくり返している。動乱拡大が目的ならば戦略的には成功ということだろう。イラク戦争ではだれかさんがしこたま稼いだという情報もある。しかしそれではアメリカの平和・自由・人権・防衛・民主主義といった看板は地に落ちるばかりである。銃の国アメリカは花の国に変われるか。

「普天間基地の早期移設・撤去、基地負担の軽減・縮小」、それが仲井眞前知事の選挙公約であり、その公約の実現に期待を託したのが民意だった。しかし仲井眞前知事はその公約を裏切った。投票で託した民意とは違うという選挙民の判断によって、仲井眞知事の再選はアウトになった。そのような誰にでも判断できる状況の推移を分析できないレベルで、アメリカの高官たちが国策の舵取りをしているならば、何をか言わんやである。沖縄の戦後米軍統治が、退職前の政治能力もない軍人たちによって牛耳られていた、ということはアメリカの記者が暴露している。それは世界に対するアメリカの恥じ晒しであろう。そして、現在でもまた「民主主義とは何か」をど忘れた高官たちが支配権を維持しているとすれば、もはやアメリカの民主主義は死んだ、と判断されても仕方あるまい。

アメリカインディアン部族の隔離領か、自主独立領か知らないが、カナダに近い「オノンダーガ」を訪問したとき、最高指導者とされるグランママと親しく話し合う機会に恵まれた。そのときの話しによると、先住民族と位置づけられるインディアンたちが、部族戦争の歴史的反省から創った憲章を基本にして、アメリカの憲法はできあがったという。その憲法精神が矜持されたなら、アメリカは世界のどの国よりも友好を築きたい国であろうし、「世界の警察」としての看板も偽りのないものとして機能するはずである。

しかしアメリカがいまのように、民主主義を内部から自壊させ、世界の威嚇屋、戦争仕掛け屋の道をひた走るだけなら、いずれ人類社会の進化からボークした精神文化の廃墟として、巨大ビルの残骸を残すだけとなるだろう。アメリカの知性は、いま沖縄に症状として現れているアメリカのガンを切除して、自らの健康を回復しなければならない。世界の知性は目を見開いて、アメリカの知性と良心の目覚めを見つめている。


（詩人、思想家）

卑弥呼コードで解く嘘つき国家

海勢頭　豊

戦後70年が経ちました。それなのに日本という国は、未だ天皇の歴史を正さぬままにいることに驚きます。即ち明治開国以来、創世神話の嘘で国民を騙し続けてきた、戦前と変わらぬ常態に驚くのです。しかも、その国家による騙しのテクニックが幼稚であるにも拘らず、ほとんどの国民（沖縄県民を含む）が、記紀を論拠にした皇統の歴史の嘘を鵜呑みにして受け入れていることに、驚くばかりです。嘘でまとめられた国家は嘘つき国民の集合体で、それが日本という国の正体になるのですが、果たしてそれでいいのでしょうか？

例えば、サッカー日本代表チームのマークを三本脚の八咫烏にしていますが、それにケチをつけないのは何故でしょうか。例えば、初代神武天皇が即位したのは紀元前660年とするおかしな話が、国民的議論にならないのは何故でしょうか。例えば、天照大神が皇祖神であるとしていることに、疑問を持とうとしないのは何故でしょうか。例えば、魏志倭人伝に記された邪馬台国の女王卑弥呼について、歴史的検証を国家として取り組まないのは、一体何故でしょうか。本来なら、これらの疑問に対する歴史検証と天皇制国家の正しは、新憲法を制定した時点で済ませておくべきであったのですが、何故か日本国民と政治家は、そうはしなかった。それどころか、戦後70年の現在なお、戦前同様の神国日本の嘘の歴史文化に呪縛されたまま、その嘘にしがみついて国体護持に努め続けようとしているからおかしいのです。

そのような嘘つき国家の国民の代表が、現内閣総理大臣安倍晋三ということになります。彼こそが明治以来の琉球差別処分の権現であると言ってもいいでしょう。彼の歴史認識がぎくしゃくした外交問題を生み、国益を損ねているのも、神国日本の国体護持思想に根差したものであると理解すれば、単純で分かりやすい政治です。しかしそれにしても、日本政府（自民党であれ民主党であれ）は、かくも執拗に沖縄・琉球差別をくり返すのか？特に辺野古新基地建設を、沖縄県民の民意を無視して強行しようとするのか。また八重山地区の公民教科書選定に於ける育鵬社版の押し付けを、国家の圧力をかけてでもやるのか？このような憲法の平和主義からかけ離れた非民主的で理不尽な政治を、なりふり構わず行うようになった、その行動の裏に存在している理由とは、一体何なのか？

やはり、それらの疑念を晴らす答えは、唯一つ。辺野古の海にジュゴンが現れたからでしょう。本来ならジュゴンは新潟のトキのように、国をあげて保護するべきものですが…。

ところが日本政府にとって、これほど厄介な動物はいません。ジュゴンによって琉球の古代史と宗教的正統性が明らかになるばかりでなく、日本創世神話や神武東征神話の真実までもが、解明されてしまう恐れがあるからです。従って、日本政府の立場としては、何が何でも辺野古大浦湾を破壊し、ついでに山原全域を軍事基地化によってジュゴンの棲めないようにしなければならない、ということになります。

だがしかし、この状況を理解し、対処しようとする政治家や文化人は、何処にもいません。特にヤマトの文化人やマスコミは畏縮してしまって、本音を語ろうとしません。例えば、本土大手通信社の依頼で書いて送った私の原稿も、デスクの意向で掲載されませんでした。次がその文章ですが、それを読んで理解できないというのであれば、歴史の真実は永遠に闇に閉ざされたまま、破局に向かうことになりますが、それでいいのかということです。

沖縄・琉球は、女性中心の祭祀地域。大和・日本は、男性中心の祭祀地域です。（何故そうなのか？を考えると、日本国内に存在するウチナーとヤマトの対立、そして天皇の権力とまつろわぬ民の対立の源流を、古代に遡って見ることができます。）今、名護市辺野古の基地建設を巡り、沖縄対日本政府の闘いが過熱していますが、それは元々内戦状態にあった二つの地域の精神文化・宗教文化の対立が表出し、日本政府を窮地に追い込んだことを意味しています。（つまり明治の琉球処分併合でも、昭和の壊滅的地獄の沖縄戦でも、その後の過酷な米軍統治下にあっても、沖縄・琉球の精神文化・宗教文化は、潰れずに残っていたという、ヤマト側の誤算があったことになります。）即ち卑弥呼の神制を守ってきた琉球の清ら文化圏と、その琉球を幾度となく処分し、歴史の真実を秘匿してきた日本の美化文化圏との闘いということになります。そして日本の国家体制が崩壊しかねないこの闘いには、古代からの龍宮神信仰迫害に対する怨念が籠っており、それを辺野古の海のジュゴンが炙り出したことになります。（勿論卑弥呼は魏志による当て字で、正式には倭迹迹日百襲の姫。もしくは系図に記された日女命。琉球王府の採録した「創世おもろ」では「日子、日の子」であり、ウチナーンチュはその彼女を「トートーメー」と崇拝しているわけです。）

龍宮神とはジュゴンのこと。平和の神・航海安全の神・豊穣の神として人々から崇拝されてきた神獣です。その信仰の由来は旧約聖書の神の教えに辿ります。即ちジュゴンは日本人のルーツを明かす琉球の守護神であるばかりでなく、日本の守護神でもある訳です。

従って沖縄人が辺野古基地建設に絶対反対の意思を固めたことには、極めて宗教的な（宗教民族としての）真の国体護持思想が内在していると理解しなければなりません。

辺野古漁港突堤の岩場には、人々の祭る龍宮神の祠が立ち、三つ巴紋の象徴が掲げられています。私も平安座島の神人として、龍宮神を祭る立場の人間です。そこで辺野古問題が浮上した当初からジュゴン保護キャンペーンセンターの活動に参加し、四年に一度の国際自然保護連合会議（ＩＵＣＮ）では、日米政府に対するジュゴン保護勧告決議を二度、三度と勝ち取ったりしてきました。だがしかし、日本政府は一切聞く耳を持とうとしませんでした。

かくなる上は、日本中に広がる多くの神社や神輿に掲げられた巴紋は、ジュゴンの象徴であること。祭神の豊玉姫と玉依姫はジュゴンの姉妹神であり、曲玉はジュゴンを象った霊石パワーストーンであること。特に天皇が所有する八尺瓊勾玉は、２メートル数十センチのピンクに輝く辺野古のジュゴンを意味していること、等々。卑弥呼の残した古代倭国の平和の象徴を解明し、急ぎ国民に周知させることを考えねばなりません。3・11以降打ち続く災害列島日本の恐怖は、正に卑弥呼とジュゴン信仰の歴史を蔑ろにしてきた、日本国民に対する警告と受け止めるべきでしょう。

ところがこの危機に直面し、思考停止しているのが日本政府でした。昨年の総選挙で国民を誑かし、それで信任を得たと勘違いした安倍総理の解決策は唯一つ。戦前の軍国主義国家の誇りを取り戻すためには、戦後国民主権国家の処分と、未完の琉球処分を同時進行でやること。そして、その拠点とする辺野古新基地建設は軍事力で威してでも強行し、ジュゴンを抹殺するしかない、ということでしょう。そうすることによってしか嘘つき国家の国体は護持できないし、もしかすると、再び国民を一億玉砕に導いてでもやるしかないと決意しているのかも知れません。

しかしそれでは確実に国家崩壊を招きます。では、この危機から国民を救うにはどうしたらいいか？そこで私の答えとして出版したのが「卑弥呼コード・龍宮神黙示録」（藤原書店）でした。卑弥呼の歴史を評価することで、日本は再生できると信じるからですが、ヤマトがそれを否定するのであれば、ウチナーは独立するしかない、ということになります。

（琉球・沖縄の自己決定権を樹立する会　幹事代表、音楽家）

オバマ大統領へ直訴の手紙

金城　実

沖縄の地理について

沖縄はユーラシア大陸の東端、太平洋にある小さな島々から成り立っています。それは日本本土の九州から台湾まで1，287キロメートルに及ぶ広がりがある琉球の南半分になります。160の島々が点々とありまして40の島々は無人島です。この地理的位相は小さな島ではありますが東西南北の文化の恵みを受けておりました。他方、大国の政治的及び軍事的にも利用され、その歴史には闇の世ともなりました。

沖縄は国際的な人々との平和交流をなし発展してきました。21世紀をそう切望しているのです。

沖縄の気候について

沖縄は亜熱帯海洋気候で日本本土と異なります。平均温度が22・4度、最高平均気温が25・1度で最低平均気温が20度と一年を通じて暖かいのであります。15度以下に温度が下がるのは1月と2月の数日ほどです。雪は降りません。サンゴ礁の青い海で美しい自然環境と多種多様な野生の動物が住んでおります。沖縄気候の特色は台風です。60メートルから70メートルの風にかつて嘉手納基地に停まっている飛行機が空に飛ばされたことがあります。数も年に15～20回に及びます。

沖縄の県民性について

沖縄人の性格を表現する言葉があります。それは「テーゲー」というものです。日本語では「いいかげん」、「適当に」ということになりますが、日本語では品格が無い言葉です。しかし、この言葉は「おーらかさ」を表わすもので「テーゲーでしむさ」という「適当でよい」という、つまり「気楽にいこうよ、そんなに力んでどうするの」というところになります。

沖縄は長生きする人々が多いので有名です。研究者によると、ストレスのない生活が長く生きる秘訣だというのです。確かに沖縄の歴史を振り返ってみると楽観主義でなければ庶民は生きていけない状況がありました。沖縄はいくつかの世替わりの政権を体験してきたのであります。琉球王国時代に「薩摩侵入」、明治時代に「琉球処分」、戦後の「米軍統治」といった具合に、さらに「日本復帰」がありました。その支配下で差別、抑圧を体験したのであります。ですから世が替わる中で沖縄の人々は、豊かになり平和な生活を望んだのです。そして人間としての尊厳と誇りを拝みたいと思っているのです。1999年の春、沖縄の高校生が全国野球大会で優勝したことがあります。歴史上初めてのことでした。その時、沖縄のマスメディアは「長い間、待ちに待った勝利だ。われわれ沖縄がついに日本を打ち負かした」と。良くも悪しくもこのような意識は沖縄の人が自らの文化、社会、歴史、そして生活を考える時に極めて重要な意味をもつものです。

沖縄戦について

沖縄戦は米軍が日本本土に攻撃を開始するのに対して沖縄を防波堤にする戦略によるものでした。元気の良い健気な沖縄の少年、少女たちの中に日本兵は彼らに爆弾を背負わせてアメリカ軍の戦車の下に突撃させたのであります。又、若い看護婦にされて傷ついた日本兵の処置に従事させ、寝る時間もなく一生懸命に働かされました。その間、防空壕の中では傷ついた兵隊も民間人も死体の処理に追われました。1944年4月1日はイースターサンデーで4月バカでアメリカ兵の沖縄上陸の記念的日としてそれが使用されました。18万人の兵隊が読谷村渡具知のビーチに上陸したのであります。その時の状況を英語で「無血上陸」と表現されています。つまり、日本兵には米軍の攻撃に対してなす術も無かったからです。

読谷村では沢山の家族が洞窟に避難しました。住民たちは米軍の空からの攻撃に怯えるだけでなく、たまたま前もって3月29日には避難していた住民が手榴弾を持っている日本兵に壕から追い出されたのです。追い出された彼らを待っていたのは米軍の空からの集中爆撃で、そうした状況を沖縄では「鉄の暴風」と呼んでいました。食糧や避難壕に困り果てた日本兵は先祖の墓に隠れていた住民までも追い出すようになりました。沖縄の墓は日本と違い家族が住める大きなものです。自然壕の中で、日本兵と共に隠れていた住民の中では小さい赤子（ベイビー）たちが泣き叫んでいる時に、その子どもたちを黙らせろ、自分たちが敵の軍隊に発見されるのが恐くて、そう言って脅したそうです。もっと酷いのは日本軍が恐くなって子どもは母親たちが窒息させたということです。

読谷村では3月29日、一度は壕から追い出された住民がチビチリガマという自然壕に戻って来ます。4月1日、そこには１４０人の住民が避難していました。夕食の後で一人の女性が米軍に出会ってしまいますが、恐る恐る近づいて行きます。沖縄では米兵は山羊の目の色に似ているので、Ｈｉｊａａｍｉ（山羊の目）と言っていました。つまり米軍は夜になると空爆をしませんでしたから山羊と同じに夜は物が見えないと信じ込んでいました。それで二人の女性は竹槍をもって米兵の所に突き進んで行ったのです。そうしているうちに彼女らは米兵の手榴弾とマシンガンに即座に見舞われます。そして大怪我をして壕での手当てを受けますが、まもなく米兵たちが通訳を連れてやってきました。そして降参して壕から出てきたら殺しませんよと呼びかけます。しかし誰一人として、その呼びかけを信じる者はいませんでした。それが悲劇の始まりでした。中にいる一人の女性、18歳の少女でしたが母に向き合って「お母さんの手で殺してください、純潔のままにいる間に」と嘆願しました。母親は娘にナイフを刺してしまいます。さらに25歳の女性が今度は持っていた毒の注射で自分の家族と親戚を殺すことになります。彼女は日本軍の行動を戦場で見た体験があったのです。すると、この壕は混乱状態に陥ってしまいます。壕の入り口に積まれていた物資に火をつけてしまったのです。煙が壕の中に充満しまして窒息死を恐れました。煙に耐えられなくなった住民は米兵に銃殺された方が楽になれると思うようになりなした。結局、85人が死んでしまいました。その内の47人は12歳以下の子どもたちでした。ですから、この光景を知ってて無血上陸といったのです。日本軍は住民を見捨てたのです。

同じような事件は１９４５年の春の間に沖縄の色んな地域で起きているのです。座間味島では自分で死を考えてねずみ殺しの毒をもっていた。持っていない者は彼らを羨ましく妬んだ。しかし、とんでもない間違った妬みであった。大量に飲んで吐き出して死に切れないのでした。それでもっと死ねる方法としてとられたのが狂乱した母親が自分の子どもをどろどろになるまで石にぶつけたのであります。ある者はヒモなどで首を絞め、ある者は石で叩いて、農機具で、カミソリで、料理用に持っていた包丁などを使って死にました。又、日本軍から渡された手榴弾も使用されました。

一体全体、このようなことが何故、行われたのか。理解しがたい事件です。世界でも聞いたことがない戦場の歴史的状況なのです。それは、日本兵が沖縄住民を殺したのは、沖縄人は不完全な日本人なのだという根深い意識から住民を殺したのです。ですから、日本人として証明するためにも米軍に捕虜になるのは恐怖であり日本人として恥であると信じたので日本兵から住民に手榴弾が渡され、それで捕虜になる前に死ぬことになりました。

沖縄戦について整理してみますと次のようになります。

①先述のように、沖縄戦はアメリカ軍の日本本土攻撃を遅らせるのが目的であり、日本本土と天皇を守るために沖縄住民を防波堤にする作戦でした。

②それは、住民を戦争に巻き込んだ犯罪的なもので、避難についても不十分でした。

③それに、住民に戦闘への動員体制をひき、その結果、日米両軍の犠牲になりました。

④沢山の住民が日本軍に殺されました。泣き叫ぶ子どもを殺したり、スパイ嫌疑で住民を殺したのです。また、食糧を奪われて餓死したり、隠れている壕を提供せよと責められ壕から出て戦死した者などです。

⑤日本軍による強制集団死で軍命令とされています。

沖縄の戦後

日本が連合軍に無条件降伏した後に沖縄の人々は「鉄の暴風」から解放されたのですが、平安に生活できる状態ではないことに気付きます。

この小さな島々は米軍統治下に置かれます。この状況の中で色々な変化が起きてきたのです。日本本土に渡るにもパスポートが必要とされました。米軍を批判する者にはパスポートは許可されませんでした。通貨も軍票で沖縄でしか通用しない「B円」というものでした。1958年になって初めてドルが使えるようになりました。又、車の通行も左側通行で日本と違って米国式でした。人権については法による保障はなく被害を受けても訴えるところがなかったのです。ここにその例がありま す。米軍支配下で自動車事故の処理について米軍がどのように対応したか述べてみます。いかに米軍によって沖縄人の人権が無視されたかを示す例があります。

１９６３年高校生の二人が信号が変わるのを歩行者の場所で待っていました。すると米軍の大型車両が那覇の米軍基地からやってきました。信号が青に変わって道路を渡ろうとしました。しかし車はストップせずに生徒に突っ込んで行きました。一人の生徒が車に当てられて死んでしまいました。その他、大変な犯罪についても米軍、軍属に対しても逮捕したり法廷に訴える事ができませんでした。例え、米軍のＭ・Ｐに捕らえられても軍事法廷に持ち込まれても、それは「無罪」に終ってしまいました。

沖縄の人々が日本に復帰した時、平和憲法にもどり、さらに平和で豊かな島になるために米軍基地がなくなることを望むのは当然のことです。

しかし沖縄のこうした希望は未だに叶えられないどころか次々と米軍による事件が起こっているのであります。

少女暴行事件について

少女暴行事件が２００５年、沖縄で14歳の少女が米兵にレイプされました。この事件は日米再編に対して大きな障害になりました。

復帰の時の日米合意では日本のどこかに移転、基地縮小でしたが沖縄に集中したのでした。それは合意を守らないやり方で、このような不公平に対して怒りがつのりました。

そして１９９５年、３人の米兵によって12歳の少女が拉致されレイプされるという事件が起こります。ついに島ぐるみで怒りが爆発したのです。沖縄だけでなく東アジアにまでその事件が伝えられますと彼らの国でも何かしなければと恐怖に包まれていました。

そこでアメリカ大統領クリントンは１９９６年にＳＡＣＯで普天間基地を5、6年内に日本に返還すると約束しました。この基地は宜野湾のタウンショップにあり半世紀にわたり朝鮮戦争、ベトナム戦争、さらにイラク戦争で大きく使用された基地です。周辺には学校、病院、住宅などが密集しております。

そこに２００４年米軍ヘリコプターが大学の構内に墜落したのです。２００４年8月です。クリントン大統領の約束にパンチを食らわせた事件でした。普天間基地返還のＳＡＣＯ合意は沖縄にとって第4回の沖縄処分です。これらの事件により日本政府も県民の怒りの結集に恐れを成した。ついに県民の抗議集会が開催されたために反米感情が大きく広がっていくのに日本政府は危機感を抱きました。防衛省の石破茂大臣もメディアを通じてこの間の県民の批判は鎮圧できないとして日米再編が沖縄の人々の協力を必要となっている時に、そんな事件が起きて残念であるとして「日本政府としては米軍に再発防止をさせるために全力を尽くさなければならない」とコメントした。

さらに宜野湾市にある普天間ヘリ基地を名護市の辺野古に移設する計画は日米再編の重要な一つである。政府はそのために名護市に振興策として補助金を投入することを決めた。

日本政府は環境アセスメントを始めました。辺野古への移設のためです。１９９５年の暴行事件について同じ事件が起こりますと県民の怒りは爆発します。ついにその怒りは軍事基地の縮小に向けられます。沖縄県は日本全体の領土の０・６％しかありません。そこに日本全体の75％の米軍基地が集中しているのでありますから、その怒りは基地縮小を叫ぶことになります。密集地にある普天間基地の移設計画は日本に持っていけ！となりその計画は抵抗運動によって堰きとめられている状態です。ヘリが墜落した沖縄国際大学は火に包まれました。その時は夏休みでしたから人間への被害はありませんでしたが学校当局もその現場に立ち入ることが許されませんでした。それは日米地位協定によってであります。ですから、この協定について早目に再考願いたいのです。

バラク・フセイン・オバマＪｒ大統領の就任演説〝Ｎｅｗ Ｅｒａ ｏｆ Ｒｅｓｐｏｎｓｉｂｉｌｉｔｙ〟―２００９・１・20―ワシントンＤ・Ｃにてをメディアで何度も見たり聞いたりしました。その中で「偉大さとは、ほかから与えられるものではないことを忘れてはなりません。自分の手で獲得するものでなければならないのです。今日までの道中、私たちは決して近道を選んだわけではないし、不満足な結果に妥協してきたわけではありません。実行力のある人、物事を作り上げていく人たちでした。なかには有名人もいますが大多数は男女を問わず無名の労働者たちです。そうした人たちが長いいばらの道を黙々と歩み、繁栄と自由という目的地に向かって我々を導いてくれたのです。アメリカは平和と尊厳に満ちた未来を追及するすべての国、すべての男女、そして子どもたちの友人であることをどうか忘れないで下さい。我々は再び世界をリードしていく決意を固めています。」さらに「汚職に手を染め、国民を騙し、反対意見をつぶし、権力にしがみついている人々に忠告しましょう。あなたは歴史を歪めています。でも、もし握りしめたこぶしを緩める気持ちを持っているなら我々は喜んで手を差し伸べるつもりだ。貧しい国々の国民に約束します。我々は皆さんと共に歩み、活気に満ちた農場と清い川の流れが実現するようお手伝いします。」オバマ大統領の就任演説を聴いて、まさに我々沖縄人に勇気を与えてくれました。沖縄は日本と米軍の属国で植民地なのです。我々は自らの手で島を平和で豊かであることに日々、協力しているのです。我々はアメリカの国がいつから自由と平和と人権の国家であるか知っています。それは大統領が簡潔で雄弁にも語られました。それはアブラハム・リンカーン（1809－1865）アメリカ共和党の大統領が1863年、ピッツバーグ演説で語られましたようにオバマ大統領の就任演説はリンカーンを思わせるものでした。彼の選挙演説の人種差別撤廃の訴えは南北戦争を引き起こすことになりました。1862年9月22日リンカーン大統領によって奴隷が、なお存在していた時代において人種差別撤廃への運動に発展していきました。

これらのことは沖縄の学校において戦後民主主義と自由、人権について学んだもので、その時リンカーン大統領のことは入学試験にも出題されました。今、われわれ沖縄にとって民主主義と人間の尊厳、平和が求められているのです。オバマ大統領のお救いを切に希望してやみません。「天は自から助ける者を助ける」とのことを心にして努力しております。

米軍と日本政府との間で綱渡りした男

読谷村役場の入口に近い場所に戦争放棄をうたった憲法九条が掲げられています。その掲示板の右端に子どもや老人たちが日本兵にライフルを向けられている風刺漫画が描かれていて、そこには〝集団自決死〟子どもや老人たちの悲惨な姿は忘れないと伝えています。

村長の山内徳信は、時代が求めた、しなやかな政治感覚の持ち主である。小さな村の村長であるにも拘らず彼は日本政府と米軍を相手に挑戦に乗り出すことになります。

山内行政26年の間に米軍基地の側に社会福祉センター建設を完成させ、次いで補助飛行場の中に豊かな平和の杜や運動場の建設へと進めていきますが、米軍はそれに対して不満を持つようになります。つまり、この基地は日本政府から与えられたものだと村長に訴えます。山内村長は、それに対して「それは日本政府が与える土地ではなく最初に日本政府に強制的に奪われた土地であり、ついで米軍に強制使用された土地なんだ」と鋭い反論を展開していきます。そして、やや物分りのよくない司令官らには、レクチャーすることになります。

それはアメリカにおける民主主義というテーマでした。その民主主義とは、地方自治体においても権限があり、そのことを尊重することが民主主義であることを学んだということでした。米軍飛行場の近くに初の運動場の建設を希望していました。奇しくも時を同じくして米軍はP3Cアンテナの建設を始めました。巧妙な戦術と抗議にもかかわらず交渉は米軍の計画を変えさせることができなくなります。ついに沖縄県の機動隊が挑発するために出動するという噂を知ることになります。

そこで山内村長は米大統領ジミー・カーター氏に直接訴えることになります。「アメリカでは人民のためには人民の権利を保障するものとあります。従ってアンテナの建設を止めて頂きたい。」と。手紙を出すと同時に記者会見を行います。大統領に送ったメッセージを公表することになります。すると、そのメッセージを地元の新聞が本土の新聞に報道させることになります。ついに機動隊は現れませんでした。ところが村長は東京の関係当局から電話で呼び出され叱られることになります。「一国の外交問題に村長が口出しするとは何だ。」ということでした。村長はすかさず反論します。「外交問題は国だけの特権なのか？これまで何遍も米軍基地の関係者、大使館、総領事館や防衛庁にも話に行ったが誰も相手にして耳を貸すものはいなかった。アメリカ人民は憲法にうたわれているように、人民が幸せな生活を追及する権利があると言っておりますが、どうして読谷村民には認められないのか？」と。ついに防衛庁からも手紙が来た。「あなたの記者会見で我々防衛庁は機動隊の出動を止めさせることができたのであります。」と。

そうこうしている間に、ジミー・カーターから遅ればせながら手紙の返事が来た。「今、進めているアンテナは中止するだけでなく基礎工事も取り除く」とのことでありました。そして、村長は運動場の建設を急ぎ完成させたのであります。オープニングセレモニーには沖縄の最高司令官とその妻を丁寧に招待したのでした。建設中に総領事官が村長を訪ねた時に村長は彼にレクチャーしたのです。

民主主義の原点が我々村民に希望と夢を与えました。ガンジー、タゴール、ネールを引き合いに出し１８５３年にペリー提督が東京に向かう途中、読谷に寄り村民に卵、チキン、キューリなどをご馳走した。

その後、村長はさらに闘いを進めていきます。落下傘演習場を阻止するために村民や役場職員を集め、大きな凧を揚げさせ、車を並べて沖縄民謡に合わせて舞ったり歌いながら抵抗したのでした。そして、スタッフを引揚げさせ球場建設の交渉に入ります。球場は米兵と村民共同使用すると約束し、落下傘演習場を撤退させることに成功しました。

１９８７年、この球場は全国国民体育祭の会場になりました。山内徳信は現在、国会議員です。東京に来られる時、お会いすることができると思います。彼も喜んで会うと言っています。

（彫刻家）

２００９年３月10日「清ら風」第３号所収

なぜ「琉球共和社会憲法」が必要か

川満信一

１、安倍政権は、現憲法の九条を廃棄して、軍国日本へ進路を切り替えようと下準備を整えている。沖縄戦で犠牲になった地下の霊たち、原爆や都市空爆の被災者たちの霊は、平和憲法の廃棄を望んでいるのか。平和が戦争と同義になっている。仇討ちは仇討ちをくり返すだけ。

２、現在の日本国憲法は欠陥だらけであるが、その欠陥を修正して、起案した人々の「想い」を立て直せば、国の進路を正す役にはたつだろう。しかし、安倍政権がめざしているのは、起案した人々の「想い」を切り捨てることである。第二次世界大戦の反省を反古にしてはならない。

３、すでに日本国憲法は骨抜きにされて、あからさまな憲法違反があらゆる面で現実となっている。憲法空洞化は自衛隊の創設からはじまっている。復帰のころの「平和憲法の祖国」は幻だった。憲法精神の立て直しが必要。

4、琉球にとって、日本国憲法の欠陥は、その冒頭第一条からはじまっている。それは天皇・皇室についての規定である。明治憲法の天皇親権の考え方が条文の背後にかくされ、立憲君主制の英国モデルが残存している。

5、明治の琉球処分以降、同化政策のもとに琉球の村々の、ウタキの神々は退けられ、天皇信仰のための神社創設政策が強行された。村人を守るのは、シマ（村）のウタキの神様でしかない（民俗学者・仲松弥秀）という古来からの信仰が、天皇信仰と天秤にかけられてトゥーヌーマーヌーしているうちに、戦場の真っ只中で鉄の暴風にさらされてしまった。天皇の軍隊は住民を守らなかった。社稷《しゃしょく》の存滅は亡国である。亡国の再建は新しい理念に基づかねばならない。

6、外国と締結した条約や協約は誠実に順守する、という一見国際法上の正当性にみえる条文は、沖縄の首を絞めるくさびである。現憲法の一大欠陥の要因である。歴史上は清国に例をとると、阿片戦争を仕掛けたイギリスとのあきれてしまうような条約や、日清戦争後の日本のあくどい条約など、戦勝国の好き勝手な非道が締結されている。その最たるものが日米安保条約であり、日米地位協定である。戦後70余年にわたって戦勝国の戦利を保持している米国は、香港を百年間租借したイギリス帝国と変わりない。植民地主義の現代版は世界への恥じ晒しではないか。外国との条約を締結するなら、「日本国憲法の理念にもとらない限りにおいて順守する」でなければ憲法の否定になる。

7、日本国憲法の持つ欠陥と運営上の空洞化のために、戦後沖縄の歴史は翻弄されてきた。この不当な歴史の進路をどこでどう変えるのか。その一つの指標として「琉球共和社会憲法草案」が試みられたということ。

8、ソ連、中国の例に見るように、資本主義は先進の社会・経済制度になっている。ただし先進資本主義の国では、すでに成熟仕切った制度の矛盾が、生産現場に還流しない、金融、証券の空回りとなり、資本の多国籍化で国民国家の屋根は壊れかかっており、資本主義落果の時代を予測させている。資本主義終焉の彼方は、20世紀初期のマルクスの時代にくらべ、目前に迫っている。生産よりも配分と消費の合理化が経済政策の課題となる。過剰生産力（コンピューターなど代理労働力と失業という余剰労働力、軍隊という無益な過剰浪費）をどう調整し活用するかが課題。

9、私有は「不足の危惧」に根拠する。必要に応じて衣食住の基本が保障されるなら、私有と相続の野生的本能は暫時克服されるだろう。すべての生産は必要に応じた計画生産に移行し、必要に応じた備蓄は社会共有として、不足する地域へ配分される。貨幣は単なる伝票になり、流通は交換から贈与へ移行する。資本主義が達成した知とテクノロジー、国・社会の洗練された制度、統治者の無私の奉仕欲といった高度な自治能力を基礎に、琉球共和社会は成立する。琉球は国境概念に基づく領域ではない。世界に輪をつなぐ自治社会の基礎単位である。

10、琉球共和社会へのプロセスには、複数の指標が考えられる。

①旧人類的パトリオシズムと旧制度のナショナリズムを基礎にした「琉球独立」、（ただし、ナショナリズムに対決するのにナショナリズムを立てるのがいかに愚策であるかは、すでに世界史が証明している。ナショナリズム（国家主義）は資本主義の偽装である。ナショナリズムをいかにして克服（無化）するか、21世紀の思想課題はそこにかかっている。）

②日本国内での憲法解釈による自治圏確立、（尖閣諸島の例にみるように領土の線引き、軍事基地資源への固執、自衛隊基地の強化、憲法改悪の動向など障壁が高い）

③日本国憲法第九条を実現した非武装地帯、武力緩衝地帯として、国連承認のもとに条約締結する。（東アジアにおける資本主義の最終段階としてのブロック経済圏（中・日・韓他の「アジア共同体」）の確立と併行して、各国家の縁辺に位置する島々を武力緩衝地帯にする）この3つの指標のうち、無血の方法は③しかない。

アメリカも日本も中国も第二次世界大戦（沖縄戦）の代償として、そのくらいの譲渡はプレゼントして良い。

（2015年4月28日　詩人・思想家）

うちなーナショナリズムに陥らないために

大村　博

「うちなーんちゅうしぇーてぇーないびらんどー」。

5月17日『戦後70年、止めよう辺野古新基地建設！沖縄県民大会』で翁長雄志県知事はこう発言を締めくくった。全くその通り。そして集まった3万5千人の外国を含めた県内外からの人々は〝人間の尊厳〟をかけた闘いを宣言した。

その高揚感が覚めない中、私は一冊の本を読んでいる。葛兆光という中国人学者が日本人向けに書き下ろした『中国再考―その領域・民族・文化』という岩波現代文庫版の小冊子である。古代中国の天下観はいかにして現代中国の世界観へと転化したのか。伝統中国の領域はいかにして現代中国の国境となったのか。中国文化は漢族の文化なのか、複数の文化なのか。中国は西側諸国と文化衝突を起こすのか、国際平和と地域の安定を導くのか。

著者は言う。「今日の相互に依存する世界に生きるとき、我々は歴史を考察することから得られる理性によって情緒に駆り立てられる民族主義的立場を排除し、同じ世界でともに敬意をもって共存し、尊重しあうことを可能とすることを願っている」と。

著者は私より9歳若い。沖縄と馴染みの深い福建省出身。北京大学卒業。上海の復旦大学文史研究院院長。中国古代思想・宗教史を専攻。京都大学、東京大学、ハーバード大学などで研究、国際的に活躍しているという。世界の知性といってもいいのではないか。

今、沖縄では〝琉球民族の自己決定権〟が言われている。私もその一人だ。でもそれはうちなーナショナリズムに陥ることではない。東シナ海を平和な海にしていくためにはどうすればよいか、沖縄が果たせる役割は何かを考えることだと思う。

私たちの祖先は〝万国津梁〟と厭戦非武のうむい（思い）〝命どぅ宝〟を信条としてきた。その信条を生かすべきなのだ。安倍首相の日本民族主義の思想とは真逆なのだ。積極的平和主義という彼の言葉、パフォーマンスに騙されてはいけない。集団的自衛権の閣議決定に見られるように、彼の武力信仰に引きずられたら、沖縄は再びヤマトの防波堤・踏み台にされてしまう。辺野古新基地建設を許さない私たちの闘いの真骨頂がそこにある。

ドキュメント　5・17

10時ごろ　辺野古で約200人が抗議の座り込み。各地から会場に向けてバスが出発
10・30ごろ　参加者が会場に集まり始める
11・00　開場
11・40ごろ　アトラクションが始まる
12・32　翁長雄志知事が会場入り
12・52　翁長知事らが登壇。大きな拍手が湧く
13・01　県民大会開始
13・04ごろ　共同代表の大城立裕氏の「沖縄の歴史始まって以来の快挙」とのメッセージが読み上げられる
13・05ごろ　島ぐるみ会議共同代表の平良朝敬氏が「子や孫たちのためにありとあらゆる行動を」と強調
13・13ごろ　辺野古基金共同代表の呉屋守将氏が「新基地を造らせない闘いは決して孤独ではない」と主張
13・18ごろ　連合沖縄の大城紀夫会長が「県民大会はスタートだ」と呼び掛ける
13・22　白梅同窓会の中山きく会長が「武力を伴わない平和が一番」と語る
13・29ごろ　稲嶺名護市長が「市長の権限、与えられた手法、手段を使って知事と共同歩調で必ず辺野古を止める」と宣言
13・36ごろ　ヘリ基地反対協の安次富浩共同代表が辺野古の闘いについて報告
13・42ごろ　辺野古・大浦湾住民代表の松田藤子氏が大浦湾での連日の抗議活動について報告
13・48ごろ　作家で元外務省主任分析官の佐藤優氏が「われわれは既に勝っている」と話す
13・54ごろ　学生代表の古堅智美さんが「沖縄の未来を担う県民として頑張っていく」と表明
14・00ごろ　映画監督オリバー・ストーン氏のメッセージが紹介される。
14・01ごろ　ジャーナリストの鳥越俊太郎氏が「安倍政権に屈しない」と強調
14・11ごろ　翁長知事が「新基地建設を阻止することが普天間を唯一解決する施策だ」と訴える
14・32ごろ　参加者数は3万5千人と発表される
14・34ごろ　大会決議が採択される
14・38ごろ　参加者が立ち上がりガンバロー三唱
14・40ごろ　閉会

３万5000人が結集

沖縄の民意 内外に訴え

県民大会決議

今年は戦後70年の節目の年である。私たち沖縄県民は悲惨な地上戦により住民の4人に1人が犠牲となった。戦後27年間は米軍占領統治下に置かれ、日本国憲法は適用されなかった。本土復帰から43年目を迎える今も、米軍基地あるが故の事件や事故に苦しみ続けている。私たち沖縄県民は長年にわたり、自ら望んで持ってきたわけではない米軍基地を挟み、「容認派・反対派」と県民同士が対立し、分断され続けてきた。

こうした中、昨年の名護市長選挙、名護市議選挙、沖縄県知事選挙、衆議院選挙の沖縄4選挙区の全てで、米軍普天間基地移設に伴う名護市辺野古への新基地建設反対の圧倒的民意が示された。ところが、安倍政権は、前知事が公約を翻し行った公有水面埋め立て承認を盾に、民意を無視して辺野古新基地建設を「粛々」と強行している。翁長雄志県知事による海上作業の停止指示を無視し、反対する市民に対しては、海上保安庁や沖縄防衛局による過剰警備によって弾圧を加えている。また、去る4月28日、沖縄県民にとっての屈辱の日には、日米首脳会談において辺野古新基地建設推進を再確認している。

こうした日米両政府の姿勢は、「自治は神話だ」と言い放った米軍占領統治下の圧政と何も変わらない。沖縄県民の意思を侮辱し、日本の民主主義と地方自治の根幹を破壊する暴挙である。もはや「辺野古」は沖縄だけの問題ではない。私たちは今、この国の民主主義の在り方を問うている。

私たち沖縄県民は自ら基地を提供したことは一度もない。普天間基地も住民が収容所に入れられている間に建設され、その後も銃剣とブルドーザーによる土地の強制接収によって拡張されてきた。これは占領下においても私有財産の没収を禁じたハーグ陸戦法規に明白に違反するものである。国際法に違反し造られた米軍普天間基地は閉鎖・撤去こそが「唯一の解決策」である。

辺野古新基地建設を巡るこの19年間において、今まさに正念場である。今新基地建設を止めなければいつ止めるのか。私たち沖縄県民は2013年1月に安倍総理に提出した建白書を総意として「オスプレイの配備撤回、普天間基地の閉鎖・撤去、県内移設断念」を強く求めている。保革を超えて私たち県民がつくり上げた、この沖縄の新たな海鳴りは、沖縄と日本の未来を拓く大きな潮流へと発展しつつある。道理と正義は私たちにあり、辺野古に基地を造ることは不可能である。子どもたちや孫たち、これから生まれてくる次の世代のためにも、私たち沖縄県民は決して屈せず、新基地建設を断念させるまで闘うことをここに宣言する。

よって、日米両政府は県民の民意に従い、米軍普天間基地の閉鎖・撤去、辺野古新基地建設・県内移設を断念するよう強く要求する。以上、決議する。

2015年5月17日
戦後70年　止めよう辺野古新基地建設！沖縄県民大会

「大阪都構想」を否決

住民投票　橋下氏が引退表明

大阪市を廃止し、五つの特別区を新設する「大阪都構想」への賛否を問う住民投票が17日投開票され、反対70万5585票、賛成69万4844票のわずか1万741票差で否決された。大阪維新の会代表の橋下徹市長は記者会見し、12月までの市長任期を全うした上で政界を引退する意向をあらためて表明した。最高顧問を務める維新の党にとって大きな打撃となる。維新の党と連携する安倍晋三首相の改憲戦略や、野党再編に影響を与えそうだ。

（4面に関連）

大阪都構想 住民投票開票結果

賛成	反対
49.62%	50.38%
69万4844票	70万5585票

（選管最終。率は有効投票に占める割合）

市選管によると、20歳以上の大阪市民が対象で、当日有権者数は210万4076人。投票率は66・83％で、大阪府知事選との「ダブル選」となった11年の市長選の60・92％を5・91ポイント上回った。

大阪府との二重行政を解消して経済成長を図り、住民に身近な行政を実現するとして都構想に政治生命を懸けた橋下氏の主張は浸透せず、市の存続が決まった。会見で橋下氏は否決結果に関し「大変重く受け止める。都構想が市民に受け入れられなかった。間違っていたということになる」と述べた。将来的な政界復帰についても否定した。

首相や菅義偉官房長官は、維新の党と憲法改正論議で連携することを視野に、都構想に理解を示してきた。否決によって橋下氏不在となる維新の党が民主党などとの野党再編志向を強め、政権への対決姿勢を強める可能性もある。

都構想は、東京都と23区の関係をモデルに制度設計された。

(1) 総合 1版 (1968年2月2日第3種郵便物認可)

きょうの紙面
4 南シナ海問題で米中会談
19 日本、バド国別団体で銀
20 FC琉球、富山と引き分ける
28 那覇で新聞人戦没者慰霊祭
告別式の案内 11

ニュースや情報提供 098(865)5158
広告のお申し込み (0120)415059
購読・配達の問い合わせ (0120)395069
本社事業案内 098(865)5256
読者相談室 098(865)5656

琉球新報
THE RYUKYU SHIMPO
第38195号

(日刊)
2015年(平成27年)
5月18日月曜日
[旧4月1日・仏滅]

発行所 琉球新報社
〒900−8525那覇市天久905番地
電話 098(865)5111

新基地建設断念を

日米両政府に辺野古新基地建設断念を訴えるため、3万5千人(主催者発表)が結集した県民大会=17日午後、那覇市の沖縄セルラースタジアム那覇(花城太撮影)

計画撤回を要求

新基地反対 5・17県民大会

米軍普天間飛行場の名護市辺野古への移設阻止を訴える「戦後70年 止めよう辺野古新基地建設!沖縄県民大会」(主催・同実行委員会)が17日、那覇市の野球場「沖縄セルラースタジアム那覇」で開かれ、主催者発表で約3万5千人が集まった。新基地建設阻止の大会決議を採択し、昨年の名護市長選、県知事選、衆院選などで相次いで示された新基地建設反対の民意をあらためて国内外に訴えた。出席した翁長雄志知事は、辺野古移設が普天間返還の「唯一の解決策」とする政府に対し「阻止することが唯一の解決策だ」と強調。しまくとぅばで「沖縄人をないがしろにしてはいけない」と声を張り上げると、参加者が立ち上がって拍手を送った。

2、3、28、29面に関連、5面に写真グラフ、15、16、17、18面に特集

ことし夏ごろにも辺野古の埋め立て本体工事に着手しようとする政府に対し、知事を先頭に作業の中止と計画撤回を求める歴史的な大会となった。辺野古移設に反対する大規模な県民大会は2010年4月の読谷村での大会、オスプレイ配備と普天間の県内移設への反対を訴えた12年9月の宜野湾市での大会に続き3回目。

17日の大会は午後1時の開始前から参加者が続々とスタンド席を埋め、外野席や球場外も各地からの参加者であふれた。参加者は「辺野古新基地ノー」「われわれは屈しない」などと気勢を上げ「普天間の閉鎖・撤去、辺野古新基地建設・県内移設の断念」を求める決議を拍手で採択した。

翁長知事は「あらゆる手法を用いて辺野古に新基地は造らせない」と重ねて表明。辺野古移設計画を推進する安倍政権に対し「日本の政治の堕落だ。自国民に自由と人権、民主主義の価値観を保障できない国が世界と(同じ価値観を)共有できるのか。日米安保体制・同盟はもっと品格のある、冠たるものであってほしい」と批判した。

実行委員会は翁長知事を支える県議会与党や経済界有志、市民団体などで構成。25日に首相官邸や外務、防衛両省、在日米大使館を訪ね、決議文を提出する。

大会共同代表を務めた稲嶺進名護市長や平良朝敬島ぐるみ会議共同代表らは、27日からの翁長知事の訪米要請行動に同行し、米政府にも決議書を手渡すことを計画している。

動画 空撮

辺野古阻止が唯一の解決策
知事、政府を痛烈批判

県民大会であいさつした翁長雄志知事は、普天間飛行場の名護市辺野古移設について「県の有するあらゆる手法を用いて造らせない」と述べ、移設阻止に全力で取り組むことを表明。「新辺野古基地の建設阻止が普天間問題を唯一解決する政策だ」とも述べ、別の方策を探ることが移設問題の解決につながると訴えた。

安倍政権の閣僚が「移設問題の原点は危険性の除去」と説明することについて「沖縄から言わせると、原点は普天間飛行場が米軍に強制接収されたことだ」と述べ、飛行場の成り立ちについて政府認識をただした。その上で「辺野古が唯一の解決策」として移設を強行する政府の姿勢を「日本の政治の堕落だ。自国民に自由と人権、民主主義を保障できない国が世界の国々とその価値観を共有できるのか」と痛烈に批判した。

政府の対米追従について「日本の国が独立は神話だと言われないように頑張ってください」と、首相への異例のエールで皮肉った。さらに「子や孫がまた捨て石として犠牲にならないか、沖縄の責任世代として見極めないといけない」とも指摘した。

移設問題に関して全国に沖縄の訴えへの理解が広がりつつあることに「心強い。この沖縄から日本を変えていきたい」とも語り、最後は「うちなーんちゅ、うしぇーてぇー、ないびらんどー(沖縄人をないがしろにしてはいけませんよ)」と締めくくった。

大会後の会見で、最後のしまくとぅばでの発言について「沖縄の現状と、首相に反省をしてもらい、沖縄のこれからのあるべき姿を真剣に考えてもらいたいという意味合いだ」と説明した。

政府が大浦湾でボーリング調査を強行していることや、県民の反対の中で今後も作業を進めようとしていることについて「海での銃剣とブルドーザーで建設されつつある前兆」と批判を込めて表現し「辺野古に造ることはいかに困難かを実感している」とも述べた。

新基地建設阻止に向けた決意をあらためて強調する翁長雄志知事=17日午後、沖縄セルラースタジアム那覇

天気は3面、テレビ面は26面に移しました

金口木舌は3面に移しました。りゅうちゃんクイズは休みました。

ちなみに村山富市元首相は「いっぺんも戦争をしなかった戦後70年の歩みは何事にも替え難い貴重な経験だが、その経験を無視して、また戦争を繰り返すようなことをする」と批判している。村山元首相は在任時、アジアへの侵略や植民地支配をお詫びする、いわゆる〝村山談話〟を発表し、歴代内閣もそれを踏襲し、アジア諸国なかんずく中国や韓国の信頼を勝ち得てきたことを忘れるべきではない。

（2015年5月21日記　「樹立する会」幹事代表）

詩二編

戦争が二度とあってはいけない

石原絹子

あなたの心のページに　忘れずに記してください
とつぜんやってきた　いくさは
父を殺し　母を殺し
兄と　妹たちを殺した
戦争が二度とあってはいけない

あなたの心のページに　忘れずに記してください
鉄の嵐が残したのは　白い荒野
その白い骨　白いウジをかきわけて
愛する家族の　骨を拾った
戦争が二度とあってはいけない

あなたの心のページに　忘れずに記してください
家は焼かれ　着るものもなく
ほほ笑みさえ忘れた　灰のような心
その中で私は　十字架に光を見た
戦争が二度とあってはいけない

（沖縄戦語り部、牧師）

セレクション

仲里房笑

この世には　超自然現象が沢山あって
こまっちゃうなあ

あまくだり　肩書リサイクル　というもの
資源の節約になり　環境汚染防止にもなる
バブルケーキを充分に堪能し　猶
その味に執着する彼らは　現世で
この上ない生涯を送り　死後は
祖国・高天原へ戻り　悠々自適　そして又
生まれ変わって　この世に下って来る
そんなあ・・・どうして？
どうしても！　深く追求して汚染物質を
暴き出しては　環境に悪い
これが　黄昏れない渡り鳥族の
正当なセオリーなの　目出度し目出度し
♪ウルトラ・ヘブン
ウルトラ・ヘブン　シュワーブ！♪
普天間代替の標的は　下ネタっぽい地名
その海辺に　テントを張り

《新基地建設反対》の　幟を掲げた
集団を発見！　連日の座り込み闘争が
二千日を超えてる！
徹底した超民主主義
なるほど・ザ・頭脳集団である
こんがりと　男女の判別困難の
人も居り　花・・・・云わぬが花

海底まで透き徹って
吸い込まれそうな海を　水陸両棲の
妖怪団が　土足でディスプレー
黒煙を吐く　波を裂く　静謐を嘲る
サンゴ　藻場を　踏み荒らした軌跡が
にごり江に変わる
埋め立て易そうな湾だって　前の女大臣さんは　ご満悦
だったとか
ま、お上のする事に　間違いなし！
だよね　取巻きセェセー　毅然として
頼もしい知事さん　ベストでも
ベターでも　の奥床しさ
その食べ合わせが　お好みなのね
草食系？　肉食系？　いいえ
ナ～ン～ク～ル系だよね　でも

食中毒が心配！　長生きして下さい
命長ければ・・・　何だっけ
♪　キチ　キチ　ガンガン
キチキチ　バンバン　大好き　♪

カジノ　ラスベガス　良いねぇ
砂漠の　ど真ん中で育て咲かせた
ビル林・ネオン花の　不夜城に降り頻る
金の雨　銀の雨　慟哭の雨
水不足が心配だ　なんて老婆心は無駄
たとえ　観光客が一千万人　一億人
だろうが　ね？　ベガスの夜景なんて
そりゃあもう　感動のあまり
血も涙も出ないって　カんジなノ
地球温暖化なんて　下種の勘繰りは
一瞬で　吹っ飛んじゃう
沖縄にカジノ！　ワオー！
治安が悪くなる？　風紀が乱れる？
言う方がおかしいよね
カジノばんざい　アメリカばんざい
やってれば　経済効果は　上々の上
九条なんて　何なのさ　だよね
♪　ゴーイング　マイ　ウェイ　♪

で行きましょう

この詩を　逆さ詩　ちゃんぷる読み
重箱読み　ごみ箱ポイ　どちらでも
お好きなように　どうぞ　と言う
こういう　思いやりのある
超自然言笑が　まだ　まだ
まだ　まだ　まだ　まだ　あって
こまっちゃうなあ

※「辺野古テント村」の座り込みは、２０１５年１月１日（木）現在３９１０日目になっています。

（那覇文芸同人）

「樹立する会」文書

メッセージ

今沖縄はアイデンティティーを求める動きが勢いを増しています。島くとぅばを復活させる動きなどは何よりの例です。そして思想面から従来の考え方を見直そうとする動きも活発になってきました。それが端的に言えば「琉球民族の自己決定権」として語られるようになってきたと言えないでしょうか。

オール沖縄の言葉で語られ、今までヤマトに系列化されてきた〝保守〟対〝革新〟の対立概念を超えた動きになってきました。そして、この動きはアジアの中の沖縄の役割を意識し、東シナ海を平和な海にしていくためにどうすればよいか、また沖縄からすべての基地をなくしていくためにどうすればよいか、との発想に収斂されていくと考えます。

そのためには国連の場が大変重要になってくるでしょう。特に国連自由権規約委員会が2008年10月30日に日本政府に「沖縄住民はアイヌ民族と同様日本における先住民族であり、その文化権・教育権・土地権を日本政府の責任において保障せよ」と勧告し、さらにことあるごとにその実施状況を求めている動きは私たちウチナーンチュを大変勇気付けるものです。

ちなみに国連における先住民族の規定は、ＩＬＯ169号条約で「独自の言語、文化、歴史を持っているにも拘わらず近代国家に植民地にされ、同化政策を強いられ、言語を奪われ、差別的状況に置かれている、集団としての意思を示せる民族集団」とされております。

以上、国連の指し示す方向の中で、私たちは会則の前文で、「いわゆる沖縄問題は、日本における〝民族問題〟であり、かつ極めて普遍的な人類共通の〝人権問題〟です。1609年の薩摩の琉球侵略、1879年の明治の琉球の武力併合以来、私たちの琉球・沖縄は自己決定権を奪われ、呻吟してきました」と指摘しました。

ウチナーが400年余に亘るヤマトの一方的な支配から解放されるには、ヤマトを相対化すると同時に、私たちが琉球民族としての〝自覚〟と〝誇り〟を取り戻すことが何より大事です。そしてこの自覚と誇りはウチナー・ナショナリズムに陥るのではなくて、〝人間の尊厳〟つまり〝人権〟という普遍的な価値に基づくものであり、他の人々との〝共生〟の理念を根本に置いた人間解放の哲学でなければならないと考えます。

報道各社　御中

2014年8月18日

「琉球・沖縄の自己決定権を樹立する会」準備会

琉球・沖縄の自己決定権を樹立する会　設立趣旨

「戦争のための基地は要らないよね」「アジアの人たちと仲良くしていきたいよね」「平和で豊かな沖縄を創っていきたいよね」

私たちウチナーンチュの共通の気持ちを現わせば、以上のような言葉になるのではないでしょうか。私たちの祖先は琉球王国時代〝守礼の邦〟と呼ばれ、武器を持たずに遠く東南アジアにまで出かけ『大交易時代』を経験しました。そして、こんな小さな島国にも拘わらず素晴らしい多様な文化を生み出しました。

その再現を図りたい。困難ではあっても可能だ。これが標題の会結成の心意気です。例えば国連アジア本部を沖縄に持ってくることができれば、かなり現実のものになるのではないか。つまり、アジアとの文化交流・経済交流の拠点になると同時に、安全面での衝立にもなる。平和の触媒としての沖縄の存在価値が生まれるのです。

それはまた同時に、東シナ海を平和な海にしていくことにつながり、アジアとの共存共生と沖縄からすべての基地をなくしていくことにつながるでしょう。

幹事代表　石川元平、石原絹子、海勢頭豊、大城貴代子、大村博、垣花豊順、川越弘

幹　　事　安里充広、安次嶺美代子、安仁屋真孝、石原昌家、大濱聡、大峰林一、嘉数学、久保礼子、平良亀之助、仲程清二、西岡信之、由井晶子、與儀和雄

任務分担　書物出版の責任者（大村博）、会報の編集責任者（西岡信之）、オブザーバー参加団体との連絡責任者（石川元平）、財務・総務担当責任者（川越弘）

琉球・沖縄の自己決定権を樹立する会　会則

前文

いわゆる沖縄問題は、日本における〝民族問題〟であり、かつ極めて普遍的な人類共通の〝人権問題〟です。1609年の薩摩の琉球侵略、1879年の明治の琉球処分以来、私たちの琉球・沖縄は自己決定権を奪われ、呻吟してきました。

今、世界人権宣言、先住民の権利に関する国連宣言を背景に、国連自由権規約委員会は2008年10月30日、日本政府に対して「琉球民族はアイヌ民族同様日本の先住民族だからその言語権・教育権・土地権を日本政府の責任において保障せよ」と勧告を出しております。しかし、日本政府は2014年3月14日の第6回政府報告書でも「〝先住民族〟と認識している人々はアイヌの人々以外には存在しない」と回答し、今もって琉球民族の存在を否定しているのです。

私たちの琉球民族としての主体性が問われているのです。私たちが琉球民族としての自己決定権を主張すれば、間違いなく世界から支援を受けられる状況が生まれているのです。

私たちのウヤファーフジ（先祖）が〝ウチナー〟対〝ヤマト〟という境界の思想で自分たちを律してきた意味を深く考えるときだと思います。『琉球・沖縄の自己決定権を樹立する会』を設立する意義がここにあります。

基本姿勢

1、いにしえから受け継いできた琉球・沖縄の非武の思想と伝統に基づき、基地のない自立沖縄を目指します。

2、「命どぅ宝」という平和思想及び「イチャリバチョウデー」「ユイマール」の精神を心の糧とし、共生社会沖縄を築いていきます。

3、日本国憲法の「主権在民」「基本的人権の尊重」「戦争の放棄」「自治権の拡大」を、政治、経済、社会の各分野で、日常的に生かしていきます。

4、沖縄が培ってきた歴史や文化を尊重し、自然を尊ぶ精神土壌を大切にし、環境にやさしい循環型経済社会をつくっていきます。

5、人間の尊厳をすべての価値の根源におき、アジア近隣諸国民との交流を深め、とくに東シナ海を平和な海に再生し、共存共生の国際社会の一員として生きていきます。

会則

第1条（名称）
　本会は、『琉球・沖縄の自己決定権を樹立する会』と称し、連絡所を日本キリスト教会沖縄伝道所（〒903-0117　沖縄県中頭郡西原町字翁長592-2A）に置きます。

第2条（目的）
　本会は、琉球・沖縄の自己決定権を確立し、国連決議に基づき主体的に生きる沖縄社会の実現とアジアの民衆との連帯を目指します。そのため国連アジア本部の誘致に努めます。

第3条（活動）
　本会は、第2条の目的を達成するため、上記基本姿勢を堅持する個人参加の民衆運動体として活動します。

第4条（会員）
　本会は、趣旨に賛同する個人会員で構成します。但し、趣旨に賛同する他の運動体との連携を深めるため、オブザーバー参加（非会員）を積極的にすすめます。

第5条（機関）
　本会に、次の機関を置きます。
（1）総会　総会は年1回開催し、経過報告及び活動方針の決定、役員の選出および決算の承認をおこないます。
（2）幹事会　二ヶ月に一回定例で開催し、日常活動を執行します。

第6条（役員）
　本会に、幹事会で互選された次の役員を置きます。
（1）幹事代表　複数名
（2）事務局長　1名
（3）事務局次長　2名
（4）会計責任者　1名
（5）監事　2名
※なお、幹事会は必要であれば事務局員を任命します。

第7条（会費）
　本会の会費は、会計年度を毎年1月～12月とし、年額1千円とします。中途参加の会員の会費については月割りとし月百円の割合で徴収します。

第8条（付則）
　本会則は、2014年8月23日より施行します。

翁長雄志県知事への要請書

オール沖縄を掲げた県民待望の新知事が誕生しました。心から敬意を表したいと存じます。翁長知事の就任とそれに引き続く総選挙での4選挙区全てで「オール沖縄」で力を合わせた候補者が当選したことは、後世「あのとき沖縄の歴史が動いた」と言われると思います。しかし今後大変な圧力が予想される中で、私たち県民はこの流れを止めないように総力を挙げて翁長県政を支えていかなければならないと考えております。

そこで、2014年12月12日の県議会での〝所信表明〟の中で、翁長知事が真っ先に沖縄の「経済」を拓くと謳い、「アジア経済戦略構想」を表明したことは特記に値すると思います。「米軍基地が沖縄経済発展の最大の阻害要因」と言われたことと対をなす構想と考えております。

私たちは2014年8月23日にこの会を立ち上げました。その設立趣旨の中で国連アジア本部の沖縄誘致を掲げました。「アジアとの文化交流・経済交流の拠点になると同時に、安全面での衝立にもなる。平和の触媒としての沖縄の存在価値が生まれる」と指摘しました（設立趣旨と会則を参照してください）。

県の「アジア経済戦略構想」を裏打ちするものとして、さらに政府が言う「アジアの経済フロンティアとしての沖縄の役割」にもかなうものと考えております。

私たちの要請は唯一つこの「国連アジア本部」誘致を県政の大きな〝柱〟に据えることを真剣に考えていただけないかということです。

このことを翁長知事と直接会ってお願い申し上げたいと思いますので、ほんの10分程度でかまいませんから、時間を取っていただけるよう要請いたします。

2015年1月20日

『琉球・沖縄の自己決定権を樹立する会』一同

沖縄戦の実相

私の戦争体験

石原絹子

それでも、妹たちは元気いっぱいだった

沖縄戦勃発当時、私は小学一年生でした。家族は父母に、三年生の兄、三歳、一歳の妹の六人家族でした。平和で明るい楽しいわが家でした。戦争はそうした幸せの家庭に陰を落とし忍びよってきました。父は早くも防衛隊として招集されました。

１９４４（昭和19）年10月10日、那覇の空襲で軍と県民は大変な打撃を被り、戦争の恐ろしさを初めて体験しました。その後､防空壕の生活も次第に長くなっていき、幼い妹たちは、暗くて蒸し暑い防空壕の生活が苦痛のようでしたが、それでも夕方になると爆撃がないので、皆で外へ出て新しい空気を吸い、よく笑い、よく食べ、よく遊び、皆元気いっぱいでした。

皇軍とは名ばかり、人間が人間でなくなって

４月１日に上陸した米軍は、その日のうちに東洋一と言われた二つの飛行場を占拠。３日目には細長い沖縄を南北に分断し、１ヶ月足らずで、北部全域を制圧してしまいました。一方、南部の方に下った米軍は、上陸60日目にして日本軍司令部があった首里城を占拠し、小禄にあった海軍部隊も壊滅。戦況は日に日に悪化の一途を辿り、ついに米軍に追われる身となってしまいました。

最後の戦場を南部に決定した皇軍首脳や残存兵、義勇隊、学徒隊、看護隊、そして南部の方へ避難を余儀なくされた避難民・地元住民がごったがえす中、皇軍とは名ばかりの、守るべき地元住民から水や食料を奪い取ったり、住民が方言で話したということで何の証拠もないのにスパイの汚名をかけ、銃殺したりする事態が発生しました。本来なら住民を守るための日本の皇軍が、いざとなると自分のために無力の民を殺害して、畏れを知らない、悪夢としか言いようのない異常なことを平気でやってのけたのでした。

さらに、皇軍は人間としての良心のかけらも失ってしまったのか三歳以下の子どもたちは戦争の邪魔になるという理由で、情け容赦なく、殺したのです。まさに人間が人間でなくなる悲惨きわまりない状況の中に、私たち家族もいました。そして、とうとう恐れていた日がやってきたのでした。

「子どもたちを殺すか、さもなくば出て行け」

その日は朝から雨が降っていました。夕方ちかく、突然数人の皇軍兵士が、私たち家族が隠れている防空壕にやってきて、いきなり母を取り囲み、銃口をつきつけて恐ろしい顔でどなりました。「子どもたちを殺すか、さもなくば、ここから出て行け、二つに一つを選べ」と。壕内に殺気が走りました。母はとっくに覚悟を決めていたのか震える声できっぱりと言いました。「この大切な子たちをむざむざ日本兵に殺させてどうして生きていられよう。死ぬときは皆一緒に死のう」と言って私たちを抱きしめました。恐ろしさで震えがとまりませんでした。

母は消火活動のためにやけどを負って一人で歩ける体ではなかったのですが、兄が母を肩車して、私が一歳の妹をおぶり、そして三歳の妹の手を引いて、わずかに残っていた米も取り上げられ、雨の降り注ぐ夜空に追い出されました。それが愛する家族の無念の死出の旅路となりました。

あたり一面火の海、空は真っ赤に染まって

防空壕を追われた後、途中、艦砲射撃、火炎放射器、迫撃砲、B29の爆撃にあい、避難民たちが傷つき倒れ死んでゆく中、あたり一面火の海となって、空はどこまでも真っ赤に染まり、硝煙と砂煙が立ち込める中、死を覚悟している私たちでしたが、恐怖が先にたち、思わず体が震え、足がすくんでしまいました。道路は避難民たちが死の底に招き入れられるかのごとく、延々と列をなし傷つき倒れ、爆弾の直撃を受け、吹き飛ばされたり、ひき肉のように粉々に引きちぎれた人間の肉が飛んできて顔にこびりついたり、もはや望むべきものもないのに、それでも母に励まされて、日夜休むこともなく、食する事もなく、泥だらけになって安全な居場所を求めて戦場をさ迷いました。途中、残存兵に「摩文仁方面が安全だから行くように」と教えられ、最後の力を振り絞ってやっと摩文仁方面に辿りついたのですが、その甲斐もなくたちまち戦火に巻き込まれてしまいました。南部戦線に追い詰められた避難民たちの数は十数万人、残存兵約3万人、追い詰められたときの絶望感が今も鮮明によみがえってきます。

お母さん、私たちもう死ぬしかないの?

ここは沖縄の南の果て、十数万の避難民たちの、命の極みでした。すぐ目の前には絶望の海が立ちはだかって、敵艦船が黒山のように接近して、銃口を向けて待ち構えている。空には何十機もの米軍戦闘機が旋回している。背後からは戦車が列をなしてけたたましい音をたてて追ってくる。火炎放射器が火を吹いてくる。思わず母に問

いかけた。「お母さん、もう私たち逃げられないの。もう死ぬしかないの?」、震えながら母をみつめた。母は真っ黒いよごれた苦しそうな顔で、力無く黙って、うなずいた。頭の中が真っ白になって全身から力が抜けていく。そんな避難民たちの脳裏を一瞬にして駆け抜けていったであろう身も心も凍りつくような、絶体絶命の、死の恐怖が、少しでも伝わってきますでしょうか。

死人ばかりの中に取り残されて……

ここ数キロ四方に避難民、日本軍首脳、残存兵、防衛隊、学徒隊、看護隊が追い詰められ、進むことも引くことも出来ず、次第に追い詰められ包囲され、ここで日本軍の阿修羅のごとき抵抗が行われたのでした。敵艦隊から艦砲射撃が雨のように飛来して炸裂。大地を震わせて耳をつんざく爆音とともに、岩肌は削り取られ、地形は一瞬にして跡形もなく無残に変わり、山河は火と燃えて、必死で逃げ惑う十数万の人々の上に、昼夜爆弾は絶え間無く落下して、民間人も軍人も無差別に死に至らしめたのでした。そこら一帯は屍の山となりました。

どのくらい時間が過ぎたのか知るよしもありませんが、気がついてみると、辺り一面硝煙立ち込める中、異様な火薬の匂いが充満し頭がふらつき、今までのことが嘘のように不気味なくらい静まりかえっていました。ふと我に返ってみると、一緒にいたはずの母と兄がいません。恐怖におびえながら、妹の手を引いて母と兄を呼べどもどこにも姿がありません。心配になって辺りを見回すと、そこら一面死体が転がり重なり合っていて生きている人は一人もいません。

死体の山を踏み越えて探した母と兄は

無我夢中で妹の手をひいて、母と兄を早くみつけ出さねばと焦りました。しかし、足元は死体の山です。死体を踏み越えなければ前にも後ろにも動けない。恐怖で震える手で妹の手をしっかりにぎって死体を踏み越えようとすると、腹がパーンと音をたてて破裂し、腹わたやウミや蛆虫がドロッと流れ出て二人の体にかかります。死者たちに悪いと思いながらも、次々と死体を踏み越えました。紫がかった死体は新しい死体、黄色くてお腹がパンパンに膨れ上がっている死体は古い死体です。

やっとの思いで母と兄を見つけ出したときには、二人とも岩の下敷きになって腹わたが飛び散り、すでに冷たくなっていました。あまりに無残に変わり果ててしまった母と兄の姿を見たときには、わけも判らない叫び声を出して後ずさりしてしまったことが、脳裏に焼き付いて今も走馬灯のごとく思い出され、心の傷がうずきます。

道路や畑や野に幾多の死体が転がり重なり合い、横たわっている様や、真っ黒に群がるキンバエや蛆虫に食いばまれている死体、二倍にも三倍にも膨れあがって水たまりにふやけている死体、言葉では言い尽くせない身の毛のよだつようなこの世の地獄をみました。

これが、日本国首脳が考え出した帝国本土を守らんがための、沖縄県民を巻き込んで「時間を稼ぐ」持久戦でした。

ふと気付くと、一歳の妹は私の背中で

死人ばかりの戦場に取り残された私たち三人は、恐怖でなすすべを知らず、ただ体中が震えおののくばかりでした。ふと我に返ってみると、あの防空壕を追われる時におぶっていた一歳の妹がいつの間にか、私の背中で冷たくなっているのです。びっくりして背中から降ろして「ふじ子おきて、おきてちょうだい」と、声の限り何度も揺さぶり起こしたのですが、妹は二度と目覚めることはありませんでした。やがて可愛かった妹の頬は紫色に変わり、目や鼻・口・耳から蛆虫が湧き出しました。私と三歳の妹はこの信じられない光景に絶叫し震えおののきながら、それでも何とかして妹を蛆虫から救おうと無我夢中になって一生懸命に払いのけたのですが、体中から湧きだしてくる蛆虫に絶叫してしまいました。それはもう見るも恐ろしく全身逆毛がたって体中が固ばって頭の中が真っ白になってしまいました。

震えおののくばかり、なすすべもなく

どこからともなくハエが飛んできたかと思うと、間もなく米粒よりも小さい白い卵のようなものを産み、黒い糸のようなものがピーンと張ったかと思うと、それが小さな蛆虫になり、見る見るうちに小指くらい大きくなって、ウヨウヨ重なりへし合いながらさらに大きくなって、何百匹の蛆が妹を食いつぶしていったのです。気がついて見ると、そこにいたはずの大切な妹はわずかばかりの黒髪を残し母が縫ってくれた洋服の中で小さな骨になっていました。私たちはもう恐ろしくて妹の遺骨を前にして、戦場の死者たちの霊魂漂う中で恐怖と悲しみの中、頭は真っ白になって妹とふたり抱き合ってワナワナ震えおののくばかりで、なすすべを全く知らず幾日幾夜が過ぎていきました。

やがて胸に傷を受けていた妹は、苦しそうな息のしたから、私にしきりに水をもとめるのです。「お姉ちゃんお水をちょうだい。お願いお水をちょうだい」とうわごとのようにしきりに水をもとめるのです。しかし、ここは無情にも死者たちの墓場、唇を潤す一滴の水すらありません。「つぎちゃんごめんね。本当にごめんね」と妹の頭をなでてやるのが精一杯でした。妹は私の腕の中で

目に一杯の涙を浮かべて私の顔をじーとみつめて、少しうなずいたかと思うと、私の手をにぎったまま静かにねむるようにして、あまりにも短すぎた一生を、こんなにも無残な形で閉じたのでした。

今度は私が死ぬ番、これでやっと楽になれる

やがて三歳の妹の顔も紫に変わり、目や鼻・口や耳からたくさんの蛆がわき出してきました。身の毛がよだつ思いを必死にこらえて、無知にも有らん限りの力をだして、今度こそ大事な妹を蛆虫から守ってやるのだと、顔中の蛆虫を払い続けたのですが、妹の首やおなかや体中から湧き出してくる蛆虫に、とうとう絶叫して気を失ってしまいました。

またしても襲いかかる恐怖・絶望・悲しみ。この世の地獄の中で一人取り残された私は、震えが止まらなくなってしまいました。もう精魂尽き果て、泣く力も起き上がる力もなくなった私は、今度は私が死ぬ番、これで妹たちと一緒に母の待つ所へゆける、早くゆかねば母が待っている、早くゆかねばと思いながら、召されし妹たちの間に小さく土にうずくまりました。遠ざかる意識の中で〝これでやっと死ねる、やっと楽になれる、やっと皆に会える〟と思うと、死さえも喜びとなって安堵さえ覚えました。

苦痛と孤独…たった一人生き残って

どのくらい時間が過ぎたのでしょうか。私は生きてしまったのです。しかも信じられないことに、私たちを殺すためにきたはずの〝鬼畜米兵〟の衛生兵の腕の中に助けられていたのです。泣くことさえ忘れた放心状態の私の目に止まったのは、米兵士の胸に揺れる金の十字架でした。十字架は不思議にも私のその後の人生を支え、生きる力、生きる希望を与えてくれました。

こうして命は助けられたものの、父を失い、母を失い、兄を失い、妹たちを失い、悲しみ、無念さ、恐怖心は去らず、毎晩夢の中で戦争の日々は繰り返され、苦痛と孤独のいばらの人生がはじまりました。米軍の病院から収容所に移された私は、どうしても愛する家族の死を受け入れることができず、「本当は家族みなどこかで生きているのではないだろうか。私は悪い夢をみているのではないだろうか」と思うようになった私は、毎日のように小高い丘に登って、有らん限りの声を出して父母や兄、妹たちの名を呼び続けました。「お父さんどこにいるの私の所に来て、お母さんどこにいるの私を迎えに来て。兄さん私を迎えに来て」呼べども叫べども無情に空しい木霊ばかりが返ってきて私を容赦なく打ちのめしたのでした。収容所の大人たちはそんな私を見て言いました。「この子はもうだめかもしれないね。こんなに痩せ細っ

て」と。

なぜみんな、死ななければならなかったの？

そんなとき私が生きていることを聞き付けた祖母が早速迎えにきてくれました。私は祖母を見るなり、祖母の胸に張りさけんばかりの悲しみを、無念さを、苦しみを叩きつけました。

「お父さんはなぜ死なねばならなかったの。どんな悪いことをしたの。母さんもなぜ死なねばならなかったの。兄さんは、妹たちは」

祖母は泣きじゃくる私をしっかり抱き締めて、

「みな戦争が悪いんだ。戦争さえなければ、皆幸せに暮らせたのに。でも、どんなにつらくても家族のために必ず強く生き抜いていかねばならない」

と、幾度も説いてくれました。

夢も希望も、無残に打ち砕かれて

やがて、戦場の跡にも夏草が茂り、生き残った者たちは、ボロボロになった心と体に鞭打って、戦場の跡に愛する家族の遺骨を探し回りました。「平和になったら、庭にいっぱいの花を植えて皆で明るい楽しい家庭をつくろうね」と言って、私たちを励まし続けてくれたやさしかった母。父の召集後、責任感が強くなった兄。大きくなったらお医者さんになって困っている人たちを助けるのだと言っていた兄。お菓子屋さんになりたいと得意げに話してくれた可愛い妹たち。皆、夢や希望があったのに、無惨にも打ち砕かれて今は小さく遺骨となって一つのカマスに納まっている。

死んだ家族のためにも生きなければ

無惨にも変わり果ててしまった、愛する家族の遺骨を目の前にしては、死はまさに死でしかない。それは抗えない事実である。しかし、どうしても父母や兄妹たちの死を死として受け入れられない。いや受け入れるわけにはいかない。受け入れることは私に死ねというのと同じことなのだ。あらんばかりの無情の涙がどっとあふれでた。思わず「お母さん」といって、抱いた母の頭蓋骨が、私のほほからとめどもなく流れ落ちる慟哭の涙を全部吸い取ってくれたのです。母は死んでも私の悲しみも苦しみも全部引き受けてくれるのか。

涙が枯れ果てるまで泣くだけ泣くと、私にも少し判りました。父も母も兄も妹たちもみんな死にたくて死んだのではない。戦争が悪いのだ。私は家族のためにもしっかり生きて行こうと思いました。

そして学校に行けるようになった時、机の上にポタポタ落ちる涙を拭いて決心したことがあります。それは大きくなったら戦争のない平和のために働ける人間になれるようにしっかり勉強しよう。それが父母や兄妹たちのためにできる、生きている私の務めだとひとり誓いました。

この地球を平和の星、幸せの星に

あれから60年が経ちました。現在、日本はまた戦争への準備を進めていますが、〝戦争〟その悲惨な体験を礎にして私たちは人々に訴えます。一切の核兵器とあらゆる戦争をなくし、武器に代えて対話を、そして愛と信頼と調和でもって、皆で地球を平和に満ちた星にしようと。

その時、この緑の惑星は〝エデンの園〟にも似て祝福に満ちた平和がもたらされる。そこには人間同士、人間と動物、人間と植物の一切の殺戮や破滅は終わり、この星に緑があふれ花は咲き、鳥や獣たちの楽園となり、一切の生きとし生けるものたちが喜びに満たされる幸せの星となりますよう、一人ひとりの善意の輪が足元から広がって大きな輪となって、明るい平和な未来を築く梯となりますよう祈念いたします。

（注：この手記は、「二度と戦争のない世を」として2009年9月に出版された小冊子を再録したものです。快く承諾して頂いたご本人及び発行者の岡田博様と山陽図書出版㈱に心よりお礼申し上げます。）

〝命どぅ宝〟恒久平和を願う沖縄の心

石原絹子

沖縄戦は、日本における唯一の地上戦であり、太平洋戦争で最大規模の戦闘でした。90日あまりに及んだ鉄の暴風は島々の山容を変え、20万余の尊い人命と財産を奪い去りました。

沖縄戦の何よりの特徴は、一般住民の戦死者が軍人よりはるかに多かったところにあり、その数は10万あまりにも及びました。ある者は砲弾で吹き飛ばされ、ある者は追い詰められて自ら命を絶ち、またある者は敗走する自国日本兵の犠牲にされました。

想像を絶する極限状況の中で、私たち沖縄県民は戦争の不条理と残酷さを、身を以て体験しました。

この悲惨な戦争体験と、戦後米軍支配の重圧に抗しつつ、私たちが培ってきたのは、恒久平和を求める沖縄の心、〝命どぅ宝〟の原点であります。人間の尊厳を何よりも重視し、戦争につながる一切の行為を否定し、平和を求め、人間性の発露である文化をこよなく愛する沖縄の心であります。

私たちが一番大切に思っている平和、それは黙って向こうからやって来るものではありません。どんな小さなことでも平和を実現するために努力を惜しまず、また戦争につながるようなことは、どんな小さなことでもその芽を早く摘み取っておかねばならない、と思うのです。

私たち自身の手で、平和を創り出していかねばなりません。そのためには、憲法九条見直しの動きや教科書の改ざん、米軍基地の問題など、様々な場面で自分の意見をしっかりと示すこと、反対すべきことにははっきりと反対すること、が大切だと思います。

〝団結は力なり〟と申します。共に祈り、力を一つにして、明るく平和な21世紀構築のために努力してゆきたいものであります。

（牧師・「樹立する会」幹事代表）

写真は汐文社刊『ビジュアル版平和博物館・戦跡ガイド③沖縄県平和祈念資料館と戦跡めぐり』から

日本軍が立てこもる洞窟に向かって、火炎放射器で攻撃をしかける米軍の戦車。

急ごしらえの爆雷を背負い、米軍戦車に特攻攻撃を仕掛けようとして射殺された少年兵。

赤ちゃんの泣き声で壕の中から発見された母と子。ここでは全部で11人の住民が救出された。一方、日本兵が同居していた壕では、声が洩れるのを恐れて幼児が窒息死させられた例が少なくなかった。

従軍看護婦か女子青年団員と思われる若い女性の遺体。包帯などの衛生材料の他、自決用の手投げ弾を持っていた。

遺骨収集の現場と辺野古から見える沖縄の過去と未来

具志堅　隆松

これまで30年余り県内において戦没者の遺骨収集に係わってきたが、遺骨収集の現場で思い巡らしたことと、現在辺野古のキャンプシュワーブのゲート前や海上で日本政府により沖縄人に対して行われていること等について考えてみたい。

沖縄戦の犠牲者の遺骨収集は、米軍の創設した捕虜収容所（沖縄戦体験者の沖縄住民は自らが米軍に捕らえられること或いは保護されることを「アメリカーの捕虜に取られた」と表現する。本来、戦闘参加者である兵士に対しては「捕虜」であるが、住民に対しては「保護」である。にもかかわらず住民が自らを兵士と同列に捉えていることは当時、日本軍が県民に対して打ち出した「軍・官・民・共生、共死」を無批判に受け入れた影響が大きいであろう）から解放された住民が各々の部落に帰ってから自発的に始めたことである。

自らの生活の場である屋敷内や畑、道路、又は墓などで白骨化、或いは未だ肉の残っているミイラ状態の遺体を収容して部落のはずれの崖下やガマなどに集め簡素な慰霊の塔を建て弔ったのである。しかし、一般生活の中で立ち入ることの無い山中やガマの中の犠牲者の遺骨に収容の手が伸べられるのは生活のための基盤が出来るまでの数年を要した、或いは場所によっては未だに収容されてない地域もある。筆者が住んでいた那覇市の大道においても、子どもの頃、探検と称して友達と山の中に遊びにいくと日本軍の鉄帽をかぶった白骨を見てびっくりしたものである。そのような山中の戦没者遺骨の存在は気になっていたが、周囲の大人や遊び仲間の先輩等からは近づかないように言われていた。

遺骨収集に係わっているということで他人から色々な質問を受けることが有る。質問の中で一番多いのは「遺族でもないのにどうして遺骨収集を始めるようになったのですか」というものである。正直な話この質問には今でもうまく答えきれないでいる。確かに時系列的に始めるきっかけや初期の頃の経緯を述べることはできるのだが、自分自身が遺骨収集を受け入れていく当時の心情的なものは未だに上手く説明できないのである。

沖縄における遺骨収集とは沖縄戦没者の遺骨を山野やガマや構築壕の中から探し出して収容することである。自分自身が係わっていることではあるが、ふとした拍子に他人事の様に突き放して考えてみると幾つもの疑問が数珠繋ぎに出てくることがある。それを列挙してみると次の様なものがある。

○なぜ沖縄に遺骨がこれほどあるのか
○なぜ今でもあるのか
○誰が収容すべきか
○収容された遺骨はどこへ行くのか
○国が戦没者に対して責任を果たさないことに対して国民は寛容であってよいのか
○収容された遺骨の方たちは心安らかになれるだろうか（心があるものとして）
○残された遺族は国を許せたのだろうか（日本人・沖縄人の）
○沖縄戦はなぜ軍人より住民の犠牲が多かったのか、これが内地であればどうだったのか、仮に将来起きたら？
○沖縄人は沖縄が戦場となることを拒否できなかったのか
○高齢の沖縄戦体験者がいなくなった時沖縄戦はどう語られるか
○当時の国と国民の関係は国民により総括されたのか
○沖縄人は戦前・戦中・戦後にわたる日本と沖縄の関係を検証・総括したのだろうか
○私たち沖縄人は二度と同じ目にあわないと言えるだろうか
○天皇制が再び沖縄に近づいてきたら沖縄は受け入れてしまうのか

これらの疑問の一つ一つが沖縄あるいは日本人にとって過去の戦争をどのように捉え現在に至ったかという点で重要な意味を持っているのだが、日本人にとっても沖縄人にとっても検証されないまま70年が過ぎてしまったような気がする。これらの疑問は総じて検証していくべきであるが紙面の都合で現在の沖縄に緊急的に関係があると思われる点についてのみ挙げてみたい。筆者が今、一番検証を要すると捉えているのは「沖縄人は沖縄が戦場となることを拒否できなかったのか」と「私たちは二度と同じ目にあわないと言えるだろうか」である。これは現政権のアジア太平洋戦争に対する歴史観や国防政策、そしてなによりも「危険な米軍普天間基地」の移設を理由に辺野古のキャンプシュワーブに新基地建設を強行しようとしている現状に戦前回帰の危機を感じるからである。普天間基地が危険な基地であれば撤去すればよい話であり、危険なものを他人が住む場所へ移して危険がなくなるわけではない。にもかかわらず日本政府は、非暴力を大前提に基地建設に反対を唱える住民の基地ゲート前での座り込みやカヌーによる海上での抗議活動に対してこれまでにない強攻姿勢で抑え込みを図ってきている。基地ゲート前での反対住民による24時間監視・阻止活動に対しては沖縄総合事務局幹部を首相官邸に呼び反対住民の監視テントの撤去の指示を出している。そして、内閣府の出先機関である沖縄総合事務局の指示の下に現場へ来て反対住民へテント小屋の撤去を口頭で通達するのは沖縄人職員である（沖縄タイムス、2月27日30面）さらにゲート前で建設資材搬入の阻止活動を行う住民に対して実力排除に当たるのも沖縄人の若い警察官たちである。

これまでの世界の歴史の中で西欧列強による植民地支配の政策として披支配国内の内部対立を起こさせるため植民地内における抵抗の抑圧を植民地内の一部の人間に利益を与えてさせるというのがある。さしずめ辺野古で行われている反対住民への抑圧に加担している沖縄人への「利益」とは国家公務員という肩書きであろうか。

このような沖縄人の日本への抵抗を沖縄人に排除させるというのは沖縄戦の時もあったのである。沖縄戦時に南部のガマの中に避難している沖縄住民に対して日本軍がガマの明け渡しを要求する時に沖縄人の初年兵に行わせた事例がある。その初年兵は戦後にガマを追い出された住民が生き残れたか気になることを述懐している。確かに沖縄戦当時の日本軍の中では上官の命令に逆らうことは出来なかったであろうが、辺野古で反対住民と対峙を余儀無くさせられている沖縄人の国家公務員は、沖縄総合事務局とか沖縄県警察という組織の中の構成員であり、戦時下の兵士ではない。現在の日本の政治が戦前へ回帰しようとしていることや、与那国における自衛隊基地の新設も含め沖縄が再び日本本土を守るための南の軍事的防波堤の役割を担わされようとしていることには気がついているはずであり、本人たちの役割が何であるかも認識できるはずである。辺野古の基地建設を認めるか否定するかは沖縄の人間が戦争へ続く道を選ぶか平和への道を選ぶかということである。筆者は沖縄人国家公務員が人権感覚、平和感覚に目覚め消極的ながらも基地建設に加担しないことを期待する。

筆者は米軍であれ自衛隊であれ戦争につながる基地建設には反対である。それは政治的な判断ではなく、これまで行ってきた遺骨収集の現場で目にしてきたことからの感覚的なものである。沖縄以外のどこの地域であろうと戦争につながることには反対である。

これまでの遺骨収集という死者と向かい合う作業から感じてきたことで意を強くして他人に伝えたいことが三つある。それは、たとえ誰であれ、どんな理由であれ、(人を殺すことはまちがっている）そして、（自分自身が人に殺されることを認めるのもまちがっている)そして、(自分自身を殺すことも絶対まちがっている）である。

しかし、沖縄戦の時この三つのまちがった非人間的なことを国（日本軍）が沖縄人に実行するように教育、命令したのである。沖縄戦を生き残った沖縄人は戦争が人間を人間でなくしてしまうということを身をもって知り、言葉ではうまく説明できないながらも戦争に基地に反対してきたのである。沖縄人の基地反対のアレルギーは政治的なものでなく、生存のための生理的なものである。

過去を学習するということは未来に生かされてはじめて意義あるものになると思う。

（ガマフヤー）

沖縄戦と靖国裁判

靖国合祀ガッティンナラン！裁判について

金城　実

沖縄で靖国裁判を開始したのは2002年9月30日である。思い起こせば色々あった。なぜ沖縄での裁判かと、当初は疑問と不安が付きまとったが、沖縄人としてのプライドから決意した。私が1985年に大阪在の時、中曽根首相と国を被告とした裁判の原告となってからの実に長い歴史である。

沖縄戦の被害者や、日本本土と比較して戦場と化した特別な思いで、原告団は多数に上ると期待したが裏切られる結果となった。学徒隊の生き延びられた方も参加してくれるものと思ったが、お願いをしても反応がなかったことに絶望さえ覚えた。そのことについて考えてみた。学徒隊としては地獄をみて国家に裏切られたことを知っても、戦死した同胞が靖国に合祀されていることへの、国家を相対化しえない論理と心情的な同胞への思いにひきずられて結果的に靖国裁判を理解しえなかったということになるだろう。

にもかかわらず、もはや引き返すことはできなかった。当初は弁護士の方々もクールで靖国はヤマトの問題とも言われた。しかし食い下がっていくしかなく大阪の丹羽雅雄弁護士、三宅俊司弁護士が動き出した。そして池宮城弁護士から「原告団は弁護士におんぶにだっこでは困る。自主的に学習を重ね自ずからの血とし肉とし、それぞれが理論的かつ客観的に全体を把握して法廷闘争をすべきである」と、まるで突き放された思いであった。その言葉は今日まで心に強く残っている。

さらに池宮城弁護士の〝怒りと哀しみはコインの表と裏だ〟という言葉があった。まさに文学的表現ではあるが、これをどう組み合わせて法廷に立つか、それから我々の戦術的構想が生れた。特に久高島での合宿研修辺りから進化が始まったとみることができる。原告と弁護団との討論が再度繰り広げられてきた。弁護士の方々も厳しく向き合ってくださった。その結果、合祀ガッティンナラン！裁判の証言者の組み合わせも実に劇的であったと思う。まさに偉大なるドラマ的展開であったと自負したい。もちろん完璧ではなかったが、この裁判を通じて沖縄戦を学習した意味は実に大きい。石原昌家教授と安良城米子先生の専門的立場から、この裁判は質的にも進展した。みなさん、ご苦労様でした。

（彫刻家・原告代表）２００９年12月20日「清ら風」第6号所収

靖国合祀取消しを求めて

松井裕子

ハイサイ、グスーヨー！　会計担当のまついです。「うまんちゅの会」結成と前後して「沖縄靖国合祀取消し訴訟」が始まっています。実は02年から「小泉首相の靖国参拝は憲法違反」裁判に原告として関わってきました。06年春の最高裁判決をもって第一幕を閉じましたが、その中から生まれた「靖国神社に合祀されている家族の氏名を取り消すよう求める」裁判の原告は沖縄戦戦没者遺族に絞ることになりました。今度は支える側に回り財政確保に努めているところです。

5名だけの原告ですが、死没家族は防衛隊・学徒隊・海軍・陸軍に召集された者、母親・兄・姉・弟であるなど多様で、5万名の遺族を代表していると言えます。訴えの第一は、各々の家族が戦場を逃げ惑う中で艦砲弾に撃たれて亡くなったにも拘わらず、軍との雇用関係にあって殉死した者として合祀されていることです。また軍隊から壕を追い出された結果、亡くなったにも拘わらず壕を提供して殉死したとされているのです。

第二に、このような殉死者を生み出した背景に「戦傷病者及び戦没者遺族等援護法」があります。本来は軍人・軍属を対象とするところ、地上戦で多くの被害を受けた住民に拡大適用するに当たり「準軍属」身分を設けた上で、その申請内容は軍への協力事実を条件としたのです。遺族給付金、弔慰金などと引き換えに戦没家族は遺族の承諾を得ることなく無断で〝靖国〟の軍神とされています。

第三に、靖国神社は明治維新前後よりアジア太平洋戦争に至るまでの戦死者を天皇に忠なるを基準として祀り続け、戦後も変わることがありません。今日では明らかにされたアジア諸国への侵略の数々を聖戦であるとの認識も変えていません。合祀行為は、そうした神社の心棒であることから原告たちは家族の無惨な死が顕彰されて今後、国が惹き起こす戦争行動に利用されてはならないと思います。

08年3月19日の提訴、6月から開始された口頭弁論は、この10月6日で第8回を迎えます。若手8名を含む12名の弁護団は、これまで国と靖国神社が共同して合祀運動を進めてきた実態や、戦前から今日まで戦争賛美を貫く靖国神社のあり様を明らかにしてきました。原告たちは、取消し要求を無視して祀り続けられることで人格権がいかに侵害されているかを主張してきました。

この秋は靖国神社に続いて国からの反論が始まります。この裁判が二度と戦争を起こさないための具体的な手だてとなるよう願っています。10月6日（火）午後1時10分の開廷ですが整理券の発行もありますので12時過ぎに那覇裁判所においで下さい。

（靖国合祀ガッティンナラン訴訟事務局）

２００９年９月10日「清ら風」第５号所収

この世の地獄を生き抜いた原告Aの意見陳述要旨

―靖国合祀ガッティンナラン訴訟―

原告A

今、靖国神社から戦争で死んだ家族を取り戻す「合祀ガッティンナラン」訴訟が那覇地裁において、５名の原告団で闘われています。

「母は、私たちが隠れている山の岩場から少し離れた民家の空き家に泊まり、そこで明け方のうちに食事の準備をして、私たちのところに食事を運んでくれました。しかし、ある明け方に、立ち上がる煙が標的になり、そこに爆弾の直撃を受け、祖母と母と弟、そして周りの何人かの人々が死にました。母が亡くなったという話を聞いて私たちは、しばらくは何が起こったのかピンとこないというか、茫然とした状態になっていました。そして、本当に帰らない、もう帰ってこないんだという実感が次第にわき、私たち残された兄弟はみんなそろって泣きました。その一方で、毎日のように人が死んでいったので、とうとう死んだか、順番が回ってきたのか、という気持ちもありました。母と一緒に亡くなった弟は、当時まだ2歳でした」

原告Aさんは、父を兵隊にとられ亡くし、逃げまどう中、姉を失い。母親代わりだった叔母も亡くします。その叔母も死ぬ間際に、まだ6歳だった原告Aさんとその妹の幼い兄妹に、自分の残された子どもを「私たちに頼みながら死んでいきました」という悲惨な状況です。

そして、「この世の地獄」を生き抜いた原告Aさんは、沖縄戦で死亡した家族への追悼の念と靖国神社の合祀について、「私は2007年の初頭に、初めて靖国神社に行きました。靖国神社の〝遊就館〟には、戦闘機などを飾っており、まるで戦争を鼓舞するかのような雰囲気でした。人間はどこまでアホなのかと驚きました。私は沖縄戦で亡くなった私の家族が合祀されていることを全く知らなかったのですが、合祀を知って、どうしても止めさせたいと思いました。父母や姉弟が戦争に役立った、貢献したとして靖国に祀られ、英霊とされているなど、とんでもない話です。父母や姉、弟は、英霊などでは決してなく、きっとこのように戦争神社に祀られることに納得していないと思います。靖国神社が遺族である自分の了解も得ずに、戦争の犠牲になった家族を祀り上げることなど、止めてほしいのです」と述べています。

2009年6月1日「清ら風」第4号所収

沖縄靖国裁判、第二審迫る！

松井裕子

ご無沙汰しています。2008年3月に提訴して始めました靖国取消し裁判は、同年6月より2010年7月まで約2年をかけて第一審が開かれました。原告たちの請求は、靖国神社に戦没家族氏名を霊璽簿から削除すること、国には家族氏名情報を神社へ提供したことで受けた苦痛への損害賠償をせよということです。

法廷では、原告たちが自らの戦場体験からしても、戦後も変わらず戦死を讃える神社に家族が祀られていることの苦痛を訴えました。また代理人弁護士たちは「戦傷病者戦没者遺族等援護法」を梃子に当時の厚生省が住民を戦闘参加者に変えた名簿を神社に提出し、会合を重ねて共同して合祀を推進した行為を厖大な資料や証人を立てて立証しました。

しかし昨年10月26日の判決は、「合祀は靖国神社が決定したもので国の協力は付随的なものに過ぎない。原告らの体験から神社に対する感情は一定理解するが、合祀により侵害された利益があるとは思われない。神社がどの様に祀るかは信教の自由に関わることであり裁判所の判断を超える」というものでした。

私たちは、原告の訴える具体的な苦痛を一顧だにせず靖国神社の信教の自由論に逃げ込んだ判決を到底、受け入れる訳にはいかず即、控訴しました。２０１１年３月16日の第二審冒頭では、原告たちが更に整理された訴えを陳述しました。次回は６月14日（火）午後２時ですが結審の可能性大です。ぜひ見守っていて下さい。原告の声を一部、紹介します。

金城　實：我々が最も主張したのは、他府県の裁判との違いである「援護法」と沖縄戦と靖国神社への無断合祀の実態を検証することでした。「援護法」により住民が戦闘協力者に捏造され、それらの死を賛美されていることへの怒りでした。我々原告は殆どが70歳余であり沖縄戦を体験しています。子や孫たちに二度とあの悪夢を見せたくないと裁判に打って出たのです。

戦争に引きずって行ったリーダーたち、それに絡めとられた日本国民の病的な愛国心に目覚めはあるのでしょうか。

安谷屋昌一：沖縄戦で４人の家族が殺された時、私は６歳でしたが死んだ家族がもう帰ってこないことを悟り、このまま耐えて生きていかなければいけないと覚悟を決めました。日本を守るための防波堤にされた戦で殺されながら、死んでなお殉国思想を持つ靖国に道具のように利用されています。そのことに強い怒りと悲しみを覚えます。当時２歳の弟が靖国の合祀基準に当たるとは思えません。家族を無断で祀るなという要求はごく普通のことです。一審判決は私たちの苦痛を無視して認めず靖国の信教の自由だけを守る偏ったものです。

（沖縄靖国合祀ガッティナラン！訴訟団事務局）

２０１１年６月１日「清ら風」第11号所収

靖国合祀控訴審
「遺族請求を棄却」、遺族側は最高裁に上告
県民と共に〝道を拓いてゆきたい〟

松井裕子

去った9月6日、福岡高裁那覇支部201号法廷において沖縄靖国合祀取消し訴訟控訴審の判決が言い渡されました。一審判決同様、「訴えを棄却する」というものです。ただ今回は理由の要旨が述べられました。

第一《控訴人利益の侵害について》で「憲法は多数の宗教が存在する中で夫々の信仰を有する者に等しく信教の自由を保障する。相容れない宗教に対する不快感や嫌悪感をもって利益が侵害されたとして救済されるならば、もう一方の教義を否定することとなる。強制的に信教の自由が妨害されない限り、相手に対して寛容であることが要求される。控訴人らが沖縄戦体験に基づき靖国神社による家族の合祀を受け入れ難いことは理解しうるものの、これによって家族への追悼が妨げられ、あるいは神社の教義の信仰を強制された訳ではないから、権利や利益の侵害を受けたと言えない」としています。

因みに靖国神社側の主張は「遺族らが言うところの苦痛は神社に対する嫌悪感に過ぎず、そうした訴えが通るとすれば憲法で保障される神社の信教の自由が侵される。神社は明治天皇の思し召しで祀っているのであり遺族の意向とは一切関わりがない。参拝を強制する訳でもない神社に対して遺族は寛容であるべきである」と言うものです。

しかし遺族の痛みは、戦没家族の多くが皇軍により死に追い込まれた住民であること、勝手に祀った神社が〝大東亜戦争は正しかったと広く社会的に宣伝することに家族を利用し続けている〟ことから来ているのです。耐え難い苦痛を解消するために霊璽簿から10名の家族氏名を取消すことは、合祀者247万名であることから考えても神社の教義や合祀行為を低下させるものとは思えません。

裁判官は遺族側の示した沖縄戦の実相や戦後の混乱期に「援護法」が適用された経過などの具体的証拠を封印してしまっています。

第二《国の共同行為性について》も、国でなければ管理できない氏名情報を神社側に提出した行為はあくまで〝周辺付随的な事務に過ぎない〟とし、合祀の最終決定は神社が行っていた事実から、国が主導的に推進したも

のではないと共同性を打ち消しています。何とこれについて遺族側が提出した資料は、靖国神社自身が編集したものと旧厚生省作成のものですから、とんでもなく過小評価していることになります。

従って第三《政教分離原則と賠償責任について》では、例え政教分離原則に違反しても（実態はしている）遺族の利益や権利が侵害されていない以上、判断するまでもなく賠償責任もないという、市民感覚からして理解し難い酷い内容です。この様な判決に黙っている訳にはいかないと遺族たちは上告を決意しました。共に道を拓いてゆきたいと思います。

（靖国合祀ガッティンナラン！訴訟団事務局）
2011年10月1日「清ら風」第12号所収

「沖縄靖国神社合祀取消訴訟」の歴史的意義

石原昌家

2010年1月19日、「合祀取消訴訟」の原告側の専門家証人として法廷で証言した。その骨子は、以下の内容である。

国や靖国神社を相手に訴えたこの訴訟は、これまでの沖縄戦体験の研究に欠落していた「戦傷病者戦没者遺族等援護法」（「援護法」）と「靖国神社合祀」との係わりについて直視させることになった。

そこで判明したことは、沖縄住民の一部に残存していた戦前の「皇国史観」「靖国史観」を利用しつつ、日本政府は「援護法」を手段にして、沖縄戦の真実を大がかりに捏造していった。それは強制・命令によって住民を「総戦闘員化」した形にして、「戦闘参加者」という身分を付与し、一貫して「軍民一体」の戦闘だったと装って、捏造することにしたのである。したがって、「沖縄靖国神社合祀取消訴訟」で、被害者である一般住民が、戦争指導者など「加害者」側と同列に置かれる「戦闘参加者」

として、「祭神」に祀られているのを遺族が取消を求めるのは、まさに、捏造された沖縄戦の歴史の真実を明らかにし、沖縄戦体験を正しくしていくということであり、その歴史的社会的な意義は極めて大きい。

「援護法」は軍人軍属等が対象だから、「国と雇用関係」が明確な「軍人軍属」はその適用は容易である。しかし、軍人軍属以外でも「国と雇用類似の関係」が証明されたら、「準軍属」と認定して「援護法」が適用できる。そこで住民を巻き込んだ地上戦闘下の被害住民にも本来適用が不可能な「援護法」の適用を拡大するにあたり、政府は実に巧妙な仕組みを思いついた。そしてゼロ歳児の赤子から年寄りまでも「準軍属」と認定に至る過程で、沖縄戦の真実を捏造する方法を仕組んだのである。

まず、戦闘の中で日本軍の要請・指示（命令も当然含む）が住民に行われた時点で「国と雇用類似の関係」が生じたとみなす。さらに住民が「積極的戦闘協力」者として、「集団自決」（壕提供・弾薬運搬・水汲み等）という軍事行動をとったら「戦闘協力者」とう身分を付与し、「現認証明」でその行為が「証明」（実際は、軍の命令・要請で積極的に戦闘参加したかが条件）されるや「準軍属」として認定して、自動的に「靖国神社に合祀」するという仕組みを作ったのである。つまり、日本軍が住民に命令・強制して、避難壕を追い出して被弾死させたり、軍事機密漏えい防止のために住民を死に追い込んだりしたが、日本政府はその日本軍の命令・強制という犯罪的行為を「政府と雇用類似の関係」とすり替え、「壕の提供」、「集団自決」という言葉で、住民自らの意思による行為だとしたのである。しかも、それを軍事行動として位置づけ、軍人同様に「靖国神社に合祀」していったのである。したがって、とくに一般住民が捏造されて「戦闘参加者」にされた人たちの「合祀取消」を国や「靖国神社」に対して、原告遺族が法廷の場で宣誓して求めたということは、そのこと自体でこの捏造の仕組みを解体し、靖国思想を解き放ったも同然だと評価することができる。

（沖縄国際大学名誉教授）

2010年4月15日「清ら風」第7号所収

ヤスクニ化した沖縄
―事実を直視し、考えよう

石原昌家

はじめに

天皇制を維持する国体護持の戦闘だった沖縄戦で、住民は多大な被害をうけてきた。その肉体的精神的傷は、戦後70年経ったいまなお、心の奥底に深く突き刺さったままというひともいる。それにもかかわらず、なんと戦後8年目には、天皇制と直結してきた靖国神社への参拝団が組織されていった。生活に困窮している中だったにもかかわらず、それ以後毎年、年に三回も参拝団が東京へ向かった。

マッカーサー連合軍最高司令官は、「軍人恩給法」は帝国日本における軍国主義の温床になっていた、という理由で、それを停止させた。そこで、日本政府は占領軍の影響を受けなくなる1952年4月30日、軍人恩給法に代わる戦傷病者戦没者遺族等援護法を制定した。そして米軍政下の沖縄にもその日本の法律が翌年の1953年に早くも適用された。米軍の沖縄統治の布令布告の範疇外の事柄については潜在主権のある日本の法律が適用されるようになっていたからである。

日本政府が、この援護法の沖縄への適用を非軍人の一般住民にまで拡大していったのは、単に遺族の経済的援助や「精神的癒し」のみならず、結果として沖縄戦体験の事実に相反する認識を生み出す、という重大な問題を引き起こしている。戦後70年を経た今日まで、沖縄戦体験の真実をめぐって裁判[1]が起こされるような事態は、直接間接、軍人対象の援護法が、非軍人の住民へ適用が拡大されることによってもたらされているからでもある。

それは軍人軍属等を対象にした援護法が、沖縄戦の被害住民のゼロ歳児を含む老幼婦女子にまで適用が拡大されたからである。1950年代において軍人軍属のみならず、戦闘参加者という身分で[2]準軍属扱いされることによって援護法が適用され、ゼロ歳児まで靖国神社に祭神として[3]合祀されている。そこで、援護法の適用とセットで靖国神社への合祀についても、当時に新聞記事をふまえて具体的に記していく。援護法の沖縄への適用にあたって、大きく分けると三段階ある。

第一段階は、米軍政下の「琉球」(奄美諸島も含む)の「国と雇用関係」が明確な軍人、軍属へ、援護法の適用を要請することであった。それは翌1953年には実現し、併せて靖国神社参拝が開始された。

第二段階は、日本本土とは異なって地上戦闘の巻き添えにされた沖縄では、「鉄血勤皇隊」「看護要員」として戦場動員された男女中等学校生徒たちを動員の際に「国と雇用関係」が存在していたものとして「軍人、軍属」として扱い、援護法の適用対象として認定させて、靖国神社に合祀することであった。

第三段階は、ゼロ歳児から高齢者にいたる一般住民が軍（部隊）の要請・強制・命令などをうけていたら、その時点で「国と雇用類似の関係」が発生したとみなす。そして、積極的「戦闘協力者」だったということであれば、「戦闘参加者」という身分を付与し、準軍属として扱い、それによって援護法の適用を拡大して、同時に靖国神社に合祀していった。

ところで、沖縄戦体験の事実の認識にかかわる重大事な援護法は、沖縄ではまったくなんら議論することなくひたすらその適用とその拡大だけを要請していた。だが、沖縄とはまったく真逆に日本の国会では政権党以外はすべての政党や民間団体代表が援護法に反対していた。しかし、日本本土と沖縄の認識の相違について、ここでは単に指摘するだけにとどめておく。

一、沖縄地元紙にみる靖国神社参拝と合祀—1957年

1956年から57年にかけて、沖縄では、戦後初めて住民が米軍の圧政に抵抗する行動を起こした。それは、「島ぐるみ土地闘争」として展開し、島中が熱気に包まれた。その「島ぐるみ闘争」のなかから登場し、米軍への抵抗のシンボル的存在となった瀬長亀次郎那覇市長に対して、米軍は権力をむき出しに非民主的な圧力をかけていった。瀬長市長は、米軍の占領行政を真っ向から批判する人民党の牽引車だったからである。それに対して民衆は瀬長那覇市政を支えるため、「民連ブーム」と称される民主主義擁護運動を58年にかけて展開し、米軍に抵抗していた。その動向については、沖縄の戦後史研究が詳らかにしている。

いっぽう、1957年から58年にかけ、日本政府と靖国神社は、沖縄出身の軍人軍属をはじめ、一般住民の老幼男女は「戦闘参加者」の身分で靖国神社の「祭神」として、相ついで合祀していった。一般住民の靖国神社合祀は、援護法の適用拡大とセットによって行われたものである。

皇軍、すなわち天皇の軍隊に直殺害されたり、死に追い込まれた住民が、まったく逆に天皇のため、国のために犠牲となった殉国死者として讃えられていったのである。

戦後12、13年目の沖縄住民は、米軍への抵抗運動を起こしつつ、戦前の天皇制国家たる帝国日本へ連なる感情

が払拭されていない部分が、色濃く残っていたようである。

そこで沖縄地元新聞の紙面をとおして、靖国神社参拝と合祀に関する社会状況の一端をみていきたい。現在同様、当時も沖縄での有力紙といえば、『沖縄タイムス』と『琉球新報』2紙であった。そこで、両紙の紙面とその行間からわれわれは当時の時代情況に迫ることにしたい。

1957年1月1日号『沖縄タイムス』15面に当時の社会的風潮を表している紙面が制作されている。それは大相撲の東西に分けた星取表をもじり、沖縄の政財界における保守革新のオピニオンリーダーたちを「初笑い兵隊みたて」という標題で、東・西を「陸軍・海軍」にわけ、それぞれに横綱、大関以下を元帥、大将、中将、少将、大佐、中佐、大尉、軍属などの官位で表し、人物評をしている。

「3本営から信任せられ三階級特進」、米軍の弾圧をうけていた瀬長亀次郎那覇市長は、「陸軍少将」「赤軍司令官の異名で敬遠せらる」、沖縄教職員会長で「島ぐるみ土地闘争」のリーダーでもあった屋良朝苗は「海軍特攻隊司令官」「血液過剰型、部下の信望あつしといえども大本営の覚え目出たからず」などと、記者による人物評が当時の庶民感覚で描かれている。大本営というのは、米軍のことである。戦後12年近く経過していたが、新聞記者はもとより一般読者にも、いまだ戦時中の軍事色が色濃く残っていたともいえるであろう。

したがって、これからみていく靖国神社関連記事内容は、読者にとって、違和感なく読んでいたと思われる。

この「兵隊みたて」記事から3カ月後の靖国神社例大祭の記事は、当時の社会常識として靖国神社に関する知識をこども達に懇切丁寧に啓蒙していこうという内容である。

1957年4月21日付『琉球新報』夕刊4面の「こども」欄は、ほぼ全面的に靖国神社特集を掲載している。靖国神社というのはいかなる存在であるのかということを読者に分かりやすく説いている。いわば、それが当時の靖国神社にたいする沖縄住民の共通認識になっていたといえよう。それを知るという意味でも貴重な史料といえるだろう。

きょう二十一日から四日間東京の靖国神社《やすくにじんじゃ》では春の例大祭《れいたいさい》がいとなまれますが、沖縄からも毎年、春と秋の二回の例大祭に六十名ずつ上京して、靖国神社を参拝し、国家のために殉《じゅん》じてなくなった父や子や孫と社頭の対面をします。靖国神社とは国家のためにつくし命を捧げた人たちをおまつりしてある国民の神社です。靖国神社例大祭にちなんで靖国神社についてべんきょうしてみましょう。

以上のリード記事のあとに、「靖国神社春の例大祭沖縄関係将兵は二万七千四百二柱」という大見出しにつづいて、写真2葉とともに以下のようなこども向けの解説記事を作成している。

靖国神社にまつられている沖縄関係の軍人、軍属は昭和十六年から今年の二月までに二万七千四百二柱になっています。社会局援護《えんご》課《か》の話によりますと沖縄戦で戦死した軍人軍属をはじめ、沖縄出身将兵は四万五千人といわれ、その約半分が靖国神社にまつられているワケです。しかし正規の軍人や軍属のほかに沖縄戦では一般住民の防衛隊や学徒隊、看護隊などの一般住民の戦闘協力者《せんとうきょうりょくしゃ》（軍の命令で戦争のために働いた人たち）で戦死した人たちがまだ四万人余り（推定）もおり、そのうちの学徒隊（健児の塔やひめゆりの塔）の一部は靖国神社へまつられましたが、残りの人たちは一人一人調べた上で、軍の命令で戦闘に協力したことがわかれば靖国神社にまつられることでしょう。

靖国神社にまつられた遺族たちは毎年社会局の補助《ほじょ》を受けて春と秋に約六十名ずつ参拝にいきますが、そのうち約半分は補助金を受け、残りの人たちは自分でお金を出してでも靖国神社の前で戦死した父や子や兄や弟とあいにいきたいと申し出てくる人たちが毎年ふえてくるそうです。靖国神社の参拝は一般の参拝者と特別に許しを得て昇殿《しょうでん》（拝殿に上がること）参拝をするのとありますが、あす二十一日は昇殿参拝の日です。昨年、靖国神社で春と秋の二大祭とお正月などに昇殿参拝を許されたのは三十二万名以上だったそうです。他府県代表の昇殿参拝は毎大祭に二人か三人くらいだそうですが、沖縄の靖国の遺族は全員昇殿参拝を許されています。今年の参拝者の遺族団五十八名はさる十三日あさ泊港から那覇丸で出発しましたが、この五十八名の遺族団の中には亡くなったお父さんに逢いにいく靖国の遺児十二名も加わっております。遺児に那覇市の金城広子さん、久場つよし君、糸満町の上原その子さん、高嶺村の上原美智子さん、東風平村の永安信さん、玉城村の大城秀雄君、大里村の与那嶺弘君、南風原村の中村洋子さん、コザ市の新崎初子さん、恩納村の渡栄子さん、大宜味村の大嶺高子さんたちです。遺児の中には生れてはじめて靖国神社社頭の対面をするものもおります。また中には十三年振りに涙の対面をするお父さんやお母さんもいて毎年の例大祭のたびごとに靖国は、遺族の感激の場面が見れるものです。

以上に続いてさらに、中見出しに「られる百四十万明治以来國家のために死んだ人たち」の下に、こども向けに靖国神社の成り立ちや役割等についてさらにやさしい解説文を載せている。

　靖国神社は東京都麹町区富士見町（九段上）にあり、明治維新《めいじいしん》前後から国家のために盡して命を失った勤王の志士や、日清（今の中国）、日露（今のソ連）、日独（ドイツ）戦争や済南《さいなん》（中国の市の名）事変や満州、上海事変から太平洋戦争に至るまでの人たち百四十万余柱《はしら》を合《ごう》しした神社です。この神社にまつられている人たちは軍人ばかりでなく、日本の国民で命を国家のために捧げた人たちの英霊をおまつりして国家の守り神として国民があがめ奉《たてまつ》っている国民のお社《やしろ》です。明治元年（西暦一八六八年―八十九年前）六月ペルリが日本に来島する前後からあと、国のために死んだ志士の英霊をまつる招魂祭《しょうこんさい》を江戸（今の宮城）大広間で、また同年七月には京都東山の河東練兵場で営《いとな》まれましたが、明治二年、明治天皇は現在地に東京招魂社を造営《ぞうえい》して、天皇さまのご名代《みょうだい》（代理）を立ててご参拝になりました。それ以来靖国神社は国家の守り神として国民が参拝するようになり、政府でも毎年春（四月）と秋（十月）に例大祭を営むようになりました。戦前までは国家の費用で靖国神社のすべてのおまつりをしていましたが、今では国の費用ではなく、神社の手で毎年春と秋の二回今まで通りの例大祭が営まれています。靖国神社には戦前昭和十二年までに十二万余柱の英霊がまつられ、太平洋戦争がはじまった昭和十六年から昭和三十二年四月までに百三十万余柱がまつられています。今度の戦争で戦病死をした将兵は約二百万人といわれていますが、靖国神社では毎年春と秋の二回の大祭で二十万柱を合祭し、昭和三十四年春の大祭までに四十万柱の英霊をまつる計画だといいますから、靖国神社にまつられる国家のために命を失った国民は二百万柱近くなるわけですね。

『琉球新報』には、こども向けの啓蒙記事を載せたあと、春の例大祭には記者が同行取材記事も載せてある。

１９５７年４月23日付『琉球新報』夕刊３面には「靖國大祭　嗚咽の中に涙の対面　トップ切って昇殿　沖縄遺族団」の見出しで、当時の模様が感情を込めて再現されている。

［東京総局発］靖国神社の例大祭は、二十一日二十二万五千四百柱の霊璽奉安祭（親しい霊の合祭）にひきつづき、二十二日の当日祭は、そぼ降る雨の中、朝九時天皇陛下のお使、酒井忠雄氏がおまいり、遺族団の昇殿がはじまった。沖縄遺族団五十八名は、午前十時半、奉賛会各県二名ずつの遺族代表の昇殿にひきつづき、各県遺族の先頭をきって昇殿、涙の参拝を行った。拝殿で二礼二拍のカシワ手もいつしか胸中にきわまる感激にうちふるえ、こうべをたれてたたずむ殿中は、鳴咽がみなぎるばかり、この光景に神社側は遠来の遺族に心ゆくばかりの対面をとげさせようと、降殿も促さず、しばし、咽の鳴（ママ）殿中となった。靖国神社筑波宮司は、沖縄遺族団に湯茶を接待、海を越えてきた傷心をなぐさめ、靖国会館前で記念撮影、昼食ののち、午後一時から宮城参観にむかった。一行は、二十三日午前十時天皇陛下のご参拝を迎えたのち、午後九時東京発大阪行〝銀河〟で関西にむかった。なお、今度の遺族団にたいしては、さきに沖縄の戦跡をおとずれた戦跡巡拝遺族団から金一封、東京遺族団から記念品などが贈られた。また、南方同ほう援護会からは吉田嗣延事務局長、千葉一正業務課長が出席、記念の花びんが贈られ、座談会が開かれた。

この記事からまさに1年後の春の例大祭に参列した人物の日記が沖縄県公文書館で公開されている。その日記には、新聞記者の表現とまったく同じ部分があるので、照合して読むと興味深い。その人物とは、島ぐるみ土地闘争のリーダー的存在のひとり、屋良朝苗沖縄教職員会長である。当時、沖縄靖国神社奉賛会の理事でもあった。10年後には日本を二分するほどの選挙戦となった主席公選で、最初で最後の革新主席となった。そして、日本復帰後の初代沖縄県知事にもなった沖縄革新の顔そのものであった。その屋良朝苗日記には、「一九五八年三月廿一日（金）晴　春分の日。十時頃　昭子　朝樹が来て一所に出かける。靖国神社参拝」とあり、それから一か月後の日記は、その前年の記者の描写と酷似している。

四月廿二日（火）晴　七時□□　靖国神社大祭に遺族団と共に列席す　八時九段に行った時には既に皆出席　神社に行って控え間で一所になる。

十時前から大祭執行　遺族はおえつしていた　昇殿参拝を許され沖縄だけは何から何まで特別待遇本殿で参拝もする。いたって庶民的だ　変わったことはない　神社も概して質素だ。北白川さんが代表参拝　式後小泉信三氏の挨拶□□　例祭記念の盃や菓子　接待いただく。宮司を中心に写真をとり　なお宮司より茶菓の接待あり。接待を受けた室屋は天皇皇后の休まれる室屋なるか　宮司の意ある所をくんでもらいたいと挨拶して居た。後で岩重事務総長から挨拶があった。以下略（□は文字不明）。

屋良日記の3月21日は、沖縄教職員会の活動として上京した折に、靖国神社参拝をしたようだが、それから一か月後の4月22日は、沖縄靖国神社奉賛会の理事として参拝団に加わっていたということであろう。「沖縄は何から何まで特別待遇」という記述は注目すべきであろう。まさに精神的に「沖縄絡め取りの構造」の内実を示すものである。

4月23日付のこの靖国参拝記事との関連で、東京の沖縄戦跡巡拝団が「〝沖縄の恩が忘れられぬ〟沖縄遺族團に愛の奉仕」という見出しで、「いたわり、信頼、慕い合う誠実な遺族たちの心の交り」という熱い交流が行われた記事も載せている。

また、23日付『琉球新報』の記事を彷彿させる写真が、1957年8月8日付『沖縄タイムス』夕刊4面に掲載されている。それは、「靖国参拝の遺族団」の見出しで、「写眞畫報＝東京＝」として写真5葉が載っている。その1枚目の写真キャプションは「遺族団一行は二十九日に昇殿参拝、参拝後、とくに陛下の御休憩所となっている部屋に案内され、そこで宮司から茶菓の接待もうけた。写真は九段下の宿舎から参拝へ向かうところ、向こうに見えるのが〝一の鳥居〟。」とある。春の例大祭と同様に、夏にも訪れる沖縄からの「靖国参拝の遺族団」に、神社側の処遇が特別だったことを伝えている。

二、沖縄地元紙にみる「靖国神社」参拝と合祀の報道
～1958年

1958年は、靖国神社は沖縄との係わりで、画期的ともいえる特別な意味合いを持っていた年のようである。それは靖国神社への合祀を全国行脚して推進しているとインタビューで述べている北白川祥子靖国神社奉賛会長の沖縄訪問が契機になったようである。

まず、年明け早々の58年1月7日付『琉球新報』3面には「全琉戦没者慰霊祭　日本代表の顔ぶれ決る」の見出し記事で、大々的に行われることになった「全琉戦没者慰霊祭」の内容を以下のように載せている。

琉球政府と日本政府（那覇日本政府南方連絡事務所）の共催による「全琉戦没者慰霊祭」が、来る二十五日織名の中央納骨堂で行われるが、この慰霊祭に日本政府代表衆参両議院代表、日本遺族連合会代表の四名がそれぞれ列席する。全琉戦没者慰霊祭は

二十五日午前十時から中央納骨堂で米日琉各界代表のもとにいとなまれるが、この慰霊祭は沖縄での全戦没者の遺骨収集終了と、中央納骨堂の完成をかねた日、琉両政府の共催で催される十三年忌最後の慰霊祭だけに意義あるものとし注目されている。（以下略）

その記事につづいて、「北白川さんも来島　沖縄遺族連合会の招へいで」という中見出しと共に顔写真も載せ、靖国神社側の顔ぶれを以下のように伝えている。

また、沖縄遺族連合会では（金城和信氏）この全琉戦没者慰霊祭に、全琉遺族の要望として靖国神社奉賛会長北白川祥子さんをはじめとする靖国神社代表四氏を正式に招くことになった。北白川さんは靖国神社宮司筑波藤麿、靖国神社奉賛会事務局長岩重隆治、宮司随行畑井敬三、奉賛会長随行水戸部孚の四氏とともに空路来島するが、慰霊祭参列後約一週間にわたって中南北部の各地の戦跡を巡拝する。

記事は、靖国神社側の随行者名まで載せるほどこの一行に注目している。また、『沖縄タイムス』でも同年1月25日夕刊の文化欄に「北白川宮家の思い出」という寄稿文を紹介しており、琉球政府、沖縄遺族会だけでなく、地元新聞社としても靖国神社側の参列を歓迎していた様子が窺える。

さらに1月11日付『琉球新報』は、「ひめゆり部隊など　四千柱が靖國に合祀」という見出しをかかげ、合祀の過程まで次のように報じている。

［東京総局発］来る春の靖国神社例祭には大戦中、沖縄で戦死した沖縄出身軍人および学徒隊の英霊約四千人が合しされることになった。その名簿は厚生省未帰還調査部沖縄班で今月末日までに靖国神社奉賛会へ提出されるが、今度の合しには姫百合部隊や学徒隊戦没者の殆どがふくまれている。なお来る二十五日那覇で行われる琉球戦没者十三年法要祭には靖国神社遺族奉賛会長北白川祥子さんや筑波靖国神社宮司が現地の希望に応え出席するはずである。

この記事では、靖国神社への合祀予定者名簿は、日本政府が援護法の適用を認定した琉球政府から南連を経て厚生省へ送られ、そこから靖国神社へ提出されたということが分かる。さらに、沖縄戦戦没者十三年法要祭に靖国神社からも出席するという重要なことが報じられている。しかも、その出席は、沖縄側からの要望に応えるものだということである。

全琉戦没者慰霊祭の当日1月25日付『沖縄タイムス』夕刊には、式典記事につづいて、「北白川さんら来島」の見出しのもとに、以下の記事を載せている。

全琉戦没者追悼式に参列するため二十五日午前零時十分空路来島した靖国神社奉賛会長北白川祥子さん、同神社宮司筑波藤麿氏、北白川家の水戸部まこと氏、奉賛会事務総長岩重隆治氏、同常務理事畑井敬三氏らは、琉球ホテルで旅装をといた。一行は、二十五日あさ十時から追悼式に参列、正午には波の上を参拝、五時半から料亭左馬での歓迎会にのぞんだ。

北白川祥子さんの話　初めて沖縄の土地を踏み、戦没者の法要に参列できたことは、感慨深いものがあります。ことに私は遺族の一人として全国八百万遺族の方々のために大戦で戦没した二百二十万の英霊を合祀する大事業をしておりまして、全国各地を行脚しています。こんど来島しました機会に戦跡を弔い、遺族の方々にもお目にかかってお慰めしたいと思っています。

また、同日付『琉球新報』夕刊にも全琉戦没者追悼式の記事につづいて、北白川奉賛会長の談話を紹介している。それによると「この度琉球政府のお招きで戦没者の十三回忌に参列することができ、長年の念願が叶い感慨しています」とあり、遺族会の招へいという報道とは異なり、ここでは琉球政府の招聘ということを紹介している。しかし、注意すべきは、「絡め取っていく」相手側から、要望・要請されたという形式を水面下で仕組んでいくのが、日本国家の常套手段である。今回の靖国神社側の追悼式への参列も当然、そのような仕掛けが巧妙に行われたはずだから、新聞の文字面だけで判断するのは留保した方が良いとおもえる。

いずれにしろ、これらの談話の持つ意味は、靖国神社合祀の推進を自任する人物が沖縄の地を踏んだ後、靖国神社例大祭の報道が一面トップ記事となり、沖縄住民の合祀が全国のトップを切ったという報道がつづくことになったことや政府と靖国神社との係わりの深さが示されていることである。

地元紙は、さらに北白川奉賛会長一行の行程を紹介している。同年1月27日付『沖縄タイムス』3面には「戦跡とゆかりの地へ　北白川さんら一行巡拝」の記事のなかで、次のように奉賛会長の動向を割いている。

なお北白川さんは、戦跡巡拝の途中、佐敷村役所に建立されている能久親王御寄港之碑にも参拝した。能久親王は、北白川さんの祖父に当るわけだが、この寄港之碑は、能久親王が明治二十八年に台湾征討の途中馬天に寄港したのを記念として建てられたもの。また明治三十四年には能久親王の富子妃殿下が、台湾からの途次立寄ったこともあり、北白川家にとって沖縄唯一のゆかりの地である。この日佐敷村役所では、津波村長を始め二十数名の有志が北白川さんを出迎え、寄港碑についていろいろ説明していた。

北白川さんの話　先代のゆかりの地に参ることができ、こんな嬉しいことはありません。村の方々が寄港碑を戦火からも立派に守り記念式典などもやってくられることに感謝申し上げます。

この記事では、帝国日本の台湾植民地化に皇族が係ったことを沖縄が記念する碑を守っていることやその子孫が寄港碑を訪れることによって、沖縄との係わりの深さが示されている。それは同時に靖国神社への親近度を深める結果にもなっているであろう。

その報道から2か月余の同年4月22日夕刊『琉球新報』の第1面トップ記事は、「靖国神社春の例大祭　きょうから四日間開く　〝ひめゆり部隊〟など十二万七千を合祭」の大見出しのもとで、以下の記事を載せている。

〔東京二十一日発共同〕靖国神社の春の例大祭は二十二日から四日間行われるが、これに先だち二十一日午後八時から新たに祭られる十二万七千百六十二柱の「合し祭」が行われた。この日祭られた人は全部こんどの大戦の犠牲者で「ひめゆり部隊」の女学生二十一柱をはじめ、女性の合祭者五百八十三柱が含まれている。このほか戦争末期の南洋諸島の戦いで倒れた旧南洋庁の先生、職員三十四柱や、沖縄、山口県で犠牲になった学徒動員の男女学生十一柱も合祭された。これで同神社の全合祭者は百九十三万五千柱になった。なお、例大祭第一日の二十二日は午前九時から天皇陛下のお使いが参拝「当日祭」が行われる。

このトップ記事は、共同通信の配信記事であるが、それに連動した形で、『琉球新報』記者自身によるコラムが掲載されている。以下の記事内容は、当時、靖国神社についての沖縄社会の「常識」だったと思われるので、得難い史料の一つとして全文掲載する。

話の卵

きょうは靖国神社春の例大祭である。靖国神社合祀には今年の合し者十二万七千百六十二柱を合せて百九十三万五千余柱の護国の英霊がまつられている。今年はひめゆり部隊の乙女たち二十一柱をはじめ、沖縄、山口両県の学徒十一柱、女性ばかりが五百八十三柱も新たにまつられたと共同電は報じている。ひめゆり部隊の乙女たちが合祭されたのは五二年からである。靖国神社の合祭者は終戦までは軍が定めた合祭規定にもとづき、軍当局が合祭者を定めていたが、戦後は軍がなくなったので靖国神社が調査部を設け、そこで資格審査を行って合祭するようになっているがしかし合祭基準は戦前通りで、軍人、軍属で戦地勤務が原因となって死んだ者となっている。ひめゆり部隊の乙女たちは軍人でも軍属でもなかったが、戦場化した沖縄で軍に協力中戦死したものであり、後になって軍属として認められたので合祭されたわけで、これはその前年の一中健児隊や師範の鉄血勤王隊が軍人に認められたに次ぐ特別なとりはからいであり、これでみ国に殉じた幾多の乙女たちの英霊も護国の神としてまつられたのであった。靖国神社は日本国民でいやしくも国のために死をもってこれに殉じた幾多の英霊をまつり、護国の神として天皇みづから参拝し春秋の例大祭には勅使を参向させ、国をあげて護国の英霊をまつった最も国民の参拝を受けている神社である。明治元年江戸城内に嘉永以降の英魂をまつって以来、明治三年六月現在地に神社を建立してから八十九年になるワケだ。今年は沖縄で戦死した将兵のかえらぬ遺骨の代りに戦場の霊石を遺族に贈り、せめてもの遺族のなぐさめにしようという運動が、郵便友の会が中心になって展開されたことは、遺族にとっても心にかかっていた肉身の遺骨は沖縄の各地の塔に合祭されているので、霊石は十分に遺族を慰めるに役立ったであろう。今次大戦でみ国の為に殉じた幾多の英霊の多くは靖国神社に神鎮って国の護り神になっているが、まだまだその資格問題で残された英霊があり一日も早くこれらの戦争の犠牲者が同神社に合祭され、戦争につながるいまわしい想い出を平和な祈りに変えると共に靖国のみ霊の安かれと祈るものである（蚊）

日本政府が、援護法を手段にして、米軍政下の沖縄を精神的に「絡め取っていく構造」は、１９５８年の段階で「完成」したといえる。

それを象徴するといえる新聞記事がある。その一つは、１９５８年9月22日付『琉球新報』夕刊の「靖国神社　秋に七千名合祀　沖縄が全国のトップ切る」という見出し記事である。

沖縄の戦闘協力者が靖国神社に合祀されるかどうかは、遺族はもちろん全住民の大きな関心事であったが、けさ厚生省の比嘉事務官から社会局の仲地援護課長に届いた手紙によると、来る十月十七日に行われる靖国神社の秋の例祭に沖縄の戦闘協力者七千三百四十六名が全国のトップを切って合祭されるということである。靖国神社では沖縄の戦闘協力者の合祭については大変な熱の入れ方で、神社としては沖縄の一般住民がどのように戦闘に協力、戦死して行ったかを後世の人々に知らしめるために、特に各協力者個人毎の行動内容や本人の職業、要請部隊名簿など個人の記録まで記入する方針だという。戦闘協力者の合祭は沖縄が全國のトップを切ることが、これを機会に靖国神社は、いままでの軍人軍属の神社としてでなく、国家のためにつくした人なら誰でも合祭される神社というように國民の考え方を変えていく方針だといわれる。なお、社会局の届いた沖縄関係の合祭者は海軍関係軍人軍属五二二名、陸軍関係軍人軍属七、二三五名、戦闘参加者七三四四名、県庁関係職員一八三名＝計一万五千二百八十三名となっている。社会局では、戦闘協力者が合祭を機に一段と戦闘協力者の調査事務を推進するが、現在まで厚生省に進達した件数は二万三千三百六十四件、このうち確定したのが一万一千二百四十七件で、この分は目下弔慰金の請求手続中である。援護課では来る十二月までには約三万三千名とみられている戦闘協力者全員の調査票作成を終える予定である。

この記事で、「軍人軍属の神社としてでなく、国家のためにつくした人なら誰でも合祭される神社というように國民の考え方を変えていく方針」というのは、靖国神社研究者ではないわたしにとって、唖然とする内容である。仮に靖国神社研究者にとってもこの事実が知られていないなら、今後検証していくべききわめて重要な史料と位置づけられるであろう。この情報は、靖国神社と直接接触した厚生省事務官から琉球政府援護課に手紙でもたらされたものを、記者が仲地課長から直接聴いて書いたものと推測できる。その内容は、単に沖縄と靖国神社との関係を越えている。沖縄戦の被害住民の立場からは、その体験を捏造して合祀されることによって、靖国神社のこれまでの性格を変えていく分岐点に利用されたということである。沖縄戦の被害者が、戦没後にこのような重大な局面に立たされていたことになる。これは北白川靖国神社奉賛会長の沖縄訪問が、その契機になっていることは、一連の経過をみれば明らかであろう。

二つ目は、同年10月『琉球新報』社会面記事で、「靖国化された沖縄」を象徴する内容になっている。共同通信の配信記事ではなく、沖縄地元新聞社独自のものであることに注目したい。

「戦闘協力者も靖国にまつる　全国のトップ切り合祭沖縄から縣職員もふくめ八千柱」という見出しのもとで、以下のように記している。

これまで軍人しか祭らなかった靖国神社では、今年から戦闘協力者も合祭することになり、全国のトップを切って沖縄戦闘協力者七千三百四十六柱の合祭手続を完了。さらに今秋までに一万五千柱が合祭されるという朗報が、このほど厚生省沖縄班から社会局援護課あてあった。厚生省沖縄班からの連絡によると、このほか旧沖縄県庁職員六百余件を加えると全国のトップを切って八千柱が合祭されることになる。今後の合祭予定人員は戦協のほか軍人および有給軍属七千人分沖縄班で準備完了したので、今月末までに靖国神社へとどける。従って今秋の合祭人員は旧沖縄県庁職員の手続きが間に合えば、合計一万五千柱となる。

この記事で最も注目すべき表現は、「朗報」という新聞社の認識である。日本軍に殺害されたり、死に追い込まれたりした住民が「戦闘協力者」として「戦闘参加者」の身分で「準軍属」に認定され、靖国神社に祭神として合祀されているのである。このことを朗報と捉えているのは、当時としてはそれが「沖縄社会の常識」となっていたからであろう。

ところで、北白川靖国神社奉賛会長が、「全国八百万遺族の方々のために大戦で戦没した二百二十万の英霊を合祀する大事業をしておりまして、全国各地を行脚しています。」という談話を発表した58年1月25日付『沖縄タイムス』夕刊の社会面は、沖縄が抱えている問題がいくつも存在していることを一挙に提示している。

まず、紙面トップ記事は、①「島ぐるみ土地闘争」の発端になった米軍用地の地代の「一括払い」を、強行しようとしているということで「地主会」の猛反発している内容である。「一括払い」は事実上の土地買い上げで米軍占領の永久化になるとして、住民はそれを阻止しようとしていた。②さらに米軍が中距離弾道ミサイル基地の建設を計画し、基地強化推進の動きを報じている。③いっぽう、沖縄戦犠牲者の十三回忌慰霊祭が靖国神社側も招聘して大々的に行われた内容で、北白川会長の合祀に関する談話もある。④今日ではほとんど知られていないことだが、「島ぐるみ土地闘争」さなかに沖縄での自衛隊募集の動きが報じられていた。当日の新聞にそれに反対する意見広告が掲載されている。それはまた当時の大きな世論・社会意識のひとつを知る重要な史料ともいえるので全文を紹介しておきたい。

自衛隊募集に反対

去る十二月末突如として問題化した自衛隊募集の件について、われわれ沖縄青年連合会三万五千人会員並び八万青年は、次の理由を挙げて絶対に反対するものである。

一、自衛隊は名称はどうであろうともまがいのない軍隊である。この事は国会に於いて憲法を改悪してまで軍備を合法化しようとしている事からも明らかである。

二、最近本土に於いては自衛隊希望者が募集人員にも達せず　その為に沖縄に目をつけたという事は、われわれに対する侮辱である。

三、自衛隊は文官であり　青年教育の為にも必要であるという事に対しては絶対に承服できない。過去に於いて青年が単に国家目的の為の手段として利用された為に、今日悲惨な戦争の過酷な十字架を背負わされているのであり、青年教育はあくまでも自主性を尊重し民主的に行うべきである。

四、沖縄の場合就職難でもある今日、青年の失業対策からしても必要であるとの論は、あまりにも単純であり、失業対策の問題は当然政府の責任に於いてなさるべきであって、併もそれはあくまでも平和と生産に結びついたものでなければならず、産業開発青年隊の運動や移民の促進等、根本的な対策の樹立を要求する。

五、世界平和に対するわれわれの考え方は力の均衡による平和ではなしに、立場の相違や考え方の差を越えて　あらゆる民族の共存を尊重することであり、国連軍縮委員会に於いて目下真剣に検討されていることも、段階的な軍縮でなければならず、究極に於いて一切の軍備を廃止することであり、このことのみが原水爆の脅威より人類の滅亡を救い、永遠の平和と繁栄を達成する只一つの残された道である。

六、今次大戦により近代戦争の悲劇を身を以って体験し、二十万英霊の魂を受け継ぎ「もう二度と絶対に戦争は繰り返さない」と固く誓ったわれわれ沖縄県民は、全人類の先頭に立って世界平和を絶叫する立場あり、再軍備に結びつき、戦争につながる自衛隊募集には絶対に反対し、全勢力を挙げて粉砕する事を声明する。

一九五八年一月十八日　沖縄青年連合会理事会

この意見広告をだした沖縄青年たちは、現在、80歳前後であろう。いまや、各市町村では自衛隊募集業務を国から委任されているどころか、積極的に自衛隊配備を誘致している離島首長も現れている。かれらがこの意見広告を読み返したとき、どのような思いを抱くであろうか。

「日本復帰」後の沖縄が、どれほど軍事化日本に絡め取られているかを測る、意見広告といえよう。

とくに五、はあらゆる戦争を拒絶する沖縄の伝統的ともいえる崇高な平和思想を表したものである。六、では戦争につながる自衛隊募集に絶対反対しつつ、二十万英霊という表現は、十五年戦争の総括が済まされていない時代の制約をうけたものと受け止めるべきであろう。

この当日の新聞紙面だけをみても、1950年後半は、さまざまな潮流が渦巻いていたことは理解できよう。

1950年代の最後の年で、つぎの新聞記事は、戦前につらなるもうひとつの沖縄戦後史が完結したと思われる内容である。1959年4月27日付『琉球新報』朝刊第5面に「戦後初の大祭　護国神社　遺族二千名が集り厳かに」という見出しのもとに以下の記事が載っている。

沖縄戦没者慰霊奉賛会（会長安里積千代）では、二十六日午後二時から那覇市奥武山公園内沖縄護国神社の春季大祭をとり行った。この日は雨天にもかかわらず約二千名の遺族達が集り、□□、□□。祝詞奉上、玉串奉典、□□などの儀式は長嶺牛清氏らの手によってとどこおりなく終了。次に安里会長のあいさつ、来賓からは大田副主席、高杉南連所長、兼次那覇市長、大山市町村会長、比嘉良行氏（特別賛助者代表）らからそれぞれあいさつがあり、遺族代表としては山城篤男氏があいさつし儀式は三時ごろ終了した。なお本土の靖国神社春季大祭は四月二十一日から二十五日まで行われており、沖縄護国神社の大祭は二十五日に鎮座祭を行い二十六日の大祭は戦後初めての行事となっている。またこの日は伊江村長、並びに同村議会議長、石垣市長、大浜町長、宮古地方庁長本部町長、屋部村長らから祝電が届いた。

沖縄護国神社のホームページによれば、この新聞記事の動きにつづいて、「また同年の秋季大祭には靖國神社から御霊代を奉移し、靖國神社池田権宮司外四名の神職奉仕のもと、厳粛盛大な祭典が斎行された。」という。

アジア太平洋戦争の開戦前年に国指定となった沖縄護国神社は、沖縄戦で壊滅していた。沖縄の遺族会が設立された当初からその復元は懸案事項となっていた。1957年10月16日、靖国神社奉賛会沖縄地方本部が設立されたとき、護国神社の再建が第一目標になっていた。ときは、まさに戦後初めての米軍への組織的抵抗となった「島ぐるみ土地闘争」の真っただ中だった。史料が示すとおり、奉賛会本部長は安里積千代沖縄社会大衆党のリーダーで、土地闘争でも住民を代表する一人と目されていた。また、屋良朝苗理事は、沖縄教職員会の会長で、教職員はもとより住民の信望もあつく、土地闘争においても住民の精神的支柱のひとりであった。これら一連の新聞報道による靖国神社参拝と合祀の動きは、「民衆の抵抗を主軸にした沖縄戦後史」とは異なった「皇国史観的沖縄の戦後史」が浮かび上がってきた。

おわりに

しかし、戦後沖縄の地元両新聞をひも解いてきた人たち（私自身も含めて）は、この事実を目にしていたはずである。にもかかわらず、それに気づかなかったか、気づいていないふりをしてきた、ということになる。私自身は、中学時代に友人が「靖国の遺児」として、靖国神社参拝団に加わっていたことを聞いていたが、それがどのような意味を持っていたのか、まったく問題意識を抱くことはなかった。したがって、日本復帰運動の研究に着手して、戦後の地元新聞を開いてきたはずだが、これまで紹介してきた新聞紙面は、まったく初めて見るような気持ちで、驚きの連続で「靖国神社報道」紙面を見入った。

しかも、それは2008年3月、軍人、軍属、準軍属の遺家族原告5人による「靖国神社合祀取消裁判」がおこされることによってはじめて、その紙面を〝発見〟したのである。

それは、援護法の本質についても、解明することがタブー視されてきたので、その問題を直視することはなかった。原告団から、その裁判の専門家証人として法廷に立つことを要請されることによって、1970年から沖縄戦体験の聴き取り調査をしてきた責務を果たすため、「援護法と靖国神社合祀」問題に向き合うことになった。そこで初めて私自身が理解できたことは以下の通りである。

地上戦闘後の沖縄にあっては、「ゼロからの出発」といわれ、日本本土とは比較にならないほど生活が困窮していたので、日本の遺族会をはじめ各政党が強く要求していた「援護法」ではなく「補償法」にすべき、という議論そのものが起きなかった。ひたすら、米軍占領下の沖縄にもその適用を要請することしか念頭になかった。そしてまず、軍人軍属に適用されるや、戦場動員された男女中等学校生徒をも軍人、軍属として扱うよう沖縄遺族会の要請を日本政府は受け入れていったので、男女中等学校生徒も軍人軍属扱いされて、靖国神社へ祭神として合祀されていった。また、1952年3月の遺骨収骨状況調査によって沖縄戦の実相を知った日本政府は、すぐに沖縄遺族会の一般住民に対する援護法適用の要請を受け入れて、沖縄戦実態調査に乗り出した。その結果、日本軍による住民の残虐行為も含め、壕追い出し、食糧強奪、強制などによる集団死などを「壕提供」「食糧供出」「集団自決」などとして、それらをすべて軍事行動とし、戦闘協力した戦闘参加者という身分で準軍属扱いした。その理屈で援護法の適用が拡大され、その遺家族は遺族給与金が支給されることになった。その結果、被害住民の老幼婦女子まで靖国神社へ祭神として合祀されていった。ここに沖縄戦体験の事実にたいして、まったく背反する認識がつくられることになったが、援護法の仕組みを解明することはタブーになっていた。それは読み書きのできない老父母遺家族の「戦闘参加についての申立書」は、ほとんど第三者が代書をしているので、壕から追い出されたが結果的に軍に協力して死没したのだと受け止めるよう、遺家族は誘導されていたので、問題化しなかった。そして、遺族給与金は被害住民への国の補償金としてうけとめ、肉親の無惨な死を強いられた死没者の遺家族の中には靖国神社へ祭神として合祀されることによって「精神的癒し」にもなっていった。しかし、2008年3月、軍人、軍属、準軍属の遺家族が、国と靖国神社を相手に「靖国神社合祀取消裁判」を起こしたので、ついに戦争被害者のゼロ歳児からお年寄りにいたるまで「戦闘参加者」扱いになった援護法の仕組みが司法の場でも明るみになっていった。

（本稿の主要部分は、研究ノート『沖縄戦被害住民の靖国神社合祀問題—新聞はどのように報じてきたか—』（沖縄国際大学総合学術研究紀要　第17巻第2号　2014年3月）から再掲し、新たに書き加えた。）

1、1984年、家永教科書裁判（国が家永氏に集団自決の加筆を事実上命令）、2005年、「大江岩波沖縄戦裁判」（ノーベル賞作家大江健三郎と岩波書店が、集団自決に軍命令の有無をめぐり、歴史修正主義者に訴えられる）、2009年「沖縄靖国神社合祀取消裁判」（国と靖国神社に軍人、軍属、準軍属の遺族による合祀取消要求）

2、「準軍属」とは、「前略　ニ　もとの陸軍又は海軍の要請に基づく戦闘参加者　以下略」厚生省社70頁会・援護局援護課監修『戦傷病者戦没者遺族等援護法　援護法Q&A—仕組みと考え方—』（新日本法規　平成12年6月、269—270頁）

3、「琉球政府文書」の1966年「援護関係表彰綴」（沖縄県公文書館蔵）、宮村幸延座間味村総務課長の「功績調書」にも次のように記されている。「一九五七年八月、慶良間戦に於ける集団自決補償のため上京す　一九六三年十月　集団自決六歳未満から0才児まで（一四八名）準軍属に決定」。それはただちに「合祀予定者名簿」に登載されることである。

私の被害申告書

大村　博

「私たちは選挙でお金よりも大事なものを選んだ。意志を貫いていきたい」と、浦添市の50歳の主婦は語っています。２０１４年11月16日の県知事選挙で県民を裏切った現職知事に10万票の大差をつけて当選させた翁長雄志新知事の誕生、引き続きたたかわれた12月14日投票の総選挙での「オール沖縄」候補の選挙区での全員当選。日本本土とは真逆の結果を示した沖縄の民意に対する感想です。

２０１４年1月の名護市長選、同年9月の名護市議選でも辺野古新基地反対の民意は示されていましたが、これらの結果は２００２年の知事選挙で構築された「自公体制」を崩壊させました。つまり、全国的な自公体制が沖縄から始まったことを考えれば、このうねりは全国に波及していく可能性があります。

安倍内閣が靖国神社を参拝した結果、中国及び韓国との関係が悪化し、東シナ海は〝波高し〟の状態になっています。アメリカも憂慮を示しています。尖閣諸島も中国の反対を押し切って国有化したことから、にっちもさっちもいかない状態になっています。東シナ海を〝平和な海〟にしていかない限り、沖縄に平和はきません。何かあったらまた戦前のように沖縄が本土（ヤマト）の〝捨て石〟にされかねません。私を含めウチナーンチュの〝平和的生存権〟が脅かされることになります。

さらに安倍内閣は、戦前の治安維持法になると危惧されている特定秘密保護法を国会も無視した閣議決定だけで施行し、集団的自衛権行使容認による恒常的な自衛隊の海外派遣と立て続けに「戦争のできる国づくり」へと突き進んでいます。沖縄戦で得た県民の教訓は「軍隊は住民を守らない」というものです。

私たちウチナーンチュは１６０９年の薩摩の琉球侵略で奴隷的植民地状態（掟15か条）に置かれ、さらに１８７９年の明治の琉球処分で軍隊を背景に日本国に強権的に併合されました。それは琉球民族のヤマト民族への〝民族浄化策〟の断行でした。私たちは日本国〝民〟ではあっても〝日本人（ヤマトゥンチュ）〟ではありません。

国連自由権規約委員会は２００８年10月30日に日本政府に「沖縄住民はアイヌ民族と同様日本における先住民族であり、その文化権、教育権、土地権を日本政府の責任において保障せよ」と勧告し、さらにその実施状況を求めております。日本政府はこの国連勧告を無視しています。従って私たちは今、琉球民族の自己決定権を求めております。それは４００年余に亘るヤマトによる一方的な支配から解放されるためです。

私たちの要求は国際社会で認められている人類共通の普遍的な〝人権問題〟です。これは人間の尊厳の問題です。

（大阪靖国訴訟原告）

無防備平和条例をめざす運動

県都那覇市で無防備平和条例をめざす！

有権者の17人に1人が署名
全国初の条例化を

西岡信之

地方自治法の直接請求制度と国際人道法のジュネーブ条約追加第一議定書の「無防備地区」を活用した無防備地域宣言運動が、5年前の大阪市で取り組まれ、今や北海道札幌市から沖縄県の最西端の竹富町まで28市町村で行われている。この新しい日本型の非武装平和運動は、1980年代に日本平和委員会の理事で事務局長であった故・林茂夫氏が提唱されたものである。県都那覇市で、この無防備運動を10月10日から取り組み、11月9日に署名収集は終わった。

年明け早々の1月13日に予定されている那覇市議会・臨時議会に向けての現在の状況なども含めて報告したい。

今年8月16日に、「戦争はイヤです！なは市民の会」(那覇市無防備平和条例をめざす会）が結成された。法的規程の直接請求代表者は、6名で池間美代子さん（元ひめゆり学徒）、石川美代子さん（沖縄YWCA会長）、石原昌家さん（沖縄国際大学教授）、狩俣信子さん（前沖縄県議会議員）、具志堅隆松さん（遺骨収集ボランティア・ガマフヤー）に事務局長の私が就いた。

署名運動は、沖縄戦で米英軍によって最初の攻撃を受けた1944年10月10日の「10・10空襲」の日から始まり、収集期間1カ月の11月9日まで連日街頭や地域で取り組まれた。

11月16日に那覇市選挙管理委員会に提出された署名簿は、1，525冊、1万4，399人分。署名を集める受任者は145人を数え、「市民の会」が呼びかけた連日の街頭署名行動には延べ約220名のウチナンチュが参加した。署名行動の当初、天候が悪く署名を集める場所で苦戦したが、10月19日に市役所の敷地内での収集を那覇市から正式に許可されてから、来庁される市民相手に収集はいっきに進んだ。最終的には、那覇市長に直接請求ができる法定数である有権者の50分の1の約3倍、那覇市の有権者17人に1人が署名を協力したことになる。

署名に応じた那覇市民の中には、現職自衛官が複数含まれており、若い自衛官は「戦争反対！ソマリアには行きたくない」と語り、年配の自衛官は独自に集めたいという申し出まであった。さらに自民党現職市議会議員からも署名の協力が出されるなど、これまでの他都市で行われた署名活動とは違う場面が多数見られた。これは沖縄戦を体験した家族や親せきをかかえ、自衛官であろうが保守系市議であろうが、「戦争には反対する」という強い意志が働いていると思われる。

署名期間とともに沖縄の新聞紙上で連日報じられたのが、普天間移設問題である。政権与党の民主党の対応が閣内でも二転三転し、県民に大きな期待感と失望感を与える結果となり、「基地も軍隊もいらない」「戦争はイヤです」という県民の気持ちが「平和への一筆」として署名に込められた。

さて、今後の日程は、12月24日に本請求を那覇市長に行い、年明け早々に市議会審議となる。

またこの運動期間中に、無防備地域宣言・沖縄ネットワークをこれまでの呼びかけ人から幹事制に移行し、代表幹事に当会の代表である海勢頭豊さんが就いた。那覇市の取り組み以降も、県内の各地で無防備平和運動が取り組めるように準備を始めている。すでに大宜味村や与那原町で関心ある方との調整に入っている。沖縄はもともと守礼の島であり、現在の「基地の島」から「非武の島」をめざして、全国で初の条例化を達成させたいと思う。

(「戦争はイヤです!なは市民の会」事務局長)

2009年12月20日「清ら風」第6号所収

那覇市の無防備平和条例をめざす運動、新たな選択肢として

多和田　栄子

薩摩軍の琉球侵略から400年、明治の琉球処分から130年の節目とも言える年に、戦争はイヤです!那覇市民の会(那覇市無防備平和条例をめざす会)が結成されました。開始日も「10・10空襲」で多くの犠牲者を出したこの日を、非武装、非戦を誓い二度と武力による攻撃を受けず、戦争協力をしないという決意をもって10月10日から署名活動が開始されました。

最終的に145名の受任者と12,172筆の有効署名を提出。法定数の2・5倍、有権者の20人に1人が署名に応じた数字になります。市民ボランティアが1ヶ月で集めた署名は大変貴重なものであり、県都那覇市においても初めての直接請求に基づく条例審議であり、全国に先駆けて無防備平和条例を制定することは、那覇市の平和運動の歴史に残ることであります。そのためにも、どれだけの皆さんが那覇市議会に対する条例制定の思いを抱いたか計りしれません。

1ヶ月かけて取り組んできた「那覇市無防備平和の街づくり条例案」でしたが、議会で十分な話し合いもされず、本会議において請求代表者2人、池間美代子さんと西岡事務局長が10分間の意見陳述を行うのみで、質疑応答の機会も与えない異常な市議会でした。

条例に反対討論した自民無所属連合は、自衛隊施設の移動や運用は国管轄、一自治体の条例では制限できない、国際テロ組織等不安定な動きの中で米軍と自衛隊、武力による自衛権の発動は当然であり、無防備など市民の安全を無視する妄想と反論。同じく反対討論した共産党は、戦争を想定して条例を準備するのは、憲法九条改正と同質の論議であると主張。賛成討論もなく表決で、社会連合会派の3名が賛成という悲しい結果でした。傍聴席にいた市民たちは、議会の進め方に不満でヤジを飛ばすと、2・3人の議員から、冒涜とも言える言動に首をかしげる多くの市民が居たということはいうまでもありません。

その後、新聞投稿が相次ぎ、傍聴人に恫喝した議員は一票の重みをどのように考えているのか、市民に物を言わせない議会って誰のためにあるのかと非常識もはなはだしい等、市民からの声が相つぎました。議会の民主化をめざすためにも、今の議会勢力を変えていく必要性を痛切に感じざるを得ませんでした。

請求代表者の石原昌家先生は、沖縄戦から得た教訓として、軍隊さえ配備されてなかったら多くの住民をまき添えにしないですみ、被害は最小限にくい止めることができたと調査結果から語っております。ちなみに、アメリカのオバマ政権は、依然として軍事費の削減もなく高い率であります。それに比べて、中南米のコスタリカは、軍事費を教育や福祉、環境等の充実に当てているというコスタリカに学ぶべきではないでしょうか。

(那覇市会議員)

2010年4月15日「清ら風」第7号所収

憲法九条を地域から実現する無防備地域宣言運動とは…。

西岡信之

今号から3回にわけて無防備地域宣言運動について書かせていただきます。

無防備地域宣言運動は、日本平和委員会の元理事だった故・林茂夫さんが提唱された新しい日本型の平和運動です。

1980年代に、林さんが住んでおられた東京都小平市と奈良県天理市で取り組まれたのが最初です。

この運動は、国際法のジュネーブ条約追加第一議定書の第59条の「無防備地区」と国内法の地方自治法第74条の「直接請求」のふたつを活用して取り組み、地方自治体に条例を制定する運動です。

日本がジュネーブ条約追加第一議定書に加入したのは、今から4年前の2004年なので、80年代の運動は、根拠となる条約に日本が加入していなかったため、二つの自治体で取り組まれたあと、長い間陽の目を見ないままでした。

しかし、2004年に日本政府が条約に加入したことと、イラクの戦場に自衛隊を派遣したことによって、政府がいよいよ戦争国家づくりをすすめるなら、憲法九条の非武装平和主義を地域から実現して、戦争の惨禍から住民を守ろうと大阪市民が立ち上がったことから再燃することになりました。

現在、北は北海道の札幌市から南は沖縄県八重山の竹富町まで、24の自治体で取り組まれている平和運動です。

ジュネーブ条約追加第一議定書の第59条の「無防備地区」は、戦時になったら地域に移動兵器や兵士がいないなどの条件を満たせば、敵国から攻撃されない、もし攻撃をすると国際法違反になるというもので、平時の段階から戦争に協力しない地域を作っていくことをめざしています。国際法の「軍民分離」の原則により、ベトナム戦争の反省から民間人の戦争被害をなくすために赤十字国際委員会と国連加盟国が考えたものです。

この考えを、地方自治体に条例として制定するように直接請求運動として1か月で有権者の50分の1の署名を集め、議会に上程する取り組みです。来年4月から那覇市でも取り組む予定です。

（沖縄国際大学非常勤講師）

2008年9月1日「清ら風」創刊号所収

メア元アメリカ総領事発言に寄せて

大村　博

「憲法九条があるから米国は日本に基地をおいておける」（メア元アメリカ沖縄総領事）

これは真実だろうか。九条を改悪して日本がアメリカと一緒に戦争できるようにするのがアメリカの本音ではないのか。思うに日米安保の核心は〝核〟安保にある。「日本に核は絶対持たせない」というのがアメリカの軍事戦略だろう。核でアメリカに守ってもらう見返りに日本に米軍基地をおく。そして指揮権はアメリカが握る。そのことでアジア諸国の日本脅威論（瓶の蓋論）にも対応できる。これが真実の姿だと思う。

メア氏の発言は日本の世論を誤誘導する世論操作ではないのか。つまりアメリカの本音を隠す意図があったのではないのか。あるいは日本の自主防衛意識を促し、アメリカの軍事戦略に従わせる意図があったとも考えられる。

やはり私たちは事の本質を見抜く眼力を持たなければならないと思う。今、日本政府は尖閣諸島の中国漁船衝突を巡って先島諸島に２０００人規模の自衛隊の増強を考えている。再び沖縄を日本防衛の防波堤にするつもりだ。昨年1月には「日本の安全のために沖縄は犠牲になってくれ」と石破茂自民党政調会長（元防衛大臣）が言い放っている。これを許したら沖縄戦の二の舞だ。無防備平和地域宣言運動が今こそ必要なときと思う。

（無防備平和地域宣言沖縄ネットワーク幹事）

金武湾闘争から何を学ぶか

金武湾反ＣＴＳ（石油備蓄）闘争を振り返って

崎原盛秀

一、はじめに

現在、政府の沖縄にかけられる新基地建設押しつけは、理不尽かつ暴力的で屈辱的である。名護市長選・市議選、県知事選（約10万票差）、衆議院選（反対派が全選挙区で勝利）等、昨年一年の選挙で示されたように、県民の意思は明確に示されたにも関わらず、政府は条約と外交は自らの専権事項だとして、沖縄の意思を無視し差別と抑圧を平然と続け、新基地建設を強行している。日本にとって沖縄は、軍事植民地としてあり、それを前提として、諸施策を沖縄は甘んじて受けるべきだと主張しており、そこには民主主義はおろか、人権及び人間としての尊厳も省みられない政治的状況に置かれているといっても過言ではない。

沖縄は、つねにそこに住む民衆の意思とは無関係に、権力者の支配の論理の中で不当に抑圧・差別され、筆舌に表せない辛酸と困苦と悲惨な歴史を強いられてきた。そのような「構造的差別支配」は戦前、戦後、そして今日まで引き継がれ、日本の支配権力にとって沖縄とは、政治的・軍事的・経済的利害の対象でしかなかった事は、戦中・戦後史をみるだけでも歴然としている。

沖縄地上戦では、日本の国土防衛の最前線基地としての沖縄は、米軍の攻撃によって焦土と化し、二十数万人余りの県民がその命を奪われる程、地獄の恐怖を体験した。生き残った人々は苛酷な米軍の軍事支配の中で呻吟し、無権利状況の中での生活が続く。それに追い打ちをかけるように（後で分かった事だが）、天皇は自らの延命とひきかえに、沖縄を米軍の恒久支配にと進言（１９４７年天皇メッセージ）し、日米講和条約（１９５２年）では、日本の主権回復と引き換えに沖縄は米軍の軍事植民地に供せられ今日に至っている。沖縄の民衆に犠牲を強いる事で、日本の戦後史は歩み始めたといっても過言ではない。

１９７２年、沖縄民衆の苛酷な米軍支配からの解放を求める声を巧みに利用し、日本政府は沖縄を再併合した。その背景には、ベトナム戦争の泥沼化と莫大な軍事費の支出に苦悩する米国が、沖縄の日本への返還同意への引き換えに沖縄基地の継続的自由使用と同時に、日本がアジア防衛の一翼を担う事を求めた。一方、日本は高度経済成長の下で多くの自然破壊を進行させた。公害を続発させた事によって住民の反発を買い、新たな公害企業立地が国内に於いて困難を極める中で、その解決の道を沖縄に求めた。即ち、米国の極東軍事戦略をなんら損なう事なく、しかも基地の強化と安上がり軍事基地機能維持の要請が日本国家の要請―石油を中心とする公害基地建設、他方では自衛隊の南進基地としての沖縄進駐の確保の要請と合致したところに1972年沖縄返還があった。

沖縄に於けるCTS問題は、これらの歴史的認識を踏まえない限りその本質を見抜く事は出来ない。沖縄に於ける反CTS闘争が単なる公害反対の闘争ではなく、これまで国家がとり続けてきた沖縄民衆に対する裏切りと差別と抑圧、収奪に対する闘いであり、告発であると同時に沖縄の将来的展望―自立を志向する闘いであった事を知るべきである。

今日、熾烈に闘われている辺野古新基地反対の民衆運動は、沖縄に押しつける国策としての軍事基地強化への反対闘争であり、日本復帰を起点に沖縄にかけられた豊かな海の幸を生き埋めにして造られる巨大石油備蓄と石油コンビナートは、同じく国策を背景にすすめられていて、過去・現代を通し沖縄は政府の不当な沖縄侵略と理不尽な支配に抗う民衆の決起である事を認識すべきである。

二、CTS(石油備蓄基地)の沖縄進出の背景

(1)1960年代は、これまで動力源としての石炭から石油へと移行するエネルギー変革へと移行し、石油戦略産業を中心に見据えた臨海型石油コンビナートが誕生し、企業活動が活発になるに従って公害問題が各地で噴出、大きな社会問題となる。1960年代後半になると、全国総合開発計画が画策され、列島改造論によって地域分散企業集約型工場群の立地が試みられた。その結果、公害に関する市民の関心も高まり、また、既に発生しているイタイイタイ病、水俣病患者等の痛ましい病状、四日市喘息にみられる大気汚染による喘息患者の出現等、各地で公害反対の市民運動の高まりが起き、新しく企業が立地する条件はどの地域にも見いだせない社会状況になっていた。

1967年当時の沖縄では、松岡行政主席(米軍任命知事)が、本土との経済的格差是正と称し、外資導入政策を採り入れて、米資本の石油企業の立地を促した。その結果、同年には米国石油資本のガルフ社、カイザー社、カルテックス社、エッソ社から外資導入申請がなされた。69年から70年に至って平安座島にガルフ、中城村久場崎にカルテックス、西原町小那覇にエッソが進出。70年から操業を開始している(備蓄・石油精製)。

沖縄の施政権の日本への返還が時間の問題とされてい

た中で、米軍の沖縄基地の永久固定化と強化を計り、あわせて日本への石油を中心とした経済的支配を目論む米国の利益を最大に保障し、その意を受けたところから出発した外資導入政策であった。しかし、その後日本が反発し、復帰後は、日本企業の参入を要求。ガルフは、沖縄ターミナルと沖縄石油精製の二社に、カルテックスは日本石油、エッソは南西石油となった。

１９６８年、初の公選主席になった屋良革新主席は、松岡任命主席の経済政策を踏襲、基地依存経済から自立経済へ、雇用効果の大きい無公害企業誘致を合い言葉に、石油を中心とする公害産業を沖縄開発の基本に位置づけた（屋良主席は当時、石油産業をはじめ、その関連企業を全て無公害企業と位置付けていた）。

１９６９年、日本政府は、沖縄開発審議会に農林・通産・運輸・建設・大蔵等、各省から総勢20名に及ぶスタッフを送り込み、「沖縄長期経済開発計画」の作成を求め、翌年の9月にその成案をみるに至った。その内容は、沖縄基地の固定化を前提に、ＣＴＳ、石油化学、アルミ製錬、造船、電力（原子力を含む）を中心とする臨海装置型工業を重点に配置した沖縄開発計画であった。この長計は、悪名高い新全国総会開発計画（新全総）の立役者と言われる下河辺淳の指導のもとに立案計画されたものである。沖縄の自然と、それを享受する地域住民の生活を無視して、「安価で容易に埋立てが出来る」という資本の論理の視点のみからなされた。それは、後の新全総第8独立ブロックとしての「沖縄振興開発計画」（72年―10年間）へと引き継がれた。72年には、日本工業立地センターの「金武湾開発構造」も出る。その内容は、長計を前提に、金武湾１０００万坪埋立てと２０００万キロリットルの石油備蓄を想定したもので、三菱や伊藤忠がその計画を参考に開発計画を作成し、触手を伸ばしていった。さらに、１９７３年には、中東での政情不安が醸し出されるなか、45日備蓄から60日備蓄、さらに90日備蓄へと原油確保、安定供給への道を模索する働きも活発。金武湾内石油備蓄２６００万キロリットル計画等も出てきた。

⑵三菱が沖縄に進出したのが１９７２年の3月。当時の与那城村の要請によるもので、その前年71年5月に、三菱開発から申請された「外資導入免許申請」が琉球政府によって認可され、同時に公有水面埋立て免許申請（64万坪）も許可となる。

当時の沖縄は、三割自治と言われるように、県をはじめ各市町村とも自主財源が乏しく、財政力が弱く企業の進出に期待を寄せ、「揺りかごから墓場まで面倒をみる」（ガルフ）との甘言に魅せられ、公害がなんたるかの経験の乏しい沖縄故に、県も市町村も飛びつく社会的状況にあったことも事実であった。特に与那城村は、離島を多く抱え、ガルフ社進出によって平安座・本島間に海中道路ができて便利さが増え、宮城・平安座間が埋立てられれば離島苦解消の道に繋がる事に期待する声もあった。しかし、企業誘致によって財政が豊かになるはずが、それは一時的で、次第に財政は悪化し、赤字市町村に転落、その存続さえ危ぶまれるようになる。一方では、海の破壊は地域住民の生活にも影響を及ぼす事になる。

三、金武湾の風景の変遷

金武湾は、沖縄本島の宜野座、金武、石川、具志川さらに与勝半島の北に点在する藪地島、浜比嘉島、平安座島、宮城島、伊計島をとり囲み、波静かな内海である。南浮原島、北浮原島、藪地島以外は全て有人島である。島々が点在する金武湾は、1965年10月1日に琉球政府立海上公園に指定された。島々の周辺をはじめ、その一帯は色とりどりの珊瑚で連綿と埋め尽くされ、海水の透明度は高く、魚たちの楽園でもあった。また、広大な干潟もあり、そこにはホンダワラをはじめジュゴンの餌となるザン草や藻類も繁茂し、その下にはウニやシャコ貝をはじめ、各種の貝が採れたものである。また、春先になればアーサやオゴノリ、モズク等が豊富に採れ、人々の食卓を賑わした。浜辺に大量に打ち寄せられるホンダワラは、畑の推肥として農家にとっては貴重なものだったし、アーサオゴノリ、モズクは干潟でよく取れ、小さな車エビ(釣の餌)と共に現金収入ともなって地域の人々の生活を潤した。金武湾地域の人々の生活は海と共にあった。金武湾一帯は、沖縄でも有数の漁場として名が通っていた。鯛などの高級魚はもちろんの事、各種の魚類やウニ、白イカ等も豊富に獲れたものである。伊計島の内海では、黒潮にのって運ばれた鰹が海岸近くで獲れていた。

そのような豊かな漁場での憩いを求めて沖縄各地から釣公望が与勝離島航路の拠点港としての屋慶名港に集い、遊漁船や離島船路の船の出入で、港はとても賑わっていた。1972年4月18日、与勝海上公園の位置付けが金武湾開発構想推進の障害になる事を予想し、突如として解除され、64万坪埋立て着工によって金武湾は死の海へと追いやられるようになる。

四、住民運動としての「金武湾を守る会」の結成

金武湾を守る会が結成されたのは1973年9月22日。既に平安座、桃原間の64万坪の埋立て事業は8割程進行していた。反対運動の組織化の遅れは、今後の運動の困難さを予測させるものを感じさせたが、それでも住

民運動結成を促したのは、ガルフが平安座に進出してからの油流出事故による海の破壊のすさまじい進行と、三菱による64万坪埋立て事業によるヘドロ汚染による広範囲に及ぶ珊瑚の死滅であった。

特徴的事例を次にいくつか列挙する。1971年に造られた海中道路は、平安座・屋慶名間5キロに及ぶが、その間にわずか15メートルの水路しか開けておらず、内海と外海との潮流は遮られ、金武湾内海が滞流型の海となり、自浄作用不能な海へと大変貌した。埋立て地から流れるヘドロの堆積は180センチにも及び、潜水すると、もうもうと湧きでて辺りは真っ暗闇になる。少しでも波が荒れるとヘドロは浮遊し、何十キロと拡散し珊瑚を覆い窒息させる。64万坪の工事は、隣接する海域の90万坪の海の珊瑚を破壊し掘削して埋立てたもので、自然形態に及ぼす影響等、何の配慮をする事無く進められた。

タンカー事故、バルブ操作ミス、漏油、バラスト水の排出等、度重なる事故も発生。なかでも1971年10月1日、沖縄石油精製が起こした油流出事故（ドラム缶960本相当）は、金武湾再生不可能と言われる程の酷さの原油汚染の実態をさらけ出し、石油企業立地の恐ろしさを地域住民に強烈に印象づけた。

沖縄近海は大型タンカーの航路でもある。日本で積み荷（重油）を降ろし、中東へと向かう時は、船の喫水を保ち安全に航路するため、空タンクに海水を取り入れる。タンク内の残油を洗い落す作業を沖縄近海で行い、タンク内の油汚染水を排出する。それが沖縄近海。廃油は、ボール上になって珊瑚礁や砂浜に付着し、汚染は拡大していく。

これら自然破壊のすさまじい現状を目の当たりにした地域住民の頭には、行政の無知と貪欲なまでの開発、自然破壊によって深刻な傷を負い、死に追いやられる姿に沖縄の未来像を重ね合わせ、今、決断しなければ沖縄の未来はない事を悟り、「金武湾を守る会」（以下守る会と呼ぶ）結成へと急がれたものだ。

五、「金武湾を守る会」の運動論・組織論の原点と行動

県当局、革新与党、労組、革新弁護団等との話し合いを申し入れ、協力・支援を要請する時、常に問われるのは、「金武湾を守る会」には「代表者」がいない事が語られ、決定的場面での〝決裂〟が度々起きた。確かに守る会は、組織原則として「代表者」を置かない事にしている。

守る会は、結成3日後には県庁行動を開始し屋良知事との大衆団交をもつ。「CTSは無公害、雇用効果、平和産業論」を主張する知事に対し、住民はその誤りを的確に論破し、しまいには「革新県政は住民自治（住民運

動）をどう考えるか」を突き付けられ、民主主義に基づかない県政運営の矛盾を突かれたあげく、席を蹴っての退場となる。その後、幾度も大衆団交を求めて県庁行動を展開する守る会への対応は「代表者と会う」の一点張りで、機動隊を要請しての排除となる。守る会の間断の無い波状交渉の中で徹底した追及を受け、県は1・19声明を発表し、CTS誘致断念を表明する。通産省は、県の決断を無視し直ちに国策としての立地推進を表明。三菱はこれに呼応し「埋立て認可」を申請する。守る会は、その「却下」を求めて、県に詰め寄るも、県は国と三菱の脅しに屈し、「認可」止む無しの動きに出る。守る会はその動きを止めるため、屋良県知事を被告に裁判に打って出る。革新弁護団が、漁業権放棄手続きに「法的瑕疵」がある事を既に調査して、県に対し注告していた事が判明していた。早速、革新弁護団に訴訟代理人を引き受けてくれるよう求めたが、数回の交渉の後、守る会に「代表者」がいない事を理由に断られる結果となる。本音は「代表者」がいないではなく、「革新県政」だったからである事は議論の中から読み取れていた。その事は、革新県議団や労組団体上層部の一部の人にも言えるもので、組織があれば「代表者」があるべきという既成観念で、守る会を批判する事もあった。それは、守る会と話し合う事を拒否する理由や無視するための口実にもなった。

守る会結成にあたり、その準備段階で最初に確認した事は、公害は誰にでも降りかかってくるもの。一つは思想・信条・党派を超えて団結し運動を展開することである事、人の命を脅かすものに対しては、一人一人が自立し対処しなければならないし、そのためには、守る会運動は一人一人の自主性に重点を置き「代表者」は置かない事。そして、交渉は全て大衆団交とし、それぞれが自覚的・自主的行動をとる事であった。勿論、大衆行動に打って出る時には、大衆論議を経て行われるし、大衆論議に計られる議論のテーマは、拡大世話人会で提起し、司会とまとめは世話人で進める。したがって、守る会には、会則はないし、入会・退会は自由、拡大世話人会や全体会議に誰でも自由に参加し、発言も自由であるが、地域住民運動であるが故に、地域の声を最大に尊重し、多くの住民が発言しやすくするために、支援者の発言は控えめにしてもらう事も暗黙の了解となっていた。

守る会の発足集会には、300名程が参加した。参加者は、戦前・戦中そして戦後物質の乏しい中で、何とか生活を支えたのが海からの恵みにあった。漁師が海を「ジングラ（銀行）」とたとえて呼んだように、海は無尽蔵の宝庫であり、地域の人々にとって「命の母」であった。その海を生き埋めにし、再生不能におとしめる事は、沖縄の未来に暗たんたる影を落とすようなもので、〝海の死〟を意味していた。海の死は、地域の衰態を意味し、それを拒否するためには必死の覚悟が個々人に要請された。〝妥協なき闘い〟がそこにはある。「生」を守る闘いに取引はない。それが、住民運動の闘う原点である。そして、参加者の発言の多くは、国家の目線が沖縄に対して常に上からの目線で、支配者の目線であり、沖縄差別・抑圧を予感させる目線である事を沖縄歴史の中から悟っていた。

そのような歴史認識の上にたっての運動であるが故に、人々は現実の闘いの中でそれを実感し、守る会運動は地域の理解と信頼を得て、裁判の原告が最初の4名から後半には46名まで拡大したように、社会的にも認知され、多くの支持を得るまでに至った（1974年タイムス世論調査でCTS撤回支持が49％、支持しないが22％を大きく上回る）。

常に〝妥協〟を前提とした既成の運動形態からすれば、それは異常に見えたり、奇妙な組織や運動と考えられたりしただろうが、命に関わる問題で、だれも〝代理〟が出来ない事を考えれば、守る会が「代表者」はいないを基本とする組織論・運動論での闘いのすすめ方は、合理的で理想的闘いの戦法と私たちは大いに自負するものであった。

六、守る会足掛け12年の闘いの中での象徴的出来事

⑴1973年9月から始まる守る会の運動で、その終演を迎える1985年までの闘いは、獅子奮迅の闘いの連続であった。対県、対村、対三菱、対海上保安庁への要請・抗議行動は、合わせて六十数回に及び、その他、現地及び他の地域での集会、裁判傍聴等めまぐるしく展開される行動には、その都度、屋慶名・照間の地元から数百名が自腹同然で貸し切りバスを利用しての参加。そして、帰れば行動の総括と今後の運動に向けての話し合いがもたれる。

対県行動では、知事に大衆団交を求めて庁舎廊下に陣取り、対応する部長連に金武湾の豊かさとその恩恵について多くの住民の口から異口同音に語られ、CTS誘致撤回が求められるが、多くの場合、機動隊の導入によって排除となる。時には深夜まで、時にはハンストを決行しての抗議行動と臨機応変の戦術をもって対抗した。

対村行動には、地元での抗議集会だけに、数千名の住民が結集。村長との大衆団交では、住民の追及で、ついに「CTSは公害産業」であると村長は容認発言をしている。しかし、ここでも機動隊の登場となる。

対海上保安庁行動では、中城海保支所が裁判闘争に決起した原告を、遊漁船登録申請のない漁船に漁民以外の人を乗せたとして、〝みせしめ逮捕〟にでた事に対し、

守る会の人々が結集し支所を包囲、抗議したところ直ちに釈放となる。1980年3月の油入れ阻止行動の際、前回と同じ理由で、8ヶ月後の12月8日未明に3名が逮捕され11管区保安本部に連行される。これは、以前6日間中城海保支所前での運動介入への抗議行動への対抗処置としてとられたもので、それを聞きつけた住民・労組青年部の人々100名程が結集。庁内に突入し大混乱となり、本部長と世話人が話しあった結果、夕方には無事3名を取り戻す事態も起こった。

(2)運動が大きく拡がり過熱するなか、誘致派（埋立て工事に参加する事業所や何らかの形で三菱に関係する若者等）の動きも活発化する。そして、暴力をもって反対派住民に襲いかかる事件が数多く発生する。真っ昼間に公道で鉄パイプを振るわれた青年、家に上がり込みライターで脅された老人、宅に上がり暴力を振るわれた議員、車に火炎瓶が投げ込まれる、トラックや乗用車がパンクさせられる、原告漁師の網が破られる等の脅し、離島に通勤する学校の教師が登下校時に阻止される等、悪質極まりない事件が数多く発生している。それに加え、あろうことか民主的選挙で選ばれた区長（反対派）に対し、村は敗北した区長（賛成派）と事務契約を交わし、区を混乱に落とし入れ、反対派区長の出現を財政的に締め付ける暴挙にもでている。あげくの果ては、漁業権放棄手続きの「法的瑕疵」を以て、訴訟の原告に決起した漁師に対し、暴力をもって対処するとの脅しもでる。

それに対抗し、暴力的行為を止めるため反対派地元青年が起ち上がり青年行動隊を結成し、漁民を中心に反対派防衛のため、夜の監視行動を始める。また、それに賛同する労組青年部も加わり、50~60名の結束となる。青年行動隊結成の動機は、昼夜公道での鉄パイプでの殴打事件であった。その夜、事件を聞きつけた青年達や労組の青年達が地元で結集。夜12時頃警告の意味で誘致派青年達のたむろする採石場内事務所を訪ねたところ、青年達は酒場の最中で、不意を突かれたと勘違いし中から鉄パイプをかざしながら裏戸より一目散に退散。事務所内には、事件昼間に着用した〝日思会〟と書かれた白ヘル、鉄パイプが置かれていた。青年達は、それを押収し引き揚げている。構内は、耿耿と街燈がともり警察パトロールカーもついてきている中で、反対派青年行動隊が暴力を振るう事は絶対にあり得ないところで、警察情報をたよりに書かれた事件報道は、反対派青年行動隊の暴力行為だけが浮かび上がっていた。しかし、対立も、ある一時期で、その後は、誘致派の行動も次第に沈静化し目立った事件は起きていない。

⑶守る会は、CTS設置阻止に向け二つの裁判を提起・抵抗する。一つは、64万坪埋立ての違法性を問う裁判で、1974年9月5日に提起し、9回の公判を通し1975年10月4日に決着する。与那城村漁業組合の漁業権放棄の手続きに法的手段がある事は、革新弁護団が調査しその不法性が県に示されたのだし、守る会原告漁民も漁業総会の不法性を指摘していたが、屋良知事は「埋立て手続きに於いて県はいささかの間違いも起こしてないし、受けて立つ」とこれまでの姿勢を一変し、革新県政にあるまじき姿勢に転じている。第6回の公判の証人台に立った漁業組合の証言は、漁業総会成立に必要な3分の2以上の出席があった証拠として、「それだけの数の弁当がなくなっていたから（漁民は2～3個も弁当を貰って退散する）」と述べ、議事録も無い事も判明、自ら「法的瑕疵」を認める証言となり、被告代理人、裁判長を慌てさせる場面もあり、被告・県の立場が不利になった事をみこした裁判長は、原告側が申請した13人の証人を不採用、判決に至った。

判決は、機動隊を構内に待機させた状態で行われ、「現状回復は物理的に不可能ではないが、社会的経済的損失、周辺海域の汚染等で社会通念上著しく困難」とし、「訴えの利益無し」としている。原告が提起したのは、漁業権放棄の法的瑕疵があったかどうかの判断を求めたもので、現状回復を求めたものではない。国家権力の推進する国策が全てに優先する判決を下す裁判所は、もはや国家の補完機関でしかない事を思い知らされる。

二つ目の裁判は、水島事故の教訓と台風銀座の大型台風を予測し、埋立て地の難弱地盤と現在の構造物の規格基準ではその危険性に耐えられない事を実証し、環境権・人格を盾に生存権を求める内容となっている。提訴は1977年4月9日で、原告は1250名の大原告団をもって訴えを起こしたものの、環境権はその概念が定まってなく、人格権は、生命・身体健康に著しい侵害がある時にのみ請求できるが、今は該当しないという。水島事故のような石油事故が発生したら、金武湾は再生不能な海となり、永遠に〝死の海〟に化する事は歴然としている。「健康に著しい侵害」が起きてからでは取り返しがつかない。憲法で保障される生存権とは、国策の前では〝絵に描いた餅〟に等しいものでしかない。自らの命は、自ら守らなければならない事を住民は再確認する。

七、住民運動と文化

守る会運動の持続的力となったものは、文化を大事に育んだところにある。屋慶名区では、民主的に選出された区長が村当局に無視され、理不尽かつ不当な取り扱いを受けた事に住民は反発・発奮して自立の道を歩む事になる。財政は全て区費でまかない、１００名は優に収容出来る舞台も設置したプレハブ造りの文化の殿堂としての公民館を建設した。それを機に文化の復活に取り組み、大綱引きやツクラマチ等伝統行事の復活や舞台芸能としての各種の踊りも事ある毎に演じられ、反対派区民のみならず、多くの区民を巻き込んでの村落共同体の連帯を育んだ事は特筆に値するもの。守る会としても、ハーリー行事や団結パーティーでの芸能披露もなされ、大いに心を癒し運動へのエネルギーをつくりだしたものだった。

一方闘いの現場では、年輩の女性達が即興の琉歌を馴染みの民謡の調べにのせ対峙する機動隊を揶揄する等、文化を武器に運動に力と励みを与えたものである。また、お年寄り達は、農業共進会を演出。作物作りを奨励し、農業振興と自給自足の生産活動を展開したものだ。藪地島開墾に向けた作業に着手した若者達が誕生した。台風や乾燥にも強く沖縄の気候に適した作物「芋」の生産に励み、沖縄が生きていくための食文化を見直しに向けて動き出した。守る会は、「独立への地歩を歩み始めた」と評する支援者の声も聞こえた。

八、守る会運動から生まれた農・労連帯

守る会参加者には、農業に携わる人も多い。殆どの農家が換金作物として、砂糖キビ生産に取り組んでおり、収穫期となれば猫の手も借りたい程の大忙しで、しかも出荷は期日が決められていて、天候不順であろうがなかろうが間に合わさなければならない。

農家の多忙を運動の側面から支える協力体制が生まれ、労働者のキビ刈り援農が実施される。土・日を基本に反対派農民の手伝いへ配置され、馴れない重労働に難渋を極めながらの作業。お昼は、農家提供の食事を共にし１日が終える。目的は、日頃ＣＴＳ闘争に参加する闘いの共有への思いと地域コミュニティーとしての結束の大切さ等、沖縄が生きる未来への展望を主体的に考える場にする事にあった。労働者が地域に学ぶ場の設定でもある。

キビ刈りが一段落したところで参加者を一同に会して、反ＣＴＳ闘争について守る会世話人や中心的に活動している人の講話を聞いてその日程が終わる事が度々。そして、全農家のキビ刈り援農が終わった時点で、地域毎にこれまで援農に携わった労働者を招いて、シースービー（作業無事終了祝い）会を農家の主催でもたれる。食事は、山羊汁でのもてなしが定番。お酒も注がれ、キビ刈り無事完了のお礼、心行くまでのおしゃべりの中での農労連帯の絆を深める絶好の場でもある。

九、むすび

守る会運動の当面の射程は、三菱のCTS建設を阻止する事にあった。12年に及ぶ熾烈な闘いを展開したが、その阻止には至らなかった。残念な思いが今でも心の奥底深く潜んでいる。一方、多くの識者は運動論・組織論的にも多くの教訓を残してくれたし、闘いの成果として金武湾1000万坪埋立て計画に対し、940万坪の埋立てを阻止、なかんずく「公害企業群の進出」と「原発」を阻止出来た事は、沖縄の将来を保障する輝かしい一歩となり得たともいう。

「金武湾を守る会」の闘いと教訓は、県内多くの住民運動に引き継がれた。美しい珊瑚の海、「魚の湧く」海を生き埋めにして造られようとした八重山白保の飛行場建設では、漁民達は、金武湾まで来てその実態を学んだ。そして、白保空港建設反対運動の原動力となって頑張った。多良間（宮古）でも、CTS問題が浮上した。金武湾闘争の資料の提供を受けた多良間郷友会は決起し、CTSを撃退した。与那国や伊是名の離島も狙われたが、金武湾の二の舞になりかねない事を悟り、計画は断ち消えた。

沖縄の人達が、沖縄が生きる道は海と大地との共生にある事を強く意識するようになると同時に、環境問題に高い関心を持つようにもなる。

私は、CTS立地以前の金武湾を知っている。屋慶名港から釣り船に乗って、幾度か職場の同僚と釣りに行った事がある。どこまでも続く珊瑚礁、色とりどりの小魚達の乱舞に見とれ、回遊魚の多さに魚の楽園を見た。沖合での釣り、ミーバイ、グルクン等がよく釣れた。渡し船で伊計島に行った。金武湾の内海、島のすぐ側で漁師が網にかかった鰹を獲るのを見た。鰹は黒潮の流れるずっとずっと沖合で釣れる魚と思っていたが、島の直ぐ側で…。驚きだった。同時に金武湾の豊かさを知った。夏休み伊計島で中学生とキャンプを張り、帰途は宮城島桃原から平安座島に歩いて渡った。珊瑚を一面に敷きつめた海だった（64万坪埋立て現場）。足元を小魚が敏捷に泳ぎまわり、珊瑚の陰に隠れる。ウニが岩礁のくぼみや空間になった海藻の生い茂る砂地のあちらこちらで群れをなしている。海藻もユラユラ揺れている。生き物の楽園とは、こういう所を指していうのだろう。

原告の漁民、田場典剛さんが、白保の海に入ったもの の、4～5時間も泳ぎまわっていた。CTSが立地する以前は、ここのように魚が湧く海だったよ、と昔の金武湾を愛おしむように語った。照間の純朴な6名の漁師が行政の不条理な行為を告発し、誘致派の脅しに屈する事無く起ちあがったのは、海をこよなく愛する漁民の魂のうずきがあっての事だろう。

浜の原告漁民が語ったのをそれとなく聞いた事がある。敗戦直後、浜部落には部落外の人がたくさん寄留されていたが、食べ物の不足時代、皆が生命を繋げたのは豊かな海がもたらす幸があったからだよ。海人が獲ってきた魚を皆で分けあったもんだよ、と。

そんな沖縄の海が、日本の経済発展の犠牲となって埋立てられ、〝死の海〟へと追いやられる姿は、沖縄の暗たんたる未来図を見る思いであった。もう、日本に頼っては沖縄は生きられない。自分の足で立って歩く沖縄でなければ沖縄の未来はない。沖縄は自己決定権の権利を行使し、沖縄の未来は、沖縄が決める事と自覚し行動すべき時に来ている。金武湾を守る会の闘いは足掛け12年。激動の12年であった。ある原告漁師が語った。私の人生で最高の生き方を学んだのは金武湾を守る会の闘いのなかだった。すばらしい学習の場だったよ、と。金武湾闘争の教訓とその評価は、それに関わった人々の間でも大きく変わるだろうし、それぞれの評価に任す事になるが、その住民運動の思想は、今、闘われている高江、辺野古の闘いにきっと生かされていると信じている。

（ハルサー）

安里清信思想と沖縄の自立構想

宮城　恵美子

一、沖縄の労働・雇用環境

沖縄は40年前に日本経済の一員に組みこまれ、復帰直後の海洋博後、数年の混乱期を経て、それ以降はマクロ経済的には日本経済と同様な動きをしている。完全失業率は全国が下がれば沖縄も下がり高まれば沖縄も高まる。しかも恒常的に全国の2倍近いほどの悪さで。県民所得も全国が伸びれば沖縄も伸び、全国が低迷したら沖縄も低迷している。しかも所得割合は7割程度で全国最低である。有効求人倍率然りである。

ところで、復帰前の失業率は１９７０年０・70％（全国０・85％）、１９７１年０・８％（全国１・２％）であった。全国よりも低かった。それが１９７２年の３・５％（全国１・３％）に跳ね上がったのを境に失業率は急速に上昇、１９７５年以降は５～６％の時代を経て、現在の７％台の高い失業率で推移してきている。

就業形態も変わった。１９６０年には第１次産業43・4％、第３次産業45・１％で、残りが第２次産業11・４

%と、1次・3次が拮抗している。復帰後の70年代から第1次産業は衰退が始まり、今は第3次偏重になっている。海洋博で海を「賛美」する中、国策で海を埋立が急速に拡大した。特に金武湾に石油備蓄を強行し、湾を埋め立て、同時に湾内に造成した海中道路で海の破壊を招いた。戦後、壊滅状態の地域の生計を賄った場である。「海は銀行」、生きる源であった。今思えば就業構造、社会構造の急激な変化をもたらす出発点になったと考える。

一方、本島一等地に占める19%の米軍基地は島嶼の住民の生存にとって障害になっている。基地収入を過大評価する論調が本土マスコミ等から見受けられるが基地収入は5・8%（平成21）の割合に過ぎず、基地に依存は幻想に過ぎない。これらの閉塞状況は沖縄の若者の希望を奪っている。不安定で非正規雇用で低賃金が若者の就業状況である。

その一方で就業への「圧力」がかかっているが、根本的には若者の「甘え」にあるのではなく、経済の脆弱性。雇用環境の悪さが原因である。脆弱な経済雇用環境を解決せずにそれを棚上げにしたまま、若者に「圧力」をかけ続けるのでいいのか。日本経済の後追いをただ続けることで沖縄の未来は開けるのだろうか。

また、若者は自ら状況を変革する力を持たずに閉塞感に覆われている者も少なくない。不安を持ちながらも受け身の状況を切り開けていない。ところが一方で、「世界のウチナーンチュ大会若者・学生事務局」の活動に見られるように力量をつけた若者たちもいる。

今後、若者たちが社会参加しあらゆる場面で発言し、彼らが自らの人生の主体になれるように後押しする社会に変えていかねばなるまい。子供や若者は成長過程で様々な経験を積んで自分の将来像を作り上げる。核家族や地域が分断されるとその契機を失う。沖縄にはまだまだ地縁、血縁、顔の見える地域の人々といった子供を取り巻く人間関係は残っている。遊びの多様性、行動・体験からいろんな生き方を見て考えさせることが大事である。読書で古今東西、様々な生き方に触れること、博物館等に出かけ、友人らと活動をするのもよし。離島をめぐって農漁業者の話を聞くなど、可能なら海外や県外に出るチャンスを作るのもいい。様々な経験を後押しすることで結果的に視野が広がり、考える主体となるだろう。若者の自立を支援する社会の構築は継続的に必要である。

今これまでの価値観のとらえ返しが必要である。日本はグローバル競争に入ることが前提になって社会が動いている。米金融界がリーマン・ショックで揺れて世界に波及した。沖縄も対岸の火ではなく、その影響を受けた離島の某ホテルは倒産して採用内定の取り消しになった学生がでた。米主導のグローバル経済に日本は際限もなく巻き込まれようとしている。米追随、日本追随でいいのであろうか。島嶼地域には異なる生き方はないのか。市場経済と一部はつながる場面があるとしても基本は域内生産、域内消費をまず基本にしながら、不足を外の市場から補う生活によって、みんなが等身大でできる生き方はなかろうか。新たな従来とは異なる生き方を考える主体性こそが問われているのではなかろうか。

二、豊かさとは何か

ここでまず沖縄の経済状況を概観しておく。

日本は米経済に追随し、沖縄県は日本の市場経済に追随しその中で「格差是正」を追及してきた。もう40年も長きにわたったが全国の最底辺部分からは同じ路線で進むならばこの変化は望めないと思う。グローバル化した世界市場の中で、制約無しの競争に組み込まれると、先進国は途上国の安い賃金と雇用獲得の面で争うことになる。日本を例にとると、世界最高水準の賃金を獲得していた時代から、中国の市場参入によって、まず量産品の工場が中国に移転し、次いで高度技術の工程も移転してきた。中国が経済成長で賃金が上昇すると、ベトナムが安い賃金で日本の雇用を奪うことになる。ベトナムが経済発展して賃金が高くなると、ミャンマーやバングラデシュが登場する。先に経済発展した中国やベトナムも、それらの国の追撃を受けることになり、賃金競争に巻き込まれる。続々と登場する新興国との際限なき賃金低下スパイラルに巻き込まれ、労働者は生活経費を切り詰め、徐々に余裕のない生活になる。

そもそも何が豊かなのかもう一度立ち止まって考えるべきである。GNPの大きいことが豊かなのか。米英の生き方がすべてではない。北欧やEUを主導するフランス・ドイツ、島嶼、コスタリカのような生き方もある。また沖縄でも70年代に「金武湾を守る会」の理念は今の方向に反省を促すものだ。「命と暮らしと自然を守ろう」、「漁業、農地を守り、子子孫孫に残そう」と。長いスパンで自然資源を活かす取り組みを理念として発信していた。改めてこの理念を深めることがとても大切であると考えている。

この理念は地産地消、域内生産、域内消費をまず基本に置く社会システムであり、不足部分を市場から補うものである。東京では200万円では生きていくのは難しいが、離島では可能である。豊かさをGDP(国民総生産)という単一の指標で測る中で、高収入=進んだ地域、低収入=遅れた地域、という色分けがなされ、そこに実現不可能な「格差是正」という目標を立てることによって、伝統的地域の社会システムの破壊が行われた。農漁村生活で農産物の交換や分かちあいによって充足される部分は大きい。地域の自然資源が活用できるほど、GNPの量では測れない豊かな暮らしは可能である。もし沖縄に基地の縮小・撤廃を進めながら、市場経済の部分を最小限にするならば、沖縄は十分に暮らしていけるほど豊かな地域であると思う。

数年前に訪れたコスタリカは地域経済のモデルが見られた。いくつかの協同組合が経済自立を模索していた。数百軒の農家でチーズ工場が運営され、スーパーでも売られていた。養豚場は汚水処理場がありチーズ工場で廃棄されるものを利用していた。汚水は池で沈殿を繰り返して川に流し循環させる。育児しながら仕事していた女性たちは子供に邪魔されない作業所を設けた。彼女たちは森で生息する動植物をデザインした工芸品を作り、販売していた。森を守ればこの仕事が受け継がれていくという。メンバーが資金を出しあって作った工場で、一人ひとりの独自のアイデアを出し合って共同組合の店だけで販売する方式だ。収入は個人と組合に分配され持続的維持可能な方式を追及していた。学び、知識も増え、家事に縛られず稼いだお金で家も買ったという。

このような風景や暮らしは40年前に各地にみられた。特に金武湾一帯の暮らしは沖縄の根っこである「海と大地」を活かし、それを共生することで戦後から成り立っていた。それは「海と大地と共同の力」であり、それこそが地域の糧であり生存の源となって地域を支えていたのである。今はこの沖縄の根っこの良さを根絶やしにして、外部のお金で全て賄おうとすることこそ無理があると考える。外部のお金は一部でよい。あとは地域の中にある良さを生かすことで成り立つのである。これを安里清信さんは自立あるいは独立した状態ととらえていた。その考えを見てみよう。

三、安里清信さんの思想―沖縄は既に自立しているVS自立を邪魔する日本国家

安里清信さんの主張はダイナミズムにあふれていた。「沖縄はすでに自立している」。

戦中・戦後、焼け野が原であってもそこで生きてこられた。海と大地を活かし「共同」性を発揮すれば、人々はみんな生きていけると。「海と大地と共同の力」により「生存権」を享受できるシステムが機能しているのが沖縄の地域なのである。沖縄の既に自立し自律的に生活できている地域に対して、邪魔し破壊行為をしているのは国なのだ。「生存権」を踏みにじるな。沖縄人の主体的な生き方を邪魔するな。これが安里清信さんの主張である。

よく知識人が言う経済の「自立」を目指したいとか、

こういう条件が備われば「自立」できるといった発想にも問いかけを行っている。「既に沖縄は自立・独立している。それを邪魔し、破壊しようとするのが米軍基地であり、それを固定化しようとする日本政府である」。国・県の地域破壊による影響が大きい。戦争後、人々は魚介類によって生存が保障された。地域自体の海・大地が健康であればどれだけ「豊か」なのかと安里清信さんは問いかけている。以下、安里清信さんの言葉を思い出してみる（直接のお話、記述から）。

安里「屋慶名の人々は農業の合間にはよく『海アサリ』に行った。長老たちはみな海を大事にしていて、潮のぐあいを見て、付近一帯の女たちも連れだって海に行った。モリ、水鏡、ザルを背負って、三〇人くらい一緒に行った。海人草はサントニ（回虫駆除剤）の原料になるので採ってきて業者に売る。ひもじければ海に行けばよかった。かかとで砂をグルグルとすると車エビが群れをなして湧いてくる。それを生のまま食べた。潮が引くと、逃げ遅れた魚などがくぼみにたまっている。干潟は子どもにとっては憩いの場。紋甲イカ、クジラも流れてきた。潮が満ちるとカニをもぐって捕まえた。生モズクの最適地と太鼓判が押されていた。その理由は北風が当たらないという点、そして海水が清らかであるという点で、知念、泡瀬、金武湾、大浦湾が最適地であると水産試験場は指摘していた。

ハマウリー（浜下り）は盛大で、いたるところから人が集まって、鍋で貝、磯のものを炊いた。互いに交流が始まる。健康を回復するために来ている人も、デートのカップルもいる。海は全ての人を育てる役割を持っており、海は人の母である。

干潟は生態系のエネルギーの集積所で、ここで大きくなったエビが外洋に出て、孵化した小さなエビがまたこの砂に戻ってきて大きくなる。（生態系）自然が維持されていく。

金武湾は白イカ漁の本場だった。一軒ごとにみな網をもっていた。スク（アイゴの稚魚）ドーイと誰かが叫ぶと皆『すくい網』をもって駆けてきた。ほとんどの家庭がそれで一年分の蛋白源を手に入れることができた。チクラ（ボラの稚魚）も跳ねていた。人々は総出でつかまえて、屋根の上に広げて天日で干した。

平安座島には『ナンジャ岩（銀の岩）』がある。浜比嘉島の人々は周囲の海を『ジングラ（銭蔵）』と呼ぶ。海が銀行である。戦争で家が焼けて、家屋を再建するためには、海で採った魚を漁業組合に入れ、そのお金で材木を買った。

伊計島はイチガツー（鰹）の名所。金武湾の入り口から入ってくる鰹を、網を仕掛けておいて三〇〇〇キログらいとった。それを伊計の部落全体で処分する。三分の二が漁民のもの。三分の一が売上金を部落に納めて子供の教育などに使う。モズク漁もある。自給自足はまずは自分たちのための漁獲を得ることが基本なのだ。普通、二人でサバニ漁をやるが対象によっては一人でやる。白イカなどは一人でもやった。だから船は小さい。

今は漁業権が設定されているが、昔は海には境界線はないから、津堅島の漁民たちも慶良間、宮古に行った。巨大漁船団で乱獲するのではなく人間の身の丈にあった漁業をしておれば漁業権を設定する必要はないはずだ。各地域の漁民は互いに知り合いであり、今の漁業権設定を超えて互いに夏冬場所を共有して使用していた。今は漁業権が設定されて『ウミアッチャー（漁民）』たちも小さなところに閉じ込められている。もともと海には線引きなんかできない。

屋慶名は牛の名所で『徳之島《トウクヌシマー》』や「与論牛」などを屋慶名でまずは闘牛用に育て、後に阪神で売られ神戸牛となった。青い草を食べ運動をしっかりさせており肉質がいいからだ。

宮城島は農業も盛んだった。東海岸の漁業の一大拠点は津堅島で、津堅島の漁業が滅びると東海岸、ひいては沖縄の漁民が滅びるのと同じであると言ってよい。津堅島には大きな干潟があるので、台風があろうが何があろうが、そこにいけば生活ができるという好漁場をすぐ眼の前に持っている。海岸にザルを置いて一日中生モズクをとっていた。シャコ貝、巻貝、トビイカなど、島のまわりには豊富に魚がいた。そして漁民の気風も非常に剛気であったのは物質的な生活基盤がしっかりしていたからでしょう。」（安里さん話終了）

以上、安里清信さんが述べられた「豊かさ」を具体的にイメージできるように記述してみた。安里清信さんは農産物、漁獲類、牛、家畜、人のつながりの中で人々が成長していく、人間らしい感性を育むことをとても誇り高く、お話しされた。また名波さんという方が甥の健一さんという目の見えない方とともに安里さんの自宅前の道を農作業に通われる様子もたびたびお話しされていた。健常者のみならず障がい者も自立する基盤があった。老人クラブ「かりゆし会」の農産物展示会も盛んであった。まさに「地域は既に自立している」ということが実証されていると言えよう。そのうえで不足している分野のために金銭の出番があるが、基礎的な基盤を見据える視点こそ大事である。通常の経済論からは見えないことが実は尊いものであることを資本主義経済、ＧＮＰ主義者は見落としてはいないだろうか。多様な人びとが既に自立できているのにそれを壊し、ＧＮＰ指標の市場経済に移行する必要性があったのだろうか。「自立」を売って買ってという購買の「量」で測る考えのみに陥ってはいないだろうか。

しかし、すでに在る基礎を破壊して地域から住民を追いだし、都市で従属した生き方に仕向ける攻撃は今もつづいている。金武湾闘争ではＣＴＳ計画だが、白保では飛行場建設であり、辺野古では米軍基地計画であり、高江ではヘリパッド実はオスプレイパッド建設という計画で、国策という大義をふりかざして、住民の生業を破壊し、国家に国民を従属させる手法・発想は全く同じ根っこであり、復帰後、ずっとそのような国策の大義対県民の生存権・人権の闘いが続いているのである。我々沖縄ではその闘いを一刻でも手を緩めてはいけない。

四、サブシステンスという考え

世界中の各地で、特に先住民の住む地域をグローバル資本主義経済の中に組みこむ経済理論に対して、この地で生きていく権利があると主張せねばならない。地域で不安なく、生き生きとした生活を営むことはできる。これはサブシステンスという考え方である。

経済成長と生活の豊かさは決して比例関係にはない。

現在、原発事故で経済成長が高まったといわれている。事故前にはほとんど野菜を買わなかった人たちが、放射能汚染を心配し、地域の野菜を食べなくなった。しかし、以前は「野菜の半分は近所・親戚からもらっていた」とか、「事故後、野菜や果物を買うようになっている。月に２～３万円は負担が増えた」と福島やその近辺の方々が証言している。もらう野菜は無償だからＧＮＰに反映されないが、買えばＧＮＰが高まる。結果的に原発事故後、経済成長したのである。ではＧＮＰが高まって豊かになったのか、誰もそう思う人はいないだろう。

ところで、多くの人々は、経済は成長しなければいけないと固定観念のように考えている。ＧＮＰこそが信頼に値すると思っている。しかし、大切なのは決して経済成長ではなく、無償のやり取りを含めた、安心して暮らせる生活の営み、生業にある。

かつての金武湾のように、伝統的な農漁業を中心とする自給経済（サブシステンス・エコノミー）の中で「持続的」な生活が営まれてきた。しかし、そのような地域も資本主義的な開発やグローバル化の進展に伴い、また近代化による貨幣経済の浸透で伝統的・持続的な営みが難しくなっている。それに対する攻撃はすさまじい。その結果、都市で就職先を探す人びとの不安は大きい。まして沖縄の狭い地域の中で住民は増加の一途をたどっている地域では、作った就職口では賄うことは難しい。

ところが、金武湾のような地域の生業・就労の場があれば、かなり基本的な生存は可能である。その喪失によって、いまだに、沖縄の雇用問題の解決の糸口も見い出せていない。多くの若者の生活は不安定で、非正規雇用で低賃金である。学卒後の「初職」では正社員になるのは3割に過ぎない。就職不安は30代、40代にもひきつがれている。

さて、改めてかつての金武湾、そして今も離島の各地に点在して残る豊かさを活かさねばならない。そして金武湾を蘇らせる闘いをしなくてはならない。東海岸の辺野古、高江の生業を持続させる意義を自覚しなければならない。それはとりもなおさず、現在、国から仕掛けられている攻撃をはね返すことにつながる。

サブシステンスとは耳慣れない言葉であるが、とても重要な概念だと考えるので、少しくどいが説明させてほしい。マリア・ミース（ドイツの社会学者、Maria Mies）は「人びとの営みの根底にあってその社会の基礎をなす物質的・精神的な基盤」という。ミースは地域や女性の自律する力の確保と向上を目指し、サブシステンスを近代産業社会に対するオルタナティブな生産・生活様式であると位置づけるとともに、それは生活の楽しみや幸福感や豊かさを示す概念であるとも定義している。また自家消費のための生産・消費活動のみならず、ローカルな市場に販売するための食糧生産や販売活動も含まれ、ローカルな地域の内部において生産―流通―消費を完結させ、なおかつ自らの手でその経路をコントロールできる、という広がりを持った意味あいで、サブシステンスを定義している。そしてこのようなサブシステンスは、グローバル化などに起因する、さまざまな社会的・地域的な圧力に対して対抗する力を生み出す場のひとつとして捉えられている。

自給自足的な営みの意義を問うことで見えてくる「豊かさ」を考える、サブシステンスを支える主体性について考えてみたい。

五、安里清信さんが戦争体験と向き合うことで生まれた独立思想

安里清信さんが「住民が自分たちの住んでいる土地を支配しているか否かは、その地域社会が存続しうるかを判断する上で、もっとも主要な指標である」というアメリカの文化人類学者の言葉を言われた。これは自決権に通じると思えるが、安里さんはそれを「生存権」と表現された。そして自決権、自律権、生存権は実は根っこは同じ独立心から発するものであると考える。

安里さんが裁判の中で、証言台に立たれて身振り手振りで裁判長に向かって語られた様子が私の脳裏を離れない。安里清信さんは、軍隊に徴兵され、朝鮮を経て、中国で悲惨な戦闘を経験されるが、再度朝鮮に行かされ敗戦となった。しかし、沖縄に戻ると妻子は亡くなっていた。証言台から言われたのは「背に妻、胸に子、左右に戦友や……。十字架を背負って、苦悩して生きてきた私……」と。

戦争で妻子を失い、苦しみぬいた生活の中から、それでも生活の営み、地域の人びとに乞われて、二度と就きたくないと思っていた教員になった。地域の学校建設、と言うものの文字通り土木工事、校舎建設から学校再建を成し遂げ、焼野と化した戦場跡を開墾し、住民の生活基盤を立てなおしてこられた。そこに踏み込んできた行為が海の破壊であった。海を埋め立て、埋立地の材料には海底の砂地を採取、それにより海は汚泥化、棲みついていた魚介類は逃げる。海中道路によって湾内の流れが変化、各地に浸食作用を発生させた。国家こそが沖縄の自立を阻んでいる。それを認識された安里清信さんは、屋良知事を含めて多くの教職員が持っていたような「国家」が住民を守るという幻想を持っておられなかった。だから、屋良さんと安里さんはかつて、同じ教職界のリーダーであったが、まったく別の思想に向かっていった。

安里清信さんは戦争・戦中・戦後体験から多くを学んでいた。実際に起こっていることを真正面に見すえ、考え抜く、本質を探る、それこそが安里清信さんから我々が学ぶべきことである。

そして、安里さんは個々人の主体的な生き方についても口酸っぱくおっしゃっていた。「CTSの勝利というのは個人個人が石油と戦争について、核について、国策の中身について考え、それに対処していく決意が生まれなければ、本当の勝利にはならないと思う。」個人個人の自覚の重要性、そのために守る会には代表を置かないこと。自覚的生き方をしてほしいと。こうもおっしゃっておられる。「(戦争で) 20万人の犠牲者を背負って、体験のなかから世界を見抜いて、世界に呼びかけていく責任を、いま沖縄人が問われている。」「一人一人の沖縄人の歴史をなしくずしにしてしまうようなことがあっちゃいかん。」沖縄人としての世界の中で果たす役割まで述べておられる。国家の住民に対する権力支配構造との闘いについて、沖縄人は世界に率先して発信すべき内容を持っていること。それを伝え、世界の民衆に貢献する役割を持っていること。

さらに沖縄の将来の在り方についてこうおっしゃっておられる。「これからの沖縄が生きる道は、底辺から自分たちの持っている良さを発見して、つきあげていくところにある。」「今はアメリカに支配された形だが、しかし、沖縄の未来というものはまだ未知数だ。世界情勢を見れば、いつどうなるか分からない世界だと考える。だからこそ、いついかなる世に変わろうと、沖縄人自身がウチナンチューとして生きうるだけの強さを、普段の生活の中で厳として養っておく必要がある。」

「自分たちの持っている良さ」とは何か。それは今まで述べてきた「豊かさ」であろう。そして、「ウチナンチューとして生きる強さ」とは何か。その強さを「養う」とはどういう方法で可能なのか。

「養う」側面は行動の中にある。「金武湾を守る会」の県庁行動は実に100回にも上った。多数の住民が一日丸ごと家をあけて那覇にバスで向かった。那覇の闘いの場で「守る会」の県・国への訴えを直に聞く。逆に県側の意見・態度を見る。その双方をすり合わせながら自分の考え、立場を明確にしていく。住民は闘争の現場で、養っていった。またその基盤は日常的にもたらされていた。農産物展示・試食あり、失われた行事の復活、チクラマチの復興、うた・踊りのイベント等。野菜つくりとその商いをしておられた大城フミさんは、いくつもの琉歌を作り、みんなで歌った。歌は機動隊を攻めていく武器にもなった。そしてそれらの共通体験が住民をさらに元気づけた。文化活動は常に連帯感を強め続けた。これ程、高度な質を備えた大衆運動は、金武湾闘争以外ではまだ見たことがない。「養う」関係性はあらゆる場面で発揮されていた。これが個々人の主体性を高めたのである。

「ウチナンチューとして生きる強さ」は沖縄の現実、国家との関係で生じている問題やそれを乗り越えていく経験、考え方を深く掘り下げて、世界に発信し、世界の真の平和に貢献する自覚的生き方に向かって歩み出すことであろう。沖縄の薩摩侵略以来の400年の歴史、あるいは戦争・戦中・戦後の生き方、基地問題、自衛隊問題、金武湾、白保、辺野古、高江の地域闘争など、いかに表現していくか、それぞれに問われている。

今後も国家の沖縄への攻撃が止む見通しはないのであり、金武湾闘争が人を育んだように、攻撃の現実から目をそらさないこと。沖縄には自立する基盤があり、自立できると確信する人々がいる。国家に振り回され、一方的に支配される存在から主体的に国家に立ち向かう、誇りをもった生き方に向かいたい。

侵略と対抗領域

沖縄には行政の末端組織として区がある。行政の通達や取り組みを地域の中で直接住民に伝え、また業務も行うもので、一種の行政の外部委託組織である。

例えば、キビ刈りの時の農地の刈り入れ順を決め、ユイマール（共同作業）の手配や調整を行う。区長は行政からの任命制で、その地区が開発をめぐり反対運動がある場合などは、行政から任命された区長が、開発賛成派に有利なように手続きや順番を決めたりする。そこで、金武湾を守る会では公正な行政運営を求めて自分たちで区長を決め、例えばキビ刈りなどを自主的に運営した。その結果当時の屋慶名には2名の区長が存在した。

区長を決める権限がなくとも、必要ならば自分たちで区長を選ぶ。行政の上からの流れに対して、住民から湧き上がる自主・自決の思想を対抗させ、実質は行政の制約を乗り越える自治体制＝対抗領域を作っていた。伊礼門区長が扱うキビの数量は、行政が任命した区長よりもはるかに多くを、また援農等を活用して農家に負担なく処理した。

行政のつくり方も自立的にやろうと思えば可能なのである。いつまでも日本政府の言いなりにするべきではない。沖縄のジンブンがうみだした、行政や法律制定（地域のルール作成）、社会の相互扶助の在り方、関係性の中に仕事が息づく社会形成は本気でウチナーンチュがやろうと思えばできると考える。何が無理というのであろうか。

六、対抗経済―海と大地と共同の力

新たな独立した地域を目指していくには、沖縄地域に内在する〝豊かさ〟を対抗経済の土台に据えた社会関係の再構築にある。

GNP指標でみると沖縄の経済は脆弱である。復帰前には殆どの人がサブシステンス、生業の基礎が備わっていた。沖縄の根っこにある良さ＝価値を大事に基礎に置きつつ、不足部分を外部から補う、という発想に立てないだろうか。ある面では、海と大地は今も残っている。それを活かす共同の力という共生の在り方を意識化し、拡大していくことで我々の生存基盤を復興させることである。サブシステンスを基礎に、沖縄の経済を再構築する。国家からの独立精神を培い、「海と大地と共同の力」により「足るを知る」ことを主として据える。そして競争原理は従属的に位置づける。不足部分の補填を外部から自律的に行う、という地域経済の発想である。

今までのように日本経済の後追いを続けることで、沖縄の未来は開けるのだろうか。日本はグローバル競争市場が前提で米金融界が主導し、その影響は世界に波及しつつある。しかし、金融資本のもたらす「強欲」への反発もある。とはいえ、金融資本主義者の矯正は簡単ではない。したがって簡単に金融市場に翻弄されない立ち位置をつくることが必要である。金融資本主義と一線を画するのである。

米国は自国の農産物から軍需品まで世界市場で売ることが戦略で、そのために軍事上の「抑止力」論をかざし、グローバル市場の拡大を目指している。日本国家は、米主導の方向に際限もなく巻き込まれている。豊かさをGDP（国民総生産）という単一指標のみで計り、高収入＝進んだ地域、低収入＝遅れた地域という色分けがなされた。沖縄振興開発計画は「進んだ」日本に対し「遅れた」沖縄を前提に「格差是正」による資金投入がなされてきた。だがその方向では地域経済システムが破壊され、多くの人が就業機会を失っている。

安里清信さんは「（漁業などの）こういった自然にできた流通機構を有効に整理していけば、農業行政もきちっとしたものになる」と言われた。沖縄は亜熱帯で広大な海があり、皆が生きられる場所なのである。価値観を見直すヒントは、70年代に名護市が提唱した、沖縄は「遅れ」ておらず、「逆に」豊かであるという「逆格差論」にもある。金武湾闘争にもサブシステンスの考え方にもある。

現在の沖縄でその視点に立って考えると、グローバル市場経済と一部はつながる場面があるとしても、基本は沖縄内部の地産地消、サブシステンスを軸にすえながら、外部から不足を補う経済を組み立てて、外部に振り回されない生き方ができるであろう。外部とのつながりは、観光産業、感性産業、健康産業の得意分野で収入を図れば良い。つながりつつも「海と大地と共同の力」による生業を成り立たせて基本的な就業者を増やす。

七、対抗経済—「共生分野」と「競争分野」を区別する考え方

日本では、新自由主義政策の結果、利益追求には適さない医療や介護や教育等の分野にまで競争原理が支配的になっている。沖縄でも「共生」分野にまで「競争」による仕組みがみられる。最低限の生活保障をすべての人が享受できるようにすべきである。

沖縄の基盤が持つ豊かさを活用すれば、沖縄の全ての人の健康で文化的な生活は可能である。具体的な「外貨」獲得策としては、中国では刺身・魚介類の需要拡大が見られ、沖縄近海の排他的経済水域２００海里で取れた鮮魚を、中国に水揚げできるようになれば漁業は伸びる。また東北大震災後、食の安全性に関心が高まっており、沖縄の農産物は評価されるだろう。

抗酸化物質の農産物を「健康産業」に活かせる。歌・踊りや染め織り等の「感性産業」、観光産業は今後も有望であろう。医療・福祉現場の雇用の安定策も重要である。地産地消、その生業に厚みをもたせ、「自立」的基

盤への国の妨害・破壊をやめさせることである。つまり、それこそが最も大変だが、やらねばならない闘争である。

一方では、「世界のウチナンチュー」とのネットワークを生かした交流事業も有望であろう。彼らは沖縄人としての生き方の発信を共に行う仲間・主体である。そして沖縄の地域自体を、彼らも含めた共有財産として次世代にまで持続的に活かす。「海と大地と共同の力」は人びとに希望をもたらす。それに向けた行動が問われている。

（琉球大学教員、海と大地の会）

2013年6月1日「清ら風」第19号所収

「海と大地の会」が目指す姿は人権が保障される社会、自立した地域形成である。それが「道州制」か「一国二制度」か「独立国家」のいずれかは固定化していないが、琉球弧に住む人々が人権が保障される社会の実現を目指している。その研究をしていきたい。

若者の貧困
及び生活と環境の現場から

沖縄の若者の格差・貧困をなくしたい

西岡信之

はじめに

本論考は、2012年4月29日に開催された「琉球自治州の会」と「平和・自立・共生　沖縄うまんちゅの会」共催による学習会で、拙生が「沖縄の若者をとりまく格差貧困の実態とその解決に向けての展望」と題した講演を行ったレジュメをもとにして、一部追加補正をおこなったものである。

本講演の最後に、沖縄の若者の格差貧困を解消させていく方法として私が提案した何点かに関連して、新しい情勢の動きがあったことを、まず最初に報告したい。

官製ワーキングプアをなくす

私が沖縄の若者の格差貧困をなくすための「変革のための展望」として、最初に提起した「官製ワーキングプアをなくす」として、県内の県・市町村・学校等の公的機関で働く非正規労働者の希望者全員を正規職に転換することをあげた。初めてこういった提案を聞いた人は、非正規職を正規職にすることは不可能だと考えたに違いない。しかし、非正規労働を生み出したのは社会であり政治である。無くすのも社会であり政治の責任である。非正規労働を撤廃させる闘いが進む韓国では、さきのソウル市長選で勝利した市民派市長朴元淳氏は、今年の5月からソウル市役所に勤務する非正規職員約1000人を正規職員として採用することを決めた。沖縄県の県庁や市町村役場に働く非正規職は、職員全体のほぼ半数近くになってきている現状を考えると、県内の役所関係に勤めながら貧困生活を送らざるを得ない官製ワーキングプアの若者を解決する最高の方策は、現在働いている非正規職を正職員にすることが韓国で実証されることになった。

労働条件通知書を渡す

次に、県内の若者の格差貧困をなくす方策として、労働行政の強化をとりあげ、とりわけ労働基準法第15条の「労働条件通知書」を必ず、正規職であろうが非正規職であろうが、雇用関係をむすび労働契約を成立させた労働者に対して、この「労働条件通知書」を渡すことを提案した。簡単なことである。労働法の規定を遵守させるだけである。ところが、この労働関係の初歩中の初歩である「労働条件通知書」を渡さない、通知しない、知らせない、見せない、口頭でもしない企業が、恥ずかしいことに沖縄ではほとんどであり、非正規職では100％に近い。それが2012年5月17日付、琉球新報1面の「臨時教員らの『労働条件通知書』教育長交付せず」という見出しで紙面に掲載された。沖縄県教育庁は、県内の非正規の教員に対して、労働法で規定している「労働条件通知書」を渡してこなかったのだ。県内の小学校、中学校、高校で働く非正規職の教員も2千人近くいる。こうした若者たちも官製ワーキングプアの層に入る。私が、この「労働条件通知書」の交付を最も重要だと考えるのは、県内の労働現場でさかんに行われている給与切り下げ、給与遅配、サービス残業強制、勤務時間外の長時間労働等、様々な形で沖縄の若者の働く意欲をそぎ、加重な労働で疲れさせ、不当な労働分配率で搾取されている原因が、この「労働条件通知書」を最初に示さずに働かせていることにあるとみている。この通知書をしっかり渡して、法令通りに遵守するならば、このような沖縄の奴隷労働は、大幅に減少することは間違いないと確信している。

沖縄県は、若者の労働環境を改善させるためとして、毎年2000億円もの予算をつけて「グッジョブ運動」を取り組んでいるが、巨額の税金を使いながら、沖縄の若者の労働環境は何も改善されていない。無駄な県庁前でのキャンペーンや風船を配って、意味もない「グッジョブ、グッジョブ」といくら呼びかけても、労働現場が何も変わらないのは誰でもわかるだろう。私が提案する確実に沖縄の労働環境を改善させる方法は、この「労働条件通知書」を必ず交付しよう。必ず受け取るように、高校3年生、大学4年生で徹底的に授業や講義で行い、新聞やテレビ、ラジオをつかって「みんなで受け取ろう！労働条件通知書」というキャンペーンを毎年3月から4月に行い、ラジオのキャスターやテレビの県内ニュース番組でも、「労働条件通知書」を会社は渡しましょう、就職したら受け取りましょうと何度も呼びかけ、もらえなかったら労働局に報告しましょうという運動＝本当の意味での「グッジョブ運動」を展開するだけで、若者の労働環境は、見違えるほど大きな改善がはかられることは間違いない。労働法規を遵守するだけである。2000億円のグッジョブ運動の予算で、沖縄の若者10万人以上の労働環境が大きく改善されるだろう。

平和学は格差貧困をなくす

それでは、講演した本題に戻る。平和学の基礎的な考え方を紹介する。「戦争」の反対は何か？と、問う。多くの学生は、「平和」と答えると思う。正解だ。それでは、

「平和」の反対は何か？と、問う。応えは「戦争」ではない。「平和」の反対は、平和学では、「暴力」ということになる。平和学は、戦争に反対し、戦争を止める方法を学ぶだけではない。確かに、戦争のない状態をめざすことは、非常に大切であり、重要ではあるが、それは平和学では、「消極的な平和」と考える。平和学は、戦争だけでなく、飢餓・病気、格差・貧困、環境破壊・汚染、自然破壊・開発等も研究の対象であり、そういった人間性や人権を喪失させるものすべてが対象となる。戦争がない状態だけが平和ではなく、こうした格差貧困などをなくすことを「積極的な平和」と考える。つまり暴力は、戦争などの「直接的暴力」や、格差貧困などの「構造的暴力」もなくすことが平和学であると、ノルウェーのオスロ大学の平和学者ヨハン・ガルトゥングが唱えた考え方だ。

このように、平和学でも格差・貧困の問題をとりあげることは、理論的にも合致している。

将来の展望も希望もない

4年前、私の平和運動史の講義を受講していた4年生の女子学生は、3年間平和学を学んでいた。その彼女が、私の格差貧困の問題をとりあげた講義で、コメント用紙に書かれた文言が「私には将来の展望も希望もない」と書いていたのだ。平和学を学んだ学生がどうして将来の展望も希望もなくしているのか。彼女は続いて、「私には卒業後、600万円の奨学金返済が待っているが、未だに就職口が見つかっていない。奨学金の毎月返済額のことを考えると憂鬱になる」と書いていた。

私は、知り合いの若者たちと奨学金返済問題に取り組んでいたが、せいぜい300万円程度と理解していた。それでも大きな金額ではあるが、600万円という巨大な借金を背中に抱えながら、大学の門を出て行く学生たちの将来を憂い、どうしたらいいのか、知り合いの若者たちと奨学金返済ホットラインを開始した。

現在、ほとんどの学生は、日本学生支援機構（旧・日本育英会）の奨学金を借りているが、最高1，182万円まで貸し出せる奨学金とはいったいなんなのか？　今や、奨学金というより教育ローンに変質している。それは、3％の利子付きだから。利子を付ける限り奨学金とは呼べないと思う。つまり奨学金資金の原質は、国民の税金ではなく、財政投融資から民間企業からの原質を調達しており、利子で収益をあげる金融システムの中に組み込まれている。最近では、支払えないと督促も、徴収も、勧告も、差押えも民間の信用保証会社に委託して業務を行うものに変質しているのだ。昔の苦学生が奨学金を借りて、社会人になったあと、毎月の給料から返済していけるという次元のレベルの話ではない。奨学金の返済相談をしているという話をすると、奨学金の返済は当たり前、借りたら返すのは常識、支払えないから相談なんてありえないという話をする人たちが、私たちの取り組みを批判し、著名な沖縄の大学の民主的と言われる元教授からも私たちの取り組みに冷たい視線を送る人がおる。それは、イメージしているのは、在りし日の良き時代の奨学金制度であって、今や消費者金融の教育ローンに変質されてしまっていること、新自由主義によって巨大グローバル資本が、日本や世界を牛耳って、教育まで巨大市場として参入して来ていることをまったく知らない幸せな学者たちだ。奨学金返済が2か月遅れるだけでブラックリストに登載され、その後完済したとしても5年間は、住所・氏名が金融業界に出回り、各種ローンやキャッシュカードを作ることさえ出来ない状態に追い込まれる。奨学金を借りている若者の実態を理解してほしい。

沖縄の若者は危険ゾーンに

そういう中でも沖縄の若者はさらに深刻だ。本土の学生と比べて大卒の初任給が、5万円から7万円は低い。さらに全国最悪の就職内定率。全国最高の離職率。大学卒業生の半分が、仕事に就けないばかりか、就職しても半分は非正規労働だ。つまり大卒の4分の1しか正規職に就けない実態がある。また正規職や非正規職で就職できても、その3分の1が3年以内に離職している。それは、あまりにも厳しい労働環境が原因だ。毎朝、8時前には出勤し、夜は10時過ぎまでサービス残業。祝日や休日もない変則勤務。沖縄の失業率7%以上はそのような労働環境に原因がある。非正規職を酷使する無法の中小零細企業。雇い止めや給料未払い、過密で危険な労働。12万円程度の給料から、中古の軽自動車と保険のローン、携帯電話器のローンを支払い、そこから奨学金を返済すると、後は、ほとんど残らない。まだ少しは裕福な家族とともに同居生活ならなんとかなるかも知れないが、そうではない場合は、大変厳しい現実が迫っているのだ。

日本はここ数年、世界の中でも最高水準の格差社会だと言われている。ＯＥＣＤ経済開発協力機構、加盟国30か国の中で、相対的貧困率と呼ばれるジニ係数で、日本は最高の格差貧困社会という結果が続いている。国民の平均所得の真ん中より、下半部分の中の平均所得に満たない水準の割合で、計測される数値であるが、日本は富(金融資金)を持っている裕福な人たちとの比較で、貧困層の割合が最も多いという結果がデータに示されている。

また正規職で正社員になったとしても、自爆営業という地獄が待っている。自爆営業とは、社員に自社製品を個人的に営業させて販売させていく目標ノルマをあたえ競争させていくシステムだ。管理職から毎月のノルマが与えられ、日常の業務以外に、営業販売活動の成績が求められる。洋服の何々とか、靴の何々とか、めがねの何々とか、大手銀行でも定期預金や住宅ローンのノルマが全行員にかせられる。初めは、家族兄弟から定期預金を新規で獲得し、次は親戚へ。別の銀行の預金さえ解約させて自社行に変えさせていく。郵便事業でも、年賀状や毎月の特産品の販売が、自爆営業となって自分で買って成績をあげることがすでに社会問題になっている。

そういう中での奨学金返済が大きな負担になっていることがわかるだろう。

奨学金返済ホットラインに取り組む沖縄なかまユニオン

沖縄の若者の格差・貧困をなくしたい活動をはじめた沖縄なかまユニオンの奨学金返済の相談は、すでに２００件を超している。これまでに様々な相談が寄せられた。奨学金の返済をしないまま結婚して、夫に秘密にしていて10年後、元金返済以外に何十万という延滞金の請求にどうしたらいいか困り果てて相談に来た女性。父親の家庭内暴力で卒業後、自宅を離れ行方不明状態を続けながら、毎月返済を続けていたが、いくら支払っても延滞金しか減らないため泣かれた女性。私たち沖縄なかまユニオンは、東京・市ヶ谷の日本学生支援機構に直接訪問し、相談者からの訴えを集団申請として提出、交渉を続けてきた。国会の文部科学委員会にも、質問書を国会議員を通じて追及していただいた。この４か年の私たちの取り組みで、大きく制度が改正された。年収３００万円未満の返済猶予など……。

後編執筆にあたって

本論考の全編「沖縄の若者の格差・貧困をなくしたい①」が、私の知らないところで印刷やコピーによって配布され、たくさんの反響が起こっているそうだ。それでは、お待ちかねの4月29日の講演で話した後編部分を一部加筆して書き下ろす。

前編は、奨学金返済ホットラインに取り組む「沖縄なかまユニオン」の途中で終えていた。これまで２００件以上の相談、奨学金返済裁判で被告となった沖縄の若者たちに寄り添い、そこで見えてきた奨学金返済者たちの声なき声をまず伝えたい。

奨学金問題への提言

日本学生支援機構の奨学金を借りた若者が卒業後、返済出来ずにいる問題は、全編で論じたとおり「返したくない」のではなく、「返したいが返せない」実態がある。沖縄なかまユニオンが、日本学生支援機構への集団申請と交渉によって、これまで公表されていなかった内部の事務規程である「年収300万円未満は、返還期限の猶予申請の対象」となることが初めて分かった。今では、それが日本学生支援機構のホームページにも記載され、申請用紙と記入の見本までアップされている。しかし、この返還期限の猶予申請は、返済を猶予してくれるのだが、1年ごとの更新申請が必要で、5年間が限度という問題がいま喫緊の課題となってきている。2012年度4月からの新しい受給者で、利子が付かない第1種奨学金の場合は、4年後の卒業後、年収300万円未満なら返済は限度なく猶予されるように制度改正が私たちの取り組みで実現はしたが、問題は圧倒的多くの利子つきの第2種奨学金の返済者と、すでに現在、何十万人もいる返済者には、その対象者から外されていることだ。年収300万円未満なら返済するのは難しい、苦しいことを日本学生支援機構は認めたなら、その基準をすべての返済者に適応しなければならない。第1種だけの新制度導入では問題は解決しないのだ。私たちの5年間の取り組みで、「返還期限の猶予」申請を受けた若者が、約100人近くいる。しかし、その猶予期限も今や5ヵ年の限度に達しようとしている。ところが、年収は5年前と同じように300万円未満という低賃金構造は変わっていない。

提言の一つ目は、「年収300万円に満たないものは、返還期限の猶予」を「継続し更新することができる。」という一文を規定の中に盛り込むこと。これを最大の要請事項としたい。

二つ目の提言は、滞納にともなう延滞金の納入分の充当方法が、まったく理屈のつかない事務規程で運用されている問題だ。これは、国税徴収法の規定にもない違法な事務処理といえる。

一つの具体的事例を下にして、簡単に説明する。

支払えなくて10年間滞納し、2002年10月として返済すべき奨学金2万円に対して、延滞金が奨学金と同額の2万円が付いていたとする。その翌月の11月分にも1万9500円、12月分にも1万9000円の延滞金が付いており、延滞金総額が10年間で30万円が付いていた場合、機構との話し合いで、分割返済を開始し、毎月3万円を返済している場合、その支払った3万円は、延滞金総額の30万円の中に充当され、2002年10月の奨学金2万円に充当されないのである。つまり、支払っても元金の奨学金はいっこうに減らない仕組みとなっている。さらにひどいのは、納入した2002年10月分に付いていた延滞金2万円に充当もせず延滞金総額に充当するため、いくら支払っても奨学金元金にも、最も遅滞している月分の延滞金額も減らせない、底なし沼にお金を捨てるような仕組みになっているのである。入れても、

入れても、減らない制度。民法での充当の規定はあったとしても信じられないような運用をしているのだ。また確証はないが、延滞金を納入した金額が日本学生支援機構の歳入予算の内訳のどこに入れているかの問題がある。機構の説明は、新しく受給する学生の次の奨学資金のためというが、それは奨学金元金であって、延滞金は納付額規模が予測も付かないことから予算の収入科目の雑費収入として処理され、機構側の「闇の資金」に利用されている可能性もある。次回の国会での質問にぜひ入れてほしい課題である。

そのため提言の二つ目は、延滞金の充当方法を改め、滞納している最も古い奨学金元金月分から充当し、続いて当該月分の延滞金、当該月分の利子、当該月分の督促手数料という順序に変えさせていくことだ。これは、税務徴収職場では常識の問題である。本来なら、教育としての奨学金に利子や延滞金を付けること自体が最大の問題なのである。

こうした問題は、2012年秋、ようやく社会的な問題の日の目を見ることになり、日本弁護士連合会が奨学金問題を解決していく意見書作成に反映され、全国で「奨学金返済ホットライン」が、日弁連として取り組むところまで話は進んでいる。沖縄なかまユニオンの取り組みは、確実に社会を動かしている。

沖縄の貧困問題の原因と解決に向けて

沖縄は全国でも最も賃金が低い状況が続いている。都道府県別最低賃金、高卒・大卒の初任給をはじめ、都道府県別平均所得調査など、さまざまな角度からの統計資料を見ても沖縄は最低レベルである。

こうした低賃金の原因を、第1次及び第3次などの産業構造の問題、中小企業が多いことが原因など、様々な意見が出されているが、日本銀行那覇支店調べの資料では、沖縄の企業の売上高に占める経常利益は、全国平均2・7%に対して、沖縄は4・6%と7割の企業が「儲ける」ことについて高い結果になっている。しかし、売上高に占める人件費の割合は、全国平均13・5%に対して、沖縄は9・6%と、5ポイント以上低くなっている。これは労働分配率が全国の企業と比べて低いこと、つまり経営者側が本土企業よりも「ピンパネ」の割合が5ポイント以上多いことを意味している。たとえば、100万円の売り上げがあった場合、本土では労働者に135,000円の給料を支払っているのに、沖縄では96,000円しか支払わないという構図になっている。だいたい、本土企業に比べて、4万円から5万円程度が、全業種で賃金が低い傾向が出ている。年間にして100万円程度の格差がうまれ、沖縄の平均所得が270万円程度を考えると、100万円を上乗せして本土の平均所得

370万円に到達することからも納得できる数字になる。

沖縄の賃金の低い構造的問題の一つとして、経営者側の労働分配率を本土企業なみに引き上げさせていく労働行政の強化が求められている。

二つ目の問題として、在沖米軍基地の問題を提起したい。

現在、沖縄には83の米軍関連施設がある。2008年度の統計数値で、こうした基地関連施設への賃貸料は、年間783億円が地権者である軍用地主に支払われている。たとえば普天間基地であれば年間66億円、嘉手納基地では257億円となる。こうした軍用地代によって基地及び基地周辺の地価が上昇し、基地の周辺では、米兵が住む基地外住宅の家賃が高騰し、月額30万円を超える超高級マンションなどが乱立している。米兵には最高27万円の住宅手当が毎月支払われている。こうした土地を持つ不動産会社の経営者は、多くが米軍基地の土地を持つ軍用地主である。嘉手納基地の管制塔・カデナラプコン前の土地を持つ竹野一郎氏は沖縄土地住宅の社長であり、毎年、嘉手納基地の軍用地代20億円を国からもらっている。仕事をしなくても家賃収入が毎年20億円入る。竹野氏は毎年長者番付の5位くらいに名前を載せていたが、2005年の小泉構造改革路線による富裕層優遇税制の結果、長者番付発表がなくなった。格差を拡大し、貧困層を増大させていく新自由主義路線にとって長者番付発表などはもっての外なのだ。そして、この米軍基地があることによって、新たな格差貧困を生み出している。米軍基地や関連施設の土地持ちは、生まれた時から破格の財産＝打ち出の小槌である米軍基地によって、何不自由なく暮らしていける富を日米両政府によって支給されているのだが、この資金は当然ながら、国民の税金だ。彼らは不動産会社やパチンコ屋などさらなる事業を興し、格差貧困の沖縄において対極の生活をしている。在沖米軍基地が沖縄の格差貧困を生み出している原因の一つであることは間違いない。

格差・貧困と闘わない沖縄の労働運動

このような沖縄の貧困の実態、格差の問題をみてきたが、なぜ労働組合がこうした問題に取り組まないのだろうか。なぜこうした格差・貧困問題を解決しようとしなかっただろうか。私自身、不思議に思っていた。沖縄の労働組合の大半は、官公労つまり公務員関係労働組合がほとんどであることだ。官公労とは、沖縄県職員や各市町村職員が加盟している自治労、国家公務員が加入している国公労、小学校、中学校の教職員の沖教組、高校教員の高教組、あとは大企業の沖縄電力や沖縄ガス、NTTなどの情報労連やマスコミなど。つまり大手企業の組合しか組織されなかった。と言うより復帰40年の間に闘う労働組合は、当局と権力の弾圧によって組合つぶしを余儀なくされたのではないだろうか。そして、沖縄の労働運動は、格差・貧困問題を闘う以前に、米軍基地問題がそれ以上の課題として眼前に迫っていたことが最大の要因だと思う。他のことが出来ないほど、米軍基地による問題が次々と発生する沖縄にとって、未組織の労働者の労働条件や雇用、待遇などを考える余裕がなかったのが本当のところだろう。

私自身、大阪の自治体での労働運動経験が20年以上ある。上部団体は自治労なので、社民党（現在は民主党）支持なのだが、加盟している単組は、共産党系の組合。しかし、青年部は反共産党系という不思議な構図をしていた。最終的には、私は共産党系の組合の執行委員をすることになるが、青年部だったときの経験が残っている。それは、今や死語となっている「本工主義を排し」というのがある。同じ職場で働く労働者は同じ賃金と労働条件でという画期的な取り組みをしていた。職場に配属されているアルバイトや非常勤の職員の待遇改善に真剣に取り組んでいた。沖縄の市役所を見て驚いたのは、市役所庁舎の通路の一番近くにアルバイトや非正規職員を座らせ、市民対応をさせていることだった。私には考えられない光景だった。低賃金でボーナスも有給休暇もない中で、一番嫌な市民とのトラブル対応をアルバイトの人たちにさせて申し訳ないと感じないのだろうか。沖縄の助け合いのユイマールとか、イチャリバチョーデーとは何だったのか。自分の職場で、生産点で差別をしていることを何も感じないのか。

私が、沖縄の労働運動に望みたいのは、本工主義を捨て、自分の職場から非正規労働者をなくす闘いに立ち上がってほしい。韓国のソウル市役所のように、千人以上の非正規職員を職員に転換させていく闘いをどうかしてほしい。その観点で労働現場をみてほしい。

最後に、ぜひ取り組んでほしいのは、最低賃金の大幅な引き上げだ。現在、６４５円の最低賃金を一律１０００円に早期に実現させること。国際基準では、年金などを個人で負担する日本においては、時給１２００円が妥当なのである。

沖縄は「癒しの島」ではなく、「基地と格差・貧困の島」

２０００年のＮＨＫ朝の連続ドラマ「美らさん」で、沖縄のイメージが「癒しの島」、やさしさが沖縄の魅力など、マスコミによって全国民に植えつけられた。しかし、あのドラマに決定的に欠けていたのは、基地問題を一切取り扱われなかったことだ。「美らさん」自体は楽しいドラマであった。しかし、あのドラマには、本当の沖縄を描いてはいなかった。沖縄には基地問題があり、格差・貧困の問題が、重く全県民にのしかかっている。基地問題と同様に、沖縄の格差・貧困をなくすための闘いが必要だ。これからも沖縄の若者の格差と貧困をなくすために取り組んでいきたい。

官製ワーキングプアをなくすことから公契約条例制定運動を

前述の稿で、地方自治体などに働く非正規労働者を正規労働者に転換させることを、韓国のソウル市役所の事例で紹介した。沖縄県内における官製ワーキングプアは、もう一歩もひけない最終局面に来ていると言っていい。何しろ、市民が生活に困って最終的に訪れるセーフティネットである生活保護適用を担当するケースワーカー自身が、非正規職員という那覇市の笑えない現実がある。これはもう異常事態だという認識が那覇市の福祉担当課と職員労働組合にあるのだろうか。

公契約条例制定運動を新しく提起したい。国や地方自治体が、公共事業や事業委託に際して、一般入札における事業にかかる労働者の賃金を法律違反の賃金以下にならないように、公契約書の中に、労働者の賃金レベルをあらかじめ定めるという条例である。国が動かない中で、地方自治体が先に動き出したもので、すでに２００４年頃から全国の地方自治体議会では、「公契約条例等を求める意見採択」運動が取り組まれている。２０１１年１月６日現在で、全建総連の調べで、全国23県議会、７２３市町村議会で意見書が採択されているが、本当に条例が制定されたのは、千葉県野田市と神奈川県川崎市の２自治体だけである。また市町村議会での認識も最低賃金レベルを意識したものが多く、沖縄県内では最低賃金６４５円で、契約書に明記されたとしても、官製ワーキングプアからの脱出は不可能だ。現在沖縄では、19議会が意見書を採択している。意見書採択の早い順に記すと、沖縄市（２００７・９・19）、うるま市、糸満市、南城市、豊見城市、浦添市、宜野湾市、石垣市、名護市、宮古島市、国頭村、大宜味村、今帰仁村、金武町、嘉手納町、北谷町、南風原町、八重瀬町、竹富町（２００９・９・18）。県議会では、この新しくなった２０１２年６月議会で社民党の新田宜明県議が、公契約条例について質問をしている。ここで大事なことは、毎年１円から２円程度しか引き上げられない最低賃金に頼らないことである。最低賃金制は、中央の労使協議会で引き上げ額が算定されるが、その実態は、経団連をはじめとする大企業の要望にそった内容であり、格差・貧困の原因をつくりだしている元凶の意向が反映された最低賃金制では、けっして労働者の生活は向上させることは出来ない。すでに、公契約条例を制定した千葉県野田市の画期的な取り組みを、沖縄県内においてもぜひ具体化する必要があると思う。野田市は、公契約条例で定めた最低賃金レベルは、いわゆる地域最低賃金制の数字ではなく、野田市職員給与条例を参考にして、具体的に実際に市役所で働いている正規職員の給与俸給表をつかって、新しく「野田市最低賃金」というものをつくりだしていることである。これによって、同一労働価値同一賃金制を公機関から作りだした。

最低賃金の問題では、生活保護最低賃金生活基準との関連で、首都圏東京では、時給1200円以上でなければ、ワーキングプア（年収200万円以下）の生活水準を抜け出すことが出来ない。沖縄では、時給1000円以上でようやくワーキングプア脱出水準ギリギリというラインである。よって、沖縄県内での公契約条例においては、自治体や国に関連する仕事に携わる民間企業に働く非正規労働者の最低賃金を、時給1000円以上として、一般競争入札時の見積書に記述させることを徹底させるように条例を制定させることが重要である。沖縄県議会をはじめ各市町村議会において、最低賃金1000円以上を明記した公契約条例制定のための取り組みが求められている。

沖縄の公務労働に携わる公務関係をはじめ民間労働者は、文字通り「ゆりかごから墓場まで」、病院の助産婦から公立葬儀で働く方など県民140万人に大きな影響を与えている。市役所が業務委託している事業は膨大である。また民間委託によって、公共事業の多くが民間に移行されてしまった。そこに働く非正規労働者の賃金を根本的に引き上げて行くことを具体的に進めていくことが重要である。公務労働者は、国家公務員関連労働者、地方自治体労働者、駐留軍等労働者などがあり、また関連事業は土木、下水、公園、清掃、建設、医療、福祉、教育、その他数多くの事業が公的事業である。公的事業に関わる労働者は、各市町村または沖縄県が定める最低賃金を守らせていくことが、最も大切だ。仲井眞県知事の財界ルートお墨付きのグッジョブ運動では、沖縄の雇用情勢は根本的に解決しない。他人よりも倍以上の就活の苦労と努力を実践したものだけが、就職戦線の「勝組」だという経団連のマスメディアを操作したイデオロギー攻撃から日本国民、沖縄県民はいいかげんに解放されなければならない。

官製ワーキングプアをなくす方策の一つとして、新しく公契約条例制定運動を提起する。

（沖縄国際大学非常勤講師）

2012年6月1日「清ら風」第15号、9月1日同第16号所収

リサイクルから見える自治と自立
―地方分権に向けた経済政策の提言―

嘉数　学

現在、沖縄県政が抱える課題の一つに沖縄振興特別措置法の期限切れ問題があります。この特別措置法は期限法なので、２０１２年にはそれに代わる新たな法律が必要だと言われています。しかし、これまでに沖振法の歴史を見ますと方法、手段にばかり光が当てられ、本来の目的を見失っている様に思われます。振興のための特措法なのに、発展のためには何が必要なのかが考えられていません。少なくとも沖縄振興の当事者である県民には何が必要かを問うた事がありません。分かりやすく言えば、政府が用意したメニューを県政が選ぶだけの状況が復帰40年近く続いたわけです。この様な状態では当然ながら自治は育ちません。沖縄側もフリートレードゾーンや金融特区など自立のために色々と提案してきました。しかしその度に制度は骨抜きにされ、自立への夢は潰されてきたのです。

これまでの経緯から見えてきたのは、経済自立のためにまずは自治の確立が必要だという事実です。沖縄県民が自ら考え、皆で議論し、決定した事を自ら実行していく事から真の発展は始まるのではないでしょうか。とは言え、自治の確立は容易ではありません。一人の政治家の力で獲得できるものではなく、県民一人一人が自ら何が出来るかを考え、行動する必要があるからです。多くの市民は何処から手をつけていいのか分からず、不安を感じると思います。そこで今日はリサイクルから見える自治と自立の可能性について論じることにします。

なぜリサイクルか？と思われるかもしれません。実はリサイクルには地方分権に必要な要素が含まれているのです。

消費者（一般住民）がごみ分別に協力してくれなければ、リサイクルは成り立ちません。これは市民主体の住民自治に通じるものであり、リサイクルを呼び水にして市民の政治参加を促す効果が期待できます。クレームをつけるだけの市民は、まちづくりに参加した事にはなりません。自らがまちづくりのために何が出来るのか考える市民こそ自治に必要な存在です。ごみ分別は小さな事ですが、それを率先して出来る市民がいれば地方分権は大いに発展するでしょう。一方、市民の努力だけではリサイクルが成り立たないのも事実です。また、企業と市民だけでも不十分です。実際に資源ごみを回収する行政の役割も重要ですし、条例を制定してリサイクルの環境を整える地方議会の存在も忘れてはいけません。リサイクルを進める事は地域住民と地元企業、そして行政と地方議会の連携を強める効果があり、それが地方分権の伸展を促すと期待されます。

少し抽象的な説明が続いてしまいました。そこで二つの離島振興案を通して具体的に説明したいと思います。

離島振興案　その①

離島で生ごみを焼却処分すれば、それだけで財政負担となります。生ごみを燃やすのではなく、発酵させて堆肥にすれば安上がりです。また、リゾートホテルから出る残飯も一緒に堆肥にすると持ちかければ産業界からも支持を得られると思います。さらに、この堆肥を使った有機農法を奨励して農業の活性化を図れば離島振興に役立つでしょう。離島では運搬費がかかるため、有機農法という付加価値をつけることで農家は不利な条件を克服するしかないと思います。島外に出荷するだけではなく、先ほどのリゾートホテルとタイアップして有機野菜を使った健康食を観光客にアピールするのも良いと思います。花粉症の季節にスギ花粉の心配がない沖縄から健康をPRするとさらに効果的ではないでしょうか。一方、堆肥を作る工程には多くの手作業が含まれます。例えば残飯に混ざってしまうアルミホイルやプラスチック容器等は手作業で取り除く必要があります。そこで、この堆肥作りを福祉法人に発注すれば障害者の雇用対策となるのではないでしょうか。このようにリサイクルを取り入れた離島振興策は少ない費用でも多くの効果を期待できます。ただし、これには自治体が福祉や環境等の各分野の壁を取り払って柔軟に対応する必要があります。住民と行政、議会の連携が求められるのです。前例の無い取り組みには及び腰になってしまう本島都市部の役所にとって離島の果敢な挑戦は参考になるばかりでなく良い刺激にもなります。そのノウハウが県内に広がれば県全体の利益となり、さらには離島の地位向上にも役立つでしょう。一方、これらの振興策を実施するためには廃棄物の再利用に係る認定や廃棄物処理施設設置等の基準等の認定などの権限委譲を国に求めなければなりません。また、農用地内の規制緩和なども国に求める必要があります。しかしながら財政難であり事務処理能力にも限界がある離島の自治体には困難である事も事実です。そこで都市部の自治体や県庁が離島振興策をサポートすることで、お互いを補完する事は出来ないでしょうか。財政は厳しいが住民は協力的な離島と、縦割り行政の壁を越える前例がほしい大都市や県庁がお互いに協力する事で沖縄独自の振興策を創りだすのです。

これらの権限委譲や規制緩和は必要な条件ではありますが、離島振興策の成功を保証するものではありません。自治体と地域住民が委譲された権限をどれだけ振興策に活かせるかが問題になると思います。そのため自治体は政策立案の段階から情報公開を徹底し、タウンミーティングを通して何度も住民と話し合いを重ねたうえで振興策を実施するべきだと思います。これは自治体にとって決してマイナスではありません。住民の政治参加は地方分権の基本であり、むしろ市民の賛同を得る事が改革を着実に進める事になるのです。住民主体の自治を確立するために市民が主役となるリサイクル制度を大いに利用するべきではないでしょうか。

離島振興案　その②

どんな離島でも漁港くらいはあると思います。地方分権が進めば、自治体の自由裁量でそれらの施設を生かした離島振興策も可能となります。例えば漁港を整備してヨットハーバーにしたり、農家や漁師の家を民宿に改装できれば離島でも観光産業の育成を図る事が出来ます。とは言えヨット等の小型船舶を所有するには多額の費用が掛かるため、庶民には手が届きません。そこで中古の小型船舶をレンタルしたり、インストラクターが同乗して免許のない観光客でも楽しめるような工夫も必要です。リサイクル制度が普及すれば、本島中北部のリゾートホテルが所有する小型船舶の中古品を離島の民宿業者が安く譲り受ける事も可能です。政府の財政援助が先細りする現状を考えれば、現実的なプランではないでしょうか。

実施するためには県庁の協力を得て、下記の権限委譲を国に求めます。

○農地転用許可
○港湾の整備及び運営

次の規制緩和も国に求めます。

○農漁家民宿に対する消防法の規制緩和
○農業生産法人の農業関連事業の拡大

島民の共有財産である港を利用して経済振興を図る場合には注意が必要です。その利益を有力者が独占すれば不成行為を呼びますし、一部の住民が金儲けに走ると島の秩序が乱れてしまうからです。そこで一見遠回りのようですが、鳩間島や竹富島のような住民憲章をまず制定して、島民の意思を統一した方が良いと思います。どんな島にしたいのか、住民同士で話し合って目標を決めるわけです。その上で振興策を納得するまで議論し、島民の賛同を得て計画を進めるならば混乱を回避できるのではないでしょうか。また、住民憲章の制定は島の文化や秩序を守るだけではなく、住民主体の地方自治を確立するためにも有効な手段です。島で暮らす人々が、その地域の在り方を考える事は住民自治の出発点となるからです。地方分権とは国家規模の改革ですが、成否の鍵を握るのは地域社会を支える住民である事を忘れてはいけません。

以上、離島振興案を通して自治と自立の可能性を具体的に説明してみました。次にリサイクル制度を地域振興策の中でどう活用するかを述べたいと思います。

リサイクルと沖縄経済の構造改革

沖縄をリサイクル社会に変える事で地域振興を達成するには、まずリサイクル条例を整備する必要があります。そして、その条例を活用して地元企業の育成を図らなければなりません。次にリサイクル産業の育成で雇用の場を確保し、地域住民を経済振興の主役に据えます。もちろん沖縄は観光立県ですから、観光業と連携する事で経済波及効果をさらに高める努力も必要です。そしてリサイクル産業の国際化で世界経済との関係を深めてゆけば、地域振興の歩みをより確かなものに出来ると思います。

それでは順を追って説明しましょう。

①リサイクル条例を整備する

もし全ての規制と関税を撤廃したとするなら、はたして沖縄の地元企業は生き残る事が出来るでしょうか？私は難しいと思います。それどころか国際化の波が押し寄せれば、たとえ規制や関税を強化しても地場産業には厳しい生存競争が待っているのではないでしょうか。国際化が避けられないとするならば、沖縄経済を守るために規制や関税以外の方法を考えなければなりません。リサイクルは、その方法の一つでもあります。観光立県の沖縄が観光資源である海やヤンバルの森を守るために環境保護を打ち出すのは極めて自然なことです。そのためリサイクルできない商品、廃棄物として処理する商品に処理費用として環境負荷税を課すことは市民からの理解も得られると思います。一方、国際社会から見れば非関税障壁となってしまいますが、自然保護を理由にすれば環境負荷税を条例で制定する事には批判は起こらないと思います。

条例を整備し、リサイクルの環境を整えれば、県外企業や外国企業よりも地元企業が有利な状況が生まれます。なぜなら地元の回収業者との連携が容易だからです。この利点を生かせば地場産業の育成も可能となるのではないでしょうか。その他にも地元企業に有利なリサイクル制度としてデポジット制が挙げられます。デポジット制とは空き缶などの回収方法の一つで、販売時に上乗せした預かり金を空き缶の返却時に消費者に払い戻すシステムのことです。このシステムは地域密着型の地元産業にとっては有利な条件となります。

②リサイクル条例を活用して製造業の育成を図る

リサイクルに対応した商品の開発に高い技術力はそれほど必要ではありません。しかも県外、海外企業が沖縄で商品回収に応じなければ環境負荷税の対象となりますから、地元企業がますます有利です。これらの条件が揃えば県内企業でも海外企業と互角に渡り合えるのではないでしょうか。

製造業自給率が3％伸びれば約370億円の経済効果と6000人の雇用につながるとの試算があります。実は製造業は観光業と同じく経済波及効果の高い産業として知られています。つまり製造業の育成がザル経済の是正にもつながるのです。リサイクル化は沖縄経済の構造改革でもあるのです。

③リサイクル経済の確立で雇用の場を増やす

リサイクル経済では商品の販売、回収、再処理、再生産という各段階で雇用の場が生まれます。一方、これまでの使い捨て経済では売られた商品はただ捨てられるだけですから、雇用の場が限られてしまいます。つまりリサイクルは雇用対策としても効果的なシステムなのです。たとえ外国企業がリサイクルに対応したとしても回収する作業員は地域住民です。再処理や再生産もそうです。ですから､地元の雇用は守られることになるのです。

④リサイクルで環境保護と経済振興の両立を図る

観光立県の沖縄にとって､環境保護は切実な問題です。観光資源となる景観を守らなければ観光業が成り立たないからです。ごみを資源として再利用するリサイクル経済ならば環境保護と経済振興の両立も可能です。県民にはこの点をアピールしてリサイクル化への協力を求めるべきだと思います。また、リサイクル産業と観光業が結びつけば経済波及効果をより大きくする事が出来ます。例えば廃ガラスから作られた琉球ガラスは今では沖縄観光に欠かせない土産品の定番となっています。この様に観光客にリサイクル商品を売る事が出来ればサービス業だけでなく製造業も発展し、沖縄経済全体も潤うことになるのです。

⑤リサイクルで海外との経済交流を活性化させる。

リサイクル経済と言うと、自然を保護するための内向きの制度と思っている人も多いようです。しかし、そうではありません。今、国際社会ではアルミやニッケル、銅などの資源に投機マネーが集中し、価格上昇を招いています。つまり、資源ごみの回収が大きなビジネスチャンスとなっているのです。分かりやすく言えば、アルミや銅などの資源ごみは経済振興のための戦略物質ともなるのです。リサイクルを内向きの制度ではなく攻めのシステムと考え、海外との経済交流を活性化させれば経済自立への道も開けてくると思います。

最後になりますが、リサイクル産業は私達にとって身近な産業である事を強調したいと思います。これだけ堅苦しいことを述べた後にこんな事を言うのも変ですが、沖縄県の全域にリサイクル制度を普及させるためにも分かりやすい言葉で市民にPRする必要があると思うのです。

例えば本土のある業者は小学校を卒業した生徒のランドセルを15センチ程のミニチュアサイズに加工するサービスを提供しています。この小さなランドセルには卒業写真等を入れて思い出の品として部屋に飾るわけです。本来なら使えなくなって捨ててしまうランドセルを思い出の詰まった記念品に再加工するのですから、これも立派なリサイクルだと思います。この様なサービスをリサイクルとは分けて考え、「想い出産業」と名付けてみてはどうでしょうか。他にも学習机を加工して、大人になっても使える本棚にするなどの応用が考えられます。物に愛着を持って使い続ける文化を育てる事が、同時に産業を育てる事になるのなら、これほど素敵な事はないのではないでしょうか。

（チリトゥヤー・琉球自治州の会事務局長）
2011年6月1日「清ら風」第11号所収

自然環境と観光政策

内海正三

沖縄は世界でも貴重な自然資源に溢れた地域である。サンゴ礁の海とやんばるの自然林のコラボレーションは大きな可能性を秘めている。亜熱帯地方は世界的にみるとほとんどが砂漠である。中央アジア、サハラ砂漠、オーストラリア、テキサス等々。その中にあってアジアモンスーン地帯に位置する沖縄は、豊かな自然林とサンゴ礁の海に囲まれている。

躍進著しい現在の中国の潜在海外旅行者数は7000万人と言われている。実質5000万人（2008年、年間実績4600万人）が海外に旅行している。日本には年間100万人が来ているが、日本政府は外国人観光客を毎年15万人増加させ、観光を21世紀の成長分野に構想している。

現時点ではオーストラリアが戦略的に中国旅行客を獲得する宣伝を継続し、中国人の誘客に成果をあげている。沖縄は歴史的にも文化的にも中国と関係が深いので、豊かな自然環境をアピールすれば大きな可能性がある。

沖縄の観光政策に関して、現在の仲井眞知事の年間1000万人入域観光客を目標とする考え方は間違っている。大事なことは、その政策やそれが及ぼす結果が将来にわたって継続できることである。現在の量的拡大路線は、例えば水の問題一つとっても1000万人分を確保するためには、平均3日滞在するとして、旅行者は住民の3倍の水を消費するので9000万人分。それを365日で割ると25万人分となり、現在の沖縄の水の需要を2割増やさなければならない。やんばるの多くの山が丸裸にされ、都市部への水源となっている現状を見ても、これ以上の乱開発は不可能である。薄利多売のパック旅行を増やしても、地域に落ちる金額は知れている。自然破壊が進むだけである。旅行者数のピークが過ぎて、例えば韓国旅行が新たなブームになると、沖縄のホテルは閑古鳥が鳴き、失業・倒産という悲劇が待っている。量的拡大路線はやがて下火へと向かう。

沖縄が取るべき観光政策は、地域への貢献、実質利益が地域に落ちる政策である。その点では世界で初めてエコツーリズムを始めた中米コスタリカの自然保護政策が参考になる。コスタリカでは、生物多様性の豊かな地域は草1本、石1つ取ることを許さない聖域（サンクチュアリー）として保護し、大人数の観光客にたいしては都市部に人工的に造ったコスタリカ自然テーマパーク（インビオパルケ）で疑似体験をさせる。農漁村部の住民の住む中間地域では緩衝地帯として地域ぐるみで自然素材の活用を図り、継続できる利用を心がける。自然公園に入る人数を制限して自然保護を図るとともに、ガイドは地域に登録している住民に限定し、エコツーリズムの恩恵が地域社会を潤すように組み立てている。

島嶼地域である沖縄は、基本を地産地消に軸足を置き、必要な資金は観光を軸に稼ぐのが合理的で、当面は観光関連業が基幹産業であり続けるだろう。団塊世代がリタイヤーを迎え、時間と資金に余裕のある旅行客や長期ステイも増える。沖縄は自然と文化を大事にすれば、沖縄らしさを保ちつつ豊かな地域をつくることができる。

（沖縄環境ネットワーク会員）

2010年4月15日「清ら風」第7号所収

琉球民族の自己決定権を考える

エッセー（Ⅰ）

琉球民族自決権の樹立を

大村　博

一、明治の琉球処分

①琉球語（母語）の学校教育からの追放と徹底した皇民化教育

②琉球人の〝化外の民〟としての扱い

☆琉球の植民地としての理解が肝要

二、日琉同祖論（内なる同化思想）の登場

事大主義の思想的発露

↓

愛郷精神の誤った展開

↓

ヤマトゥンチュ化への道と葛藤（ヤマトゥンチュになりたくてなりきれない心・西銘元知事）

☆ウチナーンチュのその後の精神を呪縛した

三、昭和天皇の戦争責任

①近衛文麿首相の戦争終結の進言（1945年2月）を拒絶

☆為に沖縄戦（1945年3月）と広島、長崎への原爆投下（1945年8月）につながった

②昭和天皇メッセージ（1947年9月）

☆沖縄の米軍占領の継続と軍事要塞化の枠組みが決まった

四、復帰闘争とは何だったのか

①米軍の占領体制からの離脱と平和憲法下への希求

☆日本のアメリカへの追従と中央集権体制を見ることができなかったのではないか

☆内なる同化思想（日本人意識）が底流にあったのではないか

↓

戦前の皇民化教育を受けた指導者・屋良朝苗氏の天皇観を見れば判る

②日本政府の相変わらずの〝化外の民〟視

五、脱植民地化の登場

①ヤマトに系列化されたことによるヤマト視点による「保革の対立」

☆内なる同化の傾向を強めた

②日本政府による「同化と差別と抑圧」政策は一貫している

☆石破茂元防衛大臣（現自民党幹事長）は約3年前（当時）、日本テレビの番組で安次富浩ヘリ基地反対協共同代表に「日本の安全の為に沖縄は犠牲になってくれ」と言い放った。日本人なんだから当たり前という姿勢

③国連自由権規約委員会からの日本政府への勧告（2008年10月30日）

「琉球民族はアイヌ民族と同様日本の先住民族だから、言語、慣習、土地権を保障せよ」

☆しかし、日本政府は「琉球民族は存在しない」と言って無視

④鳩山首相の「最低でも県外」から抑止力（方便＝ゆくし力）を理由とした辺野古移設への普天間基地の逆戻りと、県民の総意を無視した野田民主党政権のオスプレイ強行配備で、県民の意識に地殻変動が起こった

⑤脱基地と土着の思想、文化、生活態様への回帰が強まった

六、琉球民族の自己決定権の樹立による脱植民化の必然性

（2012年11月記　琉球自治州の会）

オーランドの事例から沖縄を考える

「リージョンの時代と島の自治―バルト海オーランド島と東シナ海沖縄島の比較研究」を読んだ。

国民国家が相対化される時代に、ローカルの問題が浮上している。それはグローバリゼーションが進展する世界で、地域（リージョン）の特性・自治が輝いてくる時代である。

さて、オーランド諸島から沖縄が学ぶべき点は何か、が私の関心事である。その第一が、オーランド諸島は現在バルト海の要衝に浮かぶフィンランドの一島しょ群であり、自治体であること。第二に、周辺大国間のパワーポリティックス（権力政治）でその運命が決められてきたこと。第三に、それにも関わらず、そのアイデンティティーとして「非武装・中立・自治」が確立されていること、の三点である。

オーランド諸島は、1157―1809年はスウェーデン統治、1809―1917年はロシア統治、1917年以降はフィンランドの統治下にある。この変遷の歴史過程については、紙幅の関係上述べないが、オ

ーランドは、スウェーデン語が公用語であり、フィンランド憲法に準ずる独自の大幅な自治権をもったオーランド自治法が制定され、それに基づいて「島民権」が与えられている。その島民権がない限り、例えばオーランド自治に関する選挙権、被選挙権、不動産取得権、営業権などが与えられない。オーランド島民権を取得するためには、オーランドに5年以上居住し、スウェーデン語が堪能であることの厳格な審査にパスしなければならない。産業は、海運業や観光産業が中心で生活は豊かである。

このオーランド自治法は、フィンランド国会だけでは改正できず、オーランド議会の承認を必要とする。従って、改正手続きはフィンランド憲法よりもオーランド自治法の方が難しい。

オーランドの地位は、周辺大国間の利害関係の中で、1921年国際連盟の裁定によりその方向が確定したと言える。裁定の中身は、①オーランドの主権はフィンランドに属する、②オーランドは自治を保障される、③スウェーデンの意向に沿い、オーランドを非武装、中立化する、というものであった。

他方、沖縄はというと、「唐の世から大和の世、大和の世からアメリカ世、アメリカ世からまた大和の世」と言われるように、自己決定権を失ったままである。大国の利害に翻弄されながら、あい変わらず呻吟している。このくびきから脱する道はないのか、私は時間はかかってもあると考えている。

現在は、国民国家が揺らぎ、情報や交通の発達で世界が狭くなり、民衆が世界的に連帯できる条件が拡がっている。また、アメリカと言えども国連の動きを無視できなくなっている。それだけ世界の民衆の力が強くなっている。辺野古の反基地運動に世界の民衆は共感を示している。もちろん国連と言えども主権国家連合である限り限界はある。しかし、世界中の国が加盟している現実は重要であり、国連の意向は交際法を形成する力となっている。

その中で、東シナ海を見てみると、中国の台頭があり、将来はアメリカを凌ぐだろうとも言われている。パワーポリティックスから見て、アメリカが日本から中国にシフトしていく可能性は大である。その場合、沖縄におけるアメリカ軍のプレゼンスは縮小する。日本は軍事大国の道を歩めなくなる。今、北朝鮮の非核化をめぐってアメリカ、中国、日本、韓国、ロシアの5ヶ国がほぼ共同歩調をとっている。北朝鮮を非核化させ、韓国と日本を含めて極東非核地帯地域を作り出せば、東シナ海はかなり平和な海になる。

昨年10月30日には、国連人権理事会から日本政府に対し「琉球民族はアイヌ民族と同様、日本における先住民族と認めなさい」との勧告が出されている。私たちは、日本政府にこの国連勧告を受け入れるよう働きかけなければならない。

国連の先住民族権には、土地権、資源権、非軍事権、外交権、教育権、言語権などが含まれている。これらの権利が実施できれば沖縄はオーランドと同様の自治権を獲得できる。そのためにも、国連アジア本部の誘致や無防備地域宣言自治体をつくる運動が重要であり、また道州制を絶好のチャンスとして非武の島「琉球州」づくりが必要となる。

以上のことは、沖縄が「軍事の要」から「平和の要」に転換することであり、アジアの平和と文化の交流拠点、経済の交流拠点となり、日本を平和国家にしていく道となる。

2009年6月1日「清ら風」第4号所収

琉球民族の誇りを取り戻すために

一、琉球民族は決して大和民族に同化していない

1、明治の琉球処分は、琉球王府の対清外交を始めとする諸外国との条約を廃棄させ、つづいて明治政府に内政を統合、一体化させることで、日本国の一県としての沖縄県を設置した。

2、それは、武力を背景にした強制併合であった。

3、この併合の最大の特徴は、公教育からの琉球語の追放と徹底した皇民化教育にあった。大和民族への浄化策が断行されたといってよい。

4、日本国による琉球植民地支配の始まりであった。

5、特に1895年の日清戦争で日本が勝ったことにより、沖縄内で「内なる同化思想」が芽生えてきた。その象徴的な人物は太田朝敷である。（クシャミすることまでヤマトを見習え）

6、つづいて伊波普猷が出て「日琉同祖論」を唱えた。

7、2人の共通認識は、もはや沖縄が独自の道を歩ける可能性はなく、日本国の枠内で生きるしかないとすれば、一生懸命「日本人化（大和人化）」していくことが、沖縄住民の幸せにつながるとの判断だったと思う。

（注）伊波普猷は「思ふに小民族が大民族に併合される場合に前者が後者と祖先を同じうし、神を一にするといふことを意識することが出来たら、其苦痛は確かに半減するに相違ない」（「琉球の五偉人」１９１６）と述べている。

8、日本政府の「同化と差別と抑圧」政策の下で、沖縄を愛していたが故の判断だったと考えられる。

9、その後の１００年余、沖縄はこの2人の呪縛の下で生きてきたと言えるが、日本政府の差別構造は相変わらず続いていおり、沖縄の「自己決定権」は失われたままである。

10、以上の状況の中で、沖縄人・琉球人は自己矛盾に陥った。そのことを端的に表現したのが西銘順治元県知事の「ヤマトゥンチュになりたくてなりきれない心」という、沖縄人の心象風景を指摘した有名な言葉である。

11、１００年以上経ってもヤマトゥンチュに「なりきれない心」が残るとすれば、むしろこのなりきれない心にこそ、沖縄の本来の姿がある。

12、この本来の姿を取り戻そうとした動きは大なり小なり地下水脈としてずっと持ち続けられたものであるが、今年（２００９年）、薩摩支配４００年、明治の琉球処分１３０年の節目の年を契機に、民衆的うねりとして立ち上がったのが1月30日の「薩摩の琉球支配から４００年・日本国の琉球処分１３０年を問う会」の結成である。

13、「問う会」の規約第2条（目的）には「琉球人としての自決権を確立するためにこの会を結成し」とあるが、これは琉球民族としての自覚を促す規定であると同時に、私の理解では「日本が共生社会になるよう求め、それがまったく問題にされないことが明々白々になれば、現実的課題として独立の問題が浮上してくる」ことを意味している。

14、さて、以上の文脈・状況認識の中で靖国問題を考えれば、皇民化教育の象徴である靖国化が沖縄住民に受け容れられていないことは明白であり、例えば彫刻家の金城実さんの生まれ島・浜比嘉島の海岸に建立されていたアマミチューの鳥居が台風で倒れても再建立されていないことからも想像できる。

15、沖縄県遺族連合会が靖国神社を参拝するのも、沖縄人の歴史的経験からくる事大主義のなせる業と言ったほうがよく、戦争で亡くなった肉親の死が「ムダ死」でなかったと思いたい心情と援護法のからくりに絡めとられていった被支配民族の哀感の姿と言ったほうがよいと思う。

16、戦争中、沖縄人を黙らせる唯一の言葉があったという。「それでもお前は日本人か」と言えば、みんな黙ってしまったという。ヤマト支配の中で、心理的脅迫の言葉であった。

17、少なくとも、戦前日本政府の要人間では「沖縄住民は化外の民」という意識で沖縄統治を行ったとも言われている。
18、薩摩支配400年、明治の琉球処分130年にわたる琉球民族の悲哀の歴史、アイデンティティーを求める歴史とDNAはずっと受け継がれており、ヤマトにいいようにあしらわれてきた屈辱の歴史を清算したい気持ちは共通に持っていると思う。
19、沖縄人・琉球人が決してヤマトに同化していないことは、独自の文化・精神性をずっと保持し続けてきたことに現れている。日本料理に対し琉球料理、日本舞踊に対する琉球舞踊、そして琉球音楽や空手、うちなー芝居などなど。

二、道州制から連邦制国家を展望する

なお、以上の原稿は、沖縄靖国訴訟弁護団から頼まれて書いた参考的メモ文書であるが、「清ら風」に掲載するにあたり、少し追加しておきたいと思う。

私は清ら風第4号で、「オーランドの事例から沖縄を考える」と題して、次のように記述している。

「国連の先住民族権には、土地権、資源権、非軍事権、外交権、教育権、言語権などが含まれている。これらの権利が実施できれば沖縄はオーランドと同様の自治権を獲得できる。そのためにも、国連アジア本部の誘致や無防備地域宣言自治体をつくる運動が重要であり、また道州制を絶好のチャンスとして非武の島『琉球州』づくりが必要となる。」

以上のことは、沖縄が〝軍事の要〟から〝平和の要〟に転換することであり、アジアの平和と文化の交流拠点、経済の交流拠点となり、日本を平和国家にしていく道となる」

そこで、沖縄の自己決定権をどのようにかちとり、保障していくかについて、多少の展望を述べておきたいと思う。

「民族自決なくして自治なし」。これは自治論の学問的大前提である。私たちウチナーンチュが琉球民族であり、日本における先住民族であれば、国連のいう先住民族権は当然のように与えられなければならないし、それを日本政府に要求する権利がある。要は、私たちウチナーンチュが琉球民族としての共通認識をもっているかである。

しかし残念ながら、必ずしもそうとは言えない現状がある。政府の明治の琉球処分以来の同化政策とそれを止むを得ないものとして受容していった太田朝敷や伊波普猷等の〝内なる同化思想〟が、今尚根強く私たちを呪縛しているからである。

この呪縛から解き放たれ、琉球民族としての誇りを取

り戻す作業が必要となる。その奇貨とも言える状況が向こうからやって来た。道州制論議の高まりである。簡単に要約して言えば、私は道州制による琉球州づくりを通じて沖縄の歴史的、文化的〝独自性〟をつくりあげ、琉球民族としての自己決定権を取り戻すきっかけにしたいと考えている。そして、道州制を通じた連邦制国家日本を展望している。

逆に言えば、連邦制国家日本を作り上げれば、それぞれの州は独自の道を歩むことになり、「民族間の共生」も現実のものとなる。日本は元々複数民族社会なのだから、当たり前のことである。そのことを通じて、アジアとの共生、平和国家日本が展望できるだろう。

そして今、地域主権という概念がもてはやされているが、それを内実あるものするには、単に財政の「一括交付金」という制度で事足れりとせず、それぞれの州政府の首相が内閣の一員となるなどの内閣制度の根本的見直しなどで、地域の意志が内閣に反映され、多様で奥行きのある日本社会を実現していくことである。

2009年9月10日「清ら風」第5号所収

道州制に対する私の視点（レジメ）

一、なぜ、道州制が国策になろうとしているのか

①１９８９年のソヴィエト社会主義体制の崩壊で、資本主義が全地球的に拡大した。

②それは資本主義の大競争時代の到来であり、先進資本主義各国は生き残りをかけた熾烈な闘いに突入した。

③グローバリゼーションといわれるものがそれであり、そのことに対応するのに規制緩和・民営化・分権（行政改革）が叫ばれた。

④従来の中央集権体制では対応できるものではなく、〝民〟の力を引き出す以外にない時代となった。

⑤そのため、〝自治〟の概念がキーワードとなった。

⑥明治以来の中央集権体制を支えた都道府県制は見直さざるを得なくなり、新たに広域行政単位としての道州制が提唱されることとなった。

⑦つまり、中央集権体制から地方主権体制への移行が避けられない道程となった。道州制はその仕組みの骨格となるものである。

二、琉球民族の自決を求める最大のチャンス

(1)沖縄の近現代史はヤマト政権による同化と差別と抑圧の歴史

明治時代の代表事例としては「公教育からの琉球語の追放」および「皇民化教育の徹底」と「人類館事件」「宮古・八重山の清国への割譲論」があるし、太平洋戦争中の「沖縄捨石作戦」とウチナーグチスパイ視の「軍命令」による虐殺、及び戦後は天皇制存続のため大多数の県民の意思を無視したアメリカ軍事占領への「売り渡し」と、祖国復帰時の「本土並返還のまやかし」など、沖縄を本土の犠牲にして恥じない政府の一貫した方針を見れば明らか。

(2)内なる同化思想の超克

太田朝敷→日清戦争以前は琉球王権派の急先鋒、日清戦争で日本が勝ったため「くしゃみすることまでヤマトを見習え」との徹底した同化思想の持ち主。

伊波普猷→「日琉同祖論」の言語学者。謝花昇の生涯を見て、政治的な抵抗運動ではなく学問の世界から沖縄への差別をなくそうと考えた。

その心は「日本」と「琉球」は元を質せば同祖なのだから差別するのはおかしい、ということにその真髄がある。

沖縄人はこの太田朝敷と伊波普猷の呪縛の下、明治以来の百年間を生きてきた。しかし、ヤマトからの差別はなくなっていない。時代の潮流の中からとはいえ、結果として自らを卑しめる者に同情はしても決して尊敬される対象にはなりえないことを、この百年間は示しているのではないか。

西銘順治→元知事。「ヤマトゥンチュになりたくてなりきれない心」は有名。この「なりきれない心」にこそ、沖縄の本来の姿があると言えるのではないか。正に歴史的にも文化的にも、沖縄人は琉球民族と言っていいのではないか。

私は、民族と人種の概念はまったく違うと考えている。人種は文字通りDNAが同じということであり、民族の概念は社会的・文化的「帰属意識」にあると考えている。だから、たとえ人種が同じでもこの帰属意識が違えば民族は違うと言っていいのではないか。

以上のことから、琉球民族の範疇は琉球弧でくくられる地理的、文化的概念の範囲であり、奄美諸島まで含め

て考えている。

⑶民族自決なくして自治なし

この命題は自治論の前提であり、琉球民族の自決権が学問的に引き出されることになる。

⑷琉球自治州基本法の制定

①日本国憲法以外の全ての法律に優先する琉球自治州の根本法

②州内資源の直轄権の獲得と、本土及び外資の州内本社化の実現

沖縄は奄美まで含めるとその海洋は全国の半分ほどになり、将来の海洋資源は無尽蔵。特に尖閣諸島の埋蔵石油やガス田の開発で琉球自治州には大きな財源が期待される。

また、自主税制の活用次第では本土及び外資が琉球自治州内に本社機能を持ってくることも考えられ、その場合十分な法人税が挙がることも不可ではない。そのことによって、沖縄経済の欠陥と指摘されている「ザル経済」もなくすことができる。

③教育権の自治州への統合一元化

琉球大学を頂点に全学制を統合一元化することによって、琉球民族の歴史や文化をより深め、自信と誇りを持った人間教育ができるようになる。そして少なくとも琉球の歴史と文化については、小学校1年生から教え、教科書も私たちのウヤファーフジが使っていたきれいなウチナー口で編集したらよいと考えます。

④司法権・警察権の自治州への統合一元化

⑤出入国管理権の自治州への統合一元化、及び関税の撤廃とノービザ制度の導入

⑥外交、防衛に関する政府との協議権の保証

三、共生社会日本を築いていくための絶好の機会

⑴中央集権体制を支えた単一民族社会という政府のデマゴギーの完全否定と、先住民族権の保障

民族間の共生が日本社会の根本課題となり、それは人間の尊厳・個人の尊厳という普遍的価値観によって裏打ちされていく。

⑵国家予算の1％の一括交付金の制定と自主財源の確保

現在の中央政府・官僚による締め付けのきく紐付き補助金ではなく、一括交付金制度は州政府の自由裁量に任される交付金であり、一般会計予算の1％というのは沖縄の人口が全人口のほぼ1％だからである。そのことによって、現在4000億円余の補助金が約2倍の8000億円余の財源を

確保できることになる。

また、自主財源として考えられるものに国の特別会計がある。これは中央官僚が国会に諮ることなく省益として地方を支配しているもので、例えば道路特定財源などはこれである。この特別会計が全省庁で200兆円にものぼるといわれる。そうだとすれば、この財源は一般会計の2倍以上にもなり、これを道州に還元すれば地方はたちまち豊かになれる。

勿論、そうなれば現在の省庁は内閣府と外務省と防衛省だけでよいことになり、あとは全部廃止し、文字通りの中央集権体制から地方主権体制への移行が完了することになる。

四、平和構築に果たす沖縄の役割の重要性とアジアとの善隣友好共生関係

(1)21世紀はアジアの世紀　↓　中国、インドの台頭
(2)沖縄はアジアに開かれた海洋民族国家だった
(3)従って、沖縄のプリズムを通すことによって、日本は平和国家、文化国家としての道筋を生きていける。
(4)それは沖縄を現代版『長崎の出島』と位置付けることになる。

①江戸時代の長崎の出島は近代日本の出発を欧米列強の植民地化から防ぐ土壌となった。
②沖縄の現代版『長崎の出島』は、近代日本の「脱亜入欧」「アジア蔑視」「強兵富国」の路線の完全転換をはかるものとなる。
これについて多少説明しておけば、明治期の日本には欧米列強のやり方に見習うべきだという福沢諭吉に代表される思想潮流と、中江兆民や幸徳秋水あるいは石橋湛山に代表されるアジアとの善隣友好共生関係を深めるべきだという思想潮流があった。

明治政府は福沢諭吉を思想的先導者とした。その結果が先の大戦での敗北となり、2000万人とも言われるアジアの民衆の死と300万人の日本人の死となった。当然、沖縄はこの世の地獄のありったけを集めたとアメリカ人記者に言わしめるほどの悲劇を味わった。

この惨劇から、戦後日本は平和憲法を希望の星として立ち上がったのである。しかし、今この平和憲法も危なくなっている。

しかし希望はある。民主主義が日本の民衆の中にそれなりに定着したことと、中国を含むアジアとの貿易が対米貿易よりはるかに凌駕し、そ

の方向はますます拡大していること。アジアと仲良くしない限り、日本の将来は明るくない状況が到来していること。

その状況に、今地方主権体制という願ってもない国替えの方向が向こうからやってきた。そして、日本とアジアにおける沖縄の役割の重要性が指摘できるのである。

③以上の条件は、琉球自治州の実現が太古から培われてきた琉球の非武の思想ともあいまって、現在沖縄を苦しめている日米安保（福沢諭吉の思想の延長）からアメリカを含む多国間安保（アジア安保）への道のりとなる。

そして、国連アジア本部を沖縄に持ってくるなどの条件整備をはかることにより、また無防備地域宣言運動をすすめることなどにより、基地のない沖縄実現が将来可能となるであろう。

（琉球自治州の会　共同代表）

2011年3月1日「清ら風」第10号所収

沖縄の将来像を考える

お元気でご活躍のことと思います。

さて、沖縄の将来がどうあるのか、どういう方向性を模索すればいいのか、一緒に考えて行きたいと思い、お便りを出させております。

端的に私の意見を言えば、かれこれ復帰40年になる今年、もうそろそろ復帰体制から卒業した方がいいのではないかと考えております。復帰運動はその基底は「日本民族主義運動」だった。平和憲法への復帰というのは付随的な流れだった。時の教職員会長だった屋良朝苗さんは天皇崇拝者で、戦前は大政翼賛会の賛同者だったということです。おそらく多くの沖縄人同様、伊波普猷氏の「日琉同祖論」に呪縛されていたと思います。むべなるかなの感想です。

復帰40年が経って概観すれば、私たちウチナーンチュは基本的にヤマトに系列化され、「保守だ」「革新だ」なと対立し（あるいは対立させられ）、琉球民族の一体感を失う方向に歩んできたのではないでしょうか。つまり、ヤマト政府の仕組んだ〝同化の土俵〟の上で踊らされてきたように思います。

この私たちウチナーンチュの対立をヤマト政府は高み

の見物をし、ころあいを見計らって「札束でほっぺたをたたく」手法で言うことを聞かせてきたと言えないでしょうか。いつまでもこんなことを続けていい訳はない。

そこで申し述べたいことは、私たちウチナーンチュに琉球民族としての〝自覚〟と〝誇り〟を取り戻すことが第一義的に重要なことだと言うことです。この場合「人間としての尊厳」という普遍的な価値に基づくものであることが肝要だと思います。間違っても狭隘な沖縄ナショナリズムになってはいけないことだと思います。

そして第二に、〝琉球民族の自決権〟を実現していくことだと考えます。思うに、明治の琉球処分で私たちは琉球語（母語）を奪われました。徹底した皇民化教育と相俟ってヤマト民族への民族浄化策を断行され、「くしゃみをすることまでヤマトを見習え」とか「日琉同祖論」など内なる同化思想に現在まで影響されてきました。もうその呪縛から自由になるときと思います。

三番目に、２００８年10月30日に国連人権委員会は日本政府に「琉球民族を日本における先住民族と認め、言語権・教育権・土地権を保障すべき」と勧告しております。この勧告は日本政府を縛るものです。また強制力はないが、前年の２００７年には先住民族の固有の権利として資源権・非軍事権・外交権が宣言されています。この国連勧告を武器として大きな第一歩を踏み出していくべきだと考えます。

最後に、いま日本の政治課題として道州制論議に見られるように「地方主権改革」が国策になろうとしております。琉球州の実現を目指し、一国二制度をかちとっていくまたとないチャンスに恵まれています。「沖縄のことは沖縄が決める」を合言葉に、県政とも手を携えながら沖縄の総力を結集するときだと考えます。

以上の状況認識の中で、明治以来のヤマト支配を断ち切り、日本をアイヌ民族、ヤマト民族、琉球民族、在日朝鮮民族が仲良く暮らしていける〝共生社会〟にしていける機会とし、あわせて東シナ海を平和な海にしていく国際社会の触媒の役割を自立した琉球州が果たしていくことも夢ではないと考えております。

次の表は、東アジア地域の中での日本人のルーツをＤＮＡ鑑定で調査した文化人類学者の故・宝来聡博士の調査表です。

これから見て取れることは琉球系は東アジア全体に及んでおり、太古の昔の人類（人種）の移動がうかがわれて大変興味深いものがあります。そして北海道を除く日本本土・沖縄では大まかに5つの人種集団が構成されていることが分かります。そして、日本本土では中国系と朝鮮系の人たちが50％、逆に北海道ではアイヌ系と琉球系が56・8％を占め、沖縄では琉球系50％にアイヌ系

2％となっております。

これを現在の日本の総人口で割ると、琉球系は何とほぼ2千万人いる勘定になります。

基層文化から見て、琉球系とアイヌ系は縄文文化に属し、中国系と朝鮮系は弥生文化に属すと見て間違いないでしょうから、琉球民族とアイヌ民族は国連の言う日本における〝先住民族〟と云ってよいでしょう。

琉球民族を考える場合の参考になると思い、あえて掲載いたしました。

2011年6月1日「清ら風」第11号所収

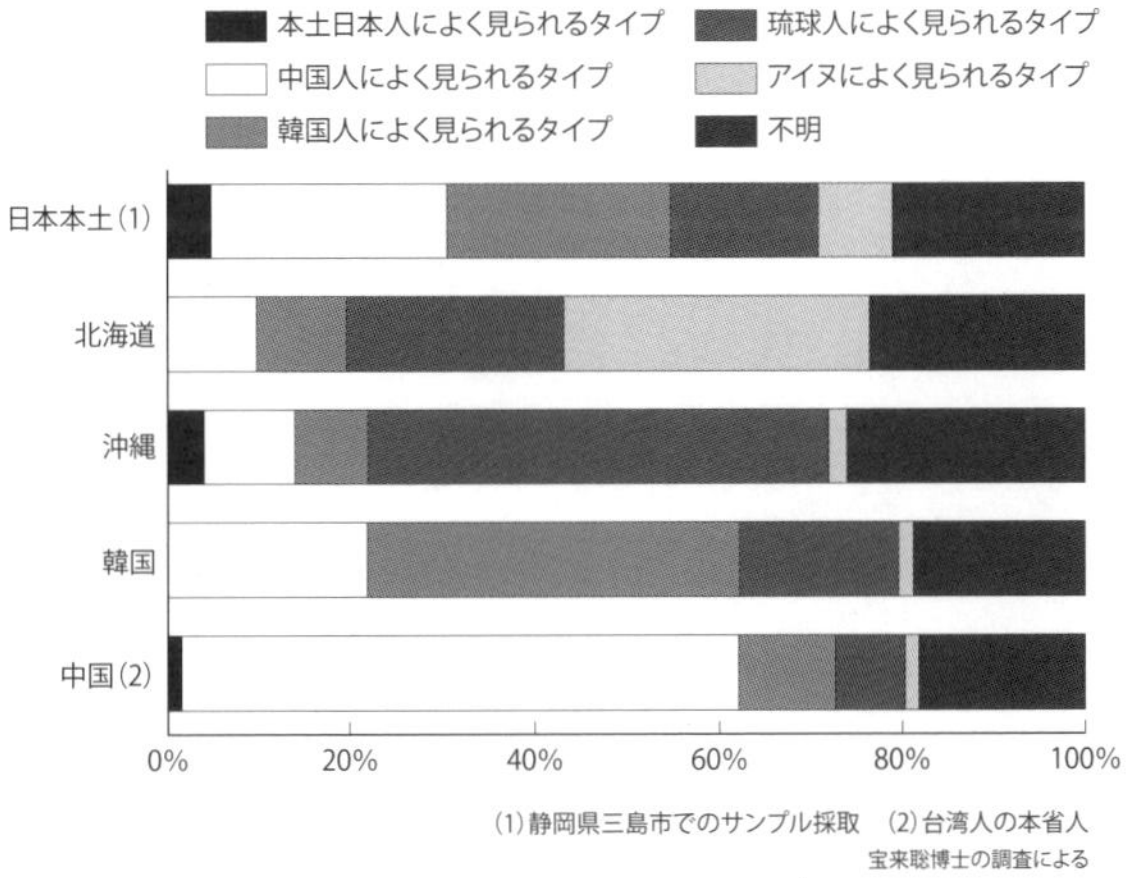

(1)静岡県三島市でのサンプル採取　(2)台湾人の本省人
宝来聡博士の調査による

東シナ海を平和な海にしていかなければ沖縄に平和はこない

標題の中身を実現するためにはどうすればよいのか？沖縄はどういう役割を果たせるのか。これを考えてみたいと思います。

二国間安保（日米安保）は仮想敵国を前提としています。中国と北朝鮮がそれに当たるでしょう。アメリカは対中国ミサイル防衛網として東京・沖縄・フィリピンにいたる第一防衛線と東京・ハワイ・グァム・オーストラリアにいたる第二防衛線を敷いています。

これは中国から見れば大変な脅威です。これを突破するのに、中国は海軍力を強化していかなければならない。中国が沖縄本島と宮古島間の公海上を潜水艦で行き来し太平洋に艦隊を展開するのも故なしとしません。

以前は旧ソ連が仮想敵国でした。だから自衛隊は北を向いていました。今は尖閣諸島沖での漁船衝突事件もあり、先島への自衛隊配備と那覇空軍基地の強化が図られています。東シナ海はますます平和な海から遠ざかっております。「日本の安全のために沖縄は犠牲になってくれ」との心無い発言（石破茂自民党前政調会長・元防衛大臣）もこの辺から出てくるのでしょう。

民主党も自民党も「日米安保が日本外交の中心」と言っています。果たしてそれでよいのでしょうか。戦前の日本は「脱亜入欧」「アジア蔑視」「強兵富国」の路線で太平洋戦争へ突入し、アジアの民衆と日本国民に大変な犠牲を強いました。地上戦を経験した沖縄は「この世のありったけの地獄を集めた」とアメリカ人記者に言わしめるほどの惨状を味わいました。

住民の3人に1人が犠牲になったと言われる沖縄戦の廃墟から立ち上がった沖縄住民は「戦はならぬ」「命どぅ宝」の貴い精神を学びました。そして古からの沖縄・琉球の土着の「非武の思想」を学び直しました。

今、北朝鮮の「核」問題をめぐって6カ国協議が再開される可能性が高くなっております。だが、北朝鮮に一方的に「核」を放棄しろと言っても、北朝鮮は「核」を放棄することはないでしょう。なぜなら、北朝鮮高官が「リビアのカダフィ政権がNATO軍の空爆を受けたのも〝核〟を放棄したため」と発言しているからです。（英国のピーター・ヒューズ前北朝鮮大使）

6カ国間の信頼醸成をどう作っていくかが大変重要なことが判ります。そのためには中国やロシアの役割が重要です。中でも中国の役割が重要だと思います。中国を仮想敵国視して北朝鮮に「核」を放棄させることは矛盾しております。むしろ中国や北朝鮮を仮想敵国視することをやめる必要があります。

北朝鮮は怯えているのです。それを取り除いていく努力こそが必要でしょう。政治と経済、民間交流こそが大事だと思います。オバマ大統領はそのアジア政策で「21世紀のアメリカの浮沈はアジアにかかっている」と言明しています。アメリカが本気で中国と事を構えるとは思えません。アジアと仲良くしない限り日本の将来もないでしょう。正に21世紀はアジアの世紀なのです。

カール・シュミット旧西独元首相が10年以上前に来沖したとき「中国は20～30年後にはアメリカをしのぐ世界一の超大国になっている。その中国を敵視するような日本外交は根本的に間違っている」と指摘していたことを、今も鮮明に覚えています。アジア版「共同の家」構想こそが今や必要でしょう。それは仮想敵国を前提とする二国間安保（日米安保）に替えて、共存共栄を前提とするアメリカ・中国・日本・ロシア・韓国・北朝鮮の6カ国による多国間安保（東アジア安保）を作り出すことです。アジアとの共存共栄を志向する思想は戦前から日本にあった思想です。例えば中江兆民や石橋湛山元首相もその一人です。明治政府はそういった考え方を退け、先ほど述べた「脱亜入欧」「アジア蔑視」「強兵富国」を唱えた福沢諭吉を思想的先導者としたのです。日米安保を外交の基本としているというのは、日本国は現在も戦前の延長線上で物事を考えている証拠です。

しかし今や、かつての植民地国であった中国やインドの台頭に象徴されるように、世界貿易の中心はアジアに移ってきております。そして人の交流もアジアを中心に動いていくことは間違いないでしょう。その世界の変化に対応できなければ日本の将来はないでしょう。

沖縄・琉球は歴史的に中国、日本、アメリカと深くかかわってきました。そして今、日本の政治は明治以来の「中央集権体制」から「地域主権体制」に移ろうとしております。自民党政権時代の道州制論議に見られるように、沖縄単独州は動かすことのできない事実となっております。自立した琉球州は〝夢物語〟ではないのです。その中で一国二制度を実現し、かっての琉球王国の遺産を現在に反映させ、特に中国との関係で沖縄の果たす役割は大変重要なものになるでしょう。

日本が〝万国津梁〟を理想とした沖縄のプリズムを通すことで6カ国の仲裁役を果たしていくことになれば「東シナ海を平和な海にしていける」のです。そして、自立した琉球州が東アジアで名誉ある〝触媒〟の役割を担うことになると思います。

2011年10月1日「清ら風」第12号所収

野田首相の初来県と沖縄の基地問題を考える

2月26日、27日初来県した野田首相は結局、振興策というアメをちらつかせながら、普天間基地を名護市辺野古へ移設させる現行計画を「日米政府は唯一、有効と確認しながら進めている」というものだった。県民や県議会、県知事が声を揃えて言っている〝県外移設〟は一顧だにしなかった。

その点について、我部政明琉大教授は「日本政府は、米国の戦略とは関係なく、沖縄に米軍基地が存続することを当然視し、そのことが沖縄を除く日本の利益と考えてきた。野田首相もその一人だろう。沖縄から米軍が撤退することに反対だが、自らの手で沖縄に押し付ける論理を見つけきれないままでいる」と指摘している。仲井眞県知事も「納得のいく説明というにはいまひとつ、いま二つ」と不満を示している。

琉球新報紙はその社説で「政府は、在日米軍再編見直しをめぐり在沖海兵隊の一部を米軍岩国基地（山口県岩国市）に移したいと米側から打診されたが、地元の意向を尊重し、拒否することを決めた。山口県民も沖縄県民も同じ日本国民だ。ならばどうして沖縄の民意には耳を傾けないのか」と論陣を張っている。日本政府は一度も「県外・国外」を米政府と交渉してこなかったということだろう。

佐藤学沖国大教授は「日本政府は、自ら変わる意思を放棄した。政権交代があろうと、米国側が変わろうと、沖縄に米軍基地を強要する政策を変えるつもりはない。沖縄が条理を説き続けることの重要性が、なおさらに大きくなる」と指摘している。

日本政府が言う「海兵隊の抑止力」「沖縄の地理的優位性」は今や完全に破綻していることは明白だ。例えば、ゲーツ前米国防長官は「海兵隊を乗せた艦船が中国領土の300キロ以内に入れば、中国のミサイル攻撃で全滅させられる。ならば空中から降下させるとすれば陸軍部隊を活用したほうがいい」と指摘し、海兵隊不要論とも思える言説を述べたことがある。また嘉手納基地でさえ「中国軍のミサイル射程内にあり極めて危険」というのが米軍事筋の話だ。だから、米国は中国軍のミサイル攻撃がとどかないグァムの基地機能の強化を図っていると言える。

中日新聞も2月10日付き社説で「今回、海兵隊の一部をグァムに先行移駐させるのは、普天間飛行場の辺野古移設が進まないからというよりは、オバマ政権のアジア・太平洋重視の新たな国家戦略、国防予算の削減方針という米国側の事情からだろう。中国の軍事的台頭をにらみ、海兵隊を沖縄に集中させておくよりも、グァムやオーストラリアに分散させた方が、中国により近い沖縄が万が一攻撃されたときにも対応できると考えたのではないか」と指摘している。そして野田首相に対して「今からでも遅くない。四月に予定される日米首脳会談で、沖縄での基地新設を強行すれば反米軍感情を増幅させる恐れがあり、日米安全保障体制を弱体化させかねないと率直に伝えればよい」と主張している。

しかし、日米両政府は公式的には辺野古にこだわっている。その点について元外交官の孫崎亨氏は「米国は安全保障の重要性ではなく、海外の基地を置くのに日本だったら金を出してくれる。これが一番重要なポイントだ」と指摘している。

ではなぜ、日本政府は沖縄に固執しているのか。そのことについて、私の知る限りでは誰も説明してくれてないので、私の推論を述べたいと思う。日米安保といってもそれだけではただの紙切れだ。可能性は小さいと思うが、もし何らかのきっかけで日中の間に軍事衝突が起きた場合、本当に米国が日本と一緒に戦ってくれるのか。その保障は何一つない。尖閣諸島の領有権問題にしろ、アメリカは日米安保の対象地域とは言ってくれているが、日本領土とは明言してくれてない。日米安保に実効性を持たせるにはどうしたらいいか。日本政府の頭痛の種ではなかろうか。

そこで思いやり予算をどんどん出してでもいいから、海兵隊を沖縄に引き留めて真っ先に海兵隊員の中から犠牲者が出ることを期待しているのではないか。そうしたらアメリカ国民が中国憎しで怒る。アメリカは日中間の戦闘に介入するしかなくなる。つまり、現代版「リメンバー・パールハーバー」だ。

沖縄は日本本土の防波堤になり、犠牲になる。そして、本土の日本人は安全を得る。こういう図式ではないかと思う。県民の皆さんに考えてもらいたいことだ。

（琉球自治州の会共同代表）

2012年3月10日「清ら風」第14号所収

琉球民族の自決権をかちとり、共生社会日本の実現を

県民意思が一つになれば日米政府を動かすことができる

私は37年間の東京生活を切り上げ帰郷以来16年間、沖縄・琉球の生きた歴史を勉強する中で、1609年の薩摩の琉球侵略、明治の琉球処分でのヤマトの琉球統治の実態を知るにつけ、琉球民族の人間としての誇りを取り戻さなければ沖縄・琉球の開放はないと確信するにいたりました。

日本における沖縄問題とはつまるところ人権問題であり、民族問題です。天皇を中心とする単一民族国家という明治政府が作り上げたデマゴギーを打ち破る必要があります。歴史的経緯はともあれ、日本社会はアイヌ民族、ヤマト民族、琉球民族、在日朝鮮民族からなりたっております。日本が平和を目指すのであれば、まず国内でのこの4つの民族集団間の共生が実現されなければなりません。そのために沖縄が果たせる役割をみんなで考えていかなければとこの所信をしたためております。

この間、私は『琉球自治州の会』『平和・自立・共生沖縄うまんちゅの会』を主宰し、活動してきました。秋頃には各専門の方々の協力も得て、2冊目の本も出したいと考えております。

二期目の仲井眞知事は「よくやっている」し、今の姿勢を貫けば「県民に自信をあたえる」ともおもっておりますが、しかし限界も感じております。次の知事選挙は何としても〝琉球民族の自決権〟を腹に据えた知事を誕生させたいものです。

ところで今つらつら思うことは、保守だ、革新だとウチナーンチュ同士が争うことが「沖縄のためになっているる」かどうか、よく考えてみる時期にきているのではないかということです。それはヤマト系列の中でヤマトに絡めとられていっている姿とダブルのではないかと言うことです。無意識のうちに自らヤマトへの〝同化〟の土俵に乗っていることにならないか。そこで私の考え方を述べてみたいと思います。

明治の琉球処分以来私たちウチナーンチュは琉球民族としての意識を次第に失ってきたように見えます。その点では同じように植民地支配を受けた台湾や朝鮮の人々と私たちの対応は違ってしまっています。現在の基地問題に見られるように、ヤマト政府は相変わらず「同化と差別と抑圧」政策を沖縄に対して執っています。これを跳ね除けるにはどうしたらよいか。みんなで考えていく最大の課題だと思います。

思うに、第一に明治の琉球処分で私たちは母語である琉球語を奪われ、徹底した皇民化教育で洗脳され、次第に日本人化（ヤマトゥンチュ化）していったのではないか。その象徴的な出来事は、かの人類館事件での私たちの対応でした。つまり、〝内なる同化思想〟が私たちにあったことです。それはまた1972年の祖国復帰闘争の中にも底流としてあったのではないか。

第二に、ヤマト政府の〝化外の民〟視による琉球捨石、利用論があるでしょう。日本政府の化外の民視は、沖縄戦での捨石作戦はいうまでもなく、唯一敗戦の条件とした「国体の護持」の中で、昭和天皇の戦争責任を問わないことと引き換えで現憲法第九条を受け容れ、その代わり日本の安全を保障するものとして沖縄をアメリカの軍事占領下に売り渡したからです。「沖縄を25年ないし50年、あるいはそれ以上の長期にわたってアメリカの軍事占領下におくことを希望する」と言った昭和天皇のメッセージで明らかです。

第三に、アメリカ側からすれば沖縄を「アメリカのアジア軍事拠点化」していく意図があり、日本と利害が一致したということでしょう。

対ヤマトとの関係で琉球はその他さまざまな屈辱の歴史があるわけですが、ヤマトにいいようにあしらわれてきた私たちウチナーンチュは今大きな転機を迎えています。それは普天間基地の辺野古移設反対・県外移設で県民意思が統一されたことです。

県民意思が一つになったことで鳩山首相は退陣しました。60年安保闘争での岸首相退陣以来の民衆運動の大きな成果です。メア元沖縄総領事も発言の責任をとらされる形で米国務省日本部長の要職を解任され、結局辞職させられました。

県民世論が一つになったとき、日米政府にどういった政治的効果を生むかを、私たちは目のあたりにしているのです。自信を持ちましょう。そして今後の沖縄・琉球の方向性、将来像を私たち自身で打ち出していきましょう。地域主権の時代だからこそ展望があるのです。

（2012年5月　琉球自治州の会）

2012年9月1日「清ら風」第16号所収

東シナ海を平和な海にしていくために

「唐ぬ世から大和ぬ世、大和ぬ世からアメリカ世、アメリカ世からまた大和ぬ世」と言われるように、ウチナーは大国に翻弄されてきました。今また尖閣諸島をめぐる領有権問題で中国と日本との狭間で危機を押し付けられ、万が一、日中間で局地戦争でも起これば沖縄が一身に犠牲を背負わされることになります。

それを宿命と受け止めてしまえば沖縄に未来はありません。東シナ海（中国名：東海）を「平和な海」として築いていく構想力が私たちに必要とされております。幸いと言ってよいか、私たちは歴史の翻弄の中で、中国ともアメリカとも、そしてまた大和とも付き合いが深く、仲良くしていける術を知っていると言えないでしょうか。

今、北朝鮮の核問題をめぐってアメリカ、中国、日本、ロシア、南北朝鮮の6カ国間で話し合いが継続されています。特にアメリカと中国が決定的な影響力を握っております。アメリカは中国と対峙しながらもアメリカ本国が攻撃されない限り、中国と戦争する気はないでしょう。将来にわたって日本の為に中国と全面衝突することはありえません。

むしろ「21世紀のアメリカの浮沈はアジアにかかっている」とオバマ大統領が声明したように、近い将来アメリカをしのぐ超・超大国になる中国とは手を握っていくと言うのが国際政治の現実でしょう。いずれ尖閣諸島の問題などは小さな問題になります。

しかしそれは、今のまま尖閣諸島を日本が〝国有化〟し続けていればよいと言うことではありません。昔人の生きた知恵で尖閣諸島周辺海域を「共有の海」として、つまり互いの〝生活圏〟として認め合い、漁業権や資源権をお互いに認め合うことです。

ここに沖縄の存在が浮き上がってきます。尖閣諸島の領有権を無償で沖縄に譲ってもらい、沖縄が仲介する形で中国、日本、アメリカの了解を得るのです。場合によっては国連の仲介を得る必要があるかもわかりません。

また、東シナ海を平和な海にしていくためには上記6カ国間で多国間安保を結ぶ必要が出てくると思います。2国間安保は仮想敵国を前提としております。多国間安保は〝共栄共存〟を前提とします。そのためには東アジア共栄圏構想が必要でしょう。おそらく6カ国が同意すれば現実のものとなると思います。東アジアにおけるEU版です。

時間はかかってもこの道をしつこく追い続けるのです。そしてこの道は「琉球民族の自決権の樹立」と一体の問題として進めることにより、より説得力を持ってくると考えますので、自信と誇りと勇気をもって東アジアにおける「共生の仲介者・接着剤」としてのウチナーンチュの役割を果たしていきましょう。

（琉球自治州の会共同代表）

2012年12月1日「清ら風」第17号所収

国際政治を見る視点

☆権力者の政治の要諦

知らしむべからず、依らしむべし。従って、情報公開の重要性。

☆太平洋戦争での沖縄捨石作戦

沖縄・琉球の〝化外の民〟視。ヤマトの防衛線としての緩衝地帯。これは、オスプレイの強行配備を見れば、現在も生きている。

☆国際政治の冷徹な現実

各国は国益で動いている。アメリカは日本→沖縄→フィリピンに至る第一防衛線と日本→沖縄→ハワイ→グァム→オーストラリアに至る第二防衛線を敷いている。中国からすれば北朝鮮が国防の緩衝地帯。日本からすれば韓国と沖縄が緩衝地帯。この現実を直視すべき。

☆天皇制の意義付け

中国の皇帝より上位にあるという意識で明治国家は「天」を意義づけた。従ってアジアの盟主は日本ということになり、侵略戦争である太平洋戦争も肯定される。

☆アメリカは将来は中国と手を握る

「アメリカの将来はアジアにかかっている」（オバマ大統領のアジア政策声明）。近い将来アメリカを凌ぐ超・超大国なると言われている中国とは喧嘩をしないというのが国際政治の鉄則。そのとき、日本は今のままでは置いていかれることになる。

☆東シナ海を平和な海にしていかなければ、沖縄に平和はこない

琉球民族の自己決定権を樹立することにより、沖縄が東アジアでの仲介者・平和の触媒としての役割を演じることができる。そのための構想力が沖縄に求められる。

2012年12月1日「清ら風」第17号所収

ウチナーンチュって何ですか

現生人類（ホモサピエンス）は今から10万年以上前にアフリカで誕生したと言われます。そこから全世界に広がった人類のうち中央アジアを通って東南アジアに定着した人類がスンダランドという大集落をつくり、アジア人の元祖となります。

このスンダランド人が人口爆発により一部が東南進しオーストラリア方面へ、一部がアジア大陸を北上します。アジア大陸を北上した部分から最初に枝分かれしバイカル湖方面に到着したのがアイヌ人で、続いて中国大陸に定住したのが中国系、さらに枝分かれして黒潮に乗って琉球から九州方面に定着したのが琉球系（おそらく熊襲）、最後まで一緒だったのが朝鮮系と日本系。この日本系（DNAでは朝鮮系と中国系で弥生人）がおよそ3000年前以降さみだれ式に朝鮮半島経由で北九州地方に渡来し、先住民の熊襲（縄文人）を成敗しながら紀元3世紀後半頃に今の奈良県地方で大和王権（後に朝廷）を誕生させます。

この先住民成敗の過程でヤマタの大蛇伝説がありますし、また山口県土井が浜遺跡発掘調査から、鉄の文明を持っていた弥生人が石の文明しか持ってなかった縄文集落を襲い、男は殺したか追い払い、女は分捕って自分の妻にし子供をつくり生活した集落跡だということが考古学者や民俗学者などの解明で明らかにされております。

追われた縄文人の一部が海伝いに琉球諸島まで南下し、ウチナーンチュの元祖をなしたのではないかというのがもっとも考えられる仮説です。それはウチナーンチュの基層文化が〝ウタキ信仰〟で縄文文化と考えられるのに対し、ヤマトの基層文化が〝神社信仰〟で弥生文化ないし天皇制文化と言ってよいことからもうかがえます。

伊波普猷氏は言語学者として日本語と琉球語が極めて類似性があることから〝日琉同祖論〟を唱えましたが、それは当時の学問の限界性を示すもので、全く間違っていると思います。先ほどの経緯で明らかになったように、日本の先住民であるアイヌ人と琉球人は最後の氷河期が終わった1万2000年前に日本列島に渡ってきた縄文人であり、渡来人である弥生人（ヤマト人）とは約1000年～1500年にわたる殺し合いや血の交流があり、その間言語が重なり合うことは当たり前で、これをもって日琉同祖とは言えません。

さてそれではウチナーンチュとは何ですか？の疑問に答えたいと思います。

私たちのうやふぁーふじ（先祖）は「ウチナー対ヤマト」の視点で自分たちを律してきました。つまり私たちの祖先が琉球諸島に定着した経緯から、自分たちの外側の世界の日本を〝ヤマト〟と呼び、内側の世界を〝ウチナー〟（内庭）と呼んできたのではないか。私たちには〝境界の意識ないし思想〟があったのです。

〝内庭〟とはうちなーぐちではウチナーと読みますし、現在語では〝同胞〟との意味合いでしょう。ひるがえって〝民族〟の概念に行き着きます。このことからウチナーンチュとは〝琉球人〟ないし〝琉球民族〟の語意になると言ってよいでしょう。

現在の〝沖縄県〟という名称は明治政府によって名づけられたものだし、江戸時代の薩摩藩からは〝琉球国悪鬼納嶋（悪い鬼が納める島）〟とも蔑称されました。明治のいわゆる琉球処分以降はヤマト政府から〝化外の民〟視されてきました。

このようにヤマトからは伝統的に蔑まされてきた私たちのウチナーとウチナーンチュ。私は呼びかけます。今こそ琉球民族の人間としての〝誇り〟を取り戻し、国連の人権委員会による日本政府への勧告に沿って琉球民族の〝自己決定権〟を勝ち取っていきましょう。「民族の自決なくして、自治なし」を実践していきましょう。

（2012年7月11日記　琉球自治州の会共同代表）

2012年9月1日「清ら風」第16号所収

アイヌと琉球は縄文型 日本人の遺伝系統、ゲノム解析で裏付け

（2012年11月1日　産経ニュースより）

日本人の遺伝的な系統はアイヌ（北海道）と琉球（沖縄県）が縄文人タイプで、本州・四国・九州は縄文人と弥生系渡来人との混血とみられることが、東京大などのゲノム（全遺伝情報）解析で分かった。約100年前に提唱された「アイヌ沖縄同系説」を裏付ける成果で、1

日付の日本人類遺伝学会誌電子版に論文が掲載された。

日本人の成り立ちについてドイツ人医師のベルツは明治44年、身体的特徴の共通性からアイヌと琉球は同系統と指摘。人類学者の埴原《はにはら》氏は平成3年に「二重構造説」を提唱し、本州などでは弥生時代以降に中国や朝鮮半島からの渡来人と先住民の縄文人が混血したが、アイヌや琉球は遠いため混血が少なく、縄文型の系統が残ったとした。

今回の結果はこれらの仮説を高い精度で裏付けるもので、日本人の起源を探る上で貴重な成果という。仮説はこれまでもミトコンドリアDNAの分析結果などで支持されてきたが、はっきりしていなかった。

研究チームはアイヌ系36人、琉球系35人のゲノムを解析し、DNAの個人差を示す60万個の一塩基多型(SNP)を調べ、本州・四国・九州の計243人や韓国人などと比較した。その結果、アイヌと琉球が遺伝的に最も近縁で、本州などは韓国と琉球の中間と判明。アイヌは個人差が大きく、北海道以北の別の民族との混血が起きたとみられることも分かった。

研究チームの斎藤成也総合研究大学院大教授(遺伝学)らは縄文人の骨からDNAを採取して解析中で、斎藤教授は「分岐や混血の年代を推定して日本人の変遷を明らかにしたい」と話している。

ウチナーンチュのルーツは?

私(大村)は『清ら風』第16号の「ウチナーンチュって何ですか」の原稿で、琉球人の起源について、最後の氷河期が終わった1万2000年前中国大陸から枝分かれして黒潮に乗って琉球諸島経由で北上し九州に定着した縄文人が、約3000年前以降朝鮮半島から渡来した弥生人に追われ「殺し合い」や「血の交流」を繰り返しながら、再び海伝いに琉球諸島まで南下したと書きましたが、どうやらその仮説が正しかったように思います。

今年8月に『沖縄学』の学会を聞く機会がありましたが、その中で琉球諸島には九州から計4回の人口の移住があり、中でも2~3世紀にかけて大量の人口流入があったと説明されました。大和朝廷が成立する直前であり日本は動乱の最中でした。そのことから、私たちのうやふぁーふじ(祖先)が「ウチナー対ヤマト」という〝境界〟の意識で自分たちを律してきたことの意味がわかります。


(2012年11月1日記)

2012年12月1日「清ら風」第17号所収

沖縄の民衆運動勝利の展望

アメリカにとって「沖縄の基地問題よりも日米安保体制が、日米安保体制よりも日米関係がより重要」と、日高義樹氏（米ハドソン研究所客員首席研究員、元NHK解説員）が指摘していたが、この指摘は日米関係を考えるうえで、大変重要な視点だと思う。

今、アジアは急速に発展しつつあり、とくに中国の経済発展は目覚しく、世界の経済はG8からG20（20カ国・地域）へ移った。このようなアジアの変容に対して、オバマ大統領は2009年11月14日、東京都港区のサントリーホールで「米国は中国を封じ込めるつもりはない」と宣言し、「強く繁栄した中国の台頭は国際社会の力の源泉になる可能性を持っている」と指摘するとともに、「北京などの地域で戦略的、経済的な対話を深め、軍同士の交流を促進する」と宣言した。そして、アジア太平洋経済協力会議（APEC）や東南アジア諸国連合（ASEAN10カ国）の発展にも触れつつ、「われわれの未来がこれ（アジア：筆者注）に左右される」と指摘し、今後アメリカが『太平洋国家』として進んでいくことを声明した。そして太平洋国家アメリカは「常に最も重要な存在である日本との緊密な関係を通じて実現していく」と述べた。

このオバマ大統領のアジア政策演説を読めば、今後アメリカは戦略的に多国間関係を重視し、二国間関係は補完的に捉えていると言える。アメリカや中国、他の国々も国益を中心に動いていくなかで、日本が、例えば当時の自公政権の小型核保有の対米工作が明らかになったように、いつまでも冷戦構造の思考にとらわれていたら、世界から置いていかれることになる。

正に、沖縄の基地問題は冷戦構造の産物である。アメリカと中国のG2関係が進展していけば、アメリカにとって沖縄に基地を置くことは将来的に有益性が漸減していく。このことを見通せば、普天間基地の即時閉鎖と辺野古への新基地建設は認めないという沖縄県民の大多数の意志は合理的な根拠を持っており、昨年12月27日の仲井眞弘多知事の辺野古新基地建設承認の裏切りにも拘らず、昨日の市長選挙で名護市民は「海にも陸にも新基地は造らせない」と主張してきた稲嶺進市長を大差で再選させた。政府の尋常でない圧力を跳ね返した名護市民と県民の勝利だ。もう県民は「金とは取引しない」ことをはっきりと示した。民主主義の勝利だ。沖縄の民衆運動が歴史をつくる。自信を持つべきである。

（琉球自治州の会共同代表）２０１４年2月1日「清ら風」第20号所収

琉球民族の自己決定権について

今沖縄はアイデンティティーを求める動きが勢いを増してきております。島くとぅばを復活させる動きなどは何よりの例です。そして思想面から従来の考え方を見直そうとする動きも活発になってきました。それが端的にいえば「琉球民族の自己決定権」として語られるようになってきたと言えないでしょうか。

そこで近い将来、『琉球民族の自己決定権を樹立する会』（仮称）を立ち上げたいと考えております。その際には、現在主宰しております「琉球自治州の会」や「平和・自立・共生　沖縄うまんちゅの会」は発展的解消となります。

この運動の出発点は復帰直前のヤマト政府と国会から無視された〝屋良建議書〟（1971年11月）に置いたらどうかと考えます。そしてその後の沖縄の歩みを検証しながら、大方の県民が納得できる内容に仕上げていけたらと考えます。

勿論、運動としては保守・革新に捉われたいとは思いません。オール沖縄で取り組めるようにしなければ、ヤマト政府から分断され、いいようにあしらわれるだけでしょう。考えているメーンテーゼとしては「基地の島から、経済・文化交流の国際都市沖縄へ」です。そして「東シナ海を平和な海にしていかなければ、沖縄に平和は来ない」ことを肝に銘じ、東アジアEU版を実現していく構想力と具体的な手立てを講じることです。

ところで国連自由権規約委員会は2008年10月、日本政府に対して「沖縄住民はアイヌ民族と同様日本における〝先住民族〟であり、その文化権・教育権・土地権を日本政府の責任において保障せよ」と勧告しました。前年7月の国連総会では「先住民族の権利に関する国連宣言」が賛成多数で採択されています。

私たちウチナーンチュは明治の琉球処分で言葉を奪われ、徹底した皇民化政策でヤマト社会への同化を強制され今日まで来ました。このことを国際法では〝植民地支配〟と規定しています。ちなみに先住民族の規定は、ILO169号条約で「独自の言語、文化、歴史を持っているにもかかわらず近代国家に植民地にされ、同化政策を強いられ、言語を奪われ、差別的状況に置かれている、集団として意思を示せる民族集団」とされております。

私は、ウチナーンチュがヤマト政府の差別的扱いから解放されるには、伊波普猷氏の「日琉同祖論」の呪縛から抜け出し、国連が指し示すように日本における先住民族としての琉球民族の〝自覚〟と〝誇り〟を取り戻すことが、何より大事なことと考えております。そして、その自覚と誇りはウチナー・ナショナリズムに陥るのではなくて、〝人間の尊厳〟つまり〝人権〟という普遍的価値に基づくものでなければならない、と考えております。そうでなければ他の人々との〝共生〟関係は生まれず、連帯も生まれないと考えるからです。

ぜひみなさんひとりびとりの肝ぐくるで考えてください。


（2014年1月5日　琉球自治州の会）

2014年2月1日「清ら風」第20号所収

人間としての尊厳を取り戻す闘い
4・28主権回復の日式典を問い返す

「ウチナー口や方言やあらん。わったーくとぅばどぅやる」。2、3年前飲み屋で交わしたある琉球民謡者の言葉です。4・28『屈辱の日』沖縄大会に出席した主婦は「私たちは今も日本人じゃないんだ」と怒っていました。

そう、私たちウチナーンチュ（琉球人）はヤマトゥンチュ（日本人）ではないのです。明治の琉球処分（併合）でむりやり日本人にさせられた日本国〝民〟なのです。ヤマト政府は琉球処分以来の140年間、ウチナーンチュを〝化外の民〟（日本人であって日本人でない存在）として扱ってきたのです。強いて言えば、ヤマトの利益のための手段として扱ってきたのです。

ウチナーンチュがヤマト化されて最大の被害は沖縄戦ですが、当時の軍部の戦略布陣は北緯30度以北を〝皇土防衛軍〟、30度以南を〝南西諸島守備軍〟と明確に区別し（化外の地）、奄美諸島を含む琉球弧諸島を皇土防衛の〝捨て石〟としたことからも判ります。ヤマト政府からすれば、ウチナーンチュの命はそれほど重要ではなかったのです。

私の理解によれば、ウチナーンチュの10万人余を九州や台湾などに疎開させたから、沖縄本島を含め南西諸島にとどまったウチナーンチュは「軍官民共生共死」の下に運命共同体として戦闘に駆り出され、軍の盾にされ、強制集団死に追い込まれたのです。つまり、10万人余の血は残したから、あとは死んでもよいという作戦がとられたといってよいでしょう。結果、ウチナーンチュの3人に1人がわずか3ヶ月間の戦闘で犠牲になりました。

そして、敗戦後の1947年9月、憲法施行後であるにもかかわらず昭和「天皇メッセージ」が出され（憲法違反の最大の政治行為）、現在のように基地の集中する島へと変容されていったのです。1952年4月28日のサンフランシスコ講和条約と日米安保条約の発効は昭和天皇メッセージを日米政府間で正式に具現化した日なのです。

両条約発効の日から61年目の今年、唐突ともいえる「日本国の主権回復の日」を祝うとした安倍内閣の行為は、間違いなく普天間の米軍基地を辺野古に押し付けるためでしょう。また沖縄住民をヤマト政府に従順に従わせるという狙いが込められていると考えます。つまり沖縄の民意は〝無視〟するという政府の意思が込められていると考えます。

「物言わぬ民は滅びる」とある方が言っております。私たちは滅びたくはありません。ウチナーンチュはいろんな苦難の時代を経て今日に〝命〟を繋いできました。民主主義は与えられるものではなく、闘い取るものです。この闘いには国連も味方になってくれるでしょう。あるいはアメリカも理解してくれるかも判りません。ウチナーンチュの〝人間としての尊厳〟が試されていると思います。

頑張りましょう。

（2013年4月29日）

2014年2月1日「清ら風」第20号所収

エッセー（Ⅱ）

島人うちなーぬアイデンティティーうまあい

安里充広

他者との出会い

1959年水産高校を卒業して船乗りとなった。アジアの国々ビルマ（ミャンマー）、フィリピン、台湾、韓国、日本の各地を見聞した。本島にほど近い離島に生まれ育ち島から出たことのなかった若者にとって、生まれて初めて見る世界だった。

何より感覚に残ったのは、自分たちうちなぁん人は、彼等とはどこか違うものを持っているという違和感のようなものがあった。しかし、それが何なのか当時はわからなかった。

親子の断絶もここまできたか

沖縄のこころは、と問われて、日本人になりたくてもなれない心、と答えた元県知事の西銘順治さん。大和とうちなぁの間でゆれ動く父親の心情、深い心の想いを汲み取ろうともしないで「理解できない」と突き放す息子で国会議員の西銘恒三郎氏。うちなぁん人もここまで来たのか、と情けなく思うばかりだ。

島で暮らした時間の厚みと島の大きさ

うちなぁん人の特質は心のあたたかさにある。この例えようもない心のあたたかさはどこから来たのか。それは、この心のあたたかさは、大海原によって閉ざされた島のくらし島々の長いながぁい時の堆積で育まれた。穏やかで過不足のない、満ち足りた心の、ゆったりと移りゆく、のどかな、日々のくらしが家族のような、共同のうちで相手を思いやるちむぐりさの心が、過ぎゆく時の流れのなかで発酵・醸成し例えようもないあたたかの心に生成したのだ。

ところでこのあたたかな心の持主私たちのご先祖はどこから来たのか。

これについて面白い興味深い示唆に富む記事に出会った。4月6日の琉球新報DNAで考える沖縄の先祖たち琉球人成り立ちの鍵を書いた篠田謙一さんによると、沖縄人の遺伝的特徴を際立たせているハプログループが誕生したのはおよそ2万～3万年くらい前、この時代特に2万年ほど前は東支那海に張り出していたハプログループM7aはこのどこかで誕生した。やがて寒冷化が終わって海水面が上昇してM7aの集団は移住を始めるが、大陸側に広がらなかったことを考えれば彼等は海岸域で暮らしていた人々だったと説明している。

ここからはボクの想いである。ハプログループM7aの集団・海岸域で暮らした人々は、温和で争いを好まない人々で、大陸に向かって覇権を競うよりも、穏やかに平和に暮らすことを求めたのだ。彼等は水平線の彼方の島々に理想郷を求めて琉球弧の島々に辿り着いた。

沖縄のこころ

沖縄のこころは人のこころのあたたかさ＝ちむぐりさのこころである。

それは大海原によって閉ざされたイノーに抱かれた、母の懐のぬくもり、助け合う、日々のくらしのながぁい時間の厚み（堆積）のなかで育まれたものだ。

このちむぐりさの心の元にあるのが〝人の良さ〟でその根にあるのが善の心だ。善は孟子の性善説では人間徳目で最も尊い心豊かな人間像（人間性）そのものである。孟子の理想とした善の国が、そのお膝元中国の東方の島々に実際にあったのは愉快であり、わした島うちなぁはこれを誇り（アイデンティティー）とすべきである。

この世界から尊敬されるべき道徳性の善なる島々、善の王国に土足で上がって来たのが島津であり、明治政府、アメリカである。今また弱肉強食の遺伝子を継いだ安倍政権は、辺野古新基地建設NOを80％の島人が表明しているのに遮二無二、命湧く豊饒の海大浦湾を醜悪なコンクリートの塊で埋め殺そうとしている。

　島人うちなぁにとってイノーは島人の命と心を育んだ命のゆりかご・心のふる里・聖なる海である。この聖なる海をよそ者の安倍晋三（自民党政権）が埋め殺すことは絶対許すことが出来ない。

　資源の乏しい沖縄にとって、美しい珊瑚礁の海を子や孫に引き継ぐことは私たちの使命であるし、地球温暖化の進行によって暴れだした気候変動を止めるためにも、地球環境保全のためにも心ある日本の人々、世界の人々と手をとり合って安倍政権の暴走を止めなければならない。


（陶芸家）

沖縄における地方分権の課題と可能性

嘉数　学

　琉球自治州の会では豊かで活力に満ちた沖縄を実現するために自治の必要性を広く県民に訴える活動をしてきました。そのため真の豊かさとは何か、沖縄にとって大切なものは何かを2ヶ月毎に開く勉強会を通して考えてきました。そこで、これまで学んできた事を通して見えてきた自治の課題と可能性を私なりに纏めてみたいと思います。ただし、ここでは自治に焦点をしぼって議論を進めるため、敢えて基地問題には言及しておりません。もちろん沖縄県民が自治を取り戻す事は取りも直さず基地問題の解決に向けて県政が動き出す事にもなります。分けて考える事は出来ないのかもしれませんが、まずは地方分権の問題から論じてみたいと思います。

　現在、沖縄県政が抱える課題の一つに沖縄振興特別措置法の期限切れ問題があります。この特別措置法は期限法なので、２０１２年にはそれに代わる新たな法律が必要だと言われています。しかし、これまでの沖振法の歴史を見ますと方法、手段にばかり光が当てられ、本来の目的を見失っている様に思われます。振興のための特措法なのに、発展のためには何が必要なのかが考えられていません。少なくとも沖縄振興の当事者である県民には何が必要かを問うた事がありません。分かりやすく言えば、政府が用意したメニューを県政が選ぶだけの状況が復帰後40年近く続いたわけです。この様な状態では当然ながら自治は育ちません。沖縄側もフリートレンドゾーンや金融特区など自立のために色々と提案してきました。しかしその度に制度は骨抜きにされ、自立への夢は潰されてきたのです。

これまでの経緯から見えてきたのは、経済自立のためにもまずは自治の確立が必要だという事実です。沖縄県民が自ら考え、皆で議論し、決定した事を自ら実行していく事から真の発展は始まるのではないでしょうか。とは言え、自治の確立は容易ではありません。一人の政治家の力で獲得出来るものではなく、県民一人一人が自ら何が出来るかを考え、行動する必要があるからです。多くの市民が不安を感じるのではないでしょうか。しかしこの点に関しては、私は楽観視しています。確かに復帰後の沖縄は自治の力を年毎に無くしているのですが、復帰前には自治を確立した歴史があるからです。ご存知の通り、琉球政府時代には立法院があり、独自に法律を制定する事が出来ました。そして実際に民衆の力で自治を獲得していったのです。今でも当時の気概は県民の胸に残っているのではないでしょうか。いざ問題が起こると市民が10万人規模で集会を開くのは、国内では沖縄だけです。私はその事を見るだけでも沖縄における自治の可能性に大きな期待を抱くのです。

（チリトゥヤー・琉球自治州の会事務局長）

２０１１年６月１日「清ら風」所収

沖縄　一国二制度への道

宮城弘岩

沖縄の人々が憤慨し怒りを覚える時発する言葉は「独立論」だ。それには昔何百年間も、独立国だったという身体のどこかに流れるＤＮＡが目を覚ました時である。

外国との長年の交渉の経験を持つ我が祖先なら、もし独立国だったらそんなに従属的交渉（米国との）はしなかっただろうと思うからだ。普天間の移設先の問題が辺野古沿岸に限らず基地増設に繋がるのであれば、我が先達は憎悪さえおぼえるであろう。過去の経験から基地建設が何ら沖縄にメリットをもたらさないことは容易に想定できる。

米軍だったらブルドーザーと銃剣で基地建設を推し進めるだろうが日本だったらこれまでの例から「アメとムチ」の政策で進めて来るだろう。しかし、日本の伝統的に形成されたタテ社会の「アメとムチ」の価値観は沖縄には無い事だし、また通用しない。「アメとムチ」では基地は造れない。95年の少女暴行事件以降の島田懇談会事業（基地所在市町村に関する懇談会）や北部振興資金だと言って投入された約2，０００億円も公共投資のアメである。この日本政府の名護市に対する価値観の押しつけが徒労に終わっている事例でも「アメとムチ」の政策は失敗であろうと思う。

では、如何なる解決方法が可能かというと、多くの経済人が言うように独立まではいかなくても「一国二制度」で対応していかざるを得ない。新たな基地移転建設を考える前に少なくとも沖縄の産業振興を阻害し、経済を破壊している基地の存在に対する代償として、本土―沖縄間や沖縄領域に施行されている船舶法や内航海運業法を解除すべきである。輸送費が国際水準の2・5～3倍の高コスト輸送のため本土向け物産の移出で産業の競争力を落とし、本島及び各離島の生活苦を招来している事実は全ての振興策以前の問題として解決されなければならない。更に沖縄振興と言って法的に設置されている諸施策は全く実行出来ないように他の法律で手抜きされており、沖振法上の自由貿易特区、金融特区、情報産業特区など見せかけの、めくら騙しの特区に終わっている事実も知るべきである。名護市に見るまでもなくアメは基地周辺の商店街をシャッター通りに化し、失業者は増え、逆に所得は減り、市町村の財政を悪化させている。これらはアメというエサでは解決し得ないことを示し、基地の存在というムチは全くの不毛の投資になっていることを知るべきである。
沖縄問題の解決策は沖縄が決めていく以外にない。歴史的、文化的、ヨコ社会の価値観からして、もはや一国二制度で対処する以外道はないのではないか。政府にカネが欲しいと言っているのではない。カネではもはや沖縄問題は解決不可能ということである。政府では基地問題は解決しえない以上、沖縄を明確に準外国扱いにする方法を望む。沖縄の自己決定・自己責任に任せる時である。日本政府に代わり沖縄が米国と交渉するか、少なくとも日・米・沖が同じテーブルで解決を図る以外にないのではないか。日米安保とか、抑止力と言っても沖縄だけが犠牲をこうむる義理はない。異文化の本土政策につき合う義理もない。過去の失われた琉球問題を不問にする理由はないのである。

（アジア沖縄経済研究所代表）

平和と共生の社会をめざして

――人と人の信頼、つながりを大切にして――

民意無視する安倍首相野望の正体
〝オール沖縄〟パワーで米基地撤去を！

大峰林一

県内外から注目されていた沖縄の県知事選で、辺野古新基地建設に反対するオール沖縄の民意による支持で当選した、翁長雄志県知事が就任挨拶のために上京したのに、安倍晋三首相や菅義偉官房長官ら政府首脳は敵意むき出しで会見を拒否していた。

それが4月5日に西普天間米軍家族基地返還式に出席するために、沖縄入りした菅官房長官と翁長県知事が那覇のホテルで初めて会見。その後17日には、安倍首相が官邸で翁長県知事と初顔合わせで会談したが、そこで安倍首相が翁長知事に対して「普天間基地は世界一危険だ」「辺野古移設が唯一の解決策」「普天間の固定化があってはならない」と、相変わらず上からの目線で「粛々と辺野古埋め立て推進」を語るという、やはりアメリカ追従の立場を露わにした。

翁長知事が即座に本土復帰前、沖縄に君臨したキャラウェイ高等弁務官が県民に対し、「自治権は神話」なる高圧的言動と同じだ、と批判して県民の共感を受けた。

ここで問題にしたいのは「普天間が危険で、辺野古が唯一の解決策」という安倍政権や全国大手メディアに、沖縄蔑視の学者、評論家などに加え、沖縄自民党県連や佐喜真淳宜野湾市長らの理屈を解剖すれば、事例として「普天間の長男が私有地にある〝時限爆弾〟が危険だから、辺野古の弟のところへ移すという一方的で非情な仕打ちのケースになるが、では、なぜ身内を危険にさらす辺野古にこだわるのか？

同じ人間として冷静に考えれば、普天間基地をアメリカ本国へ撤去させた方が、問題なく安全な早期解決になるのではないか？それとも辺野古賛成派は、アメリカが怖くて正直にものが言えないから追従容認なのか？」――この例え話を聞いた少年たちでさえ基地に賛成できないと言うのに、高等学歴の政治家・官僚・有権者多数のヤマト社会人が、平気で沖縄切り捨ての言動行為は政権に媚び、民衆を挫く自己保身の精神的な劣化現象なのか？

戦後70年を経ながら、日本政府による「思いやり予算」の血税支援で、米軍が沖縄に「基地帝国主義」（米マ工科大　ジョン・ダワー名誉教授談話）の占領者意識で日常的に県民の人権・生命を踏みにじり、銃剣とブルドーザーの武力で土地を接収した広大な基地を返還して撤退することなく、いつまでも我がもの顔でいると、かつてベトナム侵略戦争で民族解放戦線による総反撃で、無惨な敗北で退散したのと同じく、沖縄県内外の民意共闘決起によって、不名誉な二の舞を演じる運命になりはしないか？

安倍首相は国会や記者会見で「基地問題で沖縄の負担軽減をはかる」とか「積極的平和主義」を広言するが、どうも安倍首相は日本語の意味がよく分からずに、ただ祖父・岸信介の言動をうのみに盲信暴走しているようだ。

岸によれば「政治家はいわゆる大衆より数歩前進しているものだ。これが望ましい形だ。大衆への指導力を持たなければ、政治家としてはダメだと思う」と。しかも「日本国民は全体として乱を好まない民族だと思う。非常に保守的ですよ。変革を好まないというのが、日本の大衆の基本的な性格と思う」と指摘。

また岸は、憲法改正についても「今日の日本の沈滞や各方面における自立性の欠知の根拠は現在の憲法にもあるので、新たな憲法をつくろうという考えがだんだん盛り上がってきて、改憲の時期が近づいているように思う」との、超右派政治家の思惑をあけすけに語っている。（『岸信介証言録』毎日新聞社刊、Ｐ３３７～３３９と３３３）

安倍首相の祖父・岸による日本社会の構造基本認識に関連して思うのは、昨年10月に、矢部宏治著『日本はなぜ、「基地」と「原発」を止められないのか』（集英社）が出版されて、11月7日にジュンク堂那覇書店で刊行トークイベントが開催された。そしてトークセッションでは、共通テーマとして「辺野古ってなに？沖縄の心は一つ」という沖縄の問題点と課題について、矢部宏治著者、仲里利信現衆院議員、島袋純琉大教授、徳森りま　島ぐるみ事務局員らが、各自の立場から報告があった。

ちなみに沖縄側からヤマト社会の現状を観察すると、自民党安倍政権になってから集団的自衛権行使の閣議決定や原発再稼働容認など、まるで大型台風襲来の天気予報のように暗雲立ち込めているのに、かどわかしの推進派、賛成派の他に、不特定多数の無関心派が多くて、子どもや孫たちの将来を考える人たちに不安感を与えている。とりわけ沖縄戦で悲惨な被害を受けた沖縄からの危機感が強い。

そこで仮に、安倍首相が集団的自衛権行使の意図で派遣した自衛隊が、海外でドンパチ戦争を始めたら、相手国から倍返しの反撃で原子力発電所が全面攻撃を受けて、全国的に広島・長崎の原爆被害以上に放射能が蔓延して、皮膚感覚で身の危険を感じないと原発推進派、賛成派、無関心派や自民党安倍政権支持の有権者などは、

「まさか、こんなはずではなかった」と惰性の夢遊病から目が覚めないのでは――と。ヤマト社会の右傾化風潮に危機感を覚えて、矢部宏治著者へ手紙を差し上げたけど返信はなかった。

当方は辺野古新基地問題の早期解決の処方箋として、翁長県知事を誕生させた沖縄民意パワーとヤマトゥンチュや外国人らとの連帯共闘で、高江・辺野古新基地建設を完全に中止させるためにキャンプ・シュワブゲート前や、海上におけるカヌー艇（現在「辺野古ブルー」と呼称）の「辺野古埋め立て阻止」の抗議行動者に対して、安倍政権容認でゲート前で警官隊の不当拘束や、海上のカヌー艇に海上保安官らが暴言を吐き身柄検束や、巡視船でカヌー艇へ強引に衝突ひっくり返す危険極まりない暴行でけが人が続出している実態を、素早くアメリカ政府と上下両院議会や国連およびロシア、中国、ヨーロッパ各国政府と、マスコミなどへ文書で通報し、国際的に世論を喚起して辺野古新基地作業を日米両政府に中止させるために、「辺野古基金」を活用して告発文書を大量に送付できる態勢を確立する、両面作戦を考慮実施すべきではなかろうか！　この文書活動は、県内外の連帯行動者の熱い信念にもとづく意思統一と、沖縄におけるゆるぎない島ぐるみ闘争の実像を後世へ伝達する、貴重な歴史的足跡記録にもなるのではないか？

最後に、翁長雄志氏が県知事選に立候補した時に「選挙公報」に掲げた「公約」を県民の立場からよく認識して、翁長県政の支持・協力の輪を広げる共通目標にしてはどうか！

☆翁長知事の「公約」として、３つのＮＯとは――

①新基地建設・オスプレイ配備ＮＯ！
②不当な格差にＮＯ！
③原発建設にＮＯ！

☆そして、翁長知事の県政構想の10のＹＥＳとは――

①アジア経済戦略構想の実現
②次世代型交通ネットワークの構築
③こども環境日本一の実現
④沖縄発オリンピック・パラリンピック選手の育成支援
⑤地域・離島・こども元気創造基金の創設
⑥市町村との連帯・住民目線のまちづくり
⑦クルーズ、船バース増設整備・母港化推進
⑧環境共生アイランド・再生可能エネルギーの推進
⑨Ｊ１対応サッカー場とブールパークの整備
⑩「しまくとぅば」の保存、普及と継承

以上、翁長県政の公約を貫徹させて、米軍基地のない平和で誇りある〝美ら島〟沖縄社会を実現させたいものだ。

なお、参考までに以下の書籍を、ピック・アップしておきたい。
目取真俊著『沖縄「戦後」ゼロ年』NHK出版新書
前泊博盛著『沖縄と米軍基地』角川書店新書
佐高信×魚住昭　対談集『だまされることの責任』高文研
『けーし風』（季刊第85号2024・12）
☆特集「2014沖縄の選挙――県知事選をふり返る」
『世界』臨時増刊「沖縄 何が起きているのか」岩波書店
『週刊 金曜日』（2015年5月15日）
☆特集「戦後《ゼロ》年の沖縄」
国分功一郎著『来るべき民主主義――小平市都道328号線と近代政治哲学の諸問題』幻冬舎新書
高橋洋一監修『ニッポンの変え方おしえます――はじめてのレッスン』春秋社

（「樹立する会」幹事）

八重山地区教科書採択問題
―国民保護法下での国防意識形成がねらい―

安良城　米子

２０１１年の八重山地区教科書採択問題は、ことの発端は玉津博克石垣市教育長（当時）が主導して、「改革」と称して、調査員による順位付けを廃止、選定時の無記名の投票の導入など手続きの大幅変更を図った規約改正にある。政府による自衛隊配備で問題になっている八重山において、その教育長が規約を変更してまで育鵬社（扶桑社の１００%出資の子会社）の教科書を採択することに固執するのはなぜか。その裏には国民保護法に基づく国民保護計画策定の動向から、国防問題があると推測される。

２００４年に成立した国民保護法に基づいて、各自治体は国民保護計画の策定が義務付けられ、同時に各都道府県・市町村国民保護協議会が設置される。協議会の委員には各都道府県や市町村の教育長も参加し、自衛隊関係者も参加する仕組みになっている。石垣市では

2003年、保守系の市長が誕生し、その市長により、現職の校長であった玉津博克氏が教育長に任命された。国民保護法の規定で教育長ポストは直接的に防衛関係にタッチするポストである。

中山義隆現市長は、以前、八重山で開催した講演会の講師に田母神俊雄元航空幕僚長を呼んだこともある。玉津氏はこの市長による教育長ポストへの〝抜擢〟である。教育長は自分自身何を期待されているか十分理解していたでしょう。その期待に応えるため「使命感」と「責任感」をもって「手続きの変更」という行動に出たのだろうと思われる。玉津教育長は県内の平和教育を「戦争への嫌悪感で思考停止」と評した。このような平和教育批判は、尖閣問題や憲法改正への動きと連動している。

それらの動きについて、識者は八重山教科書採択問題は、自衛隊の南西地域配備や自国の軍隊保持など中国に一番近い八重山から世論を変えることで自衛隊配備の風土、自衛軍保有の空気を作る狙いがある。尖閣や陸自配備の問題もあり先島地域がいろんな意味で政治的に狙われている。単なる教科書採択の問題ではなく、安倍政権の「戦争のできる国」づくりへの国家像が背景にあると分析している。

それにはまず、政府は日本国民が自己の防衛に責任を感じるような気分・防衛意識と自己防衛の自発的精神を教育によって、特に将来的に防衛を担うと考えられる青年層をターゲットに絞って、学校教育の中で教科書記述をとおして国防意識を育成していくこと。その過程で育鵬社版の教科書は国防問題の世論作り、国防意識の育成に役立つということである。つまり育鵬社版教科書の採択を目論む背後には、教科書を通して、国防意識育成のための愛国心涵養と戦争の悲惨さの記憶除去が主要な狙いであると言えよう。「国防」という防衛問題の大きな流れの中に教科書採択問題がある。

政府の国防意識の育成の経緯を見ると、まず1961年、自民党国防部会が「防衛体制の確立についての党としての基本方針」を決定した。自衛隊の強化や国家総動員体制確立が目指されており、国民の防衛意識の高揚や民間防衛体制の整備、防諜法の制定などが謳われている。1962年には防衛庁が文部省に対して、愛国心と国防意識育成、自衛隊・防衛庁を若者に認知させるよう教科書の改善要望を行なった。その翌年1963年には有事法制の原型というべき「非常事態措置諸法令の研究」が自衛隊制服組によって研究された。そして同1966年には、中教審が「期待される人間像」を発表。1967年に灘尾文相が「小学生にも国防意識を」と発言し、佐藤首相、増田防衛庁長官等が支持を表明した。冷戦構造の中で日本がアメリカと同盟関係を強化し、特に安全保障で、共同歩調をとり、軍備拡張を進めていくにあたって、国民にそれを支える意識、防衛意識の育成は学校教育の中で若者たちに焦点を当て着々と進められてきたことがわかる。国民の意識形成は学校現場において教科書記述をとおして行うのが実効性が高いということだ。

２０１０年の新防衛大綱が南西諸島の「動的防衛強化」を打ち出して以来、尖閣諸島問題に象徴されるように、沖縄は日米中の軍事的緊張の最前線に立たされている。南西諸島における軍事強化の結果、武力紛争が発生し、政府が想定した着上陸等による武力攻撃事態は現実におこりえる状況になった。そうなれば沖縄における国民保護法の実施は、実質的に民間人の戦場動員ということになり、沖縄戦の悲惨な状況の再来は絵空事ではないだろう。まして沖縄本島より小さい離島で地上戦が起きた場合、住民の被害は沖縄本島のケースを上回るだろう。住民は日米両軍に対して協力させられ、指定公共機関に指定された輸送業者などが戦場での武器弾薬運搬の任務につかされることは想像に難くない。

沖縄戦から70年。沖縄戦で甚大な被害に遭った沖縄住民は、沖縄戦の最大の教訓として、軍隊は住民を守らない。それどころか直接殺害したり死に追い込むものだということを学んだ。教科書採択がこれほど問題化したのは、国民保護法などの有事体制の整備など戦時総動員体制がつくられつつあることを皮膚感覚で感じているからであろう。

（大学非常勤講師）

「沖縄ファン」ヤマトに増やそう

小村　滋

一、映画「圧殺の海」を見て

■ほぼ満席

1月16日、映画「圧殺の海　沖縄・辺野古」を見に出かけた。朝10時、上映会場の大阪・十三《じゅうそう》シアターセブンのある栄町商店街はまだ前夜の余韻を引いた感じで人通りもない。映画館のあるサンポードビルのエレベーターに乗ったのは私一人。開演間近だからか、観客が少ないからか。

5階でエレベーターが開くと、すぐ前に受付嬢が立っていた。シニア料金1100円を払って、すぐの部屋に入ろうとした。あれ、誰もいない。客はオレ一人かぁ。「あぁ、そこは別の映画です。こちらですよ」受付嬢の声が導く方に入った。黒いカーテンを開けると、小さな部屋に、ほぼ満席の観客の視線が一斉に私を見たように思った。「こんなに沢山の仲間がいる」私は、会場に暖かいものがあふれている気がした。ひとり一人、数えたら35人。空席は10個ほどしかなかった。

■住民の側から

映画は、安倍政権が昨年7月から辺野古に着工、これを阻止しようとする住民を圧倒的な力で押さえこむせめぎ合いを描いた。カメラはいつも住民の側にいた。キャンプ・シュワブのゲート前で機動隊と揉み合うときも、海にカヌーで漕ぎ出して海保のボートに追い回され海に投げ出されたときも、カメラは住民の側から、海の中から、当局側を捉えていた。

そして11月の沖縄知事選、12月の総選挙で沖縄4選挙区とも辺野古反対の「オール沖縄」が勝ったにも拘わらず、安倍首相ら閣僚は、面会を求める翁長・沖縄知事に会わなかった。映画は、選挙結果について菅官房長官が「辺野古は粛々と進めるだけ」と鉄仮面のような表情で語るのを映し出していた。

また映画は85歳の辺野古住民・島袋文子さんが圧倒的な存在感で舞台回し役を務めた。島袋さんは15歳の時に体験した沖縄戦の語り部でもある。スクリーンの島袋さんの隣に平良悦美さんを見たとき、私は座席から手を振りたい気分だった。

■広がる応援

映画が終わって、私は興奮を胸にエレベーターホールに出た。他の30人余も恐らく同じ気分だったろう。「昼食でも一緒しましょう！わざわざ和歌山から来た人を何もなしで返すわけにはいかん」ちょっと恰幅のいい男性が、背の低い日焼けした男性に話しかけていた。大きな声が、映画の興奮の余韻を表していた。「和歌山はどちらですか」「海南です」と二人の問答。私もエレベーターに一緒に乗り込んだ。和歌山かぁ、私も和歌山県の端っこにいた、昼食を一緒したい、と申し込もうか、いやいや見ず知らずが割り込んで邪魔してもなぁ。結局、私は遠慮した。しかし胸に暖かいものが湧いた。

この映画上映を知ったのは1月6日付の朝日新聞夕刊だった。16日まで、とあった。翌朝、上映時間を問い合わせて電話した。２、３度かけたが話し中で繋がらなかった。次の日、かかった。女性の声で「反響が多いので2月6日まで上映を続ける」という。フーンと思ったが、ホントだったのだ。ヤマトンチュウも捨てたもんじゃない。いや沖縄の民意を露骨に敵視し無視する安倍政権の態度が沖縄びいきをふやしているのかもしれない。ヤマトンチュウは元来、判官びいきなのだ。巨人・大鵬・卵焼き人種も多いが、弱い阪神や広島ファンも多いのだ。

■ささやかな初夢

1月30日の朝日新聞夕刊に、沖縄県に「ふるさと納税」する人が増えているというコラムが掲載された。例年、1月は一桁しかないのに今年は21日までに96件４７１万円余が送られてきた。安倍政権の沖縄への対応に対し、「ささやかながら沖縄を応援したい」との声が県税務課に届いているという。

沖縄の大村博さんからの年賀状に「日本の平和と民主主義の展望は沖縄から生まれると言ってよいでしょう」とあった。その前段には、保守やら革新やら古い枠組みを破って、反基地・反辺野古に結集した「オール沖縄」が、昨年の選挙で全勝したことが誇らしげに書かれていた。大村さんは、昨年8月に設立された「琉球・沖縄の自己決定権を樹立する会」の代表幹事の一人だ。「樹立する会」は、沖縄の非武の伝統に基づき基地のない島、東シナ海を平和と共生の海とし、沖縄に国連アジア本部の誘致をめざすという。私も、この会に入れてもらった。新宮の「くまの文化通信」の仲間にも入会希望者はいる。沖縄のささやかな応援団は確実に増えている。これが「本土」に平和と民主主義の展望を開くことに繋がり、大村さんの年賀状の予言が実現するのだ。２０１５年の初夢でもある。

（２０１5年2月5日　小凡記）

★小凡はペンネーム。小村滋さんは元朝日新聞新宮支局長。退職後、和歌山県新宮市で「くまの文化通信」というミニコミ紙を発行。昨年夏廃刊。だが、一昨年から昨年にかけて一年間沖縄からの通信を執筆していた、新宮市出身の平良悦子さん（平良修牧師のおつれあい）に叱咤され、どうらや再出発するようです。

この通信は、再出発にあたっての決意の文章のようです。

小生＝大村は、昨年（２０１４年）12月20日大分県に招かれる機会があり、琉球・沖縄の「自己決定権」について思うところを語り、意見交換してきました。ヤマトの方たちと交流を深め、理解者を少しずつでも増やしていくことが、近未来に大きな民衆連帯に繋がっていくことを念願して…。

二、辺野古の現実は――
映画「圧殺の海」を見て

2月5日、「気まま通信」メールを20人ほどに送ったら、映画にも登場する平良悦美さんから、その日のうちに次のような返信が来た。映画の背後の、現場の状況を生々しく伝えている。

■悦美さんからのメール

今日は在宅していて、（一週7日のうち2日は在宅というリズムで辺野古に行きます。）メールを読みました。島袋文子さんに続いて、3人目に救急搬送されたのが私でした。

脳震盪。でも3日目になって具合が悪くてまた受診したら、頸椎捻挫の診断でした。一昨日には6人目が救急搬送されました。

海での海保の暴力にあっている仲間たちは、泣き寝入りすまいと、3人が刑事訴訟を起こしました。肋骨骨折、頸椎捻挫、手首捻挫。

外洋沖合まで曳航して放置するというカヌーメンバーたちへの暴力も問題にしなければ。沖縄県の第三者委員会が動いている間は作業を中止するようにと知事が要請したにもかかわらず、日増しに横暴になります。リーダー格の男性（山城博治・沖縄平和運動センター議長）をねらって、集中暴力があります。昨日は路面に叩きつけられていました。その後は腕を逆手に捩じり上げる。

ただ現場に参加するだけではなくて、その状況を注視しておかねばと、私は思っています。圧殺の海の監督のカメラを奪おうとする横暴もひどかったです。

沖縄ファン様たちへ

少しは基地を沖縄から分担引き受け始めの展開を見せ

てくれないかなあ。沖縄を日本の軛から解放してくれないかなあ。こちらから見ると、あの国（日本）はひどいねえ。

ではまたお元気で。悦美

■報じられない辺野古

ヤマトの新聞・テレビの沖縄報道はわずかだ。辺野古基地工事で安倍政権の家来たちが暴力の限りをつくしていることは報じられていない。私はそう考えて「映画『圧殺の海』を見て」を送り始めた。だが2月12日の朝日新聞朝刊に要旨次のような記事が載った。

辺野古反対運動で負傷者が続出したとして抗議しているのは「サッカーで大げさに転んでけがをしたように見せかけているのと同じだ」と沖縄の米海兵隊報道部の大尉がメールを英国人記者に送ってきた。英国人記者が1月に英字紙ジャパンタイムズに掲載した記事への感想らしい。英国人記者はそれを2月10日付ジャパンタイムズに再び書いた。朝日新聞は英国人記者から取材した後、在沖米海兵隊に「大尉のコメントは海兵隊の公式見解ではない」と言わせて記事は終わる。

国内問題に英字新聞の引用でなければ書けないのは辛いが、記事が載ったのも映画「圧殺の海」の影響もあるのではないか。

2月13日「気まま通信」送信先の一人、川口重雄さんから「辺野古で今なにが」と題するメールが送られて来た。趣旨は私の「気まま通信」と同じで嬉しい。沖縄人の芥川賞作家・目取真俊さんのブログ「海鳴りの島から http://blog.goo.ne.jp/awamori777を見るよう推薦している。辺野古の現実を日誌風に綴っている。

■列島ぐるみ沖縄化

いま安倍政権は「イスラム国」人質事件に悪乗りして軍国化、憲法改正、国権主義をむき出しにしてきた。メディアはその戦術に乗せられている。

しかし沖縄の米軍基地は、この問題に直結している。ベトナム戦争はもちろん、２００３年ブッシュ大統領のイラク戦争の時も、米軍は沖縄から出撃した。今回の「イスラム国」人質事件は、イラク戦争に日本が後方支援したことに端を発している。イラク戦争の「大義」は、直接にはテロとの戦いではなく、フセイン政権が大量破壊兵器を持っているという虚報に基づくものだった。

イラク戦争の時も、沖縄では米領事館に抗議行動をした。いま辺野古で機動隊、海保、防衛省、安倍政権と対決しているのは、ずっと輪の広がった「オール沖縄」だ。この道しかないと絶叫する安倍政権を止めるには、旧来の保革の枠を超えた「列島ぐるみ沖縄化」だろう。悦美さんの「沖縄ファン様たちへ」はそう言っているように思えた。

■東京でも上映開始

映画「圧殺の海」は、東京では2月14日からポレポレ東中野で、名古屋は2月28日からシネマテークで上映。ネットで「森の映画社　札幌編集室」を検索すると、上映時間まで載っている。大阪のシアターセブンは上映を2月一杯に延期した。

（2015年2月13日　小凡記）

三、大切にしたい　沖縄の歴史的な民意

2月に2回出した「『圧殺の海』を見て」に対して「私も沖縄ファン」「君の思いが伝わってきた」という反応の他に「沖縄の米軍基地を縮小したら尖閣を巡る抑止力にならないじゃないか」「北からミサイルが飛んできたら」という声もあった。

後者の反応は「くまの文化通信」の読者ではなかった人たちだ。同紙には3年間「沖縄だより」を乗せ、私は2013年3月には沖縄を訪れ、平良悦美さん夫妻の案内で大村博さんら数人にインタビュー、基地や沖縄戦跡を歩いて4月号は沖縄特集とした。重複にはなるが、もう一度書こう。

■東シナ海を共生の海に

大村博さんは1941年那覇市生まれ。東京で大学院まで卒業し37年間暮らした。差別された体験を胸に故郷に帰り、沖縄と琉球人のアイデンティティを考え続けてきた。その結果、昨年8月23日仲間たち約70人で「琉球・沖縄の自己決定権を樹立する会」を発足させた。大村さんは幹事代表の一人である。

同会は、アジア近隣の住民たちと仲良く交流し、東シナ海を共生の海とし、沖縄に国連アジア本部誘致を目指す。もちろん戦争放棄の日本国憲法を守り、基地のない沖縄を唱う。

この発想は沖縄と日本、中国の長く複雑な歴史からきている。琉球王国時代の1609年、薩摩・島津氏は軍船100隻余に兵3000人で沖縄に侵攻した。明に朝貢していた琉球は抵抗したが、戦国時代を経て鍛えられた島津にかなわず敗退。尚寧王らは捕虜同然に2年間薩摩に抑留され、忠誠を誓う起請文を書かされ、奄美諸島を割譲した。王国は武装解除され、琉球の士は刀を帯びることはなくなった。

明治政府は琉球国王・尚泰を琉球藩王とし、その後、廃藩置県にしようとした。しかし尚泰は応じず、1879年、兵と警官500人を派遣、「琉球処分」と称して琉球王国を解体、沖縄県を置いた。この時は朝貢していた清に救援を要請したが、清に余裕はなかった。

日清戦争後、明治政府は皇民化を強め、沖縄戦の悲劇となった。米軍占領下を経て1972年、沖縄は日本に「復帰」した。それから43年、沖縄には相変わらず米軍基地の75%がある。昨年の知事選、衆院選沖縄4選挙区の結果は、辺野古基地建設反対の民意を示した。薩摩の侵略から数えて405年、「琉球処分」から135年、沖縄の歴史的な意思表示である。

■共生の歴史に参与したい

平良悦美さん夫妻は、いま共に80歳代。東京で学生時代に知り合い、結婚して夫の平良修さんの故郷の沖縄に来た。修さんは復帰6年前の1966年11月2日、アンガー高等弁務官の就任式の自由祈祷の牧師に選ばれ、その席で「あなたが最後の高等弁務官になるように……」と祈った。大変な騒ぎになり、沖縄の新聞はもちろん、本土の新聞も社説などに取り上げた。

悦美さんは、04年から辺野古に通い続け、08年5月「73歳カヌーの抵抗」の見出しで朝日新聞に掲載された。前回通信に書いた通り、今も辺野古の現場に立つ。悦美さんが新宮で生まれ育った縁で、わが「くまの文化通信」に「琉球から南風」を1年間連載して頂いた。その最終回が2013年4月号の沖縄特集に載った。感動的な締めくくりを紹介――

「私の沖縄生活は54年になる。『50年やそこら暮らして何がわかるか』と言われている。『無念の続く歴史記憶』は私のDNAには滲みていない。私は植民者の日系人である。これは逃れられない事実である。私はそれを超えたいと祈る。共生を破壊する状況には抵抗しよう。人間がつむぐ歴史に、私も一人の人として参与したいと思うのである。ただそれだけ。」

大村博さんの「自決権の会」にいたる歴史と平良さん夫妻の生き様を見た上で、2015年選挙の沖縄の民意を知れば、辺野古反対は当然と私は思う。百歩譲って尖閣を巡る抑止力論に応じても、自衛隊と日米安保（普天間抜きでも）がある現状で十分ではないか。自衛力以上の軍事力を求めれば果てしない軍拡競争になり、戦争放棄の憲法九条の精神に反する。

■説得か包囲網か、新たな動き

前回の通信以降も、安倍政権は反対運動リーダーを逮捕したり、ボーリング調査を強行したり、埋め立て準備を急ぐ。一方で、翁長沖縄知事の面会要請をひたすら拒む態度は変わらない。こうした事態に最近、安倍政権への説得とも包囲網ともとれる新たな動きが目につく。

まず自民党・二階総務会長の訪中、訪韓だ。二階氏は和歌山3区、新宮市まで熊野を選挙区とする。今や絶滅危惧種の、オールド保守生き残りとされる。首相親書も運んだという。

続いて独メルケル首相の来日。第二次大戦を闘った隣国フランスとの蜜月ぶり、福島原発事故を教訓に原発全廃に踏み切るなど全て安倍政権とは対照的だ。新聞社後援の講演会に出演して言動もハッキリしている。

翁長沖縄県政もワシントンに駐在員を置いて、米国に直接働きかける構えだ。大村博さんは「恐らく沖縄の文化〝非武の精神〟を伝えに行くんだと思う」という。

丁度ここまで書いた時、「シンポジウム　琉球弧の自決権を考える」を4月11日に浦添で開くとの封書が大村博さんから届いた。

（3月17日　小凡記）

☆おことわり　歴史に関する記述は『琉球・沖縄の歴史と文化』（新城俊昭・沖縄歴史教育研究会代表）を参照しました。

四、万国津梁の心　海の架け橋に

ハイサイ　ハイタイ　グスウョー　今日拝ナビラ！（皆さん、こんにちは）

琉球・ウチナー（沖縄）は1609年の薩摩藩による侵略以来400余年、ヤマトの一方的な支配に呻吟してきました。とくに明治維新ではヤマト民族への民族浄化策が武力を背景に断行され、日本国へ強権的に併合されました。

今、歴史の経緯はともあれ、日本社会にはアイヌ民族、ヤマト民族、琉球民族、在日朝鮮民族の四つの民族集団が暮らしております。日本国が平和と民主主義を目指すというなら、これら四つの民族集団間の〝共生関係〟が成り立っていく希望が見えるはずですが、現実はそうではありません。ヤマトゥンチュ（ヤマト人）の中にも素晴らしい人たちがいることをあえて承知の上で、しかしそれでもマジョリティーであるヤマト民族によるマイノリティーの他の三民族に対する蔑視ともいえる〝差別構造〟が厳然として存在していることを指摘せざるを得ません。

「民意」無視する安倍政権

私たちの郷土沖縄では辺野古新基地建設をめぐって、「民意」は安倍政権によって完全に無視されております。問答無用の態度です。その差別の中から、〝オール沖縄〟という新しい闘いの枠組みが生まれ、「琉球民族の自己決定権」が打ち出されるようになりました。

翁長雄志新知事を誕生させた私たちは今、しっかりとした地歩を築きつつあります。後世に「あのとき歴史が動いた」と言われるでしょう。

武器ではなく、三線《さんしん》でアジア太平洋の国々と平和共存してきた琉球民族の厭戦非武のうむい（思い）、万国津《しん》梁《りょう》、命《ぬち》どぅ宝を、今こそ内外にアピールし、国連や世界のウチナー・ネットワークをバックに、琉球弧を基地の島から平和発信の島に変えたいと思っています。

4月11日、那覇に、69人

4月11日、以上の趣旨で「琉球弧の自己決定権を考える」シンポジウムが開かれました。参加は69人。

開会の挨拶で、「琉球・沖縄の自己決定権を樹立する会」幹事代表の石原絹子さんは「私たちウチナーンチュは長い間自己決定権を奪われてきた。私たちにも奴隷根性があった。しかし、政府の沖縄差別を受け続け、これ以上は我慢できないということで県民の総意として〝オール沖縄〟が生まれた」と訴えました。

２０１４年９月に先住民族に関する国連総会に出席してきた糸数慶子参院議員は「２００７年、国連先住民族権利宣言で先住民族の権利として自己決定権（３条）と軍事活動は行なわない（30条）は特に重要と話し、それが実現すれば沖縄に基地を押し付けることができなくなることから「日本政府は沖縄の先住民族性を否定している」と指摘しました。また糸数さんは「世界の先住民族同士の協同の力による問題の解決」が重要とも指摘し、琉球の万国津梁の再現こそが「沖縄発展の鍵だし、平和の島に基地は要らない」と挨拶しました。

また糸数さんと一緒に参加した当真嗣清さんは「琉球の文化は卑しい、琉球人は劣っている」というのが多くの日本人の見方と述べ、これを跳ね返すためにも「国連を活用していく」ことが重要と指摘し、日本もアメリカも「政府は信用できない」と訴えました。

続いてシンポジウムに入り、まずコーディネーターの大城尚子沖縄国際大非常勤講師から、この問題を考えるにあたってはＩＬＯ第１６９号条約と国連先住民族権利宣言が重要との指摘と共に「先住民族の文化が大事」と問題提起しました。

先住民の自決権は「生来の人権」

最初に石川元平幹事代表から戦後70年の沖縄の闘いの概略が述べられた後「日本政府は対米従属だ。その根を断ち切るためにも沖縄から発信していくべき」と提言。これを受けて琉球新報社の新垣毅解説委員が「国連では先住民族の自己決定権は生来の人権と認識されている。政府などから受ける分断やさまざまな圧力を乗り越えるためにもウチナーンチュの共通の記憶を持つことが重要」と強調しました。当真嗣清氏は「47都道府県で自己決定権を回復できるのはもともと独立国だった沖縄だけだ」と呼びかけ、国連の先住民族会議の特別報告者を沖縄に呼ぶ活動に力を注ぎたいと提起しました。

フロアからは「どうしたら沖縄が平和に繋がっていけるのか」との質問が出ました。これに対し幹事代表の一人、大村博が閉会の挨拶で「この会を立ち上げるとき、樹立する会にするか、確立する会にするか名称で迷ったが、結局樹立する会に落ち着いた。理由は東シナ海を平和な海にしていかない限り沖縄に平和が訪れることは望めない。だとしたら、私たちの先祖がしてきたようにアジア諸国や民衆と仲良くしていくことに尽きる。〝万国津梁〟や〝命どぅ宝〟を信条としてきた琉球の歴史や文化こそがその処方箋として役に立つ。触媒の役割を果たしていける。それはアジアにおける新しい国際情勢をつくることであり、〝樹立する〟が当を得ていると判断した」と答弁しました。

（4月19日　大村　博・記）

【注】万国津梁の鐘　明に朝貢していた尚泰久王の時代に首里城正殿前の梵鐘に刻んだ銘文に「琉球国は南海の勝地にして、三韓の秀を鍾《あつ》め、大明を以て輔車《ほしゃ》となし、日域を以て唇歯《しんし》となす。この二中間にありて湧出する蓬莱島なり。舟楫を以て万国の津梁となし…以下略」と琉球の気概を示した。（読み下し文は『琉球・沖縄の歴史と文化』沖縄歴史教育研究会発行から）　＝編集部

届け！沖縄のナマの声（小凡）

私は、インド旅行（3月21～31日）に出かける前から、このシンポ原稿を大村さんにお願いしていた。辺野古移設に反対しない人たちは、琉球人が先住民であることを理解してないからだろう、と考えたからだ。沖縄は近代に武力で植民地化され、独自の言語・文化を持ち、国連から2008年10月に「先住民としての権利を回復するよう」日本政府に勧告が出ている。そのことを知らないヤマトゥンチュが多いのではないか。安倍政権は辺野古問題では、普天間の危険性除去しか言わない。歴史も先住民問題も言わない。自国に先住民を抱え、人権問題に熱心なオバマ大統領も沖縄については言わない。恐らく

知っていても言えないのだ。

私が帰国後の4月、事態は予想以上に動いていた。大村さんから4月18日付け琉球新報と沖縄タイムスが送られてきた。安倍首相と翁長知事の会談を報じていた。「新基地絶対造らせない」など両紙とも二段ぶち抜きの一面トップ。それに引き換え、中央各紙は寂しい。安倍自民党のマスコミ操縦術に絡め取られるメディアが気がかりだ。

沖縄2紙で目を引いたのは辺野古基金に1週間で4600万円集まったという記事だ。大半が県外から。沖縄人が県外から送ったのも多いだろうが、ヤマトゥンチュにも沖縄に心を寄せる人が多いということだろう。米国の新聞テレビに意見広告を出すという。

アジぶら後記

題字を「アジぶら通信」とした。「アジアぶらぶら通信」を縮めたものだ。日本文化の源流を探る、という大目標の発端となった琉球先住民の問題から離れられない。中国と朝鮮を抜きにして日本文化は語れない。そしてインド旅行で思い知ったのが、インドもまた日本文化の源流の一つということ。「ぶらぶら」は私の性格を表している。1カ月に1回を目標に「アジぶら」なことを書いて行きたい▼安倍政権が得意とする民意の無視について最近面白い話を知った。楚漢戦争を扱った『項羽と劉邦』という中国製ビデオを見ていたら、項羽のオジ項梁が秦との闘いで倒れ、「民意に逆らって天下は取れない。最強の力は己にはなく、天下の民の中にある。これを必ず項羽に伝えてくれ」と言い残す。『史記』『楚漢春秋』を元にしたストーリーだから中国古代にそういう思想があったのだろう。さて安倍さんは？習さんは？朴さんは？

琉球民族とアイヌ民族の連帯と民族自決権樹立

大城信也

出会いが私の進むべき道を拓いてくれた！

私はこれまで多くの友人知人と出会い、影響を受け合って生きてきたが、特に高校時代のアメリカンメッセージフォークと「復帰」後のヤマト（日本）旅の途中で交流したアイヌ民族との出会いが私自身の生き方を拓いてくれた。

私は琉球弧奄美諸島の喜界島で生まれ奄美「日本復帰（1953年）」の前年（1952年、沖縄はサンフランシスコ講和条約で日本から切り捨てられ、日米安保条約で米軍占領継続される）、4歳の私は母親の郷里海人の町糸満に帰沖、しばらくして母は那覇平和通りで魚売りをする。

私は小中高時代、那覇市安里（今のモノレール安里駅近く）で過ごした。近所の小学生の頃、軽便鉄道の約1メートルの線路のきれっぱしを見つけたので友達と壺川のくず鉄屋に売っておこずかいを稼いだ。

中学生の頃、早起きした時は栄町飲み屋街の通りを地面を見ながら歩き1ドル札や10セント5セント玉を見つけ、交番に行かずポケットに入れたまま登校する生徒であった。

ひめゆり通りの4月28日の夜は与儀公園から国際通り・立法院までのデモ行進の通り道で真剣な顔で沖縄を返せ（最近は沖縄に返せと歌われている）を歌ったりジグザグデモをする小中高時代の担任の先生たちを見つけるのが楽しみであった。

私の高校時代（1964年～67年）は、世界中でビートルズやアメリカンフォークソングが大流行で、沖縄でもビートルズはもちろん、ベンチャーズや和製ポップスとGSそして、フォークソングが大流行であった。

放課後、私たちは教室に残ってPPMやジョン・バエズのレコードを聴いたり、皆で歌ったりの毎日であった。

そんなある日、私はボブ・ディランの「風に吹かれて」とピート・シーガーの「花はどこへ行った」の日本語歌詞をじっくり読んだとき凄い衝撃と感動を覚えた（好きなフォークソングの中でもこの2曲は特に感銘した）。

いつになれば人間は人種差別をやめるのか　いつになれば戦争のない世界は来るのか　その答えは風の中にあるとデイランは歌い。花を摘んでいる娘はどこへ行った娘は彼氏のもとへ　若者は戦場へそして今、彼らは土の

中　墓の周りには花がいっぱい咲いている　娘が花を摘んでいる　娘は若者の元へ　若者は戦場へ…このエンドレスソングは、この地上から戦争がなくならない限り終わらないとピートは歌っていた。当時、私はギターを抱えてフォークを歌えば女子に好かれるというミーハー気分でフォーク同好会をやっていたがこれからは真剣にフォークソングに向かい合おうと心を入れ替えて歌うことにした。

私はアメリカのフォークソングは黒人たちの人種差別反対の公民権獲得運動やベトナム反戦運動の中から生まれた歌だということをその時初めて知ったのだ。

同時に、私が生まれる前（私は１９４８年2月3日生まれ）からある米軍基地は単なる風景で何も感じなかったが、その時から、この沖縄の米軍基地から飛び立つ戦闘機Ｂ52がベトナムの人々を殺しているのだ。何もしないことはベトナムの人々を殺すことに手を貸すことになるのだ。私たち高校生も先生たちと一緒に4・28デモ等に参加しようと思い初めてデモに参加したのは１９６６年の教公二法反対デモであった。つまり、私が基地のない平和な沖縄で皆仲良く暮らしたいと思うようになったのは高校時代のフォークソングとの出会いからである。

○もうひとつの出会い

私の大学時代の楽しみは夏休みに全国各地にいる高校時代の友人宅に泊めてもらい旅をしながら全国各地のフォークコンサートを見学することであった。沖縄からのお土産のポーク&卵焼きをつまみながら沖縄と日本の違いなどを諸々ユンタクしたもんだ。印象深い出来事と言えば、九州や北陸・関東等にいる友人たちと銭湯に行くたびに大和人から君たちはアイヌか琉球だろうと言われたことである。

70年安保廃棄に向け、１９６８年から69年にかけて全国各地で反戦フォーク集会が開催された。

沖縄でもべ平連（ベトナムに平和を！市民連合）の関係でインターナショナルフォークキャラバンが70年夏に開催されることになっていたがピート・シーガーと岡林信康のパスポートがおりず実現しなかった。

私も69年春休みに東京新宿の西口地下鉄広場で行われたべ平連のフォークゲリラに参加した時、沖縄でも実現したいと強く思い１９７１年の全沖縄フォーク同好会（後の沖縄フォーク村）に加入した。

60年代、沖縄・琉球人民の多くが平和憲法のあるヤマト（日本）へ「復帰」したら沖縄から基地も米軍の抑圧もなくなると思い「日の丸」を振って（君が代は歌わなかった）「復帰」運動に参加したが、佐藤・ニクソン会談（1969年）で「核付き沖縄返還」が沖縄・琉球人民の声を無視して一方的に決まってからは「昭和の琉球処分」＝ヤマト（日本）による琉球再併合に反対する真の「復帰」運動へと島ぐるみの闘いを展開（真の復帰とは何か）したが、結局は1972年5月15日の大雨の日、日米政府による「沖縄返還」が強行された（大衆的な復帰運動の総括が未だになされていないのは残念だ）。

私自身は「復帰」前年（1971年）にオリジナル曲〝我ったぁ島ウチナァー〟という「復帰＝再併合」反対の歌を創作し沖縄フォーク村の仲間たちと活動した。

1972年8月泉谷しげるをゲストにむかえて第1回全沖縄フォークキャンプ（恩納村インブビーチ／フォーク村主催）開催後、私と佐渡山豊、北炭生、かんくろうの4人はエレックレコードからの誘いを受けて上京し東京を拠点とするフォーク活動を行う事となった。

4人ともそれぞれの思いを持ってヤマト（日本）での活動をした。私は沖縄の「日本復帰」は沖縄・琉球人民が望んだものではないことをアピールするためにヤマト（日本）でのフォーク活動に励んだ。しかし、どこ行っても血と汗と涙溢れるメッセージある歌との出会いは余りなかった。岡林信康や高田渡に会った時、「山谷ブルース」「手紙」や「自衛隊に入ろう」等の昔の歌は歌いたくないと言われガッカリした。

高石友也や笠木透、すずきよしはマイペースで素敵だった。フォークブームは70年代で終わったがフォークムーブメントは人々が明日に向かって生きている限り続いているのだ。

私の沖縄アピールヤマト旅は大和人に文句を言うのが目的であったが全国を旅して水俣病問題や広島長崎の被爆者との交流、被差別部落、在日コリアン・中国人問題、そして在日沖縄・琉球人との交流等を通して私はヤマト（日本）にもたくさんの問題があることを教えてもらった。

文句だけ言ってもはじまらない。平和な沖縄を実現するためには日米安保条約を廃棄し、アジア太平洋の国々と信頼される多民族共生日本を築かねばならない。そのためには私の原点である郷里沖縄・琉球で活動することが大切だと決意し、「復帰」の年が明け73年夏、第2回全沖縄フォークキャンプ（フォークキャンプは第4回75年海洋博反対！で終わった）を成功させるためにヤマト（日本）でのフォーク活動を終え沖縄に帰ると東京に残る3人に別れを告げアイヌモシリ（北海道）経由で帰沖した。

なぜ北海道経由か。それは大学時代のヤマト旅の時、銭湯で大和人たちに君はアイヌか琉球人だろうと何度も言われた事を確かめるためである。白老町のアイヌ民芸品店に行けばアイヌ民族に会えると聞いたのでそこへ行くと髭のある沖縄・琉球人そっくりの男性と瞳美しい糸満美人と見間違える程の女性がいた。銭湯で大和人が私たちに訪ねたことが理解できた一瞬であった。

民芸店の男性の紹介で札幌市内の飲み屋でアイヌ民族の青年たちと（私も当時は25歳）私のフォークソングとアイヌ民族の歌ムックリ（口琴）等で交流をした。名前も連絡先も忘れてしまったが話の内容は今でも憶えている。

つまり、アイヌ民族は2万年前から関東以北に暮らしていた。和人（日本人のことシャモとも言う）はアイヌモシリ（人間の住む大地）を侵略し、アイヌ民族を北まで追いやった。１６６９年アイヌ民族史上最大の闘いと言われている江戸幕府・松前藩の圧政収奪に抵抗するシャクシャインの蜂起でアイヌ民族は勝利したが、その和睦の席でアイヌ民族解放運動指導者シャクシャインが毒殺された事や１７８９年のクナシリ・メナシの戦いに蜂起した１０００人余のアイヌ民族を松前藩は死傷させ、その中の37人の首を塩漬けにし、松前藩城下にさらしたと言う。さらに、ヤマト明治政府は１８６９年（明治２年）、蝦夷地（アイヌモシリ）に北海道を押し付け、狩猟民族のアイヌに鳥や魚、獣を取ることを禁止し田畑作業を強制した。樺太アイヌ約８００人を未開地の対岸に強制移住させたため過労とコレラで約３００人が亡くなった。遺体をそのまま埋め北海道電力の最初の発電所が建設された（今も遺骨は埋まったままである）。

日本は「単一民族国家」ではなく「多民族国家」である。沖縄の人もアイヌ民族と同じ縄文系であり、琉球民族として自覚してほしい。沖縄戦に約１５０００人の北海道人が派兵され約1万人が亡くなった。アイヌ協会では四十数人が戦死したと発表しているが差別偏見があるので正確な人数が分らないと言う。

アイヌ出身者の戸籍には未だにアイヌ民族出身が明記されている等の差別法「北海道旧土人保護法」があり、そのことが知られて結婚が破談になったこともある。直ちに廃止せよとアイヌ民族は要求している（１９９７年、やっとアイヌ文化振興法が制定され旧土人保護法は廃止された）。

アイヌ民族の墓を勝手に掘り起し奪った人骨や刀・首飾り等の副葬品を北大や東大、京大に保管展示し、アイヌ民族の頭がい骨数千体を日本大和民族の優秀性を明らかにする研究に使っているとのことである。つまり、アイヌ民族はヤマト民族より劣っていることを研究しているのだ。こんなアイヌ民族差別を許していいのか（その時、人類館事件を初めて知った）。

アイヌの青年は私に日本史の中でアイヌと沖縄はいかに差別されてきたかを淡々と語った。話の中で最も衝撃を受けたのは1903年（明治36年）、大阪で開催された政府主催の第5回勧業博覧会周辺に営利目的の見世物小屋が立ち並んだ。その中に「学術人類館」と称する小屋ができ、その中には朝鮮人・台湾高砂族・インドキリン族・ジャワ人・トルコ人・アフリカ人そして、北海道アイヌと琉球の貴婦人が展示された。これに対して沖縄から激しい抗議があり、興行主は沖縄の2人のジュリ（遊女）を帰沖させたという事件である。

学術研究と称し生身の人間を見世物にしたことも問題だが最も問題なのは当時の沖縄の知識人たちが優秀な日本国の沖縄県民になった者を劣等民族のアイヌ民族や朝鮮人たちと同列に差別することは断じて許さないと抗議したとのことである。民族に上も下もないし人間は皆対等平等であり「人類館」事件は人として、いかに生きるかを常に私たちは問われていると思った（私はアイヌ民族から沖縄・琉球人民は日本の先住民族であることと日琉同祖論の間違いを教えてもらった）。

かって、沖縄の先人たちは武器を持たず、船でアジア太平洋の国々と交易し平和共生してきた。アイヌ民族も自然の恵みを大切にし、北方諸民族と平和共生してきた。日本列島の北のアイヌ民族と南の琉球民族が連帯し、この日本を「多民族民主共生国家」として在日朝鮮韓国人も皆対等に諸権利が保障されるように共に闘おうと励ましあった。同時に、60年代のベトナム反戦ファッションとして私は常にバンダナをしてきたが、これからはアイヌ民族との連帯の意味も含めてバンダナファッションをしていこうと決意した。

○南北の塔イチャルパ（供養祭）

函館労音企画の「沖縄とアイヌ」問題を考えるコンサート（1977年）で知り合ったアイヌ民族の鷲谷サトさんが1978年秋、沖縄で開催された日教組の教研集会に招かれた時、糸満市真栄平区住民とアイヌ民族元兵士、故弟子豊治さんらが建立した「南北の塔」前でアイヌ式の供養「イチャルパ」が開催された。アイヌ民族を案内した安仁屋政昭さん（沖国大名誉教授）に誘われて私も初めて南北の塔を参拝した。その時、戦時中、弟子さんと交流した真栄平区民の仲吉喜行さんや金城ナエさんらと知り合った。

アイヌモシリとウルマを結ぶ活動

1992年はコロンブスの新大陸発見から500年である。「発見」された側からすれば、土地や文化、生命まで奪われた歴史である。

1992年6月19日、八汐荘にてアイヌ民族の萱野茂さんを囲んでアイヌモシリとウルマを結ぶ集いを開催。

1993年夏、まよなかしんや「国際先住民年」記念アイヌモシリ（北海道）コンサートツアー開催。

1994年11月4日、自治会館ホール（那覇市旭町）にてウタリ教会の野村儀一理事長による「アイヌ新法制定を求める」講演会が開催（主催／北海道ウタリ協会）

1995年2月12日、八汐荘にてアイヌ民族との文化交流や連帯、アイヌ新報制定促進等をめざす「アイヌモシリとウルマを結ぶ会」の結成総会がアイヌ民族初の国会議員である萱野茂参議院議員を招き開催された。代表世話人に新崎盛輝、金城睦、高良有政、高良勉、まよなかしんや。事務局長に中村義さんが就任。

1995年11月4日、南北の塔イチャルパ（供養祭）が戦後50年の節目として北海道ウタリ協会から遺族28人が参加し開催。アイヌ兵士の弟子豊治さんと交流があった仲吉喜行さんら真栄平区民も参加。

1996年12月7日、喫茶ザンギリスにて秋辺得平の「アイヌ伝統文化について」の講話の後、ムックリ演奏とアイヌ工芸品観賞あり。（主催／アイヌモシリとウルマを結ぶ会）

○アイヌ民族と連帯するウルマの会

1996年2月4日、「北方領土の日」反対！「アイヌ新法」実現！全国実行委員会（略称／ピリカ全国実）結成集会（札幌）に、島田正博と藤村庄司が参加。

1999年2月3日、第1回「北方領土の日」！沖縄集会開催。アイヌ民族と連帯する沖縄の会準備会が発足。同年、正式に発足（8月2日）。

それ以来、毎年、2月7日の「北方領土の日」の当日か前後の日に開催。

2014年2月7日は第16回「北方領土の日」を考える企画として、沖国大の教室で石井ポンぺさんをメインの発言者として迎え開催。

2000年2月14日、第1回南北の塔イチャルパ（糸満市真栄平）を開催し、2001年からは毎年5・15に合わせてイチャルパ開催。

2014年の第15回南北の塔イチャルパは5月15日に開催。

1999年の発足以来、日本列島の北と南から、この日本を天皇を頂点とした「ヤマト単一民族戦争国家」ではなく、大和民族やアイヌ民族、琉球民族、在日朝鮮・中国人等が多様性を認め合い対等平等に平和共生する「多民族民主国家」として、日米安保条約を破棄し、アジア太平洋の国々から信頼される日本と自立沖縄(琉球)へと変革するための活動をしてきた。

２００９年１月（薩摩侵略から４００年、琉球処分から１３０年、アイヌモシリ侵略併合から１４０年の節目の年）から会の名称を「沖縄の会」から「ウルマの会」へ改め、琉球民族の自己決定権を樹立（日本からの独立）する運動も推進することを決定し、２００９年５月15日の第１回琉球民族の自己決定権確立（独立）をめざす国際通り道ジュネーを開催し、以来毎年開催。

２０１４年５月15日も琉球独立を勝ち取るために第６回国際通り道ジュネーを開催。

２０１２年11月17～18日、「復帰」40年を「記念」し、平成天皇を迎え、糸満市で開催される「第32回全国豊かな海づくり大会・沖縄」に反対して、「アイヌ民族と連帯するウルマの会」・「天皇制を考える会」・「沖縄靖国合祀取り消シタイ」の３団体と約１００人の個人有志の呼びかけで「海づくり大会への天皇出席反対！アクション」を結成し、11・10「天皇制と沖縄」シンポジウム開催と「海づくり大会」当日の11・17国際通りデモと会場近くの11・18糸満市内デモを決行した。

２０１３年４月28日、沖縄が日本から切り捨てられた日に天皇を迎えた政府主催の「主権回復の日」式典に抗議する１万人沖縄大会が宜野湾海浜公園野外劇場にて開催され私も仲間たちと参加する。

学童疎開船「対馬丸」が米軍に撃沈されてから70年の節目の年である２０１４年６月26～27日に天皇夫妻が対馬丸記念館を訪問する事に反対する６・18「天皇制と対馬丸」シンポジウムを浦添ベッテルハイムホールで開催（主催／天皇来沖反対！アクション）

○明けない夜はない！

今、第３次安倍内閣はアベノミクスと安保法制の整備推進をめざし、２０２０年東京オリンピック開催を「日本を取り戻す」企みのピークにしようと米国追従の「戦争する強い日本国」づくりに突進している。つまり、尖閣等の「領土」問題を煽り、イスラム国の人質事件を悪用し、天皇を頂点とする「ヤマト単一民族戦争国家日本」の復活を目論み、武器輸出の自由化、原発再稼働、秘密保護法、集団的自衛権行使、そして２０１６年「改憲国民投票」等を画策している。

同時に国民を騙し大企業奉仕の日本列島大改造を突っ走る安倍政権は首都高速道路の改修工事や成田と羽田を結ぶ「都心直通線」建設をはじめ、全国各地で自然破壊の公共工事を進めている。

アイヌモシリ（北海道）では、北大や東大、阪大等がアイヌ墓から奪った人骨をアイヌ民族に返すのではなく白老町に国立の慰霊施設を開道（侵略）150年（2018年）までに建設し展示保管するというが政府はアイヌ民族に謝罪し建設を中止すべきである（アイヌ民族の人骨返還要求運動の中から京大に300余の琉球民族の人骨があることが判明した。今、アイヌ民族と連帯するウルマの会では京大への抗議と返還要求をしているところである）。

沖縄でも那覇空港第2滑走路やモノレール浦添線、浦添宜野湾西海岸道路、泡瀬干潟埋立、そして中国包囲網の日米安保の拠点＝軍事要塞基地化を日米の軍事植民地沖縄（琉球弧）へ押し付ける辺野古・高江・与那国・浦添への日米新基地建設ゴリ押し等を東京オリンピックまでに完成させようと進行中である。

生物多様性豊かな琉球弧は2003年から国連ユネスコ協会の世界自然遺産候補に選定されているので日米両政府が琉球弧への基地建設を断念すれば即、世界遺産になると確信している。沖縄の空と海の玄関は軍との共同使用になっているが那覇空港から自衛隊は直ちにヤマト日本に撤退して欲しい。那覇軍港も浦添移設ではなくて閉鎖撤去して欲しい。いずれにせよ沖縄は観光立県であり、沖縄の目玉である琉球弧の海や森を破壊することを止めコスタリカのように自然と共生する癒しの平和島を守り抜き、次世代にバトンタッチしようではないか。

11・16のオナガ圧勝、12・14のオール沖縄候補全員勝利の島ぐるみの闘いを前進させ、基地のない平和な沖縄を実現するために琉球民族の自己決定権を樹立する道を開こうではありませんか。（日米安保条約を日米政府のどちらかが破棄すれば、この日本と沖縄から米軍基地はなくなることになっているのだが、今の日本の状況ではあまりあてにならないので）①沖縄県を自治州にして全国対等に基地の47分の1を沖縄が負担するか②日本から分離独立し日米軍全基地を撤去する。いずれかの道を①県議会で決めるか②琉球民族による独立住民投票で決める。

日本国憲法には独立規定がないから独立できないと思っている人もいると思いますが国連憲章などの国際法では先住民族の自己決定権を認めているのであるから堂々と国連の監視のもとに我ったぁは沖縄・琉球人民（アイヌ民族も）は国連が認めた先住民族として自分たちの将来を自ら選べるのである。

ＩＬＯ第169号条約によると「先住民族とは、独自の文化や言語を持ち歴史を育んできたにもかかわらず、近代国家によって植民地化され、同化政策を強制され、土地や文化、言語を奪われた差別的状況におかれている民族的集団」とのことであり、まさに沖縄県民は国連の規定する先住民族（琉球民族）なのだ。

琉球弧の先住民族会（代表／宮里護佐丸）では結成（1999年）以来、国連先住民作業部会（ジュネーブ）に毎年、アイヌ民族と共に参加し、日米による沖縄の軍事植民地の現状を訴えてきた結果、ついに2008年10月30日国連人権委員会で「沖縄・琉球人民はアイヌ民族同様、日本の先住民族である」と決議され、日本政府に対し「琉球民族を国内立法化において先住民族と公的に認め、言語・文化芸能だけでなく土地の権利も認めること」と歴史的勧告を行った。

しかし日本政府は2010年と12年の人種差別撤廃委員会からの度重なる国連勧告に対しても沖縄県民は先住民族ではないと勧告を無視しているが世界のウチナーンチュのネットワーク等をはじめとする国際的世論をバックに前進し琉球民族の先住権・自決権等の権利を実現しようではありませんか。

世界の恒久平和を希求する沖縄の人々にノーベル平和賞を

戦争の20世紀に別れを告げ、21世紀こそは平和と協調の時代にしようと迎えたがウクライナや中近東紛争等、いまだに今日の世界情勢は厳しい状況であり、戦後70年の沖縄も戦争体験者が高齢化し、沖縄戦の風化も懸念されている中、今私たちに何ができるのであろうか。かって、教え子たちを戦場に送り出したことを悔い、戦後は一貫して反戦反基地、そして人権擁護人として活動し〝平和運動の母〟と親しまれた中村文子さんが2013年6月、6・23慰霊の日を見届けた後、満100才直前（享年99才）に亡くなった。

「平和を求める心と戦争に反対する行動力を持て」が口癖の有言実行の人だった。沖縄戦記録フイルム1フイート運動の会30年の活動の中で、私たちは中村文子さんから多くのことを学ばせてもらった。

昨年4月「憲法九条にノーベル平和賞を」がノルウェーのノーベル平和賞委員会から候補に登録されたというニュースを聞いた時、私は中村文子さんが生前言っていた「基地のない平和な沖縄を実現するために生きた伊江島の阿波根昌鴻さんにノーベル平和賞をプレゼントしたい」という話を思い起こした。

薩摩の琉球侵攻以来、明治の琉球処分（併合）、沖縄戦、「日本復帰」等と大国（外国）から翻弄され、今や日米の軍事植民地となっている琉球弧を世界平和発信の島に変えていくためにも、阿波根昌鴻さんや中村文子さんら戦争体験者の琉球厭戦非武のウムイ〝命どう宝〟を私たち戦後世代がしっかりと継承する時であると決意し、安倍政権の「戦争する国」づくりのための辺野古新基地建設を阻止するためにも、今こそ、武器ではなく三線でアジア太平洋の人々と平和共生してきた琉球国の先人たちの生き方＝イチャリバチョウデェー万国津梁を学び沖縄戦で亡くなられた敵味方の国籍や軍民の区別なく二十数万余のすべての名前を刻んだ記念碑〝平和の礎〟を創設し沖縄から日本・世界へ共生平和をアピールし続けている沖縄戦体験者をはじめとする「沖縄の人びとにノーベル平和賞を授与する国際署名運動を今年（戦後70年）の6月23日（沖縄戦日本軍組織的壊滅日）からは始めませんか。

私は沖縄を訪れる多くの皆様に、特に在日大使の皆様に沖縄名護市の辺野古大浦湾と糸満市摩文仁の平和の礎を是非とも立ち寄って見学して欲しいと切に訴えたい。

（琉球フォークシンガー・まよなかしんや）

パンドラの箱は開いた
～スコットランド独立投票と沖縄

新垣　毅

２０１４年9月14日。スコットランド・エジンバラの空港に着くと入国審査が待っていた。審査官が入国の目的を聞いてきたのに対し、「独立に向けた国民投票の取材です。歴史的な大イベントですから」と答えると、審査官はニヤリと笑い「歴史的イベント、そうね～」と少し冷ややかに答えた。

その対応の意味が翌日からの取材ですぐに分かった。スコットランドの独立の是非を問う住民投票に向け、人々は極めて冷静かつ理性的にスコットランドの未来を考えていた。

翌日、街を歩いても、日本の選挙でよく見られる選挙カーの「連呼」は聞こえない。ところどころの窓に「ＹＥＳ」「ＮＯ」の意思表示は見られたが、選挙カラーに身をまとった運動員の練り歩き、のぼり旗や横断幕なども見られない。人々は日々の生活を淡々と送っている。テレビや新聞は住民投票のニュースを大きく扱っていたが、人々の日常生活を変えるほどの大々的な運動は、なかなか目に付かない。

海外から大挙して押し寄せたテレビメディア陣がテレビの絵になるような場所を探すのに苦労している姿が、街中で見られたのが印象的だった。

しかし、ふたを開ければ、投票率は84・59%。有権者は16歳以上という、若い世代を取り込んでのこの数字だから驚きだ。

そう、スコットランドの国民にとって、この投票は確かに「歴史的」だが、生活に根付き、地に足が付いた、自分たちの暮らしの選択だったのだ。

海外メディアの報道は「独立すれば英国国力が低下する。世界への影響は大きい」という観点が中心だったと思う。日本が大きく報道した理由も大半がその理由だろう。

しかし、スコットランドの人々にとって、ほとんどの人々が暮らしの中の選択だった。それは、1990年代以降、大きな分権改革を経験し、自分たちの将来を自ら決める(自己決定権)ということへの責任をひしひしと実感しながら、冷静に経済情勢や政治状況、将来見通しなどをおのおのが分析し、出した答えだった。

結果に表れた数字、「NO」55・3%対「YES」44・7%は、海外の人々の論理では理解しがたい、スコットランドの人々の「生活の論理」が働いている。

実は、それこそが、今回の注目点だと思う。一昔前は「独立運動」といえば、政治やイデオロギーばかりが前面に出ていた印象があるが、スコットランドの人々が日常の延長線上で選んだ答えは、表面的な数字以上に中身が濃い。

■始まりは小さな市民運動

1979年、スコットランド分権の是非を問う初めての住民投票が行われた。過半数が賛成したが、投票率が低かったため「総有権者40%以上の賛成」という条件がクリアできず、分権への試みは挫折した。

その直後、一人の女性が立ち上がった。後に「スコットランド分権の母」と称されるイソベル・リンゼイさん(71)=当時36歳=だ。「スコットランドの人々の考えを集約した民主的機関がないうちは独立は難しい。まずは分権によって自分たちの議会を持ち、段階を踏んで独立を目指すべきだ」。こう考え「私たちの手で議会をつくろう」と呼び掛けた。わずかな人々の話し合いからスタートした。

スコットランド議会設置運動はこうして始まり、やがて大きなうねりとなった。88年、政党や労働団体、教会など幅広い組織を網羅した、基本法制定のための「憲政会議」が設置された。リンゼイさんは共同代表の一人として、自治の基礎となる権利章典宣言や基本法の草案作りに奔走した。その結果、97年の住民投票で分権が承認され、99年、スコットランド議会と政府の設置が実現した。

それまでは中央政府の担当相と担当省がスコットランドを治めていたが、議会と政府の設置以降、国防や外交、通貨、金融を除く内政のほとんどの主権を約３００年ぶりに回復した。リンゼイさんと交流してきた島袋純琉球大教授（政治学）は「この運動の流れと分権改革がなければ、今回の住民投票へのステップは踏めなかった」と話した。

■草の根が情勢変える

スコットランド独立の是非を問う住民投票で独立否決が決まった19日、最大都市グラスゴー（人口約60万人）のジョージ広場は独立派の人々の熱気であふれていた。広場に集まった一人、シナータ・ケネディーさん（81）は「投票は無駄ではなかった。中央政府は目を覚ました。全英各地に問題があることに気付いた」と意義を強調した。

全英の注目が高まったのは投票日のわずか約２週間前。複数の世論調査の中で、ある調査が独立賛成が反対を上回ったからだ。独立派の勢いで中央政府はパニック状態に陥った。

慌てたキャメロン首相は投票前、スコットランドに「最大の分権」(ディボマックス)を約束した。これは２年前、スコットランド側が投票の設問に入れよと主張したが首相自ら断ったものだ。「圧勝」を見込んで賛成・反対の二択にし、独立の動きの芽を摘もうとした。当初、拒絶した条件を差し出してでも独立を阻止したかったのだ。

キャメロン首相を慌てさせたのは、独立派の粘り強い草の根運動だ。現地の世論調査によると、当初は反対派が20％以上も上回っていたが、賛成派が追い上げ、８月には「接戦」との見方がおおかたを占めた。独立派は戸別訪問に３万５０００人が参加して支持の訴えだけでなく、有権者登録をしていない人の登録手続きを手助けした。貧困層を中心に、前回総選挙で登録しなかった38万人を掘り起こしたという。

住民投票では投票資格が通常選挙の18歳以上から16歳以上に引き下げられた。若者の間で独立をめぐる議論が活発化し、学生１万人が参加したテレビ討論会も行われた。

「スコットランドがイングランドと連合国になって３００年余の間で一番大きな出来事だ。スコットランドがこんなに盛り上がったことはない」。大学で教壇にも立つ経営者コリン・マッケンジーさんは住民投票への熱気をこう話した。結局、投票率は84・59％（有権者約428万人）という驚異的な数字を残した。

戸別訪問した運動員の手応えを聞くと、労働者層や貧困層、60歳以下に「イエス」が多いという。「社会的弱者はこの機会にやっと自分らの声を聞いてもらえるとみている」と運動員は教えてくれた。

「イエス」支持の急増は中央政府主導に対する不満が大きいようだ。特に、社会保障費の削減、膨大な費用を要する核兵器更新への批判は強く、住民投票の争点になった。格差社会における貧困層対策への危機感に、スコットランド人の「生活の論理」を見ることができる。

スコットランド議会第1党のスコットランド国民党（SNP）に所属するジム・イーディー議員は「中央政府は国民全体の信頼を失っている。スコットランドは独立して中央政府の代わりに経済、政治を良くしたいのだ」と説明した。

世論調査などによると、60歳以上の約3分の2は独立に反対で、貧困層ほど独立支持の割合が高い。独立派のコリン・フォックス社会党党首は「38万人の貧困層が勝敗の鍵を握る」と予想。「大半の大手メディアは反対派だが、ソーシャル・ネットワーキング・サービス（SNS）で対抗し、政府の圧力には草の根運動で対抗した」と話した。

結果は反対派が上回った。ストラスクライド大学のジョン・カーティス教授（政治学）は「生活が安定している人ほど、生活を変えたくないという意識が強く働いた」と分析した。

大手酒造業シーバス・ブラザースの元重役で独立に反対したジョン・アシュワース氏はSNPの経済政策について「弱すぎる。特に雇用創出策は具体的根拠を示せなかった」と批判。「多くの人々の不安をぬぐえなかった。反対票が賛成を上回ったのは冷静に判断したからだ」と語った。

■平和裏に権利行使

英国の国力が低下するとして結果が注目された今回の住民投票だが、世界史的に見ると、そこに至るまでの過程は大きな意義を持つ。国家内の地域の独立について、国連などの介入や紛争なしに、中央政府が住民投票を認めた世界初のケースだからだ。

カーティス教授はアイルランドやユーゴスラビアなど、軍事力を行使して独立した例を挙げ「国民国家の一部地域が独立することは政治の世界の中で最も難しい問題だ。軍事力を使わずに投票によって民主的に離れるというのは画期的だ」と話した。

キャメロン首相が「油断した」とも言われているが、民主的手続きに基づき、平和裏に住民投票を実現した面で、今回の事例は世界的な模範と言える。集票合戦では「流血」の事態は起こらず、フォックス社会党党首によると、衝突は「賛成派市民が投げた卵一個が反対派市民の頭に当たっただけ」という。

住民投票の過程は沖縄にも大きな示唆を与える。現地を訪れた島袋琉球大教授は「世界史的に極めて重要」と指摘。「主権国家から主権の分離を行い、一地域が平和に独立していく公式の過程を初めて示した。これらは全てスコットランド側の働き掛けでスコットランドの主体性をもって取り組まれた。沖縄にとどまらず、世界的秩序の再編の先掛けとなる可能性さえある。沖縄が同じような取り組みを進めるとすれば極めて重要なモデルだ」と話した。

■新秩序の到来

投票日に投票者に話を聞いた。投票者はスコットランドの一地域を超え、世界的な視野に立って票を投じていた。独立に賛成票を投じたイゴー・スレポブさん(30)=映画制作=はイラクなどの中東情勢を鑑み、軍縮と外交を重視した。スコットランドの核兵器撤去を公約に掲げる独立派を支持。「核兵器は要らない。北大西洋条約機構(NATO)の枠ではない、平和の秩序を模索すべきだ」と話し、独立は新たな平和秩序へ向かう一歩という考えだった。

「スコットランドには平和主義的な考えが基本にある。イラク戦争や核兵器の保有に反対する人は多い」。独立派のフォックス社会党党首は、英国が米国の世界覇権を支える同盟関係に批判的だ。「NATOよりは欧州連合(EU)と絆を深めていくことが大切だ。独立すれば、米英同盟のような関係は持たない。米国よりEUが重要だ。EUの場で活躍したい」

フォックス党首によると、独立派政党はスペインのカタルーニャやバスク、ベルギーのフランダースなど独立・自治権拡大運動が盛んな地域の指導者と昨年から連絡を密に取り合い、お互い行き来し親交を深めているという。

欧州のこうした動きはEUの枠内にとどまることが前提だ。平和を大切にするEUの理念やルールの下、暴力的衝突を避けるという共通点がある。EUに加盟することで近隣諸国と緊密な関係を保ち、経済の安定や紛争回避を図る。その一方で身近なことは自分たちで決めるという潮流だ。

経済や人、モノ、情報のグローバル化が進む中、国家が超国家的共同体や国内地域に一定の権限を委譲する動きが世界的に起きている。

カーティス教授は「今のグローバル化した社会の中で、30〜40年前と比べると、小さな地域でも独立してやっていきやすい環境になった。国家は従来の力を持たない。お互いを受け入れ協力し、話し合って物事を決める関係が深まった。この関係の中で『独立』は従来のような強い意味は持たない」と指摘。世界秩序の在り方が新たな形に変容しつつあるとの認識だ。

投票の結果が「ノー」だったことについては、経済への不安が影響したとの見方が強い。

会社を経営する傍ら、大学で経営学を教えるコリン・マッケンジー氏は「経済のことは誰も分からない」と話す。ノーが10％差で勝つとの予測は的中した。自身は独立に「心はイエス、頭はノー」という。ただ「最初からノーと言うのは嫌いだ」と話し、チャレンジ精神を重視する。

そしてスコットランド出身の著名人の名言を引いた。哲学者デイヴィッド・ヒューム「未来のことは未来が過去にならないと分からない」、経済学者アダム・スミス「経済は私たちがどう創り出すかだ」。その上でこう語った。「成功するか否かは人々のエネルギーにかかっている」

■軍事にも自治権

スコットランド最大都市グラスゴーから西に約40キロの所にある人口約１２００人のゲアロックヘッド村の入り江の川河口には、英国唯一の核兵器を積んだ原子力潜水艦の母港クライド海軍基地がある。原潜4隻が、核弾頭を装備したトライデント・ミサイルを搭載する。草木が茂る緑を背景に静かな海面が広がる風景は、名護市辺野古を想起させる。

向かいの海岸には原潜を監視する「ピース・キャンプ」がある。古い大型車や小屋などに十数人が寝泊まりしながら出入りする。「一つの手を差し出してくると、必ずもう一つの手によって代償として何かを持ち去られる」。キャンプに滞在するエディーさん（48）はこう語る。お金や雇用の「代償」は命という。「スコットランドに核は要らない」

スコットランド独立の是非を問う住民投票では「核兵器撤去」も大きな争点になった。独立派は維持費や更新費に膨大な税金がかかるとして、核兵器を撤去し、その分の予算を社会保障費に充てると訴えた。

核兵器を廃絶すれば、米英同盟の弱体化につながり、米国の世界的な軍事戦略に影響を与える可能性があった。スコットランド以外の英国領土には、直ちに核兵器を保管できる場所がないからだ。島袋琉球大教授は「英国は原潜と派兵によって米国の覇権を支える重要な役割を果たしてきた。スコットランドの独立は、米国の軍事的な世界覇権に重大な変更を迫ることを意味した」と話す。

英国の核兵器は設計や開発、情報、材料、技術の提供まで、ほとんど米国の支援に頼っている。

オバマ米大統領は17日、「英国は米国にとっての重要なパートナーで、強く安定し団結した国であってほしい」と述べ、独立反対を表明した。カーティス教授は「英国の核保有を望む米国は、スコットランド独立の動きをすごく懸念した。スコットランドは大西洋の北側の大きな面積を占め、戦略的に東西の通り道として非常に重要な場所だ」と述べた。

スコットランド独立構想「未来白書」の防衛部分を草案した元海軍将校のロブ・トンプソン氏は「英国は軍縮を進めたが、米国と協力することで、まだ大きな軍事力を持っているかのように見せている」と指摘する。英海軍は10年前は約5万5000人いたが、現在は約3万1000〜3万2000人まで減ったという。「軍縮の結果、英国の海軍は日本の海上自衛隊よりも小さい」と話した。

「核兵器撤去は不可能だっただろう」。ピース・キャンプ代表のコレッテさん(42)は、スコットランドが独立しても、クライド海軍基地を英国王直轄地あるいは米国所有地にして核兵器を維持したと予測する。米国の影響力を甘くみてはいけないとの認識だ。

コレッテさんは辺野古の新基地建設問題にも関心を示し、反対している人々に連帯のメッセージを送った。「政治や権力に操られず、自分が本当に正しいと思う気持ちを忘れないで」

■流れは止まらない

スコットランドは大きな分権改革を経験してきた。1997年のブレア政権誕生以後2000年にかけ、英国連合王国を構成するイングランド、ウェールズ、北アイルランドと共に地域議会が設けられ、英国議会からの権限委譲が進んだ。

特にスコットランドへの委譲は大きく、主要立法の制定権と課税変更権が付与され、英国議会とほぼ肩を並べる存在となった。大きな特徴は、住民自ら分権の姿・形を描き、分権推進の運動を主導した点だ。分権化の是非を問う1979年の住民投票では規定の条件に達せず、地域議会の設置は見送られたが、97年の住民投票で実現した。

スコットランド独立を公約に掲げるスコットランド国民党(SNP)は99年の総選挙で35議席(定数129)を獲得し第2党となった。2011年選挙では69議席に大躍進し、住民投票の大きな原動力となった。

「この流れは止められない」。賛否両派が接戦を繰り広げ、盛り上がったことでマッケンジーさんはこう確信する。SNPのイーディー・スコットランド議会議員も「アラジンの魔法のランプから願いをかなえる魔神ジーニーが飛び出した。もう戻れない。10～15年先にまた投票がある」と語る。

今後注目されるのは、2015年5月の英国議会総選挙、2017年のEU離脱を問う英国国民投票だ。国民投票で「離脱」となれば、EU（欧州連合）残留を掲げるSNPなどスコットランド側との対立も予想される。

2014年12月6日、北海道大学で講演した英スターリング大学のポール・ケアニー教授（スコットランド政治）は「今後10年以内に住民投票が再び行われる可能性が高い」と予測した。ケアニー氏は、9月18日の住民投票以降、独立を公約に掲げるSNPの人気が急上昇していることを指摘。党員数は2万5000人から10万人に激増したことを挙げた。スコットランド自治政府首相でSNP党首のニコラ・スタージョン氏の人気も高いという。英国議会総選挙で、SNPは15～20議席（現在6議席）を獲得するとの予想も示した。

2014年9月18日の独立投票の結果は「ノー」だったが、独立への流れは「止められない。パンドラの箱は開けられた」という見方は強い。

■沖縄はスコットランド〝前夜〟

スコットランドから沖縄は何を学べるか。

2013年1月、軍普天間飛行場の県内移設断念、オスプレイの配備撤回を求め、県議会議長始め県内41全市町村長・議長が署名した「建白書」を県民代表は安倍晋三首相に手渡した。この民意は、県議会や市町村議会の意見書・決議に基づくものだ。この建白書は、民主主義制度における沖縄のパイプを全て使った歴史的な訴えといえる。

しかし、日本政府は今も、この訴えを無視し続けている。このことは沖縄において日本の民主主義制度が機能しないことを証明した。安倍首相は15年2月時点で、沖縄県民の付託を受け新しく知事に選ばれた翁長雄志氏の面会要求にも応えていない。県民の代表である知事にそっぽを向くことは、代表を選んだ県民にそっぽを向くのと同義だ。

一方で、安倍政権は集団的自衛権行使容認を目指し、憲法九条の改定に意欲を見せている。防衛省は「文官統制」制度全廃の方針を決めるなど、日本を「戦争のできる国」に変えようとしている。

沖縄戦で多大な犠牲を生み、米国統治下の人権・自治権侵害の下、ベトナム戦争で爆撃の出撃拠点となってベトナム人から「悪魔の島」と呼ばれた沖縄の苦難の歴史を鑑みたとき、このような中央政府の進む方向は、沖縄人が望む「平和」とは明らかに逆行している。

名護市辺野古への新基地建設強行も、「安保を認めるなら全国で基地の平等負担を」と訴える沖縄人の声を踏みにじるもので、沖縄人の政府への不満・反発・怒りは増幅する一方だ。

この状況が続けば、日本政府と沖縄人との対立は一層、際立つだろう。13年5月には、琉球民族総合独立学会も設立された。沖縄人の分権志向だけでなく、日本からの分離・独立志向さえ高まることも予想される。

この状況は、強者の論理によってスコットランド人に人頭税を課したサッチャリズムの下で、中央政府に不満を募らせ、分権から独立へ向かったスコットランドの状況と似ている。その意味で、沖縄は今、スコットランド分権〝前夜〟にあるといえるだろう。

■主権回復への道標

沖縄にとって、2014年11月の県知事選は大きな歴史的転換点となった。辺野古新基地建設容認へと転じた仲井眞弘多氏に対し、翁長氏が約10万票の大差を付けて圧勝したことは、単に票差の数字だけ、辺野古反対の民意に対する支持という意味だけでなく、翁長氏が訴えた「沖縄のアイデンティティー」「基地は経済発展の阻害要因」という訴えへの信任でもある。

このことは、これまで沖縄の主要選挙が基地に反対か、賛成かを軸に「基地か、経済か」という争点を設定され、保守と革新に分断されてきた歴史の転換でもある。「沖縄アイデンティティー」への結集という転換だ。これは大きい。

直後の12月、衆院選では、翁長氏を支持し、辺野古基地建設に反対する候補が沖縄の全4選挙区で当選した。安倍政権に「ノー」を突きつけ、沖縄の転換をより鮮明にした。

沖縄人は今、明確に意思を示している。それは、自己決定権への目覚めに映る。スコットランド同様、沖縄でもパンドラの箱が開いたのである。

スコットランドの動きは、今後の沖縄にとって重要なモデルケースになるだろう。その際、さらに注目すべきは、EU（欧州連合）の枠内を前提にするヨーロッパ内地域の独立運動だ。それらの運動は沖縄の自己決定権＝主権回復の道標となり得る。

沖縄の場合は、日中韓にASEAN（東南アジア諸国連合）を加えた「東アジア共同体」構想が鍵を握るだろう。

日中韓は現在、歴史認識問題や尖閣など領土問題をめぐって関係がぎくしゃくしている。しかし沖縄はこれらの国々の対話の場になれるはずだ。対話が実現できれば、沖縄だけでなく日中韓はじめ東アジア全体の平和構築にとって有益だ。人、モノ、情報のグローバル化の進展に伴い、経済・政治などの分野でEUやASEANのような国境を越えた地域統合が進むなど国家の壁は低くなりつつある。しかし、中国脅威論などナショナリズムをあおり、国家間の壁を高めている東アジアの現状は世界のすう勢に逆行している。日中間の摩擦が激化すれば、真っ先に危険な状況に置かれるのは沖縄だ。

沖縄が今後、東アジアの交流拠点として発展する、平和を築く場を目指すには、自己決定権の拡大は欠かせない。沖縄は、日本が国の専権とする軍事防衛・外交にも関与し、「真の平和」を主導する歴史的・地理的・政治的要件を備えている。これまでの「軍事の要石」から「平和の要石」への転換を図るべきだ。

スイスの平和活動家クリストフ・バルビー弁護士は、世界でイスラエルとパレスチナの問題の次に危険なのは東アジアであり、北朝鮮問題や日中関係が紛争の火種になると指摘した。「危険の中だからこそ沖縄の立場は非常に重要だ。平和は沖縄だけの問題ではない。沖縄が平和になれば、東アジア全体への影響は非常に大きい」と語った。

沖縄の自己決定権は今、沖縄だけの問題ではなく、東アジア、そして世界の平和に関わる重要な課題として浮上しているのだ。

（琉球新報編集委員）

※この原稿は、2014年5月1日～15年2月15日まで琉球新報に掲載された連載「道標《しるべ》求めて—琉米条約160年　主権を問う」のスコットランド編を基に筆者が再構成・加筆したものである。

スコットランド独立投票の翌日、結果は独立反対が上回ったが、「必ず独立しよう」と訴える独立支持派の人々＝2014年9月19日、スコットランド最大都市グラスゴーのジョージ広場

基地問題解決に向けた新たな平和運動を

嘉数学

これまでの沖縄の平和運動は、時代劇の「直訴」のようなものでした。日米政府という「お上」に、基地を返還してほしいと何度も嘆願し、哀願を続けました…。戦争の記憶が残るうちは日本政府の中にも沖縄に同情する動きがあったのですが、新たな戦前になろうとする現在、県民の声は無視されるようになりました。これからは別の方法を考えるべきではないでしょうか？

具体的には国際社会に訴えるべきだと思います。もちろん、これまでのようにただ訴えるだけでは解決になりません。国際社会で議論を呼ぶような提案を沖縄から示す必要があります。

国際社会に訴える理由は他にもあります。沖縄の基地問題は第二次世界大戦後、新たな国際秩序を構築する中から生まれました。しかし、戦後70年も経てば、制度疲労を起こすのは当然のことです。時代が移り、各国の国力も大きく変わった現在、１９４０年代の常識は通用しなくなったのではないでしょうか？実際、沖縄に強大な米軍基地があるというのに、日中間の緊張は増すばかりです。

戦後体制に縛られた沖縄を変えていくには、一見遠回りのようですが、安保理改革を含めた国際秩序の再構築を訴えるべきだと思います。

上記と並行して、世界経済の見直しも提案する必要があります。なぜなら世界中で格差が拡がり続ける現状こそが戦争への入口となるからです。貧しい若者を兵士にしてしまうような格差社会が戦争を呼んでしまうのです。だとすれば経済振興も安全保障の一つと言えるのではないでしょうか。

戦後70年もの間、基地問題と向き合ってきた沖縄県民は体験を通してそのことを理解しています。安全保障と経済振興はセットで考えるべきです。県民の戦後の歩みは決して特殊な事例ではなく、平和運動における真理ではないでしょうか。

経済振興で重要なポイントは「格差是正」です。特にマネーゲームが世界経済を左右する新自由主義の弊害は改善するべきです。そのためには金融市場だけではなく、実体経済も重視する必要があります。なぜならネット上で何百億円単位でお金が動いても新たな雇用は生まれませんが、商品を一つ開発し販売するためには、多くの労働者が必要です。雇用が確保されればマネーゲームではなく労働者に資金が向かうようになり、それが格差是正につながります。そこで沖縄からリサイクル経済振興体制を提案したいと思います。

ただし、安全保障とからめて経済改革を訴えても国際社会に届かない可能性があります。そこで資源問題と併せて議論する必要があると思います。資源には限りがあります。人類が持続可能な発展をしたいと考えるなら、資源のリサイクルは大きな課題となるはずです。しかも地下資源は投機の対象となりやすく、高騰すれば世界経済に混乱を招いてしまいます。リサイクルの普及が世界経済の安定化につながると訴えれば、国際社会に届くのではないでしょうか？

前置きが長くなってしまいました。まずは「国際安全保障体制」の改革を提案したいと思います。改革は次の7項目です。

1、現在15カ国（常任理事国5カ国、非常任理事国10カ国）で構成されている安全保障理事国を改革し、世界平和への貢献を望む国は全て入会できるものとする。ただし、民主主義や人権等の問題で条件を定め、その条件を満たさぬ国は入会できないものとする。

2、安全保障理事会は5大国の拒否権により正常に機能しないケースもあるので、この拒否権を廃止する。

3、安全保障理事会は国際司法裁判所が統括する組織とする。

4、国家間に対立が生じた場合、先ず国際法廷で争うものとする。国際裁判を待たずに紛争が始まった場合は裁判所で公開審議を行い、その判決をもとに安保理が国連軍を出して仲裁や平和維持活動を行なうものとする。

5、平和を破壊する行為、または侵略戦争が発生した場合、国際司法裁判所で非常事態を宣言し、国連軍による強制行動を許可します。これを受けて安全保障理事会は国連軍を組織して当事国に対する武力制裁・平和維持活動を行なうものとする。

ただし、もしも非常事態宣言に不明な点があった場合は安保理で公開審議を行い、理事国による多数決で平和強制を実行に移すものとする。なお、平和強制が決定した場合、安保理は各理事国の負担や役割についても話し合うものとする。

6、国際司法裁判所は大国による干渉を防ぐため、国連会議は裁判官の罷免権を持つものとする。

7、国際司法裁判所の専横を防ぐため、国連会議は裁判官の罷免権を持つものとする。

以上が改革案の概要です。次に、「国際司法裁判所アジア支部の沖縄誘致」を提案したいと思います。

21世紀の国際情勢において東アジアは重要な地域の一つです。この東アジアが抱える課題に尖閣諸島問題があります。中国、日本、台湾が尖閣諸島問題をめぐって争えば、アジア全体が混乱することになるでしょう。しかもアメリカは日本との関係がありますから、この紛争を無視できません。もしも日中台の争いに沖縄の駐留米軍が加われば、戦火はアジアだけでなく世界に広がってしまいます。このままでは21世紀も20世紀と同じく戦争の世紀となってしまうでしょう。

国際社会はこの課題をどのように解決すればよいのでしょうか?まず沖縄の駐留米軍に撤退してもらい、琉球列島を非武装化した上で国際司法裁判所アジア支部を設立します。そして尖閣諸島を含む沖縄県全体を日中台の緩衝地帯とすることが、最善の方法だと思います。領土問題の原因である尖閣諸島を緩衝地帯に含めることで、日・米・中・台4カ国の衝突を未然に防ぐ効果があります。さらに国際司法裁判所を沖縄に誘致すれば、紛争の芽を完全に摘み取ることができます。なぜなら国際法廷を無視するばかりか、その所在地である沖縄を戦場に変えれば4カ国とも大義名分を失うからです。これが沖縄に国際司法裁判所アジア支部を誘致する理由です。

最後になりましたが、「リサイクル経済振興策」を提案したいと思います。提案は次の5つのステップに分かれます。

1、リサイクルを促すためにリサイクル条例を制定する。

TPP問題は、沖縄にとって大きな試練となることでしょう。とは言え、国と国との交渉なので地域経済を守るためには、何か別の手段を考える必要があります。「リサイクル」ならば、限りある資源を有効に活用する方法として国際社会にも認めてもらえると思います。また、観光立県である沖縄は観光資源である自然の景観を守るためにもリサイクルが必要であると訴えることもできます。

2、条例により、県内で販売される商品はリサイクルを前提とする。

これには県内の製造業者を育成する効果があります。不要となった商品を回収し、再処理して新たな商品を生産するリサイクル経済は地元の製造業者に有利となるからです。

3、リサイクル経済の確立で雇用を増やす。

リサイクル経済では商品の販売・回収・再処理・再生産という各段階で雇用の場が生まれます。商品を売るだけの使い捨て経済では、雇用の場が限られてしまいます。もちろん雇用の安定は格差是正につながります。

4、リサイクル化により、環境保護と経済振興の両立をはかる。

持続可能な経済発展のためには限りある資源の有効活用も大事ですが、環境保護も忘れてはなりません。ゴミを資源として再利用するリサイクルならば環境保護と経済振興の両立をはかることが可能です。県民にはこの点をアピールしてリサイクル化への協力を求めるべきと思います。

5、リサイクルを通して海外との経済交流を活性化させる。

地球の裏側から輸入する商品の方が国内産より安いという現実を不思議に思ったことはないでしょうか?これは外国人労働者が安い賃金で働いていたり、大量に輸送することでコストを下げているからです。しかし、燃料である石油が高騰し、世界の労働者の賃金が平準化する現状を見れば、とても持続可能とは思えません。

リサイクル経済ならば隣り合う国々や地域で密な経済交流が可能です。現に沖縄でも回収された古紙やペットボトルが台湾や中国に輸出されています。そして、このような隣り合う国々や地域との経済交流を深めるリサイクル経済が世界中に広がれば、「格差」抜きの経済振興も可能だと思います。

(チリトウヤー・琉球自治州の会事務局長)

アフガニスタンの女性人権活動家マラライ・ジョヤとの出会い

狩俣信子

2011年11月17日、夕方7時前、私ははじめてアフガニスタンの元国会議員33歳の小柄な優しい笑顔の彼女に出会った。那覇空港で初めて出会った彼女の名前はマラライ・ジョヤ。ビデオでみたアフガニスタンでのマラライ・ジョヤは人権活動家として権力者に対し毅然と対応する姿であった。

アフガニスタンは1979年旧ソ連の侵攻に始まり、タリバンや軍閥、アメリカの軍事介入など国内は武力で荒らされ、人々の生活は厳しいものがあった。

マラライ・ジョヤは1978年、アフガニスタンのファラー州で10人兄妹の2番目として生を受け、4歳のときイラン、パキスタンへ難民として避難した。ジョヤの父は反ソビエト運動の活動家で、地雷で片足を失いながらも抵抗運動を辞めなかった。そんな父は女性の教育が禁止されている中で、RAWA（アフガニスタン女性革命協議会）が経営する難民女性のための学校にジョヤを入れた。

勉強するチャンスにめぐまれたジョヤは、そこで20歳でRAWAを設立した「ミーナ」と出会った。そのミーナは30歳のとき3人の子供を残して暗殺されてしまう。その後ジョヤは女性たちのために、また家計を助けるために、当時9年生（14歳）のときにNGOのプログラムで教員として識字教育を受け持つことになった（1992年）。実はマラライ・ジョヤは本名ではない。1998年活動を続ける中で、1880年にカンダハール、マイワンドでイギリスに対し自由のために戦ったアフガニスタンの英雄マラライにちなんで使うようになったとのこと。

それにしても4度も暗殺の危機にあいながら、女性の人権のために、占領・軍閥・原理主義という大きな壁と戦う強靭な精神の持ち主のジョヤ。

10月18日の講演会（那覇市古島・教育福祉会館、250人余の参加）で、現地の状況を写真を示しながら説明したが、あまりにもひどい現実であった。「女性の命を奪うことなど、今日のアフガニスタンでは小鳥を殺すほどの重みしかありません。私は死は恐れませんが、不公正に対する政治的な沈黙は怖いと思います」と語り、「女性の権利は外からの贈り物としてではなく、私たちの努力によってのみ勝ち取ることができます」という言葉。

多くの困難の中で自らの努力や連帯で祖国アフガニスタンの真の自由・平等・平和・民主主義を勝ち取るために頑張っているマラライ・ジョヤはじめアフガニスタンの人々と、人間としての結びつきを今後も深めていきましょう。


（マラライ・ジョヤ沖縄講演実行委員長）

2011年12月1日「清ら風」第13号所収

沖縄とベトナム
～国際交流の現場から

村田光司

9月のある日、世話人の大村さんたちと、たまたま一緒に飲む機会がありました。あれやこれや楽しく話しながら飲んでいたら、気がついてみると「来月の勉強会は、あなたが話をするように」ということになっていました。

私に与えられたテーマは、「沖縄とベトナム～国際交流の現場から」。私は仕事の合間に事務局の作業を細々と続けているだけなので、「国際交流の現場から」というのは大変おこがましいのですが、私が関わっている「ベトナム青葉奨学会沖縄委員会」ができるまでのいきさつや、支援先を訪ねて思ったことなど、ざっくばらんにお話しさせていただきました。拙い話に熱心に耳を傾けて下さった先輩方に、感謝いたします。

「ベトナム青葉奨学会沖縄委員会」は、グエン・ドゥック・ホーエさんというベトナム人の呼びかけに、高里勝介さん（故人）・鈴代さん夫妻が応じて始まったものです。ホーエさんは、1959年に南ベトナムから来日、

60年代に東大や京大で学びました。故国ベトナムで戦火が広がっていく中、ホーエさんは留学生のリーダー的存在として、東京で「東遊学舎」という寮を作り、困難な境遇にある仲間たちを支え励まし続けました。1965年に米軍が北爆を開始したとき、真っ先に霞が関で反戦デモを行ったのも、ホーエさんたちベトナム人留学生だったそうです。また、1970年代初めには、戦時下の故国の子どもたちを少しでも励まそうと、日本人にも呼びかけて「兄弟奨学会」という団体を作り、奨学金を送る活動を始めました。その会の事務局は、当時東京の早稲田奉仕園で仕事をしていた高里さん夫妻の自宅に置かれていたということです。

ホーエさんは、1974年にサイゴンに帰っていきました。その頃には北ベトナム側の優勢は明らかで、共産主義に批判的なホーエさんが帰国することには、周囲から強い反対の声もあったそうです。しかし、ホーエさんにすれば、故国がいちばん厳しい時期に同胞と離れていることは、耐え難かったのでしょう。翌年にはベトナム戦争が終結、革命の混乱の中でホーエさんの消息は途絶え、「兄弟奨学会」の活動も中止せざるを得ませんでした。

それから20年近くが過ぎた1993年、ある日のNHKニュースにホーエさんが登場しました。ドイモイ政策で変化の兆しを見せるベトナム・ホーチミン市で、「新しい国づくりは人づくりから始まる」と教育に情熱を燃やしている姿が紹介されたのです。それを偶然見ていた高里夫妻はさっそくホーエさんに連絡を取り、ベトナムを訪ねました。ホーエさんはドンズー日本語学校を設立し、また貧困家庭の子どもたちが安心して学校に通えるように、新たに奨学金支援の活動を始めていました。ホーエさんの要望を受けて、高里夫妻が友人たちに呼びかけて1994年に始めたのが「ベトナム青葉奨学会沖縄委員会」です。

物価の安いベトナムでは、年間数千円から1万円ほどあれば、学費や教材費などを賄うことができます。私たちはホーチミン市にある事務局を通して、ベトナム各地の小・中・高校生にささやかな支援を続けてきました。私は15年ほど事務局を担当しています。主な仕事は、手紙や書類の翻訳です。地味な作業ですが、毎年手紙を読んでいると、生徒一人一人の個性が見えてきたり、成長ぶりを実感させられたりすることもあり、楽しい仕事です。また、何度かベトナムツアーを企画し、生徒たちを訪ねて交流の機会を持ちました。

私たちが支援する生徒たちのうち約半数は、ホーチミン市の南東に位置するカンザーという地域に住んでいます。初めてカンザーを訪ねたのは1998年。樹高10メートル以上ある広大なマングローブの森に感嘆していると、「ここの森は天然の森ではなく、すべて住民が植林したものです」と聞かされ、さらに驚きました。ベトナム戦争時、この地域はゲリラの拠点となり、米軍が繰り返し枯れ葉剤を散布、大半の森が枯れてしまったのだそうです。戦後、行政や住民が地道に植林を続け、元の森の約3分の2を蘇らせたということです。昨年あたりから、ベトナム戦争期に沖縄の米軍基地に枯れ葉剤が貯蔵され、運び出されていたという証言が数多く出てきています。カンザーの森を破壊した枯れ葉剤も、もしかすると沖縄から運ばれていたのでしょうか。とても複雑な思いに駆られます。

会の設立から20年近く経ち、多くの元奨学生が、さまざまな分野で活躍を始めています。長年のホーエさんの苦労や想いが実を結びつつあること、私たちもほんの少しですがそれに加われたことを、嬉しく思っています。

勉強会の話の最後に、フィン・タオ・チャンさんという元奨学生が書いたブログを紹介しました。行商（露天商）の仕事をして自分たちを育ててくれたお母さんへの思いを書いた素晴らしい文章です。話しているうちに、私もいろんな思いがこみあげてきました。下手な翻訳ですが、チャンさんの文章を日本語でインターネットにアップしていますので、可能な方は読んでいただけると幸いです。（「母さんの仕事」で検索できます）http://aobaokinawa.ti-da.net/e3529520.html

（ベトナム青葉奨学会沖縄委員会事務局長）

２０１２年12月1日「清ら風」第13号所収

「固有」の領土と本土

當間　孝太郎　79歳

政府が沖縄を日本「固有の領土」と言うとき、違和感を抱く。「固有」とは元からあること、すなわち九州や四国と共に昔から日本の領土であったと聞こえるからだ。しかし、事実は違う。

なぜわざわざ固有の文字を冠するのか。その答えは『世界』（2012年8月号）に掲載された論文「尖閣購入問題の陥穽《かんせい》」（関西学院大学豊下楢彦教授著）の中にあった。

論文によると、1945年6月下旬当時の昭和天皇は、連合国側と和平交渉に踏みだすことになった。「和平交渉の要綱」でその条件として「国土については止《や》むを得ざれば固有本土を以《もっ》て満足す」とあり、「最下限沖縄・小笠原・樺太を捨て」と説明されている。

「固有の領土」は「固有本土」を守るためには捨てられる対象と位置付けられているとのことだ。

安倍政権が沖縄を米軍占領下に放置した平和条約発効の日を、日本国の完全独立の日と祝典を催した事実とも通底している。

沖縄の軍事要塞《ようさい》化は絶対反対だ。

（那覇市）

2014年4月25日（金）
沖縄タイムス
読者欄

当記事に対する私なりのコメント

２０１４年4月２７日　　大村　博

私はかねてより、いわゆる沖縄問題は、日本における“民族問題”であり、かつ極めて普遍的な“人権問題”だと指摘してきました。また明治の琉球処分は日本国家による軍事力を背景にした琉球王国の強権的な併合であり、それは琉球民族をヤマト民族へ統合する“民族浄化策”の断行であったと指摘してきました。

以来、沖縄では公同会運動や脱清派の動きなど内部混乱に陥りましたが、1895年の日清戦争で日本が勝ったことにより、太田朝敷の「くしゃみをすることさえヤマトを見習え」とか、あるいは伊波普猷の「日琉同祖論」など同化思想が台頭し、ウチナーンチュの心を呪縛してきました。つまり沖縄内部にヤマト化指向が生まれたわけです。

しかし、ヤマトにおもねるウチナーンチュに対して、ヤマトの対応は“蔑視”と“軽視”でした。自らに尊厳をもてない人たちに対する当然の対応だったと言えるかもしれません。また、元知事の西銘順治氏の「ヤマトゥンチュになりたくてなりきれない心」という葛藤の中で生きてきたウチナーンチュに対する日本（ヤマト）政府の対応も歴史を振り返れば一貫して「同化と差別と抑圧政策」だったと言えます。このことは今の安倍内閣の沖縄の民意無視の姿勢を見れば歴然とします。

太平洋戦争に際して、日本政府はわざわざ北緯 30 度以北を“皇土防衛軍”、北緯３０度以南の奄美諸島を含む琉球弧諸島を“南西諸島守備軍”と区別し、いわゆる本土防衛の盾に使った事実を指摘すれば足りることです。つまり、ヤマト政府にとって琉球弧諸島は“化外の地”だし、琉球弧諸島住民は“化外の民”と言うことです。もっと言えば、ウチナーンチュはヤマトの植民地下の住民だということです。言わば、ヤマト政府の都合や利害のために切り捨てたり、統合したりできる存在だと言うことです。

私たちのウヤファーフジ（祖先）が“ウチナー”対“ヤマト”という境界の思想で自分たちを律してきた意味を深く考えるときだと思います。

球新報
YUKYU SHIMPO
第37941号
（日刊）
2014年（平成26年）
8月30日土曜日
[旧8月6日・先勝]
発行所 琉球新報社
〒900－8525那覇市天久905番地
電話 098(865)5111

「沖縄の民意尊重を」

国連委、日本政府に勧告

国連の人種差別撤廃委員会は29日、日本政府に対し、沖縄の人々は「先住民族」だとして、その権利を保護するよう勧告する「最終見解」を発表した。「彼らの権利の促進や保護に関し、沖縄の人々の代表と一層協議していくこと」も勧告し、民意の尊重を求めた。琉球・沖縄の言語や歴史、文化についても、学校教育で教科書に盛り込むなどして保護するよう対策を促した。委員会は日本政府に対し、勧告を受けての対応を報告するよう求めている。

（2面に解説、13面に関連）

言語、文化保護も促す

同委員会は2010年に、沖縄への米軍基地の集中について「現代的な形の人種差別だ」と認定し、差別を監視するために、沖縄の人々の代表者と幅広く協議を行うよう勧告していた。今回は米軍基地問題に言及しなかった。

最終見解は、ユネスコ（国連教育科学文化機関）が琉球・沖縄について特有の民族性、歴史、文化、伝統を認めているにもかかわらず、日本政府が沖縄の人々を「先住民族」と認識していないとの立場に「懸念」を表明。「彼らの権利の保護に関して琉球の代表と協議するのに十分な方法が取られていない」ことに対しても懸念を表した。

また、消滅の危機にある琉球諸語（しまくとぅば）の使用促進や、保護策が十分に行われていないと指摘。教科書に琉球の歴史や文化が十分に反映されていないとして、対策を講じるよう要求した。

最終見解は今月20、21日にスイス・ジュネーブの国連人権高等弁務官事務所で開いた対日審査の結果を踏まえ、まとめられた。

対日審査では沖縄の米軍基地問題に関して、委員から「地元に関わる問題は事前に地元の人たちと協議して同意を得ることが大変重要だ」「政策に地元住民を参加させるべきだ」といった指摘が相次いだが、最終見解では触れなかった。

日本に対する審査は、日本が1995年に人種差別撤廃条約の締約国になって以来、2001年と10年に次ぎ、今回が3回目。

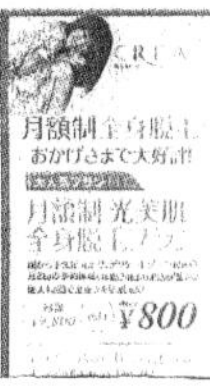

琉

第3種郵便物認可

国連人種差別撤廃委

政府の姿勢に警鐘

解説

国連人種差別撤廃委員会が日本政府に対し、琉球・沖縄の言語や文化、歴史の保護を勧告したのは、沖縄の人々を日本の「先住民族」と認識しているからだ。日本政府は、沖縄の居住者・出身者は「日本民族であり、人種差別撤廃条約の対象ではない」と反論、「先住民族」として認めていない。国連はこの態度に「懸念」を表明しているが、両者の認識の隔たりは大きい。

国連は2008年に沖縄の人々を「先住民族」と公式に認め、09年にはユネスコ（国連教育科学文化機関）が琉球・沖縄の民族性、歴史、文化について固有性を指摘した。

国連人権委員会は7月24日に発表した最終見解で、日本政府に対し、法律を改正して、琉球・沖縄のコミュニティーの伝統的土地と自然資源への権利を全面的に保障する、さらなる措置を要求している。子どもたちが独自の言語で教育を受ける権利の保障も求めた。

今回の人種差別撤廃委員会の勧告は、こうした流れを踏まえた内容だ。

こうした勧告に対し、日本政府は、沖縄の居住者・出身者は「日本民族であり、一般に、他県出身者と同様、社会通念上、生物学的または文化的諸特徴を共有している人々の集団であると考えられていない」「日本国民としての権利を全て等しく保障されている」などの主張を繰り返し、勧告を〝無視〟してきた。

勧告に拘束力はないが、これまでの再三再四の勧告に加え、今回も同様の勧告が出たことに対し、日本政府が今後、どう対応するか、注目される。

人種差別撤廃委員会は10年に、沖縄への米軍基地集中は「現代的な形の人種差別」と認定した。今回の日本審査の議論でも、地元住民ともっと協議するよう指摘が相次いだにもかかわらず、最終見解では基地問題に言及しなかった。

沖縄への基地集中は「構造的差別」とも指摘されている。沖縄をめぐる現状について国連にどう理解を深めてもらうかが沖縄側の課題として残った。（新垣毅）

【大村注釈】日本社会は、歴史的経緯はどうあれ、アイヌ民族・ヤマト民族・琉球民族・在日朝鮮民族という四つの民族集団から成り立っている。従って、日本民族という民族集団は存在しない。

それをあたかも存在するかのように日本（ヤマト）政府が言うのは、かっての明治政府が「日本は天皇を中心とする単一民族国家」と国民をだましたと同じように、国民への洗脳工作でしかない。

私は以前より、いわゆる明治の“琉球処分”は明治政府による武力を背景にした琉球民族のヤマト民族への民族浄化策の断行であり、強権的“琉球併合”であったと指摘してきた。

私たちウチナーンチュは1609年の薩摩の琉球侵略以来400年間に亘るヤマトの一方的な支配を受けてきたのが歴史の真実であり、私たちのウヤファーフジ（先祖）が“ウチナー”対“ヤマト”の概念で自分たちを律してきた意味を深く考えるときだと思います。

辺野古の闘いの現場から

辺野古の今
根気比べを勝ち抜けるか

由井晶子

2015年3月21日土曜日、県庁前から9時40分ごろ平和市民連絡会（沖縄から基地をなくし、世界の平和を求める平和市民連絡会）のチャーターバスで辺野古に向かった。

名護市辺野古キャンプ・シュワブゲート前の座り込みが始まってから258日。その間に地元で開催された県民集会はこれで4回目になる。2014年8月23日同ゲート前で国道329号線を挟んだ「止めよう新基地建設！みんなで行こう、辺野古へ」3600人集会、翁長雄志那覇市長（当時）も参加した9月20日辺野古の浜を5500人で埋めた「みんなで行こう、辺野古へ。止めよう新基地建設！9・20県民大行動」、選挙で「オール沖縄」「建白書」勢力が全戦全勝した後初めての今年2月22日の「止めよう辺野古新基地建設！　国の横暴・工事強行に抗議する県民集会」シュワブゲート前で2800人参集に次ぐものだ。

日頃は、昨年8月18日以来県庁前から出ている島ぐるみ会議（「沖縄『建白書』を実現し未来を拓く島ぐるみ会議」）のバスで行くのだが、集会のある日は予約制の市民連絡会のバスに乗る。前世紀から闘い続けて、次々と新しい情報を入手して、道を拓いてきた人が多く、車中で勉強させてもらう機会でもある。

この日も、新基地計画の係船桟橋の長さがアセスの時には200メートルだったのが埋め立て申請では271・8メートルになっているのはなぜかという問題、辺野古では、故障した航空機などを搬送する船舶用とごまかして、実は2000人の兵員、オスプレイ搭載可能な巨大な強襲揚陸艦が発着する軍港が想定されていると、知れ渡っている問題をおさらいした。新基地が普天間飛行場の代替施設という生易しいものではなく、世界のどこへでも殴り込みをかける攻撃基地なのだということは、赤嶺政賢氏が衆院で、3月17日の参院予算委では、山下芳生氏（共産党書記局長）によって、舌鋒鋭く政府を追及されるまでになっている。

米国防省の公開資料によっても、その事実は動かせないと証拠を突きつけられて、中谷元・防衛相は、「日本の港湾基準が320メートルになっているのでそれに従ったまでだ」と、子どもでも分かる白々しいウソを何度も繰り返して、強襲揚陸艦着岸用ではないと逃げ回った。

安倍首相のウソもだれの目にも明らかだった。その夜テレビ朝日の報道ステーションでは、真喜志好一氏の案内で、この問題がさらに詳しく、分かりやすく特集された。こうした全国発信は、辺野古現場で闘いながら、長年にわたって、資料収集し、政府の繰り出すウソと突き合わせて分析してきた成果である。

考えてもみてほしい。昨年6月末、安倍首相（菅官房長官説もある）に「何をしているのだ」とボーリング調査の遅れを叱り飛ばされた防衛相が、震え上がって警備陣にもわたりを付け、工事に取り掛かると、すぐさまキャンプ・シュワブのゲート前で、ひとつひとつ規制をはねのけて、座り込みを始めてから約8か月。毎日休まず最少30人から最多200人、朝・昼・晩と「非暴力直接行動」の阻止運動を続けるのがどんなに大変なことか。ヤマトのように鉄道がなく、バス頼り、近県から簡単に応援に来るのも難しい、人口120万ほどの沖縄本島、その間に選挙も幾つもあった。島ぐるみバスの毎日運航が力になったとはいえ、辺野古にやってくる人々は増えるばかり。また、過激な人々と宣伝する向きもあるが、若い女性も含む海上でのカヌーグループの抵抗、レインボウの旗を掲げた抗議船の活動、それを見守るも一般訪問者の支援も止むことはない。

そして、前述の1960年代から構想されていた辺野古軍港について調べ上げ、あるいは日々の政府の行動の法的瑕疵を衝く作業などにかかわるスタッフ、知能集団参加も多岐にわたって持続的に増え、広がっている。

そうした歴史を踏まえた3・21集会だった。その前回の2・22集会がひとつの画期を記した後の集会という意味でも注目された。優れた（たぶん稀代の）現場リーダーである山城博治平和運動センター議長ら2人が、米軍の雇われ警備員によって基地内へ引きずり込まれて拘束されたこと、集会の直前だったこと、すぐに県警に引き渡されず基地内に4時間も留め置かれて名護署に移送され、那覇地検はほとんどそのまま解放したこと。さまざまな意味合いがあったと思う。基地の内側から拘束時の様子を撮影、沖縄側協力者を使って意図的に映像を流出させた札付きの在沖海兵隊政務外交部次長、ロバート・エルドリッジが更迭、事実上解任された。

さて3・21集会、2月16日に翁長知事が制限水域外でのトンブロック投入や移動禁止、海底調査の間作業中止を沖縄防衛局に指示したのを無視して3月12日に作業再開してから初めての集会だ。カヌー乗員らに対する海上保安官の暴力に対する名護市長らの抗議にもかかわらず、ボーリング調査の台船を並べて、トンブロックを投げ込み、一方県の調査には一切協力しない、政権の翁長知事誹謗、我慢ならない人々が続々と、瀬嵩の浜の会場に到着した。

　県道から大浦湾が臨める浜辺へ出るには細い草むらの道を通らなくてはならない。浜側で見ていると、湧き出るように、老若男女が現れ出てくる。3000人集会が予定されたが、4000人近いと主催者発表。われわれは集会慣れしたと、先行き新しい展開を望む声は万余の県民大集会のころからあった。辺野古の集会は、闘う現場を目の前にしながらなので、毎度違う緊迫感がある。この日も海上正面の右側には引き潮の海にフロートが引きめぐらされ、その外側から果敢に制限区域に入ろうとして海上保安官ともみ合うのも遠望できる。カヌーメンバーが拘束されたことが報告され、抗議の声が上がった。

　地元村長の報告も切実で、若者の頼もしい宣言が感動と勇気を与えた様子は新聞がくわしく伝えた。会場では、翁長県政発足後初めて参加した安慶田光男副知事の発言を遅しと待ち受ける雰囲気。これまで、島ぐるみ会議の共同代表、平良朝敬かりゆしグループCEOや呉屋守将金秀会長が、翁長知事を信じてほしいという趣旨の発言をした。多くの集会参加者の間に、過酷な闘争現場の状況と、どんどん進むボーリング調査準備工事に、知事に早く作業差し止めの決断をしてほしいと、強弱の差はあるがいらだつ気持ちがあったのだ。

　安慶田副知事は期待に違わず、「翁長知事が近いうちに必ず最大の決意、決断をする時期が来る」と明言した。そして、23日、沖縄防衛局が県の岩礁破砕許可を受けた区域の外でサンゴ礁を破壊した蓋然性が高いとして、30日までの7日以内に海底面を変更するすべての作業を停止するよう指示したと発表した。政府は相も変わらず仲井眞弘多前知事の埋め立て承認を盾に、「法治国家だから」「手続きは適正に行われた」「粛々と作業を続ける」と言い続けた。分かっているんです。4月に訪米して日米同盟の強化を宣言するために辺野古の工事進展を手土産にしたい一心だ。政府も必死だ。オバマ大統領との首脳会談が4月28日に設定されているのも、沖縄側からは許されない。

　3・21集会で呉屋共同代表が言った。「もし前県政のままだったら、基地建設作業はどんどん進んでいたでしょう。翁長知事だからこそ、ここまで引き延ばせた。焦ってはいけない」。中高年の人々が、車いすに乗った障碍者や子供連れの夫婦とともに、ゆっくり、ゆっくり、草むらから湧き出るように現れるのを見ていると、やっぱりアリの群れだな、私たちはと実感する。「アリがゾウに挑むようなものだが、理はわれにあり」と言ったのは今はない金城祐二さんだ。辺野古の浜で「命をまもる会」をつくって、細々と基地建設反対の声を上げて6年、ようやく全島から議員や労組員や市民団体の人々が大挙して支援に集まりだしたころだ。

アリたちはゾウのウソ八百を暴き、殺し殺される基地をつくらせない、自然を守る、文化を守る、人権を守ると、世界に通用する運動を続けて政府を追い詰めてここまで来た。この先は「自己決定」を宣言した私たちの創造と想像の力にかかっている。当面は、どこまでもそんな沖縄を押し潰そうとする政府と真っ向から対峙する翁長県政を支えること、どうしたらアリの理を通せるか、根気比べだ。あらゆる手段を使って突破口をつくりたい。


（フリーライター）

辺野古闘争と沖縄の自己決定権

安仁屋　真孝

初めに

２０１５年２月22日、キャンプシュワーブゲート前での座り込みが２３７日を迎えた。

当日は、午後１時からゲート前で大規模な県民集会が予定されていた。

それに先立つ午前９時５分、反対運動のリーダー山城博治他１名が刑特法の疑いで米軍の警備員により拘束される事件が起きた。日米両政府による反対運動への弾圧が新たな段階に進んだ事を如実に示す出来事であった。

この稿は、辺野古の闘いが、私達県民の自己決定権を勝ち取る一つの方策を示すことになるものと信じて記すものである。

闘いの経過

１９９５年９月４日、沖縄本島北部で文房具を買いに行くために外出した小学校６年生の女子児童が３人の米兵に暴行された。

この事件をきっかけとして、長年米軍基地の重圧に苦しんできた県民の怒りの渦が一気に噴き出してきた。

さまざまなレベルで抗議集会が開催された。その最大の集会が同年10月21日に宜野湾海浜公園で8万5000人を集めて開かれた県民総決起大会である。

日米両政府は、このままでは沖縄の米軍基地の維持が困難になるとの危機感から、翌1996年4月、当時の橋本首相とモンデール駐日大使によって、「ここ5年ないし7年の間に普天間基地が返還される。」旨の記者会見がなされた。

県民は大きな喜びに沸き返った。しかしその喜びも束の間であった。条件が付いていたのである。代替施設を日本政府の金によって、しかも県内への基地建設が条件となっていたからである。

その事が明らかになったのが、1996年12月に合意されたSACO最終報告である。同案では代替施設の設置場所は「沖縄本島東海岸沖」と明記されている。

その事が明確に示されたため、名護市では翌1997年の2月に市民投票が行われ「海上ヘリ基地建設拒否」が大勢を占めて勝利をした。しかし、比嘉鉄也名護市長は、市民投票の結果を裏切り、海上基地受け入れを表明し本人は辞任をした。

1998年、稲嶺恵一氏が知事選挙で「15年使用期限付き軍民共用空港」を条件に当選し、海上基地を受け入れ表明をした。

それにより、国は推進の旗を降ろすことなく、辺野古沿岸のボーリング調査のためのやぐら設置等に着手した。

それに対しヘリ基地反対協などは、2004年4月に阻止行動を開始、2005年9月には防衛施設局はやぐらを撤去せざるを得なくなり、ボーリング調査の阻止行動は勝利をした。

2006年4月、当時の防衛庁長官と名護市長、宜野座村長の間でV字型滑走路で基本合意をする。この案が基で計画が現在推し進められている。稲嶺知事の「15年期限付き軍民共用空港」は反故にされた。

以下主な出来事を列記してみた。

2007年4月、那覇防衛施設局は、海上自衛隊、海上保安庁を投入､反対協議会などは阻止行動を再開した。

2008年7月、沖縄県議選挙で与野党が逆転、その後行われた県議会で「辺野古新基地建設撤回決議」が採択される。

2009年9月、鳩山連立政権が発足。首相は県外移設が前提との考えを表明。

2010年1月、名護市長選挙で稲嶺進氏当選、辺野古移設反対を表明。翌2月に沖縄県議会本会議で「県内移設に反対、国外・県外移設を求める意見書」を全会一致で可決している。

4月には、普天間飛行場の県外移設等を求める県民大会に41市町村長が参加して約9万人を結集して開催された。

さらに11月には仲井眞知事が「県外移設」を公約に掲げ再選された。

2011年12月、沖縄防衛局はあろうことか仕事納めの28日午前4時過ぎ、環境影響評価書の一部を県庁守衛室に投入した。市民は県庁に座り込み年末年始の阻止行動を展開した。

2013年1月、オスプレイ配備撤回と普天間飛行場の県内断念を求める「建白書」を県内41市町村長連名で安倍総理に手渡した。さらに11月には、名護市議会が「辺野古埋め立てに反対する市長意見を賛成多数で可決した。

しかし、12月仲井眞知事は、公約の県外移設を覆して、埋め立て申請を「承認」した。

振興予算と引き換えに承認したのではとの疑念と、知事自身の「いい正月が迎えられる。」発言が県民の大きな反発を買い翌年の選挙結果につながっていった。

2014年1月の名護市長選、9月の名護市議選、11月の県知事選および県議補選名護市区、那覇市区、極め付けは12月の衆院選とすべての選挙で圧勝を果たして県民の辺野古新基地建設反対の意思が強固である事を示した。

同年8月23日のゲート前での県民集会には2000人の参加目標に対して3600人、9月10日の辺野古の浜での集会は5500人もの人々が結集し、大会は大きく盛り上がった。

また、県庁包囲行動も行われ、10月9日に3800人、12月4日には2200人もの人々で県庁は覆い尽くされた。

県知事選の総決起集会は11月1日にセルラースタジアムで開催され、1万5000人もの人々であふれ返り参加者のウエーブがスタンドを何度も揺るがした。

病を押して、菅原文太さんも駆けつけた。菅原さんは「政治の役割は二つある。一つは国民を飢えさせない事であり、もう一つは絶対に戦争を起こさない事である。」という発言をして、会場を大きな感動の渦に巻き込んだ。

そして勝利した。

そこまでが今までの大きな流れである。

次にゲート前での闘いを見てみる。

キャンプシュワーブゲート前での闘いについて

ゲート前での座り込みは2014年7月7日より始ま

った。

運動の中心を担う組織体としては、平和運動センター、統一連、ヘリ基地反対協、沖縄市民連絡協、島ぐるみ会議などであるが、参加者の多くは、組織に属しない一般市民である。

それも、60代から70代の高齢者が圧倒的に多い。これはあの過酷な沖縄戦を生き延び、そして戦後の米軍の厳しい圧政を体験してきた事によるものと考えてよい。

なかでも、83歳と85歳になられる田港清治オジーと島袋文子オバーは、闘いの象徴ともいえる。お二人ともほぼ毎日、ゲート前に座り込み、抗議団に勇気とやる気を与え続けている。

県外からの支援者も連日のように駆けつけ闘争への励みとなっている。なかでもカヌー隊「辺野古ブルー」には県外出身者が多く参加していて、海上での阻止行動に文字通り命をかけた戦いを展開している。

ゲート前での全体の統率、集会の司会、デモの指揮は平和運動センター議長の山城博治議長が主に担っている。氏の今までの数々の闘争で培われた経験に基づく卓越した指導力により鼓舞され、困難な闘いにも関わらず数多くの人々が闘争に参加してきている。

非暴力、非抵抗を旨として、柔軟に、したたかに運動を積み上げてきているのも一つの特徴としてあげられるだろう。

例えば、替え歌や琉歌が次々に生まれ、ゲート前で紹介され歌われていることからも分かる。

労働歌で有名なあの「がんばろう」は、具志川九条の会の共同代表仲宗根勇氏により、次のような替え歌になった。

「がんばろう
子孫《こまご》のために
わしたウチナーうまんちゅの団結がある
忘れえぬ戦場《いくさば》の伝えの心
闘いはゲート前　闘いはここから」

琉歌では、有銘政夫氏が次のように詠っている。

「辺野古の春海や
生命みぐる根石
いちん　何時迄ん　皆が宝」

替え歌や琉歌は今では１００を超えているのではといわれ、闘争勝利の暁にはＣＤや琉歌集を出版するという話も出ている。

かといってゲート前では歌と踊りだけではない。資材が搬入される大型トラックの前では、前述の島袋文子オバーが立ちはだかり、阻止せんと両手を広げている。後続の人々はその支援のために体を投げ出す。筆者はその姿に中国の天安門事件を思い起こしていた。

天安門事件では、当局の武力弾圧により鎮圧させられていったが、私たちは絶対に勝利するとの固い決意で闘いにのぞんでいる。

冒頭、山城博治氏の米軍警備員による不当拘束を記したが、氏は翌日20時頃名護署から解放されて出てくるが、こう語っている。「いやー　快適であった。19時頃夕食をして、その後は朝まで熟睡をした。」「朝、目を覚ますと、名護署の外からのシュプレヒコールで徹夜で励まし続けているのが分かり、目頭が熱くなった。」

また、ヘリ基地反対協の安次富さんや平和市民連絡会の城間さんは、「あと3日ほど名護署でゆっくりしててもよかったんではないの？（笑い）とも語った。

ゲート前での24時間体制の寝泊りの厳しさの裏返しだとは思うが、非常に楽天的、前向き的な発言である。その発想がある限り、この闘いは負けないし、勝利するものと信じている。

今日も、仲間達がゲート前に集結している。その団結の力で安倍独裁体制を打破する事ができると信じている。

We shall overcomeは辺野古ゲート前で一番多く歌われる曲である。

（沖縄戦語り部、「樹立する会」幹事）

関連文書・資料

昭和四十六年十一月

復帰措置に関する建議書

琉球政府

（沖縄県立公文書館蔵）

琉球政府は、日本政府によって進められている沖縄の復帰措置について総合的に検討し、ここに次のとおり建議いたします。

これらの内容がすべて実現されるよう強く要請いたします。

昭和四十六年十一月十八日

琉球政府

行政主席　屋良朝苗

目次

一 はじめに……一
二 基本的要求……一三
(一) 返還協定について……一三
(二) 沖縄基地と自衛隊配備問題について……一三
1. 沖縄における公用地等の暫定使用に関する法律案の問題点……一七
2. 沖縄の復帰に伴う防衛庁関係法律の適用の特別措置に関する法律……三三
(三) 沖縄開発と開発三法案について……三八
1. 沖縄開発の基本的理念……三八
2. 開発の方向……三九
3. 開発三法の問題点……四三
(四) 裁判の効力について……四七
(五) 厚生、労働問題について……五一
1. 社会保障……五一

2. 年金制度……五三
3. 社会福祉……五四
4. 医療保障……五六
5. 労働問題……五九
(六) 教育・文化について……六四
1. 民主的教育委員制度の確立……六四
2. 教師の権利と教育内容保障……六七
3. 教育文化諸環境の整備と格差是正……七二
(七) 税制、財政、金融について……七五
1. 税制措置……七五
2. 財政措置……七七
3. 通貨不安の解消措置……七九
三 具体的要求……八一
(一) 沖縄復帰に伴う対米請求権処理の特別措置等に関する暫定法の立法要請（要綱）……八一
(二) 沖縄振興開発特別措置法案に対する要請……八六

(三) 沖縄開発庁設置法案に対する要請……九三
(四) 沖縄振興開発金融公庫法案に対する要請……九四
(五) 沖縄の復帰に伴う特別措置に関する法律案に対する要請……九五
1. 総理府・自治省関係……九五
2. 大蔵省関係……一〇一
3. 文部省関係……一〇六
4. 厚生省関係……一〇八
5. 農林省関係……一一一
6. 通商産業省・運輸省関係……一一四
7. 郵政省関係……一一九
8. 労働省関係……一二二
(六) 沖縄の復帰に伴う関係法令の改廃に関する法律案に対する要請……一二八

一、はじめに

沖縄の祖国復帰はいよいよ目前に迫りました。その復帰への過程も、具体的には佐藤・ニクソン共同声明に始まり、返還協定調印を経て、今やその承認と関係法案の制定のため開かれている第六七臨時国会、いわゆる沖縄国会の山場を迎えております。この国会は沖縄県民の命運を決定し、ひいてはわが国の将来を方向づけようとする重大な意義をもち、すでに国会においてはこの問題についてははげしい論戦が展開されております。

あの悲惨な戦争の結果、自らの意志に反し、本土から行政的に分離されながらも、一途に本土への復帰を求め続けてきた沖縄百万県民は、この国会の成り行きを重大な関心をもって見守っております。顧みますと沖縄はその長い歴史の上でさまざまの運命を辿ってきました。戦前の平和の島沖縄は、その地理的へき地性とそれに加うるに沖縄に対する国民的な正しい理解の欠如等が重なり、終始政治的にも経済的にも恵まれない不利不運な下での生活を余儀なくされてきました。その上に戦争による苛酷の犠牲、十数万の尊い人命の損失、貴重なる文化遺産の壊滅、続く二十六年の苦渋に充ちた試練、思えば長い苦しい茨の道程でありました。これはまさに国民的十字架を一身にになって、国の敗戦の悲劇を象徴する姿ともいえましょう。その間大小さまざまの被害、公害や数限りのない痛ましい悲劇や事故に見舞われつつそしてあれにもこれにも消え去ることのできない多くの禍恨を残したまま復帰の歴史的転換期に突入しているのであります。

この重大な時機にあたり、私は復帰の主人公たる沖縄百万県民を代表し、本土政府ならびに国会に対し、県民の卒直な意思をつたえ、県民の心底から志向する復帰の実現を期しての県民の訴えをいたします。もちろん私はここまでにいたる佐藤総理はじめ関係首脳の熱意とご努力はこれを多とし、深甚なる敬意を表するものであります。

さて、アメリカは戦後二六年もの長い間沖縄に施政権を行使してきました。その間にアメリカは沖縄に極東の自由諸国の防衛という美名の下に、排他的かつ恣意的に膨大な基地を建設してきました。基地の中に沖縄があるという表現が実感であります。百万の県民は小さい島で、基地や核兵器や毒ガス兵器に囲まれて生活してきました。それのみでなく、異民族による軍事優先政策の下で、政治的諸権利がいちじるしく制限され、基本的人権すら侵害されてきたことは枚挙にいとまありません。県民が復帰を願った心情には、結局は国の平和憲法の下で基本的人権の保障を願望していたからに外なりません。経済面から見ても、平和経済の発展は大幅に立ちおくれ、沖縄の県民所得も本土の約六割であります。その他、このように基地あるがゆえに起るさまざまの被害公害や、とり返しのつかない多くの悲劇等を経験している県民は、復帰に当っては、やはり従来通りの基地の島としてではなく、基地のない平和の島としての復帰を強く望んでおります。

また、アメリカが施政権を行使したことによってつくり出した基地は、それを生み出した施政権が返還されるときには、完全でないまでもある程度の整理なり縮小なりの処理をして返すべきではないかと思います。

そのような観点から復帰を考えたとき、このたびの返還協定は基地を固定化するものであり、県民の意志が十分に取り入れられていないとして、大半の県民は協定に不満を表明しております。まず基地の機能についてみるに、段階的に解消を求める声と全面撤去を主張する声は基地反対の世論と見てよく、これら二つを合せるとおそらく八〇％以上の高率となります。

次に自衛隊の沖縄配備については、絶対多数が反対を表明しております。自衛隊の配備反対と言う世論は、やはり前述のように基地の島としての復帰を望まず、あくまでも基地のない平和の島としての復帰を強く望んでいることを示すものであります。

去る大戦において悲惨な目にあった県民は、世界の絶対平和を希求し、戦争につながる一切のものを否定しております。そのような県民感情からすると、基地に対する強い反対があることは極めて当然であります。しかるに、沖縄の復帰は基地の現状を堅持し、さらに、自衛隊の配備が前提となっているとのことであります。これは県民意志と大きくくい違い、国益の名においてしわ寄せされる沖縄基地の実態であります。

さて、極東の情勢は近来非常な変化を来たしつゝあります。世界の歴史の一大転換期を迎えていると言えましょう。近隣の超大国中華人民共和国が国連に加盟することになりました。アメリカと中国との接近も伝えられております。わが国も中国との国交樹立の声が高まりつつあります。好むと好まぬにかかわらず世界の歴史はその方向に大きく波打って動きつゝあります。

このような情勢の中で沖縄返還は実現されようとしているのであります。したがって、この返還は大きく胎動しつつあるアジア、否、世界史の潮流にブレーキになるような形のものであってはならないと思います。そのためには、沖縄基地の態様や自衛隊の配備については慎重再考の要があります。

次に、核抜き本土並み返還についてであります。この問題については度重なる国会の場で非常に頻繁に論議されておりますが、それにもかかわらず、県民の大半が、これを素直には納得せず、疑惑と不安をもっております。

核抜きについて最近米国首脳が復帰時には核兵器は撤去されていると証言しております。ところが、私どもはかつて毒ガスが撤去された経緯を知っております。

毒ガスでさえ、撤去されると公表されてから、二ケ年以上も時日を要しております。毒ガスよりさらに難物と推定される未知の核兵器が現存するとすれば、果して後いくばくもない復帰時点までに撤去され得るでありましょうか。

疑惑と不安の解消は困難であるが、実際撤去されるとして、その事実はいかにして検証するか依然として不明のまま問題は残ります。

さらにまた、核基地が撤去されたとしても、返還後も沖縄における米軍基地の規模、機能、密度は本土とはとうてい比較にならないと言うことであります。

復帰後も現在の想定では沖縄における米軍基地密度は本土の基地密度の一五〇倍以上になります。なるほど、日米安保条約とそれに伴う地位協定が沖縄にも適用されるとは言え、より重要なことは、そうした形式の問題より、実質的な基地の内容であります。そうすると基地の整理縮小かあるいはその今後の態様の展望がはっきり示されない限りは本土並基地と言っても説得力をもち得るものではありません。前述の通り県民の絶対多数は基地に反対していることによってもそのことは明らかであります。

次に安保と沖縄基地についての世論では安保が沖縄の安全にとって役立つと言うより、危険だとする評価が圧倒的に高いのであります。この点についても、安保の堅持を前提とする復帰構想と多数の県民意志とはかみ合っておりません。県民はもともと基地に反対しております。

ところで安保は沖縄基地を「要石」として必要とするということであります。反対している基地を必要とする安保には必然的に反対せざるを得ないのであります。

次に、基地維持のために行なわれんとする公用地の強制収用五ケ年間の期間にいたっては、これは県民の立場からは承服できるものではありません。沖縄だけに本土と異る特別立法をして、県民の意志に反して五ケ年という長期にわたる土地の収用を強行する姿勢は、県民にとっては酷な措置であります。再考を促すものであります。

次に、復帰後のくらしについては、苦しくなるのではないかとの不安を訴えている者が世論では大半を占めております。さらにドルショックでその不安は急増しております。くらしに対する不安の解消なくしては復帰に伴って県民福祉の保障は不可能であります。生活不安の解消のためには基地経済から脱却し、この沖縄の地に今よりは安定し、今よりは豊かに、さらに希望のもてる新生沖縄を築きあげていかねばなりません。言うところの新生沖縄はその地域開発と言うも、経済開発と言うも、ただ単に経済次元の開発だけではなく、県民の真の福祉を至上の価値として目的としてそれを創造し達成していく開発でなければなりません。従来の沖縄は余りにも国家権力や基地権力の犠牲となり手段となって利用され過ぎてきました。復帰という歴史の一大転換期にあたって、このような地位からも沖縄は脱却していかなければなりません。したがって政府におかれても、国会におかれてもそのような次元から沖縄問題をとらえて、返還協定や関連諸法案を慎重に検討していただくよう要請するものであります。

さて、沖縄県民は過去の苦難に充ちた歴史と貴重な体験から復帰にあたっては、まず何よりも県民の福祉を最優先に考える基本原則に立って、(1)地方自治権の確立、

(2)反戦平和の理念をつらぬく、(3)基本的人権の確立、(4)県民本位の経済開発等を骨組とする新生沖縄の像を描いております。このようなことが結局は健全な国家をつくり出す原動力になると県民は固く信じているからであります。さらにまた復帰に当って返還軍用土地問題の取扱い、請求権の処理等は復帰処理事項の最も困難にしてかつ重要な課題であります。これらの解決についてもはっきりした責任態勢を確立しておく必要があります。

ところで、日米共同声明に基礎をおく沖縄の返還協定、そして沖縄の復帰準備として閣議決定されている復帰対策要綱の一部、国内関連法案等には前記のような県民の要求が十分反映されていない憾みがあります。そこで私は、沖縄問題の重大な段階において、将来の歴史に悔を残さないため、また歴史の証言者として、沖縄県民の要求や考え方等をここに集約し、県民を代表し、あえて建議するものでありま す。政府ならびに国会はこの沖縄県民の最終的な建議に謙虚に耳を傾けて、県民の

—10—

中にある不満、不安、疑惑、意見、要求等を十分にくみ取ってもらいたいと思います。そして県民の立場に立って慎重に審議をつくし、論議を重ね民意に応えて最大最善の努力を払っていただき、党派的立場をこえて、たがいに重大なる責任をもち合って、真に沖縄県民の心に思いをいたし、県民はじめ大方の国民が納得してもらえる結論を導き出して復帰を実現させてもらうよう、ここに強く要請いたします。

二、基本的要求

二、基本的要求

(一) 返還協定について

終戦以来、沖縄県民は、本土に復帰する日のあることを固く信じ、あらゆる困難を克服しながら本土復帰を要求し続けてまいりました。そして、二六ヶ年にわたる異民族支配の下で身をもって体験した幾多の苦難と試練を通して県民が最終的に到達した復帰のあり方は、平和憲法の下で日本国民としての諸権利を完全に回復することのできる「即時無条件かつ全面的返還」であります。また、これまでたえず軍事的に利用され、悲惨な沖縄戦をも体験した県民は、再びこのような状態に自らを置くようなことがあってはならないと、日頃から心に固く決めているのであります。これらのことは、沖縄の歴史と県民の心情を素直に理解しようとする気持ちがあれば、何人にも容易に納得できるところであります。

一昨年十一月二二日の日米共同声明によって沖縄の復帰は、一九七二年中に実現することとなり、目下その具体的な準備が進められつつあります。そして、すでに返還協定の調印も終え、日米両国議会においてその批准のための審議がなされつつあります。

わたくしたちは、佐藤総理大臣をはじめ日本政府当局が沖縄県民の苦労と心情を理解され、強い決意でこれまで米国との外交交渉を進めてこられたことについては、県民を代表して卒直にこれを多とし、敬意を表するものであります。しかしながら、沖縄県民は、日米共同声明ならびに沖縄返還協定の内容には、けっして満足しているのではありません。これらの取りきめは、県民の要求を十分に満たすものではなく、現在県民の間には次の諸点について強い疑惑、不安、不満が抱かれているのであります。

その第一は、一九六九年十一月の日米共同声明と沖縄返還協定によって、日本が極東における米国側の戦略体制下に組み入られるのではないかという懸念であります。返還後沖縄は、日米安保条約の適用地域に含められることになっておりますが、共同声明では、「現在のような極東情勢の下において、沖縄にある米軍が重要な役割を果している」ことが認められ、また、「沖縄の返還は、日本を含む極東の諸国の防衛のために米国が負っている条約上の義務の効果的遂行の妨げとなるようなものではない」とも謳われております。さらに韓国の防衛について日本は、事前協議にたいし「前向きにかつすみやかに態度を決定する」ことを米国に確約しており、「台湾地域における平和と安全の維持も日本の安全にとってきわめて重要な要素である」と述べられています。

政府は、復帰後沖縄の基地は、日本本土にある米軍の施設区域と同じように、日米安保条約の目的に従って米軍に提供され、その枠内において使用されるのであるから、沖縄基地の役割も大きく変化する旨述べられておられますが、事前協議制度が弾力的に運用され、エースもノーもあり得るという政府の度重なる発言と、ジョンソン国務次官をはじめ米国政府高官の発言や証言内容とを考え合わせると、日米安保条約が本質的に変化したのではないかという強い疑惑の念を抱かざるを得ません。たとえばジョンソン次官は、日米首脳会談にたいする背景説明のなかで「朝鮮と台湾等に関する事前協議において日本政府が前向きにかつすみやかに態度を決定するということはたんに沖縄に関して適用されるだけではなく、日本本土南部の米軍基地に関しても同様に適用されるのであって、この点でなにがしかの変化があります。」と説明しております。さらに同次官は、日本はこれまで日本本土の安全だけを考えてきたが、今度の場合に周辺地域にも関連があることを認めるようになった旨の証言を行なっています。こういうことから、日米安保条約が質的に変化するのではないか、あるいは本土が「沖縄化」するのではないか、という強い疑惑が生じてくるのであります。もしこの懸念があたっているとしますと、沖縄県民の求めた復帰とは全く相反することになり、沖縄県民としては何としても容認しえないものであります。

第二の疑惑不安は、「核」の問題であります。政府は、共同声明の第八項でニクソン米大統領が、日本側の説明に「深い理解を示し、日米安保条約の事前協議制度に関する米国政府の立場を害することなく、沖縄返還を、右の日本政府の政策に背馳しないよう実施する」ことを確約していること、さらに返還協定（第七条）で核撤去の費用を日本が負担することを定めたことを挙げて、核は沖縄から確実に撤去されることを説明されております。しかし核の撤去の時期及びその確認方法はまだ明示されておりません。さらに重要なことは、核の有事持込みがあり得るのではないか、ということであります。ジョンソン国務次官は前述の背景説明で、「第八項は、特別の事態にさいし米国がもし必要と認めれば日本と協議を行なうという米国の権利をきわめて慎重に留保しており、しかもこのことが核兵器に適用されることは明確であります。」と説明しております。ジョンソン次官の説明をまつまでもなく、ごく単純に考えても、もし事前協議においてエースもノーもありうるというのであれば、当然に核の有事持込みもありうるということにならざるを得ないでありましょう。しかし「核ぬき」というのは決して一時的なものであってはならず、ぜひとも永久に撤去すべきものであり、できうる限り基地そのものもなくしてもらいたいというのが、沖縄県民の真の要求であることを御理解いただきたいのであります。

第三は、沖縄基地の態様についてであります。政府は、日米安保条約とその関連取りきめが沖縄にも本土におけると同様に適用されるのであるから、それは「本土並み」返還であると説明しております。しかしこれは「形式的な」本土並み返還であって、沖縄県民の要求する、いわば「実質的な」本土並み返還ではありません。沖縄返還協定の「了解覚書」によると、返還されるのは与儀ガソリン貯蔵地、本部飛行場その他一部だけであり、嘉手納空軍基地、海兵隊基地、瑞慶覧陸軍施設、第二兵站部、那覇軍港、宜野湾、読谷飛行場などの主要基地はほとんどそのまま存置されることになっております。現在、沖縄全土に米軍使用地の占める割合は十二・五％でありますが、復帰後も米軍が使用する面積は一〇・〇％であり、返還によって減少するのはわずか二・五％であります。しかも返還される基地の中には自衛隊が代って使用することを予定しているのもあります。政府は将来、国際情勢の変化に応じて米軍基地の整理を要求する旨述べていま

—17—

すが、積極的に整理縮小しようという意欲やそのための具体的計画はまだ提示されておりません。

基地の態様に関する問題はこれだけではありません。第一特殊部隊、第七心理部隊、ＳＲ71戦略偵察機などはそのまま残されることになっています。政府は、これらの特殊部隊の活動の存続を認め、ただその内容については、実態によってこれを改めたり、活動を制限する旨を明らかにしております。

さらに、Ｖ・Ｏ・Ａの取扱いについて返還協定（第八条）は、復帰後五年間これを存続させることとし、その後の処置については復帰の二年後に日米両国政府の間で協議する旨規定し、これをうけて特別措置法（第一三一条）は、電波法の特例措置を定めております。しかしながら、このＶ・Ｏ・Ａの取扱いに関する取りきめは、県民の間で、
(1)　このように外国政府の直接運営する放送施設を沖縄にかぎって存続させることは、外国放送施設の設置を禁止している電波法の原則に反するばかりでなく、それでは本土政府がかねてから県民に約束してきた「本土並み返還」の趣旨にも反するのではないか。
(2)　Ｖ・Ｏ・Ａは、現在中波一、短波五二、超短波一七の計七〇波の周波数を占有しているが、

—18—

これをそのまま存続させることになると、今後周波数の確保の面で国益に反するばかりでなく、近年とみに高まりつつある国内電波需要に対応する電波割当計画の策定にも耐えがたい障害にはならないか。

(3) V・O・Aを使って大統領直属の対外宣伝機関である海外広報局（U・S・I・A）が中国語、朝鮮語、ロシヤ語及び英語で中国や北朝鮮などの共産圏諸国に対して反共宣伝放送活動を行なっているが、外国のこのような活動を継続させることは、今回の国連総会において中国の国連加盟を実現させた国際情勢の動向や日中間の国交回復を要求する国内世論に反するばかりでなく、これから実際に中国との国交を回復するうえでも障害とはならないかなどの点で問題視されております。そして、このV・O・Aは、沖縄本島北部の国頭村から一、〇〇〇キロワットの超大電力をもって放送を行っているため、その周辺地域ではテレビ、ラジオの受信に混信妨害を与え、また有線電気通信設備にも誘導妨害を与え、そのためにその隣接地域では電話の架設もできない状態であります。しかも、返還協定第八条の運用について合意議事録では、「V・O・Aを日本国外へ移転する場合に、予見されない事情によって代替施設が返還協定第八条所定の五年内に完成されないときは、日本政府はこの代替施設が完成するまで沖縄において∨・O・Aの運営を継続する必要性に対し十分な認識を払う用意がある」とされているため、このような状態が一体いつになれば解消するのかその見通しすらつかず、V・O・Aの性格とこれを背負いこんでいく沖縄の将来を考え、これに深刻な不安を覚えずにはいられないのであります。去る五月一七日に行われた立法院のV・O・Aの撤去に関する決議も県民のそのような気持ちを端的に表明したものであります。

第四は、いわゆる資産買取りの問題であります。その対象とされているものは、琉球電力公社、琉球水道公社、琉球開発金融公社はじめ、琉球政府庁舎、裁判所庁舎、英語センター、文化センター、さらには道路などとかなり広範囲に及んでおります。

しかし、日本政府が引継ぐことになっているこれらの資産は、形式はともあれ、その実質においては元来純然たる米国の所有に属するものというより、沖縄県民に属するとみられるべき要素が少なくありません。たとえば、前記三公社はいずれも一般資金並びにガリオア資金の見返り等でつくられたものであり、沖縄において営業を行なって現状のような資産となったものであります。琉球政府庁舎にいたっては、明確に「琉球住民に献呈さる」との銅板の表示が同庁舎入口にかかげられているのであって、すでに住民のものになっていると信じられてきたものであります。

したがって、これらの資産は、日本政府がわざわざ米国政府から買取らなくても、本来沖縄県民に属するものとして、沖縄県民の福祉増進と復興のために使用されるべき性質のものであったといえましょう。

第五に、対米請求権処理の問題があります。これは、アメリカが沖縄を支配してきた二六年間において、県民がこうむった損害をどのように処理するかという問題であり、奪われた人権の回復が図られるか否かという県民にとってはかりしれないほど大きな影響を及ぼす重要問題であります。

しかるに、返還協定では、ごく一部を除き、この請求権は放棄され、県民がこうむった損害の賠償、犯された人権の回復には考慮が払われておりません。二六年に及ぶ米軍支配下で沖縄県民のこうむった損害は筆舌につくしがたいものがあり、しかも「補償」または「賠償」の名に値いするほどの救済措置は、ほとんど講じられていないのであります。

政府が返還協定において沖縄県民の同意をうることなく、対米請求権を放棄した以上、米施政下において沖縄県民のこうむったこれらの損害については、国がその責任において処理すべきであり、そのために沖縄県民に不利益を与えるようなことがあってはなりません。そのような観点から、今回の国会においては、沖縄県民の請求権処理に関する特別立法を制定していただくよう要請するものであります。因に、これについては、すでに本土政府当局に文書をもって同様な要請をしてあります。

わたくしは、さきに、新生沖縄県の基本理念の一つは、沖縄が二度と再び軍事的手段に利用されるようなことがあってはならないこと、したがって沖縄県民の要求する復帰対策の基本もすべての戦争及びこれにつながる一切の政策に反対し、沖縄を含むアジア全域の平和を維持することにあることを挙げてきました。そして、沖縄県民の要求する最終的な復帰のあり方は、県民が日本国憲法の下において日本国民としての権利を完全に享受することのできるような「無条件且つ全面的返還」でなければならないことも繰り返えし述べてきました。しかるに、右に挙げた返還協定の内容は、明らかに沖縄県民のこれらの理念や要求に反するものであります。そこで、わたくしは、日本政府当局及び国会議員各位がこれらの諸点に対する沖縄県民の心情を卒直に理解され、単に問題を党派的立場で議論するのではなく、沖縄県民の将来の運命がこれらの論議の成り行きいかんにかかっていることに留意され慎重の上にも慎重を重ねてご検討いただき、沖縄県民の疑惑、不安、不満を完全に解消させて下さるよう強く要請するものであります。

(二)　沖縄基地と自衛隊配備問題について

「沖縄の中に基地があるのではなく、基地の中に沖縄がある」と言われるように、沖縄における基地のもつ比重は絶大であります。

沖縄の総面積は、本土において小さい県にランクされる神奈川県とほぼ同じ、二、三八八平方キロであります。しかるに、沖縄にある基地の総面積は、約三〇〇平方キロに及び、これは沖縄全面積の一二、五%、沖縄本島においては、その二二、五%にあたり、日本全土にある米軍基地総面積にほぼ相当するのであります。しかも、そのうち田畑が約二九％、完地が三％となっていて、県民の日常生活に直接影響を及ぼすのが、全軍用地の約三二％も占めております。特に基地の集中している中部地区の六市町村（嘉手納村、読谷村、北谷村、コザ市、宜野湾市、浦添市）はその面積一三〇平方キロ中、基地面積は約七〇平方キロ、すなわち総面積の五四％に達し、さらに市町村の例をあげると嘉手納村八八％、読谷村七九％、北谷村七四％、コザ市は六七％等であります。

本土の米軍基地面積は、全土の〇、〇八％にすぎないとのことであり、沖縄本島の基地の密度は、実に本土の二八〇倍にも及ぶことになります。また、基地（施設および地域）数は沖縄が一二〇ケ所、本土一四八ケ所あると言われていますが、本土の基地の数え方に準ずると、沖縄の基地はさらに多く、数百ケ所にも達するようであります。さらに沖縄の米軍基地は、核兵器をはじめ、各種の近代兵器をもって装備され、いつでも広範なアジヤ各地に発進できる攻撃基地として、世界に類例のないものであり、本土にある米軍基地の数百倍に及ぶ機能をもっていると言われております。

このようなぼう大な面積の土地が軍用地として接収され、また、その強大な機能の中に沖縄がおかれているために、沖縄県民の生活は、あらゆる面で極端な圧迫を受け、いびつな状態になっております。かつての肥沃な田畑も基地になって農業は破壊され、市街地の中心部分に基地があるため、都市の計画的開発と経済発展を阻害しております。

そればかりでなく、いわゆる「基地公害」や米軍人軍属の犯罪、基地あるがゆえに発生する人権侵害の問題は、さらに深刻であります。空からトレーラーが落下したり、ジェット機が墜落したり、基地から流れ出た廃油によって井戸水が汚染されたいわゆる「燃える井戸」、米軍の演習等による流弾事故、米軍人軍属による頻発する交通事故による人身傷害、婦女子が殺傷、暴行されたり、また、原子力潜水艦による放射能汚染、ミサイル発射演習による漁業への影響等々、その数は枚挙にいとまがありません。

したがって、沖縄県民は、県民の人権を侵害し、生活を破壊するいわば悪の根源ともいうべき基地に対して強く反対し、その撤去を要求し続け、本土へ復帰することによって、これまで県民の蒙った米軍基地によるあらゆる被害は解消されるものと期待し、それを要求してきました。

かりに直ちにこの県民の要求が全面的にかなえられないにしても、基地の態様が変わって、県民の不安を大幅に軽減することを強く求めてきました。

しかるに、この県民の当然の要求が、このたびの沖縄返還協定やこれを基本にして講じられようとしている国内措置において実現されていないことに対し、強い不満の意を表明するものであります。

一方、本土政府は、沖縄への自衛隊配備を具体的に進めているようであるが、米軍基地の存在に加えて、自衛隊が配備されることは、沖縄基地の強化をはかることにほかなりません。また、米軍基地の肩代りに自衛隊が配備されるとなれば、自衛隊の沖縄配備は、海外諸国を刺激し、沖縄基地にまつわる不安は増大こそすれ軽減することはないでありましょう。さらに、県民はかっての戦争体験、戦後の米軍支配の中から、戦争につながる一切のものを否定しております。したがって、ここにあらためて自衛隊の沖縄配備に対し反対の意思を表明いたします。

そこで、この沖縄基地と自衛隊配備問題に関連する「沖縄における公用地等の暫定使用に関する法律案」と「沖縄の復帰に伴う防衛庁関係法律の適用の特別措置に関する法律案」の両法案について以下問題点を指摘いたします。

1. 沖縄における公用地等の暫定使用に関する法律案の問題点

(1) この法案は、沖縄における米軍基地の存続を前提とし、その確保を図ることを目的としています。この法案には、基地をなくするとか、あるいは縮小していくという方向を示すものを見出すことができません。

沖縄に存する米軍基地は、米軍が占領軍としての権力と、絶対的、排他的な「施政権」によって、民主主義の原理に違反して、県民の意思を抑圧ないし無視して構築、形成されてきたものであります。そして、その基地の存在が県民の人権を侵害し、生活を圧迫し、平和を脅かし、経済の発展を阻害していることは、さきにも指摘したとおりであります。

平和を希求している沖縄県民は、軍事基地に反対し、その撤去を求めているのであります。したがって軍事基地の維持、強化を図ることを目的とするこの法案には基本的には反対せざるを得ません。

(2) この法案は、米軍基地の維持、存続に加えて、新たに自衛隊の配備を予定し、これを可能ならしめようとすることが目的となっています。

沖縄県民は米軍基地だけではなく、自衛隊の配備にも反対であります。自衛のための戦争といい、聖戦といわれたあの第二次世界大戦末期の沖縄戦において、沖縄県民は戦争の残酷さと悲惨さを身をもって体験し、戦後二十六年に及ぶ米軍支配の苦しい生活体験によっても、軍隊というもののもつ本質的性格をいやがうえにも知らされました。十数万の尊い生命を犠牲にした戦争体験と二十六年の長期に及ぶ米軍事支配下の生活体験を経た沖縄県民にとって、自衛隊の配備を許すことはできないのであります。

沖縄県民は、沖縄から一切の軍事基地を撤去して、沖縄を平和のメッカとすることを希求しているのであります。

(3)　この法案の本質的問題点は、米軍基地の存続と自衛隊の配備であると考えますが、その他にも憲法や土地収用法など、現行法体系との関係において、重大な問題を内包しております。

その第一点は、暫定使用という名のもとに五年もの長期にわたって、土地所有者の意思如何にかかわらず、強制的に、米軍や自衛隊に、土地等の強制使用を認めていることであります。

私有に属する土地等を正当な手続を得ずして五年の長期にわたり、一方的かつ強制的に使用することは、実質的に土地等の強制収用であり、如何なる理由を付したにせよ私権に対する重大な侵害であって、財産権の保障を規定している憲法第二十九条に違反するものといわなければなりません。

法律上暫定使用を必要とするのは、使用の根拠となる法体系に変動がある場合に、新たな法体系による根拠を合法的に設定するまでの間に生ずる不可避的な空白期間を一時的にうめあわせる場合であるはずであります。講和発効の際の本土の米軍基地に関するこの暫定使用期間は六ヶ月であります。しかるに沖縄の土地等については、五年の長期にわたり、且つ、正当な法律上の手続きもとらず、一方的に強制使用することは、沖縄県民に対して差別を強いるものであり、法の下の平等を規定した憲法第十四条にも違反するものであります。

私有に属する土地等について、強制収用、使用等が許されるのは、憲法第二十九条に規定する公共の用に供する場合のみであり、公共の用に供する事業が何であるかは、土地収用法に規定されております。ところが、自衛隊の配備は、憲法第二十九条でいう公共の用に供する場合と、土地収用法で規定する公共の利益となる事業には該当しません。したがって自衛隊の配備のために土地等を強制使用することは、その点でも憲法第二十九条に違反し、また土地収用法の趣旨にも反するものであります。

自衛隊は、現在、沖縄の土地等を使用しているのではありません。復帰によって法体系が変るからといって、暫定措置を講ずる余地はありません。したがって、法的に暫定使用を認める根拠は全くないはずであります。現行法上自衛隊が強制的に他人の土地等を使用できるのは、防衛出動という緊急の場合だけであります。暫定使用の法的根拠がないにもかかわらず、あえてこれを認めようとすることは、現行法体系上不可能なことを、暫定使用の名の下に可能ならしめる。つまり強制的に自衛隊の配備のために土地等を使用しようとするのが、この法案の意図だと思われるのであります。このことは、自衛隊配備のための特別措置であり、県民の意思を無視した違法な措置といわなければなりません。そして五年間の暫定使用を既得権とし、これを足場にして、さらに長期間にわたる強制使用、収用等を意図しているのではないかとの危惧も払拭しえないところであります。

第二点は、この法案は施行と同時に米軍や自衛隊等に使用権を生ぜしめ、所有者に対しては、単に遅滞なく使用する土地の区域等の通知をしさえすればよいとしている手続面の問題であります。国や公共団体等が他人の権利や財産に強制的に制限を加える場合には、その必要性が認められたとしても、「正当な手続」を経なければならないことは、民主主義の原則であり、最少限度の要請であります。

しかるに、この法案では強制使用の対象物の特定も明確になされず、単に「土地の区域」という漠然とした事項の通知しか義務づけられていません。講和発効後米軍に基地使用を認めたときは、「使用しようとする土地等の所在、種類、数量、及び使用期間」を通知すべきこととされ、土地収用法でも「土地の細目(土地の所在、地番及び地目)」の公告をしなければならないことになっていることに対比してみた場合、これは正当な手続を回避し、権利者の利益を害するものであるといわざるを得ません。

第三点は、使用者の原状回復義務に関する原状とは、いつの状態をさすのか不明確な点であります。

この法案によると、土地等を使用することができなくなった場合、使用者は「土地又は工作物を現状に回復し、又は原状に回復しないことによって生ずる損失を補償しなければならない。」と規定しているが、この原状回復義務は、米軍が当該土地等を使用した時なのか、この法案により取得した時点なのか明らかになされておりません。後者だとした場合、この原状回復義務に関する規定は、ほとんど無意味になってしまい、権利者は図り知れない損失を蒙ることになります。

このように主要な問題点のみを指摘したかぎりにおいても、この法案が、いかに県民要求とも、憲法原理ともあいいれない不法、不当なものであるかが明らかにされたことと考えます。

かって、米軍は講和発効後の軍用地使用の法的根拠をつくりだすために、県民の意思を無視し、一方的に布令、布告を発布して形式のみを整えてきましたが、この法案の態度は、かっての米軍のやり方と何ら異るところはないといわれてもいたしかたないでありましょう。

以上の理由から、琉球政府としては、この法案の制定に反対し、本土政府の再考を要請するものであります。

2 沖縄の復帰に伴う防衛庁関係法律の適用の特別措置等に関する法律の問題について

「沖縄の復帰に伴う防衛庁関係法律の適用の特別措置等に関する法律」（案）についても、容認することのできない幾つかの重要な問題点を含んでいます。

(1) 琉球政府は、一切の軍事基地に反対する立場に立って、従前から一貫して基地の整理、縮小、撤去を求めてきました。これに対して、日本政府も基地は漸次縮小していきたいと言明してきました。仮に、日本政府に沖縄の基地を整理、縮小し、いずれは完全撤去しようとする意思があるとすれば、行政組織についても、その点の配慮が必要であります。そのような見地から現在の米軍基地維持と自衛隊の配備を前提とする那覇防衛施設局の設置にはにわかに賛成するわけにはいきません。また那覇防施設局の設置と関連してこの法律の第二条では、現在の琉球政府職員で復帰の際に防衛庁の職員となる者があることを想定し、これに対する防衛庁職員給与法の適用に関する特別措置を規定しています。しかしながら琉球政府職員は防衛施設局への身分引継ぎに強く反発しています。したがって琉球政府は職員の意に反してその身分を防衛施設局に引継ぐような措置を講ずることはできません。

(2) 次に、講和前損害の補償もれに対する見舞金の支給を定めた第三条と、これに関連する事務の所掌や権限について防衛庁設置法の一部に必要な改正を加えた第七条についてであります。戦後二十六年にわたるアメリカ軍事支配のもとに沖縄県民がこうむった損害は、広範囲、多岐かつ莫大なものであります。琉球政府は、これらの損害について憲法上の国民の請求権として国に補償要求を訴え続けてきました。この法案の第三条に規定された講和前損害の補償もれの問題も、琉球政府の要求してきた項目であり、これに対する見舞金の支給が定められること自体は、それだけについていえば、一応是とされなければならないものであります。しかしながら、この補償もれの問題は、請求権問題のごく一部にすぎません。請求権問題については、別に「沖縄の復帰に伴う沖縄県民の対米請求権処理の特別措置等に関する法律」（仮称）の立法要請の中で、琉球政府の立場を一括して詳述することといたします。要するに、請求権問題は復帰に伴う沖縄側の最重要な要請の一つであります。多岐にわたる請求項目のなかから、その一部にすぎない講和前の補償もれだけ、それも物的損害を除外して、人身損害だけについて規定することは到底容認できないことであります。しかも、右の措置では、これを「見舞金の交付」として規定していますが、琉球政府は、憲法上の国民の権利としての要請をしているのでありますので、到底是認できるものではありません。さらにこの措置でもっとも重大な問題は、これが防衛庁関係法との関連で定められている点であります。琉球政府としては、この事項は基本的には戦後処理の一環であると考えております。したがって、この問題は、沖縄の復帰に伴う特別措置法または単独の特別立法によって措置すべきものだと考えます。しかるに、この問題を防衛庁関係法で措置していることは、あえて問題の本質をそらすものであります。したがって、このような日本政府の態度を容認することは到底できないところであり、琉球政府としては強く不満の意を表明するものであります。

(3) 次に、軍関係離職者等臨時措置法(沖縄立法)第二条に規定する軍関係離職者のうち、同条第一号にかゝる者を、本土の駐留軍関係離職者等臨時措置法第二条第一号にかかる駐留軍関係離職者であるものとみなして特別給付金の支給に関する同法第十五条から第十七条までの規定を適用することを定めている法案第五条についてであります。

これも、前項と同様に、沖縄に巨大な米軍基地が存在し、多数の軍雇用者が存在するという現実認識を前提とする限り、その離職者を救済するための措置は必要としなければならないのであり、その限りでこの措置はむしろ当然のことであります。

しかしここで指摘しなければならないことは、右の駐留軍関係離職者等臨時措置法が性質上、労働関係の法規として分類されるべきであり、したがって、むしろ沖縄の復帰に伴う特別措置に関する法律案のなかで取り扱われるべきものであるにもかかわらず、ことさらにこの法案に取入れられている点であります。これについても琉球政府としては、講和前補償もれに関する第三条の措置について述べたと同様の立場を表明するものであります。この措置は、すべからく沖縄の復帰に伴う特別措置に関する法律案のなかにとり入れられるべきであります。

(4) 最後に、この法案中の最大の問題点は、第六条の政令への委任条項であります。この規定は、「この法律に定めるもののほか、防衛庁関係法律への適用については、当分の間、政令で必要な規定を設けることができる」と定めています。

沖縄返還協定は、その前文で沖縄の日本復帰が一九六九年十一月の日米共同声明の基礎の上に行なわれていることを再確認したことに留意して、返還を協定する旨述べています。

—36—

そして、その日米共同声明は、第六項で、復帰後は沖縄の直接防衛の責務を日本が徐々に肩替りしていくということと、沖縄の米軍基地の保持に合意することを述べています。この共同声明での約束をうけて、今回の返還協定締結後間もなく、「沖縄の極地防衛責任の日本国による引受けに関する取り極め」が締結されています。この取極めで、沖縄への自衛隊配備の具体的計画が定められているのであります。これらの自衛隊配備や、米軍基地の保持、機能維持の約束を果たすための事柄が、要するにここでいう「防衛庁関係法律の沖縄への適用について………沖縄の復帰に伴う必要とされる事項」に入れるものとみられるのであります。

これらについては、自衛隊法その他防衛庁関係法律の沖縄への適用に政令で適宜変更を加えることが予定されているわけでありましょう。そうでなくてさえ、憲法違反といわれる自衛隊法をはじめとする防衛庁関係法律が沖縄への適用に関するかぎり、国会審議にもかけられることなく政令で定めることを認めようということであります。しかも、政令による措置の方向は、すでに前記の日米共同声明路線に沿うものとなるであろうことは、容易に推測できることであります。

琉球政府は、このような措置を容認することはできません。

(三)沖縄開発と開発三法案について

1 沖縄開発の基本的理念

沖縄開発にあたっての第一の理念は、県民福祉の向上にあります。

従来ややともすると、所得水準の向上のみを目的とした経済開発がなされてきたのでありますが、沖縄開発にあたっては、人間尊重ないし人間性回復の精神を、その基底に置くものでなければなりません。本土においては、大企業中心の高度成長政策が推進されるにつれて、過密、過疎化、都市問題、公害問題などの進行、激化をみるにいたり、従来の開発のあり方に対し、再検討をせまられております。沖縄開発にあたっては、このような本土の轍を踏むことなく、あくまで人間主体の開発でなければなりません。

沖縄開発の第二の理念は、自治権尊重の立場に立った開発でなければなりません。沖縄県民は、異民族の支配下にあって、苦難な道を余儀なくされながらも民主的諸権利をかちとり、常に自治の確立を希求してきました。幾多の苦難の中で、県民が獲得し学んできた尊い体験は、復帰後においても無にすることなく、地域の独自性、多様性をゆたかに開花させるために、役立てられなければなりません。

沖縄開発の第三の理念は、平和で豊かな県づくりを志向するものでなければなりません。

沖縄の軍事基地は、質量ともに、本土におけるそれをはるかにしのいでおり、そのため沖縄の経済社会に異常な影響を与え、第三次産業肥大化にみられるような産業構造の畸型化を招くとともに、他方、基地のもつ非人間的、頽廃的性格がいく多の社会的問題を惹起しております。

また、基地の存在は、総合的統一的土地利用計画にとっても大きな障害となっており、琉球政府の主体的開発計画の策定を阻害してきております。したがって、基地の撤去を前提としない限り、真の意味で恒久的な開発計画の策定は不可能であり、自由かつ平和な社会の建設などは到底望めません。

2．開発の方向

沖縄の開発にあたっては、住民福祉を中心とした社会開発に重点がおかれなければならないことは言うまでもありません。すでに沖縄においても、過疎、過密の問題をはじめ、都市問題、公害問題などの発生をみているところから、生活基盤的社会資本の整備をはかり、早急な対策が講じられなければなりません。

そのために、公共投資主導型の設備投資が必要であり、道路、港湾、空港、上下水道等の整備と住宅、教育施設、医療施設、福祉施設等の生活環境の整備を徹底的に図る必要があります。

沖縄経済は、基地依存度の高い消費経済偏重の構造を有し、第三次産業の肥大化と極度に高い輸入依存度を特徴としております。このようなゆがんだ基地経済から脱却するためには、一定の工業化が要求されますが、臨海型装置産業の場合、雇用吸収効果ならびに自治体財政への寄与も少ない半面、逆にその誘致には、産業基盤整備のための財政支出が大きく、しかも公害発生の危険は避けられないのであり、誘致企業の選定にあたっては、慎重な配慮が必要であります。

そこで、鉱工業は地場産業、既存企業の育成強化をはかることはもちろんであるが、県内に広く雇用の機会を造成するため、非公害型の電子工業、機械工業、縫製加工業等、労働集約型の企業の発展をはからなければなりません。臨海型工業については、土地利用計画にもとづいて、特定地域を指定して波及効果の高い業種を設定することが必要でありますが、その際とくに、用水多用型、公害型については厳重なチェックをしなければなりません。なお、沖縄の工業は、中小および零細企業が多く、本土からの分離による経済規模の制約に加えて、企業振興のための財政措置や長期低利の政策金融のたち遅れのあることを考慮し、国は中小、零細企業に対する特段の保護育成措置を、すみやかに講ずるべきであります。

農業についてみると、戦災によって耕地は荒廃し、生産手段もほとんど皆無に帰したほか、その後は軍事基地によるぼう大な土地の接収という厳しい条件下におかれてきました。その間、本土において実施されてきた農地改革、食糧管理制度、保護貿易制度など農民保護的な諸政策の恩恵をうけることもなく放置されてきました。復帰にあたって、国はこれらの制度によって、沖縄が当然に受けるべきであっただけの保護措置を保障するほか、沖縄の農業の独自性を育成しつつ、軍事基地の撤去などによって、農業基盤の整備をすみやかに推進しなければなりません。

そこで、従来からの甘蔗、パインアップルの保護育成を推進するとともに農家所得の向上をはかるために、今後土地改良等によって、農業基盤を整備し、沖縄の恵まれた太陽エネルギーを活用して、牧草の普及による肉牛の増殖、野菜類、果樹、熱帯花卉等の振興をはかって各地域の特性に適応した農業構造の改善をはかることが必要であります。

漁業についても、国は財政支出および投融資の遅れをすみやかに補完するとともに、本土から分離させられたことにより生じた漁業権や船数、漁獲量の枠などについても特別の措置を講じなければなりません。

そこで、漁業の整備に重点をおくとともに協業化による漁船の大型化、設備の近代化をはかり、亜熱帯の立地を生かして鰻、車エビ、ヒトエ草等の沿岸栽培漁業を幅広く普及する必要があります。

次に第三次産業の柱である観光産業については、沖縄は自然景観に恵まれている関係から、将来相当の来客数があるものと推測されるので、自然の保全に留意した観光道路、観光施設宿泊施設等の開発をはからなければなりません。

以上の社会開発、経済開発をはかるためには、水資源、電力の開発を先行させることが肝要でありますが、これには莫大な資金を必要としますので、これに対する全額国庫負担という特別な財政措置が講じられなければなりません。

一方、沖縄の開発を計画的に推進するためには、軍用地解放後の跡地利用を含む土地利用計画の策定とこれを実施するための国の思い切った助成措置が必要であります。

さらに、地域開発に欠くことのできない軌道を含む交通機関の抜本的対策がすみやかに検討されなければなりません。

新生沖縄県の開発は、以上述べたように、軍事基地の撤去を基本条件とし、住民福祉の向上および地方自治の尊重を最重要課題として推進されなければならないのであります。

3 開発三法案の問題について

地域開発の目的は、その地域社会の開発を進めることによって、地域住民の生活水準と福祉の向上をはかることであります。したがって、具体的な計画の策定にあたっては、まず地域住民の要望が率直に反映され、計画実施に際しては、地域住民が主体的に参加できるようにしなければなりません。地域住民との密接な連携がなければ、地域開発本来の目的は実現できないからであります。

しかるに、「沖縄開発三法案」の内容を検討してみると、地域開発の原則、すなわち、開発計画の中に、地域住民の創意をもり込み、その計画実施にあたっては、地方公共団体が主体的にこれにあたり、国は地方自治体の計画策定ならびに実施を財政的にうらずけるための責務を負うとの原則が十分にとり入れられていないように思われます。

「沖縄振興開発特別措置法案」の第四条で、開発計画原案の作成については、県知事の権限とされているが、計画の決定は、「沖縄振興開発審議会」の議を経て、関係行政機関の長と協議の上内閣総理大臣が行なうことになっております。

このように、計画の最終決定権は、総理大臣に委ねられております。しかも計画決定に重大な影響を与えるとみられる審議会の構成は、その過半数が「関係行政機関の職員」よりなっているのであるから、これでは、知事を通じて表明された県民の意見よりも中央の意向によって、すべてが決定されることになりかねません。したがって、この審議会の委員構成は、県民の意向がこれに十分反映させられるよう再考されるべきであります。

さらにこの開発計画を推進するための国の財政負担について、同法案は個別事業ごとに補助率を定めるような仕組みとなっており、しかもその実質的な決定が政令に委ねるようになっているが、沖縄が終戦以来国政のらち外におかれ、異民族支配のもとに放置されてきた結果各面に幾多の格差を生じていることにかんがみ、この開発計画全体について、国の特段の助成措置が必要であります。

次に「経済の振興および社会の開発に資することを目的」に「沖縄開発金融公庫法」が制定されることになっているが、その第四条によれば、資本金については、現に沖縄に存する琉球開発金融公社、大衆金融公庫、それに琉球政府特別会計を加えた正味資産を充てるとされています。これらの資産は本来沖縄県民に属するものであるから、国は新らたな出資をおこない積極的規定を設け公庫を充実強化し、県民の期待に応える必要があります。

一方、公庫法第三条は「主たる事務所」を那覇市に置き「従たる事務所」を東京に置くとしています。そこで、この「従たる事務所」を通じても貸付業務を行なうことができるものとすれば、形式はともかく、運用いかんによっては、東京の事務所が「主」となり、那覇の事務所が実質的にこれに従属させられることにもなりかねません。このような弊害をなくするためには、東京事務所の任務は、主として関係行政機関との連絡調整に重点をおき、実際の貸付業務等は、那覇事務所の窓口を中心にして行なうようにすべきであります。

次に沖縄開発庁設置法案によれば、国の行政組織の上で類例のない総合事務局が沖縄に設置されるようになりますが、沖縄の総合事務局の所掌事務は、総務部門、開発工事を実施する部門、許認可行政部門及び本来ならば第三者機関として設置されるべき公取委事務所など開発庁の権限以外の各省庁の業務も含まれることになっております。

沖縄県のような小さな地域にぼう大な国の機関が設置されると、沖縄の地方公共団体の自治、特に沖縄県の自治に重大な影響を与えるように思われます。したがってこのような事務局を設置する場合には、沖縄県側の自治を最大限に尊重することを当然前提としなければなりません。

そのような見地から同事務局の権限及び内部組織については、沖縄の実情に即応するような必要最少限のものにとどめ、また適切な運用をなされなければならないのであります。

地方自治の侵害は、戦前戦後を通じて、自治権拡大を最重要課題として要求してきた沖縄県民の最も忌避するところであります。私たちは、これまで繰返し強調してきたように地域開発はあくまでも地方自治の本旨に則って、地域住民の経済的水準ならびに福祉の向上を目的とした地域住民本位の開発でなければならないと考え、これに対する国の配慮を強く要請するものであります。

(四) 裁判の効力について

米国の施政権下において行われた裁判の効力を復帰後どのように取扱い、国内法上これをどのように処理するかは、それが国家権力の本質と県民の人権に重大な関係を持つものであるだけに、極めて重要な問題であります。そして、これは、本来国の司法権に関する問題であり、復帰後の国内措置としてこれをどのように処理するかという問題であるから、その処理の仕方については、当然日本国憲法及びその下における全国法秩序と適合するものでなければなりません。そうでなくして、もしそれが施政権者に対する配慮や国の外交政策上の都合によっていささかたりとも歪められるようなことがあるとすれば、国の司法権の基本理念は崩壊し、これに対する国民の信頼を維持することも困難となりましょう。

このような観点からこの問題を考察するとき、米国の施政権下においてその発動として設置された米国民政府裁判所及び琉球政府裁判所は、いかなる意味においてもこれを日本国憲法上の裁判所と同列におくことはできないのであります。

これについては、何人も異論のないところであり、米国の施政権下において行われた裁判の効力を判断するにあたっては、まずこの点に留意しておく必要があります。

民事裁判は、もともと裁判権そのものも私人間の紛争を処理するためのものとして設定され、訴訟手続全体が弁論主義によって支配され、裁判の結果についても法的安定性が最大限度に尊重されなければならないのであるから、米国の施政権下において行われたものであっても、それが内容的に日本国憲法及びこれを頂点とする全国法体系のうえで公序良俗に反するものでないかぎり、その効力を承認して差し支えないものであります。したがって、これについては、特に問題にすることはなく、ただそれが適切な経過措置によって復帰後国内法体系の中に適当に組み込まれればそれで足りるわけであります。

しかしながら、刑事裁判については、そのような形で簡単に処理するわけにはまいりません。刑事裁判の場合は、裁判権が国家刑罰権の発動権能として設定され、しかもそれはもっぱら国の法秩序を維持する目的で発動されるのであるから、訴訟の全体を当事者の弁論だけに委ねることはできず、裁判の結果についても民事裁判のように法的安定性の法理をもってこれを論ずることはできないのであります。このように、刑事裁判は、国家主権の直接の発動であるから、外国の裁判の効力をそのまま承継するとか、あるいは自国の裁判の効力の承継を他国へ強制することは、事柄の性質上できるものではありません。したがって、米国の施政権下において行われた刑事裁判の効力を復帰後もそのまま維持し、あるいは日本政府がこれを引継いで執行するということは、理論的に全く筋のとおらないことであります。返還協定第五条一項及び二項が民事裁判については、復帰後も「その効力を認め、日本政府が引き続きこれを執行する」旨規定しているのに対して、刑事裁判については、日本政府において「その効力を認めることができ、また引続き執行することができる」というふうに規定し、（同条第三項）日本政府においてその効力を認めるか否か、また引き続き執行するか否かを自由に選択できるようにしているのも、正にそのような見地からでありましょう。

一方、米国の施政権の下で設置された裁判所は、いずれも米国の大統領行政命令及び布告布令をもって設立されたものであり、また統治機構的にも米国の施政権の行使を分担し、またはこれに奉仕するものとしてその統治機構の中に組み入れられ、裁判権を行使するにあたっても、法制度的には米国民政府の発する布告布令に従い、かつこれによって付与された権限の範囲内においてのみこれを行い、裁判の独立性も十分に保障されていなかったのであるから、これらの裁判所が米国の施政権下で行った刑事裁判の効力を復帰後もそのまま承認することは、到底できるものではありません。終戦以来米国の施政権行使に反対し、本土への復帰を要求し続けてきた県民の心情としても、これを承認することはできないのであります。

したがって、終戦以来米国の施政権下において行われてきた刑事裁判の効力については、奄美大島が復帰したときの奄美方式を先例として踏襲すべきであります。それでなければ、復帰後沖縄については、刑法総則の例外を認めることになり、しかもそれは県民を不利益に差別するものであるから、憲法第一四条に違反し、また憲法第九十五条の規定に基づいて、県民の過半数の支持がえられないかぎり国としてもそのような措置はできないはずであります。

(五) 厚生・労働問題について

1. 社会保障

沖縄における社会保障は、すべてが「無」からの出発でありました。米軍は占領政策として「島ぐるみ救済」活動を平和宣撫工作の一環として展開してきたのであります。そして社会経済がようやく安定するにつれて、劣悪ながらも経済的貧困層いわゆる社会的沈澱層といわれる人々に対する現物、現金の支給を制度化する「救済制度」を制度化してきたのが、沖縄における社会保障制度のはじまりであります。

このように沖縄における社会保障の成立過程は、本土の社会保障が憲法の保障する生存権理念の発露として展開されてきた過程と比べて、全くその質を異にするものであります。つまり、沖縄県民は、これまで憲法の保障する生存権理念の外におかれ、一方米軍の植民地機能維持のための恩恵的な住民感情を緩和するための一定の枠の中で、生活を余儀なくされてきたのがこれまでの実態であります。

このように戦後沖縄の社会保障は、日米両政府の谷間にあって、近代国家の社会保障制度から大きく立ち遅れてきたのであるが、一九六一年の池田、ケネディ声明以降、ようやく沖縄が日本の一部であることが確認され、さらに、一九六七年の佐藤、ジョンソン会談において復帰への道程として、本土との「格差是正」がとりあげられ、社会保障に対する財政援助と制度の整備がなされるようになったのであります。ところが沖縄の社会保障は医療保険にみられるように、沖縄の医療を保障する制度としては全く不十分で、県民の意に合致しないものであり、年金制度にしても、本土政府の強力な指導によって、一応制度体系は本土並みに整備されていますが、その水準ははるかに低く、社会保障制度としての機能を十分果しておりません。

そこで、私たち沖縄県民は復帰によってこれまでのゆがみや空白が一挙に解決されるものだと期待していたのでありますが、今国会に提案されている特別措置法案をみたとき、それが県民の期待に十分応えていないことに失望するものであります。すなわち、制度の一体化は措置されていますが、その制度を支える所得向上や医療供給体制の整備、福祉施設の拡充などの措置が明らかにされていないことなどであります。

「平和で豊かな沖縄県づくり」のためには、制度の本土並みだけでなく、二十六年間の空白と、県民の長い苦渋な生活に報いるに値する莫大な社会福祉基本施設整備の投資を優先することが何にもまして大切であると考えます。

2. 年金制度

沖縄の年金制度は、厚生年金、国民年金とも、沖縄の本土復帰のメドがようやくついた一九六八年に立法化され、一九七〇年から保険料の徴収事務が開始されました。制度の内容も復帰のさいスムーズに本土制度に移行できるように、厚生省の指導を受け、制度の体系、給付水準をほぼ本土並みにしてきました。しかし、厚生年金については、制度の遅れに伴う高令者に対する四年から十四年期間短縮の措置が講じられておりますが、本土並みの受給要件を満たさないため、同年令、同年金額の給付措置が必要であります。

国民年金についても九年の遅れがあるため、沖縄法においては保険料納付の免除期間が措置され、さらに期間短縮についても一年から二十四年の特別措置がなされております。しかし、過去納付金の免除期間があるため、本土の同年令者との間に支払額に相当の差異があり、これらの者が追納して同額給付が得られるような措置をとる必要があります。

厚生年金の保険料についても本土料率をそのまま適用すると沖縄においては莫大な負担増となりますので、その面の特別措置が必要であります。さらに船員の場合、船員保険法が適用されるため（沖縄の場合現在各種保険の適用を受けていて。）各種保険がまとめられ、現行の保険料よりも高くなります。このことは、勤労者の負担増だけでなく、労使折半の建前上、沖縄の中小船舶経営者に及ぼす影響を考えると、大きな問題であります。

次に年金の各種保険の余裕金及び積立金は現在、琉球政府の資金運用部資金に預託され、公共事業、特別会計などに貸し付けられ、その額は全資金量の七〇・六％（七一年三月末現在）を占める沖縄の公共投資に大きな役割を果しております。これらの積立金はそれぞれの制度に引き継がれることになります。その他、年金制度の遅れに伴う過去期間の通算や追加費用の政府負担についても、国の責任において、もれなく保障すべきであると思います。

3. 社会福祉

戦後の沖縄における社会福祉は、米軍による生活必需物資無償配給制度による救済事業から出発し、一九五三年に、生活保護法が本土法の理念と形式を踏襲して制度化され、これが沖縄における社会保障の中軸をなしてきたのであります。

ところで、関連社会保障制度の皆無（とりわけ医療保険制度の欠陥）の中で、その扶助内容と適用基準はきびしく、理念だおれのような制度でありました。しかも、保護開始理由の大部分が疾病であり、貧困と疾病の悪循環がくり返えされ、防貧制度の欠落が、いかに扶助対象者を拡大再生産してきたかがうかがえるのであります。

一九七一年度現行基準（第十一次改訂）では、生活扶助は、全県一律に本土四級地並みであります。復帰後は、憲法理念による生存権意識の高揚によってこれまで生活の苦しかった多くのボーダーライン層が扶助対象者として急激に増加する可能性がありますので、その保護を当然の権利として実施できるよう財政措置が必要であると考えます。

保護の実施機関については、暫定措置として市部に置く福祉事務所を段階的に設置することになっていますが、これは現在の市財政基盤の現状からしてやむをえないとしても、全体的な沖縄の地域開発を進める中で、市財政の強化を図り、住民自治の本旨に則って市行政の中で処理するようにもっていくべきであると考えます。

—55—

その他児童福祉、身体障害者、老人、特殊婦人等の福祉向上についても、行財政上の特別措置を講じ、国の責任による大幅な財政支出によって、これまでの空白を早急に埋めるよう特段の配慮を要請するものであります。

また、社会福祉施設の絶対数は著しく不足しており、その整備は緊急かつ重要であるので特別の措置が必要であります。さらに、特殊婦人の更生事業については、単なる法律的な防止政策や取締的な施策では不十分でありますので、生活保障を基軸とする強力な施策を講ずるよう要請いたします。

4. 医療保障

特別措置法案の医療部分に、琉球政府の要請や措置要求はもちろん閣議決定の対策要綱の内容すら十分もり込まれていないことは残念であります。

沖縄の医療行政は、本土に比べてきわめて劣悪な状態にあることはここにあらためて指摘するまでもありません。そこでこの遅れた医療行政を一日も早く本土並みに引き上げるためには、まず第一に国の直接的な財政支出による格差是正の具体的プランが特別措置法案および開発法案にもり込まれなければならないと思います。

次に医療機関については、現在本土水準に比べて、一般病床が四分の一、結核病床が六割弱、精神病床も六割弱、伝染病床は五分の一、保健所は人口一六万人に対し一ケ所と本土との格差は大きいものがあります。これらを本土水準に引き上げるためには、単に既存の医療機関を国立にして引き継ぐという措置だけでは不十分であり、新たに国立の各種医療機関を設立することをはじめ、県立の医療機関の設置拡充、公的医療機関の引き継ぎに対し、大幅な財政措置を講ずることが必要であります。また、医療要員については、本土と比べると医師数は半数以下であり、看護婦数は三分の一程度、薬剤師数は六割弱という実情であります。このような状態を救済するために介輔制度の暫定存続および臨時准看護婦に関しては措置されておりますが、これだけでは焼石に水であります。

したがって、医療機関要員養成機関設置に関して、新たに特別措置を講ずる必要を痛感するのであります。すなわち、琉球大学医学部設立の目標を具体化させることをはじめ、看護学校の拡充、設立、臨床研修病院の存続に特別援助が必要であります。

無医地区対策に関しては、沖縄地域自体が本土におけるへき地的性格をもつことを十分に考慮しつつ、その中における無医地区対策には、一層の配慮が必要であります。とくに無医地区における診療に従事する医師、歯科医師、その他の医療従事者の確保に関しては、単に琉球政府の協力要請に応ずるという消極的態度ではなく、無医地区医療における悪循環が解消するまでの間、大幅な財政措置が必要であります。

社会疾病については、現在沖縄においては結核症の有病率は、本土と大体同様の一・五二であるが、結核病床数は人口万対本土平均病床数の六割弱で、精神病有病率は、本土の約二倍であるのに対し、病床数は人口万対本土平均病床数の六割に満たない実情であります。これらの格差是正のためには、これまでも述べてきたような処置を講じ、本土水準に到達するまでの間、現在琉球政府がとっている社会疾病対策を尊重し、その継続維持のたゆの措置が必要であります。すなわち結核医療については復帰の際現に全額公費負担を受けている者、ならびに復帰後新たに結核医療を受ける者については自己負担のないよう措置することとし、又精神障害の医療についても同様の措置をとること。以上のことを特別措置法の中に規定する必要があります。

次にハンセン氏病療養所については、国立移管する旨、一般的に規定しているが、整備拡充のための保障を具体的に示すべきであります。さらに、衛生関係業務が円滑に施行されるように基盤の整備に関しては特別配慮が必要であります。

5. 労働問題

復帰を目前にした沖縄では、現在、一般住民の間に諸制度の変革その他によって、復帰の時点からその生活基盤が奪われはしないかとの不安が高まっております。

このような住民の生活不安を解消するためには、沖縄の復帰に際して国の抜本的な福祉政策、経済政策の確立がなんとしても必要であります。沖縄の労働者は戦後米国の軍事支配の下で「無の状態から一歩一歩諸権利を獲得し、それを拡張してきたというのが実情であります。復帰に伴う本土法の沖縄への適用については、これらの事情を考慮し、沖縄の県民および労働者の要望が十分いれられた労働政策がうち立てられるような特別の配慮が必要であります。とくにこの点で留意しなければならないのは、本土地方公務員法の沖縄への適用と、軍関係労働者の間接雇用制度への移行措置に関する問題についてであります。

沖縄においても、過去に、本土の地方公務員法にほぼ相当する「市町村公務員法」と「地方教育区公務員法」を制定しようとする動きはありました。しかし、これらの法案はいずれも県民に受け容れられず、廃案になりました。本土においても公務員の争議行為を一律に禁止している国家公務員法や、地方公務員法については再検討すべきであるとの声が高まり、政府も公務員制度審議会を発足せしめて、公務員の労働基本権のあるべき姿を調査、研究させているのが実情であります。また最近の本土の裁判所の判例に照してみても、単に「公務」に従事しているということだけで、公務員の労働基本権を制限、あるいは剝奪している国家公務員法および地方公務員法については幾多の疑問が投げられていることは周知のとおりであります。したがって、本土においてこの問題が十分に調査、研究され、最終的な結論がでるまでは本土の地方公務員法の沖縄への適用については慎重に配慮されるよう強く要請するものであります。

沖縄の軍関係労働者の労働関係は米軍が一方的に公布した布令一一六号「琉球人被用者に関する労働基準および労働関係法」によって規制されておりますが復帰により軍関係労働者が間接雇用制度に移行することになり、民間労働者と同様、労働三法の適用を受けることになります。したがってその限りにおいては大いに前進したことになりますが、なお一抹の不安を抱かずにはおられません。沖縄の米軍基地は本土のそれと違い強大な総合的戦略基地であり、極東の状勢いかんによって軍事目的遂行のために、その運用がゆがめられ、軍労働者の労働基本権が抑圧される懸念があるからであります。

なお、沖縄の労働関係法（布令一一六号を含む）には本土の労働関係法に比べて労働者にとって有利な面もある（解雇手当、産前産後の有給休暇、年休の取扱等個別的労働関係）ので、復帰に伴う本土法の沖縄への適用に際しては、その点を考慮し、少なくとも復帰によって労働者の既得権を失わしめることがないように措置すべきであります。

次に布令一一六号の適用下にある沖縄の軍関係労働者は、同法によって第一種「米国政府割当資金から支払いをうける直接被用者」第二種「米国政府非割当資金から支払いをうける直接被用者」、第三種「琉球列島米国軍要員の直接被用者」および第四種「契約履行中の米国政府請負業者の被用者」に分類されていますが、現在沖縄の「軍関係離職者等臨時措置法」の適用範囲にある軍関係労働者は、同法施行のために要する資金の都合により第一種、第二種被用者に限られ、第三種および第四種被用者は同じ布令一一六号の適用下にある軍関係労働者でありながら、原則として同法の適用を排除され、同法の恩恵を享受できない状態に放置されております。このことは、米軍による軍関係労働者の分類が全くその都合によってなされたもので、これらの被用者が第一種、第二種被用者と同様、軍関係労働者として布令一一六号の適用下におかれてきた事実並びにその従事している労働の実態に徴してみれば明らかに不合理であるといわねばなりません。したがって、復帰に際しての移行措置を実施する場合には、これらの第三種及び第四種被用者の実情も十分に組み入れられ、国の「駐留軍関係離職者等臨時措置法」の中に組み込む等特別の施策を要望するものであります。とくに、第四種被用者の中にはかつては第一種あるいは第二種被用者であったものが、米国のドル防衛策の強化によって第四種被用者に入れられた者が多く、その労働の実態は、第一種、第二種被用者とそれほど異なるものではないことに注目しなければならないと思います。

次に復帰によって転廃業を余儀なくされたたばこ製造業者、製塩業者、通関業者、自動車検査業者及びその被用者、葉たばこ生産者等についてはその生活基盤を確保せしめるための特別の措置をするよう要望いたします。　また、復帰を目前に控えてすでに経営不振におちいっているといわれる、基地関係業者およびその被用者についても妥当な政策が実施されるよう具体的な措置を要望いたします。

要するに、復帰に伴う移行措置の実施についてはあくまでも沖縄県民の立場に立って、その福祉増進のための施策が必要であります。労働政策においても積極的な施策が講じられ、復帰後の新生沖縄県民が、明るく平和で豊かな希望にみちた生活が営めるよう特段の施策と配慮を切望するものであります。

(六) 教育・文化について

1 民主的教育委員制度の確立

沖縄の教育行政制度は、教育の自主、独立と民意の反映という民主教育の基本理念を基調とし、民立法によって県民がかちとったものであります。それは、教育区が市町村とは別の法人格を有し、区教育委員の選出方法も直接公選で、住民に直接責任を負う民主的教育委員制度であり、県民のあいだに長年なじまれ、定着し、この制度の沖縄教育行政における功績は高く評価されてきました。そのために県民は、沖縄の現行の教育委員会制度の存続を訴え、琉球政府もそれを強く要請してきました。

したがって、復帰によって、本土の地方教育行政法がそのまま適用されることになると、教育委員は任命制となり、この沖縄の民主的教育行政制度は否定され、県民がこれを守り育てるために長年にわたって苦労し努力してきたことが、すべて水泡に帰すことになります。制度の移行による混乱と不満は、県民の教育に対する熱意と信頼を低下せしめ、教育にその自主、創造性を失わせ、沖縄教育の将来のために、憂慮されることになります。

そのために、琉球政府中央教育委員会、教育委員協会、教育長協会、PTA連合会などをはじめ、すべての教育関係団体は、こぞって沖縄の民主的教育委員会制度の存続を訴えており、また、新聞論調や世論調査の結果もその圧倒的な支持を示し、今やその存続要請は沖縄の決定的な世論であります。

しかるに本土政府はこの県民の切実な要求をよそに、先に本土法の全面適用を閣議において決定し、復帰対策要綱にもそれをおり込んだのであります。これに対する県民の失望は大なるものがあります。

思うに、沖縄の教師や父兄は、過去二十六年間、戦争による壊滅の中から教育を生み育て、異民族支配という変則的政治形態の悪条件の中で、よくこれを克服し、正しい日本国民教育をめざして教育に精励し、教育を正しく守り育て、今日のような教育水準にまで引き上げてきたのであります。

米軍の圧力と干渉の中で、祖国を慕い、祖国の教育との一体化をはかってきた沖縄の教育関係者の労苦はなみなみならぬものがありました。このことを正しく理解していただきたいと思うのであります。

とくに、米軍の一方的教育布令を排除し、教育を県民の手にとりもどすための、教育基本法をはじめ、教育諸法規を民立法した県民の闘いは、日本の教育史に特筆されるべきものであり、その成果は高く評価されなければならないと思います。それだけに県民の教育行政制度に対する関心は高く、それを守れという要望も強いものがあるのであります。

このような経過と実績をもっているだけに、沖縄において教育は、他の分野に比べ、制度、内容ともいち早く本土に近づけ、米軍の干渉をはねのけ、自主創造の教育成果をあげることができたのであります。また異民族支配のもとでよく国民意識のそう失をくい止め、国語の純化をはかり、祖国復帰と平和教育の教育実践ができ、また、平和的日本国民の教育の理想をつらぬき通すことができたのも、これら民主教育制度に負うこと実に大なるものがありました。

本土においてもかっては、憲法や教育基本法の精神と理念に則り、現在沖縄にあるような民主的教育制度が実施されていたことは、ここで指摘するまでもありません。しかるにそれが昭和三十一年、多くの権威ある学者、教育委員、教職員をはじめとする教育関係者、革新政党や革新民主団体等、良識ある国民の多くの反対を押しきって、現行制度に改悪されたことは周知の通りであります。

私たち沖縄県民は、この際本土において、現行教育制度の非をあらため、沖縄の祖国復帰を契機として本土法も沖縄と同様な制度に改正されるよう要求するものであります。

教育こそは実に国家百年の大計の礎であります。その意味において沖縄の教育制度の移行については重大であります。本土政府においては、その取り扱いについていまいちど検討をし直していただき、国会においては慎重に審議を尽くされ、沖縄教育の将来をあやまらさぬよう強く要請するものであります。

2 教師の権利と教育内容保障

復帰に伴って地方公務員法、教育公務員特例法および教育の中立性確保臨時措置法が復帰時にそのまま沖縄に適用するようになっております。

これらの三法には、教育の公共性や教育の中立性を理由に、教職員の基本的人権を抑圧、禁止する規定があります。すなわち、争議権の禁止、団体協約の締結権の禁止をはじめ政治行為の制限、勤評の実施などの条項であります。

いま沖縄においては、公立学校職員の労働三権は保障されており、現に労働組合法によって、学校長、教頭等の管理職も加入して、沖縄県教職員組合が結成されております。

政治行為についても、教育基本法第八条によって、制限と選挙法の教育者の地位利用の禁止以外に別段規制を受ける立法がなく、教職員の政治的発言が保障されてきております。さらに勤評実施の法的根拠がなく、その必要性もないため、教育現場は自由な創造的な教育活動がなされてきました。

それが本土法の即時適用となると、教師の団体行動権が、刑事罰をもって強権で禁止され、政治行為も他の地方公務員以上に全国的な地域制限で厳しくされ、懲戒の事由として処罰されるしくみとなってしまうのであります。

勤評実施ともなれば、本土において、かってその実施の際大混乱がひきおこされたように、沖縄においてもその二の舞いをさせられることは必至であります。

沖縄の教職員が一九五三年に労働組合を結成しょうとした際、米軍から教員の労組結成は思想

—68—

の強要であるとされ、争議権だけでなく団結権すら認められなかった事実があります。政治行為については、布令一六五号（琉球教育法）によって全面禁止され、教職員の政治的発言が極度に抑圧されていたのであります。同じように、布令によって教員の契約制が実施され、渡航制限による思想調査やC－Cによる教員の監視がなされていた事実もあります。

これらの規制から解放されたのは、ようやく十四年前からであり、県民の自由を求める幾多の犠牲によってつくり出されたのが現在の諸権利であります。ところが、一九六七年、教公二法(地方教育区公務員法および教育公務員特例法）が立法院で立法化されようとしました。教公二法は本土の地公法や教育公務員特例法に準じたもので、教職員をはじめ、多くの教育団体や県民から反対され、ついに廃案となったのであります。

県民がこの法律の立法に反対した主なる理由は、沖縄は長年米軍の支配下にあって、ただでさえ県民の権利が大きく抑圧されているにもかかわらず、自らつくる法律でさらに自らをしばることは愚であり、民主社会においてあるべきことではないと県民の多くが判断したからであります。したがって沖縄の教育復興をはかるためには、教職員に可能なかぎりの自由を保障することが必要であるとされたからであります。この自由は復帰後においても当然保障されるべきものであると考えますので、前述の三法の権利規制は不要であります。

教育公務員の争議権禁止は、憲法で保障される生存権の擁護と相容れないものであり、違憲性をもつ疑いのあることは、多くの学者が指摘している通りであります。そのことは本土において教育公務員の争議行為に対する無罪判決の事例でもわかるのであります。

政治行為については、教育の中立性という立場から教育基本法の第八条で制約を受けることは当然でありましょう。それ以上の制約は、教育の中立を犯し、教育を通じて特定政党を支持するような言動があってはじめて妥当でありましょう。しかし、沖縄においてこのように教育をゆがめ、社会に弊害を与えるような行きすぎた教職員の政治行動はありません。教育基本法第八条において政治教育を施す義務を教師は負っており、教師は「良識ある公民たるに必要な政治的教養」を児童生徒に体得させねばならないのであります。

そのためには、教育は自由な雰囲気の中で行なわれるようにすべきであると考えます。勤評のごときは校長をして教育現場の教職員を職制でしめつけ、権力支配を容易にし、職場を暗くするだけであることは、本土の例で明瞭であります。

動評実施で本土の教育界は血の争いをおこしました。これを沖縄にもち込むことは、沖縄の教育に大混乱を招くことが予想され、憂慮するものであります。

本土における混乱や、沖縄の教公二法のいきさつからして、地公法、教育公務員特例法の条文の中にある規制条項を削除し、特別措置をしていただくよう強く要請するものであります。

さらに「教育の中立性確保臨時措置法」の適用は不要であります。

次に「学校教育法」や「施行規則」および「改訂指導要領」がそのまま適用されると、学校現場における教育の自主性が奪われる恐れがありますので、特別な措置と配慮を要請いたします。

3　教育文化諸環境の整備と格差是正

教育の目的を達成するためには、人的、物的条件整備がまず優先されなければなりません。それに要する費用は、義務教育無償の原則に立って、公費でまかなわれるべきことは当然であります。そして、教育基本法でうたわれる教育の機会均等、教育上差別されてならないこともまた当然で、憲法でいう国民の教育を受ける権利が保障されるべきであります。

しかるに、沖縄の場合、同じ日本国民教育を施しながら、教育費に対する県民の負担はその率において極めて高いものでありました。したがって、本土の基準に達するには、なお相当の期間を要するのであります。

校舎や設備の保有状況は類似県の約七〇％であり、その格差を是正するには多額の資金が必要とされております。

このような不備な教育条件下では、教育効果は上がらず、教室不足からいまなお、数百の老朽、間仕切り教室でそれを補っている状態であります。とくに、特別教室や屋内体育館、学校図書館などは、ようやく手がつけられたにすぎず、その遅れは比較にならないほどであります。

本土においては、教育が国の責任において行われるようになって、教育のあらゆる条件は、一定の水準によって全国的にその均衡を維持しております。しかるに沖縄は、この水準にはるかに及ばず、大きな格差を生じているのであります。

その要因は施政権の分離という異状態勢下においてそれを理由に施政権者と本土政府が責任を回避してきたためであります。

沖縄に義務教育費国庫負担法に準じた財政措置がなされたのはつい五年前からであり、また国の財政支出を義務づけた教育財政関係法に準ずる財政措置もまだ十分になされておりません。

去る大戦において、沖縄の学校校舎は一〇〇％破壊されてしまいました。そのため校舎その他も戦後の困乱期において県民が力をあわせてゼロの状態からようやく現在の状態まで整備してきたのであります。それだけに、沖縄の学校校舎に対しては、当然戦災復旧の考え方に立って、国の責任においてその整備を図るべきであります。

しかるに沖縄振興開発特別措置法案によっても教育環境全般について特別措置が十分に講じられておりません。

そこで沖縄における教育現況に留意し、教育水準を一日も早く本土並に引き上げるよう国の特別の措置と配慮を重ねて要請するものであります。

なお、沖縄戦で国宝指定の十一の文化財が失われ、かろうじていま一六三の指定文化財が沖縄に保存されております。これらの文化遺産を国の保護事業で守っていく必要があります。沖縄の文化が国民だけでなく広く世界文化へ貢献するよう積極的な国の保護行政を要請するものであります。

（七） 税制、財政、金融について

1 税制措置

沖縄県民は、異民族支配の窮乏を担い、本土と異った環境の下で苦労しながらやっといまの生活を築いてまいりました。そのため県民の多くは、いま復帰を目前に控えて、日本国憲法の下で名実ともに日本国民または人間としての権利を回復することのできることに対する喜びや期待とこれまで営々として築きあびてきた生活の基盤がどのように変転していくかの不安と錯そうした気持で政府の復帰対策措置に大いに関心をもっておりましたが、税制措置につきましては、本土政府も沖縄の立場を充分に理解され、前向きの対策が講ぜられつつありますが、次の点で懸念されるものがありますので、本土政府のご理解を求めたいと思います。

その第一は、沖縄租税特別措置法の規定による重要物産の製造等についての所得税又は法人税の免除については、同法の適用期間の残存期間に限り、復帰後もその適用を認められることになっているが、沖縄の重要産業の一部を改正する立法が、一九七一年十月二十二日立法第百四十五号で公布され、産業の発展若しくは雇用の増大に寄与し、県民の生活の安定に資することが著しいと認められる産業に対して、今後重要産業の指定が行なわれることとなりますので、その指定のあった産業についても、沖縄租税特別措置法の相当規定が適用されるよう配慮が必要であります。

その第二は、住民税についてでありますが、所得割の課税標準が、前年所得課税のたてまえから、昭和四十七年度分のその金額は、沖縄法令の規定による総所得金額の計算の例によって算定される。沖縄所得税法は、財産課税としての性質を有する相続・贈与による所得も一時所得としてその課税の対象となっており、本土の所得税法とは異なるので、当該相続・贈与に係る所得を除いた金額を所得割の課税標準とする経過措置を講ずる必要があります。さらに給与所得については、給与控除額が本土の場合と異なるところから不公平が生じないよう、本土法により算出する経過措置が必要であります。

その第三は、自動車重量税の適用に関する問題であります。本土においては、鉄道を含む道路整備五ヶ年計画の財源措置として自動車重量税が新設されておりますが、鉄道がなく道路交通施設の完備していない沖縄にこれを適用することは問題であります。従って当分の間その適用を延期し、その間に総合的な交通機関の整備をはかる必要があります。

2　財政措置

沖縄は、終戦以来異民族支配の下で独立国並みの制度運営を余儀なくされ、本来国の責任において措置されるべき国政業務まで負担してまいりました。しかも、米国政府が施政権者としての財政的責任を十分に果してこなかったため、他府県との教育、社会福祉、産業基盤、その他公共施設等各面において格差を生ずると共に極度の硬直化現象をきたし、多額の借入金に依存せざるを得なかったのでさります。琉球政府のこの借入金の処理については、それが沖縄を異民族支配でに放置してきた結果であることに鑑み、国は自らの責任においてこれを処理し、また単に他府県並みの交付金方式にこだわることなく諸施策の格差並びに借入金の抜本的な対策を講ずることによって、新生沖縄県の発足にあたっては、それが障害にならないよう万全を期していただきたいのであります。この点については、すでに本土政府当局は、事柄の本質と問題の重要性を認識され、それが解決について検討されておられますが、その処理のいかんによっては新生沖縄県に深刻な影響を与えることにもなりかねませんので、ここに強く指摘すると共に、琉球政府の借入金以外の債務の処理については併せて、要請する次第であります。

沖縄は、終戦以来国の国内復興対策のらち外におかれ、また施政権者としての米国政府の施策に弱い面も多かったため、いまだにその所得水準は、全国平均の約六割程度にしか達しておりません。一方、教育、社会福祉、産業基盤施設その他公共施設等各面においては全国の平均水準にはほど遠い状態であります。したがって、復帰後の新生沖縄県における財政措置を講ずるにあたっては、沖縄が長期間に亘って日本の施政権の外にあったこと及び沖縄がおかれている社会的条件等による特殊事情を十分考慮し、同時に沖縄の振興開発を図るための巨額の財政需要が見込まれ、さらにそれに対応するため、他府県よりも多くの職員をかかえるなどの行財政の特殊性があり、また産業や風土の相違もあり、これらに基づく特別の財政需要があります。これらの財政需要に対しては、単に現行地方交付金制度の枠内だけで措置することなく、地方交付税の上乗せ、国の補助率の最高を下らない率の確保、県発足当初における財源の確保等国の思い切った特別措置が必要であります。

3　通貨不安の解消措置

去る八月一六日のニクソン声明とこれに続く本土政府の外国為替変動相場制への移行措置によって、ドルを通貨として使用している沖縄では、貿易取引や県民生活の全般にわたってその影響をうけ、これによる県民の不安と損失ははかりしれないものがあります。本土政府は、その後この外国為替変動相場制への移行によって生ずる生活物資の価格高騰を抑制するための生活物資価格安定資金として一〇億円、本土在住学生の学資補助資金として一億円をそれぞれ支出する旨の措置を講じて載きましたが、これだけの資金で十分に対処できるものではありません。沖縄県民は、自らの意思によって異民族の支配をうけているのではなく、また好んでドルを通貨として使用するようになったのでもないのであって、県民がこのような状態におかれるようになったのは、すべて日米両国政府の一方的な決定によるものであるから、国はこれらの点を考慮し、この通貨不安問題によっていささかたりとも県民に不利益を与えることのないよう抜本的な措置を講ずる必要があります。

この通貨不安問題に対する抜本的かつ恒久的対策としては、現在のドル通貨を円通貨へ切換えることと以外にはないのであります。さきに琉球政府が本土政府と協議のうえ「通貨及び通貨性資産の確保に関する緊急措置」を講じたことは、通貨交換を実現するための過度的措置としてとられたものであります。したがって通貨交換が遅れれば遅れるほど県民の不安や損失はそれだけ増大することになります。国はその点を考慮して早急に一ドル対三六〇円による通貨交換、賃金の円換算措置（一ドル対三六〇円の割合）、一〇月九日以降交換時までの資産増加分に対する補償措置等の措置を講じ、また通貨交換が実現されるまでの間の本土沖縄間の貿易取引上の為替差損、学生、長期療養者等に対する生活資金の送金為替差損等についても引き続き特別の救済措置を講じ、この通貨不安問題によって県民にいささかたりとも不利益を与えないようにしていただきたいのであります。

三、具体的要求

三、具体的要求

(一)「沖縄の復帰に伴う沖縄県民の対米請求権処理の特別措置等に関する法律」(仮称)の制定要請

沖縄県は、去る第二次大戦において戦場となり、その結果、アメリカ合衆国軍隊の占領するところとなり、あまつさえ、県民の意思が問われることなく昭和二十七年四月二十八日に発効した日本国との平和条約第三条によって、沖縄県の領域及び住民はアメリカ合衆国の施政下に置かれることを余儀なくされました。爾来今日に至るまで二十六年間、沖縄県民の人権はもとより、財産権等の諸権利は、本土では到底想像もできないほど軽視され、無視されてきました。

いま、ようやく本土復帰を目前に控え、県民は、その軽視され、無視されてきた人権及び財産権等の諸権利が、本土政府によって回復されることを心から願望し、且つ期待しております。

本土政府は「琉球諸島及び大東諸島に関する日本国とアメリカ合衆国との間の協定」いわゆる沖縄返還協定第四条第一項で「日本国は、この協定の効力発生の日前に琉球諸島及び大東諸島におけるアメリカ合衆国の軍隊もしくは当局の存在、職務遂行もしくは行動またはこれらの諸島に影響を及ぼしたアメリカ合衆国の軍隊もしくは当局の存在、職務遂行もしくは行動から生じたアメリカ合衆国及びその国民並びにこれらの諸島の現地当局に対する日本国及びその国民すべての請求権を放棄する」ことを認めております。したがって、放棄された県民の対米請求権について、本土政府は、その責任において、これの救済を保障する法律的措置を講じ、且つ現実に補償すべき責務があると思料いたします。

しかるに本土政府は、県民の期待に反し、いわゆる対米請求権の放棄に伴う救済措置について、今国会に提案された沖縄関係法律案の中には、法律的措置を講ずる規定はありません。このような本土政府の態度に対して、沖縄県民は強い不満と不安を抱いているのが実情であります。

ここに琉球政府は、沖縄県民が、施政権が分離されアメリカ合衆国の施政権行使を認めたことによりアメリカ合衆国の軍隊等の行為等によって蒙った損失、損害等については、本土政府がその責任と負担において補償すべきであると考え、「沖縄の復帰に伴う沖縄県民の対米請求権処理の特別措置に関する法律」（仮称）の制定を強く要請するものであります。

「沖縄の復帰に伴う沖縄県民の対米請求権処理の特別措置に関する法律」(仮称)要綱

一、目的

この法律は、対日平和条約の発効前及び同条約の発効後、施政権の返還までの間、アメリカ合衆国の施政権下において、日本国民の蒙ったすべての損害について、国の責任において補償するための必要な特別措置を講ずること。

二、対象

対日平和条約の発効前及び同条約の発効後、施政権の返還までの間に、アメリカ合衆国軍隊もしくはアメリカ合衆国当局の存在、職務遂行もしくは行動から生じた損害及び米軍人並びにその要員による作為及び不作為から日本国民が蒙った損害で次にかかげる事項

ア 平和条約発効前の人身損害

イ 平和条約発効後の人身損害(米国の外国人損害補償法により処理されたものを含む)

ウ 平和条約発効前の財産損害

エ 平和条約発効後の財産損害

オ　軍用地の形質変更による損害

カ　米軍による入会権制限に伴う通常損害

キ　軍用地接収（契約を含む）に伴う通常損害（残地補償、隣接財産の補償、離作補償、水利権補償）

ク　軍用地料の増額（土地裁判所の増額要求訴願で棄却されたものを含む。）

ケ　滅失地損害

コ　演習による漁業操業制限又は禁示による損害

サ　原潜入港による漁業収益損害

シ　解放地の境界設定費

ス　沖縄返還協定第四条第二項、第三項及び海没地の問題の解決に関する交換公文によりなしたアメリカ合衆国の処理に不服なもの

三、時効

この法律で規定する請求権は復帰後十年間、時効は完成しないものとすること。

四、裁判権

原則として被害の生じた地を管轄する地方裁判所または沖縄県庁所在地を管轄する地方裁判所。

五、損害の疎明

損害額は疎明で足りるものとすること。

六、所掌機関

総理府を所掌機関とすること。

七、この法律の施行について必要な規定は政令で定めること。

八、この法律は施政権返還の日から施行すること。

(二) 沖縄振興開発特別措置法案に対する要請

第一条（目的）

○「沖縄の特殊事情に鑑み」の次に「地方自治を尊重しながら、平和で豊かな沖縄をつくるため」を入れる。

○第二条第二項の規定は、「離島」について政令で区分することを予定していると思われるが沖縄本島以外の島を「離島」とするよう措置すること。

「辺地」についても規定して〝離島〟と同様の保護措置が講じられるようにすること。

○第三条第一項（振興開発計画の内容）に次の事項を加えること。

振興開発計画の内容について

(イ) 軍事基地の跡地利用、(ロ) 軌道、(ハ) 都市の整備開発

○第四条（振興開発計画の決定及び変更）に次の事項がおりこまれるように措置すること。

(イ) 内閣総理大臣は、前項の振興開発計画の案に基づき、沖縄振興開発審議会の議を経るとともに、関係行政機関の長に協議し、沖縄県知事の同意を得て、振興開発計画を決定すること。

(ロ)　国は振興開発計画の実施計画を決定し推進するに当っては、県知事の意見を尊重すること
とすること。

○第六条（沖縄の道路に係る特例）

この条第二項によって、道路管理者が申請する場合は、「沖縄県知事を経由して」を要する措置をすること。

○第七条（沖縄の河川に係る特例）

第七条第六項によって、建設大臣が新築するダムの建設に要する費用はその全額を国が負担するものとすること。

○第八条（沖縄の港湾に係る特例）

(イ)　この条第二項によって港湾管理者が申請する場合は「沖縄県の知事を経由して」を要する措置をすること。

(ロ)　この条第三項の費用については、その全額を国が負担するものとすること。

(ハ) この条第五項、第六項及び第八項「公用に供するため国が必要とするものを除く」の部分は削除すること。

○法律の中で沖縄の都市の整備及び開発に係る国の補助の特例を追加すること。

沖縄の地方公共団体が行なう都市の整備及び開発に係る次の事業に要する費用については、国が特別の助成措置を講ずること。

(イ) 都市計画事業(街路、区画整理、市街地再開発)

(ロ) 下水道事業(公共、流域下水道(統合下水道を含む)、都市下水道、処理場)

(ハ) 水道事業(上水道及び関連施設、(ダム構築、工業用水道を含む))

○法案の中で教育環境整備に係る特別助成措置を追加すること。

国は次に掲げる事業に対し、高率の特別助成措置を講じ、事業に要する経費の対応費については、交付税及び地方債等で十分な国の保障がなされるよう措置すること。

(イ) 幼稚園教員給与並びに施設の補助

(ロ) 私立学校施設設備の整備充実

(ハ) 県立高等学校及び特殊学校施設整備充実

(ニ) 教職員定数の維持及び確保と陣容の強化

(ホ) 教育研修センター設備充実

(ヘ) 教職員の研修強化

(ト) へき地教育環境の整備充実

(チ) 学校施設用地の確保

(リ) 風しん障害児就学奨励（通学費、学寮費、学用品費等）

○第十条（地方債についての配慮）

この条は地方財政法第五条に規定する範囲内で起債をする場合、国は特別な配慮をするとの規定にとどまり、起債範囲の拡大と地方交付税の算定に当っての措置がないので、次の措置をすること。

○振興開発計画にもとづいて行う事業につき地方公共団体が必要とする経費については、地方財政法（昭和二十三年法律第一〇九号）第五条第一項各号に規定する経費に該当しないものについても地方債をもってその財源とすることができるものとすること。

○振興開発計画に基づいて行なう事業につき、地方公共団体が必要とする経費の財源に充てるため起した地方債（当該地方債を財源として設置した施設に関する事業の経営に伴なう収入を当該地方債の元利償還に充てることができるものを除く。）で、自治大臣が指定したものに係る元利償還に要する経費は、地方交付税法（昭和二十五年法律第二百十一号）の定めるところにより、当該地方公共団体に交付すべき地方交付税の額の算定に用いる基準財政需要額に算入するものとすること。

○第十六条（特定事業所の認定等）

この条は優良事業の認定に関する規定であるが、認定に当って、県知事の関与が必要であるので、同条第一項及び第二項による認定又は取り消しの際は関係行政機関の長は沖縄県知事とも協議することとする措置をすること。

○自由貿易地域について

琉球政府が要請している自由貿易地域制度の趣旨に従い同地域の管理者を地方公共団体の長と

し、地域内事業の許可は、沖縄県知事が行ない、同地域への搬入貨物には関税法の適用につい
て特例措置を講ずること。
○第三十二条（株式）
国は沖縄における電気の安定的かつ適正な供給を確保するため、設備の更新拡充に必要な資金
を積極的に出資すること。
○第四十一条（沖縄失業者求職手帳の発給等）
この条第一項一号に「二、その他復帰に伴なう社会経済状況の変動により、やむなく失業する
にいたったものであること」を加えるとともに同項第二号についても所要の改正をすること。
同条第一項第二号中「一年以上引き続き」とあるのを失業保険の受給権の発生期間と同一にし
て「六箇月以上引き続き」と改めること。
○第五十三条（審議会の組織等）
第五十三条第一項第六号の学識経験者については、沖縄県知事の指名する学識経験者十人以内
とする措置を講ずること。

別表中

イ「義務教育施設等」とあるのを「義務教育その他教育、文化施設設備等」に改め、中欄に次の事項を加える。

○義務教育諸学校の算数数学教育設備、図書、特殊学級設備、学校管理設備、環境衛生検査器具

○特殊学校の算数数学教育設備、特殊教育設備

○へき地教育振興に係るスクールバス・ボート、ジープ、学校風呂、寄宿舎居住費、遠距離児童生徒通学費、へき地学校保健管理費

○風しん障害児童教育対策施設設備

○学校給食総合センター、低温流通化施設等

○社会教育、社会体育に係る市町村公民館、市町村図書館、県立博物館、体育施設（体育館、水泳プール、柔剣道場、陸上競技場）野外活動センター、青年の家付属施設並びに市町村図書館、県立図書館図書、視聴覚ライブラリーに対する補助

○史跡環境整備補助、一般修理、民俗資料、天然記念物調査、発掘、無形文化財記録に対する

補助

ロ「高等学校教育施設等」とあるのを「高等学校教育施設設備等」に改め、中欄に次の事項を加える。

○高等学校施設（柔剣道場、学校寄宿舎、定時制高校照明施設）設備（視聴覚備品、数学教育設備）

㈢　沖縄開発庁設置法案に対する要請

○第九条（総合事務局の所掌事務等）

沖縄開発庁の地方支分部局として沖縄総合事務局が設置されることになっているが、その所掌事務は、総務部門、開発工事の実施部門、許認可行政部門、　公取委事務所などぼう大な組織となっています。

沖縄県のような小さな地域にぼう大な国の機関が設置されると地方公共団体の自治に大きな影響を及ぼすおそれがあるので、同事務局の権限及び内部組織については沖縄の実情に即応する必要最少限のものにとどめ、その運用面についても留意すること。

㈣　沖縄振興開発金融公庫法案に対する要請

○第四条（資本金）

資本金については、現に沖縄に存する琉球開発金融公社と大衆金融公庫、それに琉球政府特別会計を加えた正味資産を充てるとされているが、これらの資産は本来沖縄県民に属するものであるので、国はこれに新たの出資について積極的規定を設け、公庫をより充実強化し県民の期待に応えるよう措置すること。

○審議会の設置について

公庫に審議会を設置し、委員の過半数は、沖縄県知事の推せんする者をもって充てる措置をすること。

○第二十三条（業務方法書）

業務方法書の作成及び変更については、審議会に諮問する措置をすること。

(五) 沖縄の復帰に伴う特別措置に関する法律案に対する要請

1. 総理府・自治省関係

(1) 琉球政府公務員（教育区及び連合教育区の教職員を含む。）の身分の承継、給与の取扱い等について

○第三十二条（琉球政府の職員の承継）、第三十五条（地方教育区の権利義務の承継）

これらの規定は、琉球政府の公務員のうち、国、沖縄県、市町村又は、公共的団体に身分が承継される職員の範囲を常勤の職員のみに限定して引継ぐこととしているが、常勤の職員のみならず非常勤職員についても常勤職員に準ずる措置をすること。

○第五十五条（特別の手当）、第六十四条（裁判所職員に対する特別の手当等）、第百五十一条（沖縄県の職員等の給与に関する経過措置）

これらの規定は、琉球政府の公務員のうち、国、沖縄県又は市町村の職員となるものに対し、特別の手当を支給することを定めているが、当該職員の基本給の取扱いについては、単に特別の手当として措置することなく、当該職員が復帰の日の前日において琉球政府から受けていた

給料月額（一ドル対三六〇円換算の現給）を保障する措置をするものとし、この場合において初任給、昇格、昇給等の基準に照らし不利益を受けることとなる職員については不利益とならないように措置すること。

○法案においてなんら法文上の措置がされてない既得権たる積立年次休暇の取扱いについては、復帰時に国の責任と負担においてその全積立日数を買上げるよう措置すること。

○第六十一条（国の行政機関の職員の定員に関する暫定措置）、第六十三条（裁判所職員の定員に関する暫定措置）

これらの規定は、復帰後沖縄に置かれることとなる国の行政機関及び裁判所の職員の定員について政令又は最高裁判所規則で定めることを規定しているが、当該機関の当該職員の定員については、それぞれ行政機関の職員の定員に関する法律又は裁判所職員定員法で定める職員の定員とは別個に、法律上措置するものとし、この場合においては、定員削減、待機命令及び本土所在の政府機関への配置換え等を行なわないよう措置すること。

○沖縄県及び沖縄県の区域内の市町村の職員となる地方公務員については、地方公務員法の特例として、労働三権を保障する措置をすること。

○琉球政府公務員のうち、国家公務員となる職員については、国家公務員等退職手当法を即時に適用するものとし、この場合において、当該職員の在職期間の計算については、行政分離前の国又は県及び行政分離後の琉球政府（その前身機関を含む。）の勤続期間を通算する措置をし、当該職員のうち元南西諸島官公署職員等の身分恩給等の特別措置に関する法律（昭和二十八年法律第一五六号）第六条の規定により、通算辞退をした者については実退職時までの総在職年で在職年を計算し、金額控除をすること。

○地方自治法附則第八条の規定により都道府県職員に対する特例として認められているいわゆる地方事務官制度は、沖縄県の職員については適用せず、これに相当する職員は、すべて沖縄県の職員とする措置をすることとし、それに要する財政措置について所要の手当をすること。

(2) 各種公社等及び各種共済組合等の職員の身分の承継について

○第三十六条（琉球水道公社）、第三十八条（沖縄放送協会）、第三十九条（沖縄下水道公社）、第四十条（住宅の供給を目的とする沖縄の特別の法人）、第四十一条（沖縄学校安全会）

これらの規定により、沖縄県又はその他の法人に権利及び義務が承継されることとなる各種公社等の職員の身分の承継についても、法案第三十二条（琉球政府の職員の承継）及び第三十七条第二項（琉球電信電話公社の職員の承継）の規定と同様に、各種公社等の権利義務を承継する沖縄県又はその他の法人がそれぞれ当該職員の身分を引継ぐ措置をすること。

○第四十三条（各種共済組合）

沖縄の公務員等共済組合法、公立学校職員共済組合法、私立学校教職員共済組合法又は農林漁業団体職員共済組合法に基づく各種共済組合の権利義務は、法案第四十三条の規定により、本土法に基づくそれぞれに相応する各種共済組合が承継することになっているが、これら各種共済組合の職員の身分の承継についてもその権利義務の承継と同様に、沖縄の各種共済組合の権利義務を承継する各種共済組合にそれぞれ当該職員の身分を引継ぐ措置をすること。

(3) 免許資格等の措置について

○第五十三条（沖縄法令による免許等の効力の承継等）

復帰前に本土法令の規定に相当する沖縄法令の規定によりなされた免許等は本土と処分の基

準が著しく異なる等特別の理由がある場合を除き、それぞれ本土法令の相当規定によりされたものとみなされているが、本土にあって沖縄にない免許、資格等についても講習等により免許、資格等を与える措置をすること。

○第五十四条（沖縄において従事していた業務等の継続）

一定の業務又は職業についての制限又は禁止を定めている本土法令の規定に相当する沖縄法令の規定がない場合においては、復帰前沖縄において適法にこれらの業務又は職業に従事している者は、高度の専門的知識を要するものである等特別の理由がある場合を除き、政令で定めるところにより、引き続きこれらの業務又は職業に従事することができるとしているが、当該者については、一定の資格等を要する場合であれば講習等を受けさせ資格を与える等の措置をし、その他の者についてはこれらの実績経験等を尊重して復帰後も円滑に業務が継続できるよう措置すること。

○第一五六条（政令への委任）

沖縄法令による資格試験等に必要な資格、要件を有する者は復帰後も本土法令によって適法に当該資格試験等に要する期間又は経験を有する者とみなす措置をすること。

○（沖縄法による医師（歯科医師）の国家試験受験資格）

沖縄法による医師（歯科医師）免許を取得した者に対しては全員に対して医師国家試験の受験資格を与える特別措置を講ずること。

○関係法令の改正による措置等

沖縄における免許試験及び免許資格の特例に関する暫定措置法の規定により、社会保険労務士等となる資格を所定の手続を経た者について与えることとしているが、資格要件を有しながら所定期限までに所定の手続を経なかった者についても関係法令を改正し、救済措置をすること。

(4)　交通方法等の切替え時における経費の負担について

○第五十八条（交通方法等に関する暫定措置）

この規定は、復帰後三年を経過した日以後の政令で定める日から本土並みに交通方法を変更することを定めているが、その変更の際に生ずる損失等に要する一切の経費については、国において負担する措置をすること。

(5)　土地調査業務に関する措置について

沖縄における土地調査業務については、沖縄の特殊事情を十分考慮のうえ、当該業務が支障なく実施できるよう国の責任と負担において法律上の措置をすること。

2.　大蔵省関係

○第三十一条（琉球政府の権利義務の承継）

琉球政府の権利義務の承継についての具体的配分基準及び方法等についてはすべて政令に委任されており法文上何ら明記されてないので、権利義務の承継については、新生沖縄県の行財政の確立並びに県民福祉を最優先し次の措置をすること。

(1)　琉球政府の一般会計の借入金（財政法第四条に基づく公共事業借入金並びに財政法第四条の特例措置に基づく借入金をいう。）は、全額国庫の負担とする。なお、沖縄県が引き継ぐ公社等（下水道公社、土地住宅公社）の借入金についても同様とすること。

(2)　琉球政府の借入金以外の債務（観光開発事業団の民法法人移行に伴う債務も含む）の処理

要する経費は全額国庫負担とする。

(3) 琉球政府の医療保険の積立金は沖縄県が承継し管理運営する。

○第四十九条（通貨の交換）

返還協定の効力発生の日以後に通貨の交換を行なうことを規定する本条は全面削除するものとし、早急に通貨の交換を行なう措置をすること。

なお、賃金の円交換措置（一ドル対三六〇円の割合）並びに一九七一年十月九日の通貨及び通貨性資産の確認措置後、通貨の交換日までに生じた所得についても所要の補償措置をすること。

○第六十八条（たばこ製造廃止業者等に対する交付金について）

製造業の廃止に伴う損失についてのみ措置され、製造工場の設置、製造業務に携わる従業員の身分の引継ぎ等について何ら明記されてないので次の措置をすること。

(1) 沖縄県に専売公社の製造工場を設置し、たばこ三社の従業員の身分を引継ぐこと。

(2) 葉たばこ生産者に対しては、生産指導の体制を強化し、葉たばこの買上げについては、現行どうりとすること。

○第六十九条（たばこ専売法に関する特例）

たばこ販売業者については、五ケ年程度製造たばこの小売人とみなすこととしての暫定期間を設け、販売形態に混乱の生じない措置を講ずること。

○第七十二条第二項、第百五十四条第二項（琉球政府税の承継等）

国税相当琉球政府税又は県税相当琉球政府税の還付については、本土の国税通則法又は地方税法の規定を適用すると定められているが、沖縄法令による還付加算金は一日につき〇・〇四パーセント（年一四・六パーセント）であるのに対し、本土法令によるそれは、年七・三パーセント（一日につき〇・〇二パーセント）であるため、復帰後に本土法令により還付を受ける納税者は不利益となる。したがって、復帰前に納付を受けた国税相当琉球政府税又は県税相当琉球政府税の還付について国税通則法又は地方税法の規定を適用する場合は、国税通則法第五十八条又は地方税法第十七条の四中「その金額に年七・三パーセントの割合」とあるのを「その金額に年一四・六パーセントの割合」に読み替えること。

○第八十条第二項（内国消費税等に関する特例）

（自動車重量税）

沖縄県の区域においては自動車重量税は昭和四十七年十一月三十日まで適用しないことと定められているが沖縄においては、国鉄の施設のないこと及び自動車取得税の新規適用等自動車に係る税負担が加重されるので、幹線道路の本土なみ整備及び公共交通機関の本土なみ導入が実現するまでの間、自動車重量税法の適用を延期すること。

○第九十条第一項及び第三項（国有財産の管理及び処分の特例）

(イ) 協定第六条第二項の規定に基づきアメリカ合衆国から譲渡を受けた財産で沖縄の地方公共団体に対し、譲渡し、又は貸し付けられるものは、「政令で定めるもの」に限定しているが、これらの財産はすべて沖縄の地方公共団体に無償で譲渡する措置をすること。

(ロ) 愛知外相書簡（外国企業取扱い）の「Ⅲ国有地及び県有地の賃貸借」の規定には従前と同一条件で一年限り賃貸借できる旨定められているが、本条には従前と同一条件で使用収益できる期間は「政令で定める期間内」とあり、契約更新については、何ら規定されてないので次の措置をすること。

(1)　国県有地の賃貸借は、復帰の日から借地借家法の適用を受ける賃貸借とすること。

(2)　外国人又は外国法人に賃貸している県有地であって賃貸借開始の際、琉球政府の同意を得る手続きを経てないものについては、復帰の日から一年間明渡しを猶予し、猶予期間終了とともに明渡しするものとする。

○第九十一条（金地金売払いの特例）

この条で規定する政令で定める用途に供する金地金には、医療用金地金を含むものとして措置すること。

○法案の中に次のとおり措置すること。

(1)　中小企業関係者が融資を受ける場合の措置について

沖縄振興開発公庫からの中小企業関係者が融資を受ける際、沖縄信用保証協会の保証債務が中小企業信用保険公庫に付保することができるよう措置すること。

(2)　第五十三条関係（銀行法関係）

琉球銀行についても、本土銀行法上の免許を受けたものとみなすこと。

3　文部省関係

○第六条第三項（沖縄県の主要公務員の選任又は選挙）

○第九条第二項（市町村の機関に関する経過措置）

これらの条項に規定する中央教育委員並びに教育区教育委員の任期が満了すれば地方教育行政の組織及び運営に関する法律（「地教行法」という。）が適用されるが、地教行法の特例として、教育委員の公選制を維持存続する措置をすること。

なお、これに関連する法案第三十四条、第三十五条及び第九十四条第二項の規定についても所要の措置をすること。

○第九十四条第一項

（沖縄の学校その他の教育機関に関する経過措置）

沖縄の学校教育法によって設置された学校又は、各種学校については、政令に委任することなく本土法による学校又は各種学校とみなす措置をすること。

○第九十六条第四項、第五項

（私立学校教職員共済組合法に関する特例等）

この条項は、沖縄の組合員に対し、無拠出期間については控除支給することを規定しているが、沖縄の組合員の過去期間については次の措置をすること。

(1) 旧長期組合員期間（昭和二十九年一月一日から昭和三十六年十二月三十一日まで）は、本土の旧法の長期給付に関する規定の例により計算すること。

(2) 本土の新法による組合員期間（昭和三十七年一月一日から昭和四十六年九月三十日まで）は、本土の新法の長期給付に関する規定の例により計算すること。

○沖縄県及び教育委員会の教職員については、教育公務員特例法第十一条、第十二条及び第二十一条第三項の規定を適用しない特別措置をすること。

○「公立義務教育諸学校の学級編成及び教職員定数の標準に関する法律」を復帰時に即時適用すると風しん児担当教員や技術教員など、沖縄の実情にそぐわない面があるので、教員の定数の標準については、現定数を認める特例措置をすること。

—107—

4. 厚生省関係

○第百二条（准看護婦に関する特例）

沖縄の公衆衛生看護婦、助産婦、看護婦法附則第十三条第一項で設置されている臨時准看護婦養成所は昭和四十九年二月二十四日まで存続させる措置をすること。

○第百四条（厚生年金保険法等に関する特例）

(1) 保険料率については一挙に本土並みとすることは、被保険者、及び事業主の負担が増加することとなるので、逐次本土並みに料率を引上げる等の暫定措置をすること。

(2) この条には国民年金の保険料の追納についての措置規定がないが、沖縄の国民年金法により保険料免除みなし期間を有する者で復帰後に受給権の発生するものについても保険料免除みなし期間の保険料が追納できるよう措置をすること。

○年金受給権者等については次の措置をすること

(1) 同年令者に対し同年金額の給付ができる特例措置をすること。

(2) 公的年金制度に加入し得なかった高令者及び年金受給発生前に資格喪失した高令者に対す

る救済措置をすること。

○精神病の同意入院患者治療費の公費負担について

復帰後の沖縄の同意入院患者の治療費の公費負担については本土の精神衛生法の特例として公費負担ができる措置をすること。

○社会福祉施設職員退職手当共済法の特例

沖縄の社会福祉施設職員の被共済期間の計算は昭和三十七年四月一日以降その職員期間を含めて算定するものとし、共済契約者が納付すべき掛金については国で負担する措置をすること。

○社会福祉事業振興会法に基づく社会福祉施設の整備に必要な資金の無利子貸付について

法人が福祉施設の整備等に必要な資金として借入れるものについては、当分の間利子を徴収しないものとし、元本の返済については相当の据置き期間を設ける措置をすること。

○戦傷病者戦没者遺族等援護法等の特例

対馬丸、台湾疎開遭難死没者については準軍属として援護法を適用する措置をすること。

○墓地埋葬等に関する法律等の特例

墓地埋葬等に関する法律第十七条の規定による報告は、個人経営の墓地については異動がない限り、その必要を免除すること。

○医療保険制度

復帰に伴う医療保険の取扱いについては法案になんらの措置もなされてないが、沖縄における医療供給体制が本土の水準に達するまでの間、次の特別措置をすること。

(1) 保険料率の経過措置

保険料率を一挙に本土並みとすることは、被保険者及び事業主の負担に対する影響が大きいので、段階的に本土並みに料率を引き上げる等の措置をすること。

(2) 診療報酬点数表の経過措置

診療報酬点数表は、沖縄の特殊事情を勘案しその実態に即応するよう一定期間の経過措置をすること。

(3) 医療保険の余裕金の沖縄県での運用

医療保険勘定の余裕金は、被保険者等に還元するため沖縄県で運用するので、本土の健康保険に引き継がない措置をすること。

5. 農林省関係

○第八十四条（関税等に関する特例）

関税の税率が沖縄の関税率に比して高くなる物品のうち、ランチョンミートその他政令で定める物品の輸入数量については法案に何んらの措置がなされてないが、これらの物品については、輸入割当制を実施し、漸次輸入量を減らす措置をすること。

○第九十条（国有の財産の管理及び処分の特例）

この条第三項に規定する国有財産のうち国有林野については、次の特別措置をすること。

(1) 明治四十二年勅令第三十二号により、沖縄県に八十年契約で無償貸与された国有林野四、四九六ヘクタールは、もともと沖縄県の林野であったのを強制的に国有に編入されたものであり、また、六十年余の貸借期間中、県有林野並みに取り扱われて、県民生活に密着し、林産物の生産供給、農地等の拡大等地域住民に多くの利害関係があるので、復帰の際は、沖縄県に無償で譲渡すること。

(2) 農耕地の拡大等のため、沖縄の森林法によって貸付けされた国有林野については、同林

―111―

野が森林経営の用に供するためには、最早不適当であるので、借受人に売渡しすることとし、この場合の売渡し価格は、農業経営の自立を可能ならしめる価格（自作収益価格）とすること。

○第百六条（農林漁業団体職員共済組合法に関する特例等。）

(1) 沖縄農林共済組合法附則第五条の規定により、組合員であった期間とみなされた期間については、断続した期間についても本土法の農林共済組合の組合員であった期間とみなすこと。

(2) 給付事由に係る給付の額については、一部減額することとなっているが、未納掛金期間にかかる給付額については全額支給する措置をすること。

○第百十条から第百十三条（食糧管理法に関する特例等）

法案第百十一条から第百十三条（食糧管理法に関する特例）によれば、米穀の消費者価格（原材料用価格を含む）及び生産者価格並びに麦の政府売渡し価格については、一定年間現行価格を基準として本土の価格の変化の状況を参酌して農林大臣が定めることになっており、その後の一定年間で本土価格と一元化されることになるが、沖縄の特殊事情を考慮して次のように措置すること。

(1) 米穀の生産者価格については、生産費及び所得補償方式の食糧管理制度により即時本土買入れ価格による買上げを実施することとし、その際、等外米を除くなどの買入れ制限をすることなく、特に等外米の買入れ価格については、現行沖縄の買入れ価格を下まわらないようにすること。

(2) 沖縄における消費者米価並びに麦の政府売渡し価格については、据置くこと。

沖縄産糖は、従来「沖縄産糖の糖価安定事業団による買入れ等に関する法律」により買上げされて来たが、沖縄の復帰に伴う関係法令の改廃に関する法律案（以下改廃法案という。）第六十六条で廃止され、それ以後は、本土並みに買上げられることになる。しかし、沖縄においては、基本的な生産基盤の整備がなされてなく、土地生産性及び労働生産性も低い状態であるので、今後の沖縄の糖業振興を図るためには、次のような抜本的改革を図る特別措置が必要である。

(1) 沖縄産糖の買上げについては、さとうきび作の生産費調査の労賃算定基準などを改善しつつ、これを基礎としてさとうきびの再生産と所得を補償するような価格決定方式に転換させること。

(2) 甘味資源特別措置法の適用にあたっては、沖縄全域（含蜜糖地域を含む）を生産振興地域に指定し、生産の振興に努めると共に、さとうきびの収穫機械を国の責任のもとに開発し普及すること。

6. 通商産業省、運輸省関係

○輸出入に関する特例

輸出入の取扱いについては次の措置をすること。

(1) 既存の輸出入実績及び輸出入業者の既得権を十分尊重すること。

(2) 本土においては、輸入割当品目で、沖縄では自由品目になっているものについては、沖縄を別枠とし、各品目ごとに数量を割当し、輸入業者は既存業者を優先すること。

(3) 本土と沖縄の双方において輸入割当品目になっているものは、沖縄の既存輸入業者が輸入できるようにすること。

○石油業に関する特例

給油所の新設については既存給油所との間に過当競争をまねかないよう配慮すること。

○転廃業対策

転廃業対策としては煙草、塩の製造業者について、廃業補償する旨がうたわれているが、他の業種については、措置が明らかでないので全転廃業者に対して、次の措置をすること。

(1) 復帰に伴う諸制度の改廃及び軍事基地の撤去など縮小によって、転廃業を余儀なくされる企業に対しては、国において救済措置をすること。

(2) 廃業については、補償金を支払うものとし、転業の場合は、転業資金を長期低利で融資する措置をすること。

(3) 事業の縮小、合併を余儀なくされる企業についても、これにより余剰設備等となるものは、廃業とみなし、補償すること。

○百貨店に関する特例

(1) 既存業者は本土法令によって許可されたものとみなす措置をすること。

○計量法に関する特例
沖縄で認められている尺貫法及びヤードポンド法による計算単位等をその残存期間中認める措置をすること。
○電気計器検定業務の移管に伴う措置
沖縄に検定業務を行なう試験所を設置し、琉球政府で行なっていた業務を引継ぐ措置をすること。
○商工会議所等の特例
商工会議所法及び商工会の組織等に関する法律の適用に際しては、名称使用禁止規定を三年間適用しない措置をするとともに、既存の商工会議所及び商工会については、組織変更の認可を受け、商工会議所又は商工会となりうるような措置をすること。
○繊維製品製造設備の登録に関する特例
復帰時点に沖縄に存する繊維製品製造設備については、本土法により登録されたものとみなす措置をすること。

○沖縄の自動車損害賠償責任保険契約に関する経過措置

沖縄法による自動車損害賠償責任保険契約の対人損害のてん補に係る保険金額は、「沖縄の復帰に伴う特別措置に関する法律」の施行の日から自動車損害賠償法（本土法）第十三条第一項に規定する保険金額とすること。

○港湾に関する特例措置

(1) 沖縄の主要港を港則法の適用をうける港として、同法別表に入れ、さらに重要港については、政令で特定港としての指定をすること。

(2) 沖縄の主要港を港湾法に基づく重要港湾及び特定重要港湾として政令で指定する措置をすること。

(3) 那覇軍港を県に移管し那覇商港と合せて管理運営できる措置をすること。

○空港に関する特例措置

(1) 那覇空港を第一種空港としこれについては、自衛隊の使用を禁止する措置をすること。

(2) 離島空港は第三種空港として運営できるよう措置し、空港整備に要する経費については国が全額負担する措置をすること。

(3) 下地島パイロット訓練飛行場に要する経費については、国が負担することとし、また、同飛行場をいかなる軍事目的にも使用しないこととするよう措置するとともに、飛行場から発生する公害についても国の負担において万全の措置をすること。

○海運業に関する特例措置

現在就航中の船舶については、内航海運事業法による許可とみなす措置をするとともに、近代化貨物船の建造促進、又は、離島航路補助については、長期低利融資又は、補助措置をすること。

○辺地離島バスの運行確保に対する補助の特例

辺地離島バスに対する補助方式を適用するに当っては沖縄における特殊事情を考慮して相当期間二分の一額を国が補助して残り二分の一額は長期低利融資が受けられるよう措置すること。

○車検制度に関する特例

(1) 沖縄の道路運送車両法による指定検査人及び補助業務にたずさわる者で、指定検査人になる資格条件を有する者は、指定自動車整備事業の自動車検査員の資格を付与する措置をすること。

(2) 各自動車検査所に従事している職員については、就職の斡旋、転業資金の誘資等が受けられるよう措置すること。

(3) 検査施設及び既得権（営業権等）に対しては適正な補償をするよう措置すること。

(4) 民間による自動車検査制度の廃止に伴う指定自動車整備事業等への移行の際には、施設、機械器具等の整備に対する補助措置及び育成措置をすること。

7. 郵政省関係

○第百三十条（公衆電気通信法に関する特例）

(1) この条の規定は、昭和四十六年六月十七日以前に、琉球電信電話公社に対して行われた加入電話加入契約の申込みが、この法律の施行の日以後に日本電信電話公社から承諾された場合における設備料については、加入申込み時期を基点とする三段階に区分して負担額を定めているが、復帰の日以前に琉球電信電話公社に対して行われた加入契約の申込みが、この法律の施行後に、日本電信電話公社から承諾された場合における設備料については、従前の例によることとすること。

(2) 復帰の日以前に琉球電信電話公社に対して加入電話加入契約の申込みがなされたもので、復帰後日本電信電話公社から承諾されたものに対しては、電信電話設備の拡充のための暫定措置に関する法律（昭和三十五年法律第六四号）を適用しない特別措置をすること。

○第百三十一条（電波法に関する特例）

この条は沖縄協定第八条を受け電波法の特例として、ヴォイス・オブ・アメリカ中継局を、この法律の施行の日から起算して五年間継続使用を認めるとしているが、同協定第八条及び「合意された議事録」の沖縄協定第八条に関する部分並びに特別措置法第百三十一条を削除すること。

○第百三十二条（極東放送）

極東放送については、その継続を認めた愛知外相書簡（外国企業の取り扱い）「放送事業」

及び特別措置法案第百三十二条第一項、第二項及び第六項を削除すること。

○公共放送に関する特例

テレビジョン難視聴地域の解消及び放送サービスの格差是正について、具体的な計画時期等が明示されていないので、テレビ、ラジオ難視聴地の早期解消を図るための具体的な実施計画及び沖縄、島島間のテレビジョン同時放映を実現するための計画を策定すること。

○未実施郵政事業に関する特例

郵便貯金法第五十条の規定により、地方郵便局長に指定の権限が与えられている「集金による積立郵便貯金の預入を取扱わない地域」の指定について、沖縄に関しては当分の間郵政大臣が行なうこととしているが、当該地域の指定については改廃法案第八十二条に基づき、沖縄県に設置する沖縄郵政管理事務所の長が行なえる措置をすること。

○特別郵便局に関する特例

復帰後沖縄の既設郵便局並びに新設される郵便局については、特定郵便局制度を適用しないよう政令等で措置すること。

8. 労働省関係

○第百三十七条〜百四十条（労働条件に関する経過措置）

第百三十七条の規定によれば、復帰前に沖縄の労働基準法第八条の事業又は事務所に使用されていた者が、特例措置法の施行の日から一年を経過する日までに、当該事業又は、事務所を解雇された場合に限り、解雇手当を請求することができるようになっているが、単に一年に限定せず、労働基準法の特例として沖縄の労働基準法で認められている解雇手当制度を認める措置をすること。

なお、当該制度の実効性を確保するために罰則規定を設けるものとすること。

第百三十八条の規定によれば、現に沖縄の労働基準法の規定により、年次有給休暇を積立てている者は、特別措置法施行後も当該年次有給休暇を請求することができるようになっているが、この措置に併せて復帰後に当該年次有給休暇を行使せず退職した者については、既得権の保障として、退職時にそれを買上げできるように措置すること。

なお、当該制度の実効性を確保するために罰則規定を設けるものとすること。

第百三十九条の規定によれば、復帰前の布令第百十六号の適用を受ける者であって、引続き同一の使用者に使用されている者で、特別措置法の施行の日から、一年に限り、有給病気休暇を請求することができることとなっているが、単に一年に限定せず、労働基準法の特例として、同布令で認められている有給病気休暇制度を維持存続させる措置をすること。

なお、当該制度の実効性を確保するために罰則規定を設けるものとすること。

第百四十条の規定によれば、沖縄の労働基準法第八条の事業又は事務所に使用されており、かつ、引き続き当該事業又は事務所に使用されている者については、特別措置法の施行の日から一年に限り、平均賃金の支払を請求することができるようになっているが、健康保険法の適用を受ける者については（同法により出産手当金が支給されるので）即時適用し国民健康保険法の適用を受ける者についてはこれにより出産手当金が支給されるまでこの規定を存置する措置を講ずること。

なお、当該制度の実効性を確保するために罰則規定を設けるものとすること。

○第百四十二条～第百四十四条（労働者災害補償保険法の適用及び失業保険に関する経過措置）

労災保険及び失業保険の保険料率は、即時本土法適用を前提としているが、沖縄法の保険料率を存続させる措置をすること。

○第百四十五条（軍関係離職者に関する経過措置）

第四種雇用員中、実質的に第一種、第二種に相当する者、第一種、第二種雇用員のうち間接雇用移行の際間接雇用からもれる者、さらに、民政系ＶＯＡ、ＦＢＩＳ等の雇用員等についても駐留軍関係離職者等臨時措置法の規定の適用につき第一種及び第二種同様特例を設けること。

○地方調停委員会及び船員地方労働委員会の設置に関する特例

公共企業体等労働関係法第三十条、第二十五条の二の規定による「沖縄地方調停委員会及び事務局沖縄支局」並びに、労働組合法第十九条の規定による「沖縄船員地方労働委員会及び事務局」を設置する措置をすること。

○強権発動の排除に関する特例

沖縄の労働関係調整法第六条では「警察その他政府の機関は、労働関係の調整に対し、強権を発動することはできない」旨の規定があるので、これを存続させる措置をすること。

○間接雇用に関する特例

沖縄の軍労働者の間接雇用への移行に際しては、次の措置をすること。

(1) 本土の間接雇用制度と異なる特別な措置をとらないこと。

(2) 労働基本権と制約する形の間接雇用にしないこと。

(3) 賃金体形その他必要な制度への移行にあたっては、既得権を保障することとし、いかなる形の不利益も排除すること。特に、賃金表の適用の際は「特別手当」とせず、現給保障をすること。

(4) 人員整理をすることなく全員引き継ぐこと。

(5) 実質的に第二種の取扱いを受けている被用者は、諸機関労務協約に該当する者とし、さらに現在請負業者のもとにある第四種雇用員についても可能なかぎり、基本労務契約及び諸機関労務協約に該当する者とすること。

○外国人季節労働者の導入に関する特例

沖縄の基幹産業である糖業、パインアップル産業の合理化が促進されかつ該季節労働者の供給体制が確立されるまでは台湾からの労務者が導入できる特別な措置をすること。

○外国人技術労働者の導入に関する特例

復帰前に沖縄法によって在留を許可された者は、本土法（入国管理令）によって在留資格が与えられたものとみなし、又その後の措置については後継者の養成訓練に必要な期間（一年乃至三年）在留資格を認める措置をすること。

○失業保険及び労災保険積立金の処理

失業保険及び労働者災害補償保険の積立金のうち支払準備金等必要な額を除いた分については特に本土との格差の大きい労働福祉施設の拡充等に活用することによって沖縄の被保険者に還元する措置をすること。

○休日手当

琉球人被用者に対する労働基準及び労働関係法（千九百五十三年琉球列島米国民政府布令百十六号）第七十九条の規定による休日手当は、復帰後も存続するよう措置をすること。

○渉外労務管理業務委託に関する特例

復帰の際間接雇用業務の県への委託に当っては、沖縄の特殊性に充分対処しうる管理機構、組織並びに定員を配置し沖縄県が受託者として当該制度の円滑な運用ができるよう特例措置をすること。

(六)　沖縄の復帰に伴う関係法令の改廃に関する法律案に対する要請

○農林省設置法の一部改正について

(イ)　第十七条中「さとうきび原原種農場」を「さとうきび原原種農場
パインアップル原原種農場」に改めること。

(ロ)　第三二条の二第二項中「鹿児島県」を「鹿児島県及び沖縄県」に改めること。

(ハ)　第三二条の二の次に次の一条を加えること。

（パインアップル原原種農場）

第三二条の三、パインアップル原原種農場は、パインアップルの増殖に必要な種苗の生産及び配布を行なう機関とする。

2　パインアップル原原種農場は沖縄県におく。

3　パインアップル原原種農場の内部組織については農林省令で定める。

(ニ)　第三三条第二項中「宮崎種畜牧場｜宮崎県」を「宮崎県種畜牧場
沖縄種畜牧場｜宮崎県
沖縄県」に改めること。

(ホ) 第八十二条第二項中「

遠洋水産研究所	清水市

」を「

遠洋水産研究所	清水市
南海区水産研究所	那覇市

」に改めること。

○改廃法案第二十二条（法務省設置法の一部改正）中別表十二に次の出張所を加えること。

那覇入国管理事務所	嘉手納空港出張所	嘉手納村
那覇入国管理事務所	金武湾港出張所	与那城村

○改廃法案第四十七条（国立学校設置法の一部改正）中に次の条を加える。

(イ) 第七条の二中「

鹿児島工業高等専門学校	鹿児島県

」を「

鹿児島県工業高等専門学校	鹿児島県
沖縄工業高等専門学校	沖縄県

」に改めること。

(ロ) 第八条中「

弓削商船高等学校	愛媛県

」を「

弓削商船高等学校	愛媛県
沖縄商船高等学校	沖縄県

」に改めること。

○改廃法案第六十一条（植物防疫法の一部改正）の第十六条の三中「若しくは有害植物又は土で、」を「又は有害植物で」に改めること。

○沖縄の共済組合関係法等による既得権及び期待権の措置について

(イ) 第四十三条中第五十一条の五第二項及び第百五条中第三十二条の三の規定によれば、特別措置法の施行日前に給付が生じたもののうち、退職一時金の支給を受けた者について政令で定めるところにより通算退職年金を支給することになっているが、この場合において、沖縄の共済施行法上認められている通算対象期間を認めるよう措置すること。

(ロ) 第四十三条中第五十一条の八第一項及び第二項、並びに第百五条中第百三十二条の七の規定によれば在職期間の組合員、期間への算入及び公務によらない遺族年金の受給資格に係る組合員期間の取扱いについては、施行日に引続いてない期間は給付の基礎期間に算入しないこととしているが、当該期間の給付の基礎期間算入については、沖縄の共済施行法の例による取扱いを認めるよう措置すること。

(ハ) 第四十三条中第五十一条の八第六項並びに第九十六条、第二十六条の八第三項及び第四項の規定によれば、既給恩給額の控除方法について支給恩給額の二分の一を控除することになっているが、当該既給恩給額の控除方法については、沖縄の控除方式を認めるよう措置すること。

(ニ)　第四十三条中第五十一条の十及び第九十六条中第二十六条の九並びに第百五条中第百三十二条の九の規定によれば、受給資格及び退職年金の額等に関する経過措置については、政令へ委任されているが、沖縄の共済施行法により認められている受給資格及び退職年金の額等については、その既得権及び期待権を認めるよう措置すること。

(ホ)　第九十六条中第三十六条の八第一項及び第百五条中第百三十二条の六の規定によれば、長期給付については、新法及びこの法律の規定を適用することになっているが、受給資格及び退職年金等が沖縄の共済施行法の例により取扱われるよう措置すること。

(ヘ)　第四十三条中第五十一条の五第一項及び第九十六条中第三十六条の五並びに第百五条中第百三十二条の三の規定によれば、特別措置法の施行日前に給付事由が生じたものについては、なお従前の例により組合が支給することとなっているが、この場合においては、沖縄の共済施行法により認められている受給資格及び退職年金等が認められるよう措置すること。

(ト)　第百五条中第百四十三条の二十三の規定によれば、市町村関係団体職員共済組合の組合員であった者等の在職期間の取扱いについては、施行日前の何らの制度の適用も受けてなかった期間は、一時金の算定の基礎期間に算入していないが、沖縄の共済施行法の例により当該期間も一時金の算定の基礎期間に算入するよう措置すること。

平成25年1月28日

内閣総理大臣
安 倍 晋 三 殿

建 白 書

我々は、2012年9月9日、日米両政府による垂直離着陸輸送機MV22オスプレイの強行配備に対し、怒りを込めて抗議し、その撤回を求めるため、10万余の県民が結集して「オスプレイ配備に反対する沖縄県民大会」を開催した。

にもかかわらず、日米両政府は、沖縄県民の総意を踏みにじり、県民大会からわずかひと月も経たない10月1日、オスプレイを強行配備した。

沖縄は、米軍基地の存在ゆえに幾多の基地被害をこうむり、1972年の復帰後だけでも、米軍人等の刑法犯罪件数が6,000件近くに上る。

沖縄県民は、米軍による事件・事故、騒音被害が後を絶たない状況であることを機会あるごとに申し上げ、政府も熟知しているはずである。

とくに米軍普天間基地は市街地の真ん中に居座り続け、県民の生命・財産を脅かしている世界一危険な飛行場であり、日米両政府もそのことを認識しているはずである。

このような危険な飛行場に、開発段階から事故を繰り返し、多数にのぼる死者をだしている危険なオスプレイを配備することは、沖縄県民に対する「差別」以外なにものでもない。現に米本国やハワイにおいては、騒音に対する住民への考慮などにより訓練が中止されている。

沖縄ではすでに、配備された10月から11月の2ヶ月間の県・市町村による監視において３００件超の安全確保違反が目視されている。日米合意は早くも破綻していると言わざるを得ない。

その上、普天間基地に今年7月までに米軍計画による残り12機の配備を行い、さらには2014年から2016年にかけて米空軍嘉手納基地に特殊作戦用離着陸輸送機CV22オスプレイの配備が明らかになった。言語道断である。

オスプレイが沖縄に配備された昨年は、いみじくも祖国日本に復帰して40年目という節目の年であった。古来琉球から息づく歴史、文化を継承しつつも、また私たちは日本の一員としてこの国の発展を共に願ってもきた。

この復帰40年目の沖縄で、米軍はいまだ占領地でもあるかのごとく傍若無人に振る舞っている。国民主権国家日本のあり方が問われている。

安倍晋三内閣総理大臣殿。

沖縄の実情を今一度見つめて戴きたい。沖縄県民総意の米軍基地からの「負担軽減」を実行して戴きたい。

以下、オスプレイ配備に反対する沖縄県民大会実行委員会、沖縄県議会、沖縄県市町村関係4団体、市町村、市町村議会の連名において建白書を提出致します。

1．オスプレイの配備を直ちに撤回すること。及び今年7月までに配備されるとしている12機の配備を中止すること。また嘉手納基地への特殊作戦用垂直離着陸輸送機CV22オスプレイの配備計画を直ちに撤回すること。

2．米軍普天間基地を閉鎖・撤去し、県内移設を断念すること。

オスプレイ配備に反対する沖縄県民大会実行委員会

　　共同代表

　　　沖縄県議会議長　　　　　喜納昌春㊞

　　共同代表

　　　沖縄県市長会会長　　　　翁長雄志㊞

　　共同代表

　　　沖縄県商工連合会会長　　照屋義実㊞

　　共同代表

　　　連合沖縄会長　　　　　　作村信正㊞

　　共同代表

　　　沖縄県婦人連合会会長　　平良菊㊞

薩摩から琉球への掟15条

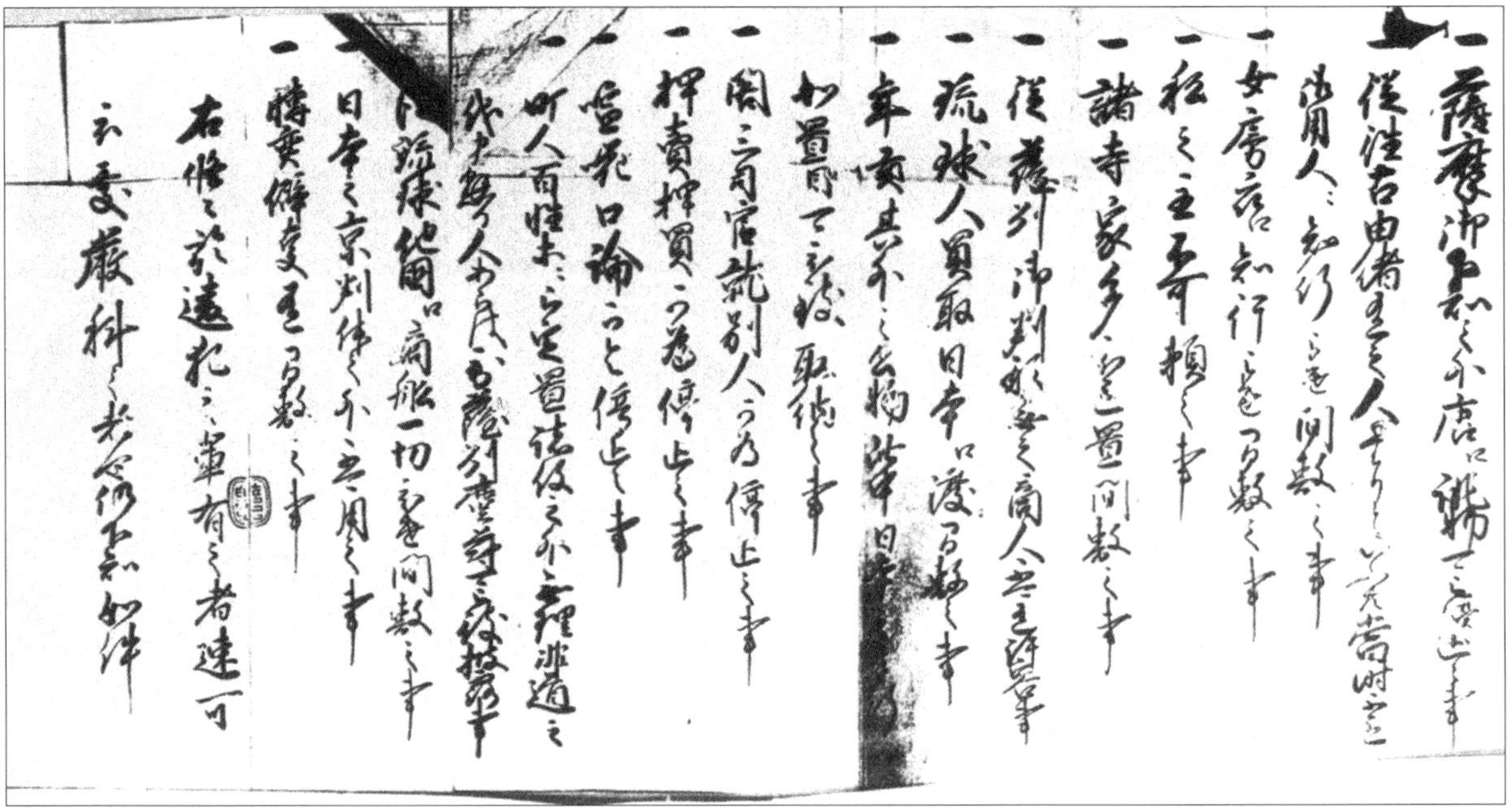

「那覇市歴史博物館蔵」

「掟十五条」（1611年に薩摩が琉球に出した15の掟）		
項目	事　柄	ね　ら　い
貿易	■薩摩の命令なしで、中国へ品物の注文をしてはいけない。 ■琉球から他領（他藩）へ貿易船を出してはいけない。 ■薩摩の許可がない商人（他藩）を許してはいけない。 ■琉球人を買いとり日本（他藩）へ渡ってはいけない。	琉球の貿易権（主体性）を奪う 貿易の利益独占（他藩・幕府に対して） 琉球人有力者の出現を防ぐ
支配体制	■三司官をさしおいて、他人につくことはいけない。 ■現在官職についていない者には知行をやってはいけない。 ■女には知行をやってはいけない。 ■個人で人を奴僕としてはいけない。 ■諸寺社を多く建立してはいけない。	三司官を薩摩支配の推進者とする 現支配者層を保身に向かわせる ノロ（神女）や女官の地位低下 琉球人有力者の出現を防ぐ 宗教の制限と統制
税制	■年貢その他の貢物は薩摩奉行の定めた通りに取納すること。 ■日本の桝以外用いてはいけない。	王府の内政権剥奪・隷属化 民衆への負担増（搾取の歴史始まる） （以後、人頭税や貢布、砂糖上納など琉球始まって以来の人民搾取の歴史が始まる） 経済活動の支配（薩摩商人の活動配慮）
意識支配	■町人百姓等に定めおかれた諸役のほか、 　無理非道を申しつける人があったら薩摩に訴える。 ■喧嘩口論をしてはいけない。 ■押し売り押し買いをしてはいけない。 ■ばくちや人道にはずれたことをしてはいけない。	被支配者意識を植え付ける お上（支配者）＝薩摩＝正義 王府の役人＝悪逆非道（王府が無視されている）

(Bali & Okinawa チャンプルー)
http://www.ne.jp/asahi/okinawa/hiro/okite15.htm

国連総会、先住民族世界会議（WCIP）への出席報告

日時：2014年9月3日　10時
新聞社：　琉球新報社、沖縄タイムス社
報告者：糸数慶子（参議院議員）、当真嗣清（琉球弧の先住民族）

1. **国連先住民族世界会議（WCIP）について**
2. **先住民族とは**
3. **WCIPに至る経過**
4. **日本での動き—日本政府への要請**
5. **琉球・沖縄の現状—人権委員会、人種差別撤廃委員会などの勧告**
6. **今後の展望**

2014年9月22日および23日にニューヨークの国連本部にて総会として先住民族世界会議は開催される。

国家元首および政府の長、加盟国の大臣および代表は、世界の先住民族との協力の精神の下、先住民族世界会議は開催される。

2013年6月にノルウェーのアルタで開催された先住民族世界会議準備会議を経て、先住民族の権利の促進および保護における国連の重要性と継続する役割を再確認するため、国連に結集する。

先住民族-国連広報センターHP より

先住民族は世界のもっとも不利な立場に置かれているグループの 1 つを構成する。国連はこれまでにもましてこの問題を取り上げるようになった。先住民族はまた「最初の住民」、部族民、アボリジニー、オートクトンとも呼ばれる。現在少なくとも 5,000 の先住民族が存在し、住民の数は 3 億 7,000 万人を数え、5 大陸の 70 カ国以上の国々に住んでいる。多くの先住民族は政策決定プロセスから除外され、ぎりぎりの生活を強いられ、搾取され、社会に強制的に同化させられてきた。また自分の権利を主張すると弾圧、拷問、殺害の対象となった。彼らは迫害を恐れてしばしば難民となり、時には自己のアイデンティティを隠し、言語や伝統的な慣習を捨てなければならない。

1982 年、人権小委員会は先住民族に関する作業グループを設置した。作業グループは「先住民族の権利に関する宣言（Declaration on the Rights of Indigenous Peoples）」の草案を作成した。1992 年、地球サミットは先住民族の集団の声に耳を傾けた。先住民族は彼らの土地、領土、環境が悪化していることに懸念を表明した。国連開発計画（UNDP）、ユニセフ、国際農業開発基金（IFAD）、ユネスコ、世界銀行、世界保健機関（WHO）など、国連のさまざまな機関が先住民族の健康や識字力を改善し、また彼らの先祖伝来の土地や領土の悪化と闘うための事業計画を実施した。ついで総会は、1993 年を「世界の先住民の国際年（International Year of the World's Indigenous People）」と宣言し、それに続いて、1995–2004 年が「世界の先住民の国際の 10 年（International Decade of the World's Indigenous People）」、2005–2015 年が「**第 2 次世界の先住民の国際の 10 年**（Second International Decade of the World's Indigenous People）」に指定された（www.un.org/esa/socdev/unpfii/en/second.html）。

こうした先住民問題に対する関心が強まっていることを受けて、2000 年、経済社会理事会の補助機関として「**先住民問題に関する常設フォーラム**（Permanent Forum on Indigenous Issues）」（www.un.org/esa/socdev/unpfii）が設置された。フォーラムは政府専門家 8 名と先住民専門家 8 名の計 16 人の専門家で構成される。先住民問題について経済社会理事会に助言し、国連の関連した活動を調整し、また経済社会開発、文化、教育、環境、健康、人権など、先住民族の関心事項について審議する。さらに、「先住民問題に関する機関間支援グループ」が設置された。

2007 年は、画期的な「先住民族の権利に関する宣言（Declaration on the rights of Indigenous Peoples）」が総会によって採択された年であった。宣言は、文化、アイデンティティ、言語、雇用、健康、教育に対する権利を含め、先住民族の個人および集団の権利を規定している。宣言は、先住民族の制度、文化、伝統を維持、強化し、かつニーズと願望に従って開発を進める先住民族の権利を強調している。また、先住民族に対する差別を禁止し、先住民族に関係するすべての事項について完全かつ効果的に参加できるようにする。それには、固有の生活様式を守り、かつ経済社会開発に対する自身のビジョンを追及する権利も含められる。

人権高等弁務官事務所はまた、先住民族の人権と基本的自由の状況に関する特別報告者を支援し、また「**先住民族の権利に関する専門家機構**（Expert Mechanism on the rights of Indigenous Peoples）」を支援する。専門家機構は 2007 年に設置され、5 人の専門家で構成される。先住民族に関連する問題について人権理事会を支援する。2008 年の専門家機構の第 1 回会期に続き、OHCHR は専門家機構とともに、2009 年に人権理事会に提出された教育に対する先住民族の権利に関する研究について作業を行った。同事務所はまた、先住民族の権利を向上させるために特定の国や地域を対象にした活動も行っている。立法イニシアチブを支援し、資源採掘産業や孤立した先住民族の権利などのようなテーマ別の作業を進めている。

先住民族世界会議成果文書ゼロドラフト和訳

２０１４年7月２４日
市民外交センター

２０１４年9月２２日に総会で採択される予定のゼロドラフト決議
６９／.　先住民族世界会議：国連総会ハイレベル会合の宣言

国連総会は、
先住民族世界会議として認められる国連総会ハイレベル会合の成果文書を以下のように採択する。

先住民族世界会議：国連総会ハイレベル会合の宣言

我々、国家元首および政府の長、加盟国の大臣および代表は、世界の先住民族との協力の精神の下、先住民族世界会議に際して、先住民族の権利の促進および保護における国連の重要性と継続する役割を再確認するため、２０１４年９月２２日および２３日にニューヨークの国連本部に結集した。我々は、２０１３年６月にノルウェーのアルタで開催された先住民族世界会議のグローバル先住民族準備会議で出されたアルタ成果文書[1]で述べられているように、先住民族にとって最も重要な問題を明確にするという点で、先住民族の世界会議に対する貢献を歓迎する。(付属文書１)。我々は、また、すべての協議における先住民族代表の包括的な関与を含む、本ハイレベル会合に向けた開放されたすべての準備過程にも言及する。

1.　世界の先住民族の生存、尊厳および福祉のための最低限度の規準を定めた国連先住民族権利宣言[2]を含む、普遍的に合意されている国際人権規範および規準の中で既に確立された先住民族の権利を促進および推進するという、我々の厳粛な誓約を再確認する。

2.　国連先住民族問題に関する常設フォーラムの設立、先住民族の権利に関する専門家機構の創設および先住民族の権利に関する特別報告者の指名を含む、世界の先住民族の権利および願望の推進のための国際的な枠組みの構築に関し、過去２０年間の他の主要な功績を想起し、これらの機関によって出された勧告や助言のフォローアップを誓約する。

3.　先住民族は、自由であり、かつ他のすべての人民および個人と平等であり、さらに、自らの権利行使において、いかなる種類の差別からも自由である権利を有することを再確認する。

I

4.　国連先住民族権利宣言の国内法への移行に向けて行動すること、さらに、社会のすべてセクター、とくに司法機関、国会議員、選挙管理者、教育者および公務員の間での当該権利宣言の認識を促進

[1] A/67/994
[2] A/RES/61/295

することを誓約する。

5.　　国連先住民族権利宣言の条項と一致する先住民族の権利を承認し保護するために、関連性がある場合には、我々の国内の憲法および立法を調和させる。

6.　　未批准の政府に対し、先住民族および種族民族に関する国際労働機関第１６９号条約を批准することを招請する。

7.　　政府に対し、国連先住民族権利宣言の履行に向けた国内行動計画または国内戦略を準備することを奨励する。

8.　　先住民族の司法メカニズムが紛争解決において肯定的な役割を果たし、先住民族コミュニティと国際人権規準と調和した社会の中での協和的な関係に貢献しうることを確認する。すべての先住民族個人は、十分かつ平等に、こうした司法メカニズムへのアクセスを享有すべきである。

9.　　先住民族男性および少年に向けられたものも含む、司法に関する意識啓発運動を促進するとともに、先住民族、とくにその障がい者、女性および少女の司法アクセスへの改善のために、先住民族の司法機関との協調および対話を誓約する。

10.　　先住民族女性、青年、子どもに対するすべての形態の暴力、とくに性的および家庭内暴力、ならびに人身取引および（資源開発）採取産業に関連した暴力対して、先住民族がより効果的に取り組むことを可能にする必要性を認識する。

11.　　先住民族の自由で事前の情報に基づく合意を得た上で、人口および住居に関する国勢調査などにおいても、先住民族のアイデンティティに基づき、データを項目別に分類することを誓約する。これは、先住民族の高齢者、女性、青年、子供、障がい者の状況を改善する公共政策および法律の立案および実施を助けるために行われるだろう。

12.　　関係する先住民族と連携して、儀式用具および遺骨へのアクセスまたは／および返還を可能にするための公平で、透明性のある、効果的なメカニズムを発展させることを誓約する。

II

13.　　国連人権理事会に対し、先住民族と協議および協力して、第７１会期国連総会に対して国連先住民族権利宣言の履行をより効果的に評価し、改善するために採りうる方法を勧告することを検討するよう要求する。

14.　　人権条約機関に対し、国連先住民族権利宣言の関連規定をその審議の中に包含することを考慮すること、および当該規定の履行に焦点をあてることを奨励する。

15.　国連諸機関に対し、先住民族の優先事項および権利の履行を確実にするために、先住民族のための国連開発グループガイドラインと一致する国内および地域的な先住民族との協議および協力メカニズムを支援することを強く要求する。

16.　人権の促進および保障のための国内機関に関する国連総会決議[3]を想起し、国内人権機関が先住民族の人権の促進および保護においてますます重要な役割を果たすようになったことを歓迎し、当該機関が先住民族権利宣言の履行の推進において積極的な役割を担うことを奨励する。

17.　事務総長に対し、先住民族問題に関する国連機関間支援グループの援助の下、先住民族、加盟国および他の関連する利害関係者とともに、次に掲げる優先分野に焦点をあてた組織全体に及ぶ行動計画草案を作成することを要求する。

(a)　貧困の撲滅
(b)　先住民族の女性および子どもに対する暴力
(c)　コミュニケーションの権利
(d)　保健および教育の多文化間関係
(e)　職業、生計および起業
(f)　データの細分化と指標
(g)　国内レベルの関係省庁間支援グループの設立
(h)　先住民族障がい者
(i)　グッドガバナンスおよび司法アクセス
(j)　人権保護メカニズムの強化

18.　事務総長に対し、適切なレベルで先住民族のため上級代表官の指名を考慮し、採択後には提案された行動計画への関心を高め、これに続くその履行のための支援体制を構築することを招請する。

19.　事務総長に対し、前述の優先分野、とくに先住民族の女性および子どもに対する暴力を考慮しつつ、女性に対する暴力に関する特別報告者に、この暴力の諸問題の原因および結果を調査する責務を割り当てることを要求する。

20.　先住民族に影響を及ぼす問題に関して先住民族の代表の国連への参加を促進する方法に関する事務総長の報告書[4]、およびこれに包含される提案に依拠して、事務総長に対し、国連における先住民族政府の参加に関する具体的な提案の準備を検討するよう要求する。

21.　国連開発計画(UNDP)の執行理事会に対し、先住民族および加盟国と協議をして、２０１８年ま

---

3 A/RES/68/171
4 A/HRC/21/24

でに先住民族問題が人間開発報告書の中心課題のひとつとなるよう要求する。

III

22.　先住民族の法、伝統、慣習、土地保有制度を正当に認識しつつ、伝統的に保持され、そうでなければ占有または使用されてきたものを含む土地、領域および資源に関連する先住民族の権利を認定および裁定するために、関連する先住民族と連携し、公平、独立、中立で公開された透明性のあるメカニズムの設立を誓約する。当該メカニズムは、先住民族の自由で事前の情報に基づく合意なしに奪取された土地、領域、資源に関する争議を解決する権限を司法機関によって正式に与えられるべきである。先住民族はこの過程に参加する権利を有する。

23.　先住民族の自由で事前の情報に基づく合意とともに、先住民族の伝統的な生業、地域的で多様な経済および生計、伝統的な自給自足ならびに食糧安全保障を支援するプログラムと資源を定めることを誓約する。

24.　人権規準に基づく国内協議メカニズムを、先住民族と共に発展および履行することを誓約する。当該機関は、文化的に適切で柔軟であり、自由で事前の情報に基づく合意の権利の促進に妥当であり、さらに、とくに先住民族の土地、領域、資源、海洋および水系を尊重することを目指すものである。

25.　先住民族との協議および協力の下で、自由で事前の情報に基づく合意の権利の尊重を含む国際法上の先住民族の権利を具体化するために、資源の採集の否定的な影響を審査することを誓約する。

26.　神聖な場所、聖地および文化的景観の保護、保存、返還の権利を確認および承認し、これらの権利の履行を効果的に促進する手続きやメカニズムを創立するために先住民族と協力する。

27.　民間セクターがグッドガバナンスの原理および国連先住民族権利宣言に含まれる規準を支持することを確保するための、審査メカニズムや協定の発展を促進することを誓約する。

IV

28.　ポスト２０１５年開発アジェンダの作成作業において、先住民族の権利に正当に配慮すること、さらに、国内的、地域的および国際的なレベルでの開発アジェンダに先住民族の権利の促進と保護を主流化させることを誓約する。

29.　狩猟、採集、牧畜、小規模農業・耕作を通じて、持続可能な開発の確保に関して先住民族が蓄積してきた特定の経験と知識を承認すること、さらに、すべての主体に対し、ポスト２０１５年開発フレームワークの形成において、先住民族の経験を共有することを要求する。

30.　　気候変動の防止、適応、緩和に関するすべての国内的および国際的な政策、規準ならびに措置を定める際に、レジリエンス（回復力・復元力）の維持における先住民族の科学、技術そして文化の明示化と同様に、先住民族の伝統的な知識および戦略の役割を承認する。

31.　　先住民族の完全で平等で効果的な参加をもって、先住民族の福祉を改善するための、良質で文化的に適切な教育、精神的健康を含む健康、住居を入手もしくはアクセスすることで、先住民族に活力を与えることができる十分な資源を提供することを誓約する。

32.　　先住民族の青年は他のすべての青年と平等であること、さらに、我々は言語と同様に、伝統的な知識、イノベーション、実践の承継を含む先住民族の青年の能力を強化する先住民族のプログラムを支援することを再認識する。

33.　　加盟国に対し、先住民族の土地、領域、水域および海洋の軍事化を止めること、さらにこれら地域の非軍事化プロセスを開始することを強く要請する。とくに、武力紛争において、先住民族の高齢者、女性、青年、子ども、障がい者の保護を確保するよう、特別な措置が取られるべきである。

V

34.　　２０１５年１月１日から始まる第３次の世界の先住民族の国際１０年を宣言し、さらに、第３回１０年の目標が先住民族権利宣言の効果的な履行のための、国際的な協力であることを定める。

35.　　事務総長に対し、第３次の世界の先住民族の国際１０年の調整の責務を、提案された先住民族のため上級代表官へ割り当てることを検討することを招請する。

36.　　加盟国、同様に民間セクターに対し、世界中の先住民族の権利を促進する手段として、国連先住民族任意基金、国連先住民族問題信託基金および国連先住民族パートナーシップへ資金を提供することを招請する。

37.　　事務総長に対し、すべての関連する国連の主体と協調し、先住民族に関する問題の報告書の中で、本成果文書の履行に関して実現した進展に関する情報を含むこと、さらに2015以降の開発アジェンダの文脈において、現行の成果文書を履行する具体的で更に進んだ段階に向け、適当な場合に、勧告を行うことを要求する。

38.　　総会に対し、ミレニアム開発目標の達成に関する最終報告書において、先住民族に関して具体的な焦点を当てることを要求する。

39.　　事務総長に対し、本成果文書の履行に向けた進展に関して、第７０会期総会へ報告することを要求する。

2014年8月27日

内閣総理大臣 安倍晋三様
外務大臣　　　岸田文雄様

先住民族世界会議:国連総会ハイレベル会合(2014年9月22日～23日)に関する日本政府への要請

アイヌ民族評議会
琉球弧の先住民族会
市民外交センター
反差別国際運動

1993年の「国際先住民年」に端を発した、国連の先住民族の人権擁護に関する総括的プログラムは、「(第一次)世界の先住民族の国際10年(1995年～2004年)」、「第二次世界の先住民族の国際10年(2005年～2014年)」を経て、その最終年を迎えました。この期間に先住民族の人権保障を実現するための多くの政策が策定されてきましたが、本年、こうした活動を総括し、さらに充実した新たな国連政策の策定を目指し、上記「先住民族世界会議：国連総会ハイレベル会合」(以下、「先住民族世界会議」)が、9月22日・23日にニューヨークの国連本部で開催されます。国連の先住民族の人権擁護活動に、1980年代あるいは1990年代から参加してきた、日本の先住民族、その団体および支援NGOは、日本政府に対し、以下のような姿勢で「先住民族世界会議」に臨むことを要請します。

1. 人権保障を「普遍的な価値」のひとつと認定し、先住民族に対する人権保障の確立、進展あるいは回復を支持すると発言してきた、従来の日本政府の姿勢を確認し、「先住民族世界会議」の成功に向け、先住民族団体との協力の下、最大限の努力を行うこと。
2. 採択が予定されている「先住民族世界会議」の成果文書の草案として、7月8日に発表されたゼロ・ドラフトおよび8月8日に発表されたセカンド・ドラフトが、先住民族の人権をより強化した形で採択されるよう積極的な発言を行い、また採択にあたっては留保条件なくこれに賛成すること。
3. 採択が予定されている成果文書草案で提案される、先住民族の新たな形態での国連参加や特別代表の設置などの重要性を理解し、これを支援すること。
4. 「先住民族世界会議」の成果文書が採択された後には、国内政府機関にこの内容を周知徹底させるとともに、「先住民族の権利に関する国連宣言」など従来の人権規準の履行強化および新たな国連機関の円滑な始動を支援すること。
5. 採択された成果文書に従い、日本国内における先住民族の人権保障政策を緊急かつ包括的に作成し、先住民族団体との協力と協議の下、その内容を誠実に実現すること。

以上

THE PRESIDENT
OF THE
GENERAL ASSEMBLY

United Nations Headquarters, New York
Email: indigenous_un@un.org

Dear Shisei Toma,

We have the pleasure to confirm the participation of your organization, as observer, at the World Conference on Indigenous Peoples, scheduled to take place on 22-23 September 2014 at the United Nations Headquarters in New York.

Your personal confirmation reference number is: **367243**. This number is not transferable. If this number is replaced, this letter will be void.

The official website of the World Conference is provided below as it will be your point of reference for further important information. This includes the procedure for entry to the United Nations premises, all official documents, and information on the various side events that will be held to coincide with the World Conference.

Your organization is responsible for making the necessary arrangements for your travel AND ACCOMMODATION. You are also responsible for ensuring that you meet the necessary visa requirements for entry into the USA. Representatives requiring a visa are advised to apply as early as possible to ensure adequate time for processing and travel.

Should you have any questions regarding your participation at the World Conference on Indigenous Peoples, you may also contact the Secretariat of the United Nations Permanent Forum on Indigenous Issues via email: indigenous_un@un.org

Yours sincerely,

Office of the President of the General Assembly

World Conference on Indigenous Peoples website: http://www.un.org/en/ga/69/meetings/indigenous

Association of the Indigenous Peoples in the Ryukyus
367243-1949-01-19 00:00:00.0

Alta 2013 先住民族会議報告

（写真は Alta 2013 会議参加者、左より上村英明、当真嗣清、相内俊一、阿部ユポの各氏）

報告者：当真嗣清、琉球弧の先住民族会

会議名称：2014WCIP のための世界先住民族準備会議（Alta 2013）

開催場所：ノルウェー、アルタ

会議期間：2013 年 6 月１０日～12 日

1.はじめに

2014年9月にニューヨーク国連本部で開催される先住民族国際会議（WCIP）の準備会議Alta 2013がノルウェー、アルタにて2013年6月10日～12日まで行われた。沖縄から琉球弧の先住民族会当真嗣清と北海道からアイヌ協会の安部ユポさんが参加した。市民外交センターの相沢俊一さんと上村英明代表も支援NGO として御参加頂き、多大なサポートを得た。

合計四名が参加したが各人がそれぞれの地域から出発するので顔を合わせるのはノルウェーについてからであった。私は沖縄を6日に中国上海向け出発、上海で1泊して7日にデンマーク、コペンハーゲン向け11時間の飛行、そこで乗り換えてノルウェー、オスロ空港へ1時間少しで到着した。オスロで1泊して翌8日のチャーター便でアルタ向け2時間かけて到着した。やっと会議を行う場所に着いた。オスロでの一泊は前もって気がついていたので主催者に連絡を取って予約してもらっていた。

こう書くとすべてスムーズにことが運んだかに見えるが、実際はトラブルが続き、かなり慌てたのが事実だ。まずは那覇空港で航空券を発券してもらう際に始めて上海で一泊することが分かりあわてる羽目に。上海空港に着くやいなや、まずは宿の手配そしてチェックインと予期せぬことだったので疲労感がどっと来た。ホテルには安いせいもあり、レストランがなく近くに行くも市街地から遠く食べるところを見つけられず、宿に引返す。フロントで聞けば出前ができるということで注文すると小1時間でとどけられるも3品で50元を支払い、半分も食べずに睡魔に襲われベッドに。翌朝早く起きて散歩がてら近くの市場で朝飯のおかゆを食べ、果物を買う。合計で15元から2元釣りがあった。12時にチェックアウトして空港へ行き、コペンハーゲン経由でオスロ行きのスカンジナビア航空に乗る。運悪く出発直前に大雨に見舞われ約40分遅れて上海空港を出発した。コペンハーゲン空港では次のオスロ行出発まで20分も無い中、焦る気持ちで入国手続きを済ませ急ぎ走ってオスロ行きゲートに行くも目の前で扉が閉ざされてしまった。乗り遅れたのである。航空会社カウンターで次の便に乗る手続きを済ませ、2時間遅れでオスロ空港に到着、空港近くのかねてより主催者側旅行社が予約してあったホテルにチェックインしたのは深夜12時前、しかし外はまだ明るい。沖縄の夕方6時過ぎの明るさだ。翌朝9時にフランクフルトから到着するアイヌの阿部さんを迎えにオスロ空港へ行くも慣れない空港ゆえ待ち人に会えず。ホテルへ帰り、フロントで阿部さんの携帯へ電話してホテルに来てもらうことで事なきを得る。二人してホテル内でコーヒーを飲みながら少しばかり休んだ後12時チェックアウト、また徒歩でオスロ空港の指定の場所へ、今度は主催者がチャーターしたアルタ便に乗るためである。そこには旧知の仲間たち、アジアや南アメリカからの懐かしい顔があり、しばし談笑。そこで阿部さんの紹介でSGCの相内さんと初対面の顔合わせ。2時間弱の飛行で到着したアルタ空港では今回の主催団体であるサーミ議会及びサーミ民族の方々に出迎えていただいた。一路バスでホテルへ。フロントで宿泊手続きを済ませ部屋へ、シャワーで一汗流して食堂で夕食をとる。アジアの仲間たちと談笑していたら、外は明るい、時計を見たら深夜2時を過ぎている。でも日が沈まない。これが白夜かと一人で合点した。ようやくアルタの初日は終わり、明日はアジア地域会合があることを確認し、部屋に帰り床につく。

2.アジア地域会議

6月9日はAIPPによるアジア地域会合が私達の宿泊するリカホテル近くのベストウェスタンホテルで行

われ、そこへバスで移動した。
①はじめに私たちアジア地区の世話して頂くサーミ議会を代表して John Gronmo 氏から挨拶があり地元アルタの紹介、サーミ民族の説明がなされた。アルタの人口は 19,000 人でフィンマーク郡の中心地で漁業が盛んで、そして牧畜業も行われている由。またサーミ民族はノルウェーに 5 万人、スウェーデン 1.5−2 万人、フィンランド 2 万人、ロシア 2000 人と各国に分散しており総計で 10 万人とも言われている。
②明日から始まる会議の説明の中で、アジア先住民族のリーダーで会議でもアジアの代表報告や発表をするマレーシアのジェニー・ラシンバン女史やバングラデシュのデバシシュ・ロイ氏が盛んに口にし今回話し合われる宣言は action oriented を念頭において行うことが強調された。
③カンボジア代表はビザ発給が遅れた関係で参加できなくなったことも報告された。
④私たち IP に積極的に資金援助をしている Christiansen Foundation の紹介と China CHINN 女史の挨拶があり会場から盛大な拍手があった。
⑤明日からの会議に向けて広報、宣言文作成、メディアなどの担当、役割が自薦、他薦で決定した。

3.Alta2013 会議第一日（6 月 10 日）

会議場所はフィンマークホールという木造の屋内サッカー場で外は寒くて厚着しなければならない位だが会場内は半袖の人も多く見られ、とても快適で天井の高い広々して人工芝の気持ちいい会議場でした。後方に通訳ブースがあり、英語、スペイン語、フランス語、ロシア語そして御当地のサーミ語が準備されていた。

来賓挨拶で目についたのは来年の国連総会で 2014WCIP 議長に予定されているアルド＝メキシコ大使の言葉であった。各国代表から警戒や懸念、疑問がない宣言文にするようになどの具体的なかつ国連内での議事がスムーズに進むよう前向きのアドバイスがあった。サーミ民族出身でノルウェー国連大使のジョン・ヘンドリクセン氏からは先住民族としての連帯の挨拶がなされた。会議の冒頭、アルタ宣言草案が報告発表され、それについて各地域からの意見、提案が次々と出された。アフリカ、北極圏、アジア、カリブを含むラテンアメリカが午前中に、そして午後から北米、太平洋地域、ロシアの 7 地域と若者グループと最後に女性グループからの意見提案で初日の会議は終わった。

また昼休みを利用して AIPP 主催のアジアの現状を世界に紹介するサイドイベントが近くの大学の教室を借りて行われた。インドネシアの先住民族の取組みが紹介され、その中で「国が私たち先住民族を承認しないならば、私たちも国を認めない」という言葉が印象に残った。フィリッピンのマフェール女史から若者組織の活動報告があり引き続いてインド本土の女性に対する活動報告がエリーナ女史からあった。

4.Alta2013 会議第二日（6 月 11 日）

昨日は各 7 地域からの意見と提案があり更に若者、女性グループからの意見も出された。それらをまとめ成果文書案として作成され配布された。成果文書案に対する議場から討論が午前中そして午後と行われ、活発な議論が飛び交った。主な議論として次のようなことがあった。ドラフトを単なる宣言文にしない、行動を伴うものでなければならない、内容を簡潔に１０００ワードにまとめる、実行できる条件を示し加盟国に土地、資源、水、法、慣習などを現状に合致させるべく承認させる、先住民族の聖地境界の確立、開発のための土地利用、引渡しを同意なしにしない、自由で事前の情報公開（FPIC）の原則、等々…、多様な意見が発表された。テーマについても話し合われた。その中では先住民族に対する特に若者、女性、年寄りに対する保障、国内法の整備、政府と先住民族との協定、テロ防止、軍事化の禁止、憎悪犯罪の禁止、IP が過剰に犯罪者にされるなど国営メディアでの国民に対する理解、政府の責任、先住民族を尊重する公的な法制度…等々たくさんのテーマが出され討論され議論された。議論、討論を聞いていた SGC 上村代表がふと漏らした言葉が気になる。アメリカでは先住民族と締結した昔の条約を有効化する動きがあるとの今の議論だが琉球が昔結んだ外国との条約にも適用させ沖縄の現状を国際社会に示すことは出来ないかと。

5.Alta2013 会議第三日（6 月 12 日）

今回公式日程の最終日、二人いる共同議長の一人からもう一人のタウリ・コーパス議長が昨日から現在ただいままで宣言文作成のため各地域代表と一緒に別室で作業中であることが報告された。宣言文が出来るまで会場のマイクをみんなにオープンにするという議長からの言葉で会場は各地域の民族芸能大会と化した。すばらしい歌や演奏、踊りには盛んな拍手や喝采があり、みんなでその場を盛り上げ、宣言文作成を待つことに。大変楽しいひと時であった。最初の説明では午前中には宣言文が出来ると言うことでしたが、出来ず演芸大会は続く。このことからも宣言文をまとめるという困難な作業が続いていることが予想された。午後遅くようやく８ページすべての宣言文が私たちの前に発表され、すぐに各地域で検討されるため会場内にいくつかの輪が出来た。その議論を経て今度は各地域の代表から宣言文を評価するかしないか、支持するか否かの最終報告がすべて終了したのは予定の閉会時間午後６時をはるかに超え、１０時前であった。時間はかかっても参加者全員の合意が得られた満足感は会場に充満していた。会議終了後に予定されていたサイドイベント等の行事はすべてキャンセルになった。私たちの心配は果たしてホテルで夕食にありつけるかであったが、幸い全員が遅れたこともありホテルの好意で特別に時間延長したため、無事夕食を食べることが出来た。

6.終わりに

今回、全世界から参加者 600 名をこす国際会議を主催した Egil Olli 議長率いるサーミ議会に対し深甚なる敬意と感謝を表明する。アジアの先住民族をまとめ、細心の心配りで会議の準備に奔走し、先頭に立って行動をした AIPP スイ・カー議長、同ジョアーン・カーリング事務局長にその御苦労をねぎらい、感謝を申し上る。今報告の最後に私達のような弱小 NGO を支え、後を押し、更には手とり足をとって国際会議まで引っ張っていただいた市民外交センターの上村英明代表、相沢俊一氏には言葉では言い尽くせないほど、会議の冒頭から帰国まで公私にわたりお世話になり深甚なる感謝を申し上げる。

（本会議中急遽開かれたアジア地域ミーティング、AIPP スイ・カー議長（左）指揮の下、会議は進められる）

国連人種差別撤廃委員会（2014年8/22-23）で行われた日本政府審査の総括所見パラ20―21

（市民外交センター永井文也氏翻訳）
2014年8月29日国連HPに発表

琉球・沖縄の状況

21. 委員会は、UNESCOが琉球・沖縄人の固有の民族性、歴史、文化並びに伝統を認識しているにも関わらず、締約国が琉球・沖縄人を先住民族として認識していないという姿勢に懸念を表明する。沖縄に関して、沖縄振興特別措置法と沖縄振興計画に基づき、締約国により講じられ、実施されている措置を留意する一方で、委員会は、彼らの権利の保護に関して、琉球の代表者と協議するために、十分な措置が講じられていないことに懸念を表明する。委員会はまた、消滅の危機にある琉球諸語を保護し、促進することが十分に行われていない旨の情報および教科書が琉球民族の歴史と文化を十分に反映していない旨の情報に従い懸念を表明する。

委員会は、締約国がその姿勢を再考し、琉球人を先住民族として認めることを検討し、彼らの権利を保護するための具体的な措置を講じることを勧告する。委員会はまた、締約国が、彼らの権利の促進と保護に関連する問題について、琉球の代表者との協議を向上させることを勧告する。委員会はさらに、締約国が、琉球の言語を消滅の危機から保護するために講じられる措置の実施を迅速化し、琉球民族が自身の言語で教育を受けること促進し、学校のカリキュラムで使用される教科書のなかにこれらの者の歴史と文化を含めることを勧告する。

国連人権委員会　2014年7月23日発表

第6回日本定期報告（2014年7月15日及び16日に開催）に関する総括所見

NGOによる翻訳

先住民族の権利
26. アイヌ民族を先住民族として認めたことを歓迎する一方で、委員会は、琉球・沖縄の人びとが認められていないこと、並びにこれら集団の伝統的土地と資源の権利あるいはその子どもたちが独自の言語で教育を受ける権利が認められていないことへの懸念を繰り返す。（27条）
締約国は、法律を改正して、アイヌおよび琉球・沖縄のコミュニティの伝統的土地と自然資源への権利を全面的に保証するようさらなる措置をとり、これら人びとに影響を及ぼす政策について自由に事前にそして情報を得た上で参加する権利の尊重を確保し、可能な範囲で、その子どもたちが独自の言語で教育をうけることを促進すべきである。

琉球共和社会憲法C私（試）案

一、琉球共和社会の全人民は、数世紀にわたる歴史的反省と、そのうえにたった悲願を達成し、ここに完全自治社会建設の礎を定めることを深くよろこび、直接署名をもって「琉球共和社会憲法」を制定し、公布する。

全人民署名（別紙）

琉球共和社会憲法

（前文）

浦添に驕るものたちは浦添によって滅び、首里に驕るものたちは首里によって滅んだ。ピラミッドに驕るものたちはピラミッドによって滅び、長城に驕るものたちもまた長城によって滅んだ。軍備に驕るものたちは軍備によって滅び、法に驕るものたちもまた法によって滅んだ。神によったものたちは神に滅び、人間によったものたちは人間に滅び、愛によったものたちは愛に滅んだ。

科学に驕るものたちは科学によって滅び、食に驕るものたちは食によって滅ぶ。国家を求めれば国家の牢に住む。集中し、巨大化した国権のもと、搾取と圧迫と殺りくと不平等と貧困と不安の果てに戦争が求められる。落日に染まる砂塵の古都西域を、あるいは鳥の一瞥に鎮まるインカの都を忘れてはならない。否、われわれの足はいまも焦土のうえにある。

九死に一生を得て廃墟に立ったとき、われわれは戦争が国内の民を殺りくするからくりであることを知らされた。だが、米軍はその廃墟にまたしても巨大な軍事基地をつくった。われわれは非武装の抵抗を続け、そして、ひとしく国民的反省に立って「戦争放棄」「非戦、非軍備」を冒頭に掲げた「日本国憲法」と、それを遵守する国民に連帯を求め、最後の期待をかけた。結果は無残な裏切りとなって返ってきた。日本国民の反省はあまりにも底浅く、淡雪となって消えた。われわれはもうホトホトに愛想がつきた。

好戦国日本よ、好戦的日本国民と権力者共よ、好むところの道を行くがよい。もはやわれわれは人類廃滅への無理心中の道行きをこれ以上共にはできない。

第一章

（基本理念）

第一条　われわれ琉球共和社会人民は、歴史的反省と悲願のうえにたって、人類発生史以来の権力集中機能による一切の悪業の根拠を止揚し、ここに国家を廃絶することを高らかに宣言する。

この憲法が共和社会人民に保障し、確定するのは万物に対する慈悲の原理に依り、互恵互助の制度を不断に創造する行為のみである。

慈悲の原理を越え、逸脱する人民、および調整機関とその当職者等のいかなる権利も保障されない。

第二条　この憲法は法律を一切廃棄するための唯一の法である。したがって軍隊、警察、固定的な国家的管理機関、官僚体制、司法機関など権力を集中する組織体制は撤廃し、これをつくらない。共和社会人民は個々の心のうちの権力の芽を潰し、用心深くむしりとらねばならない。

第三条　いかなる理由によっても人間を殺傷してはならない。慈悲の戒律は不立文字であり、自らの破戒は自ら裁かなければならない。法廷は人民個々の心の中に設ける。母なるダルマ、父なるダルマに不断に聴き、慈悲の戒律によって、社会および他人との関係を正さなければならない。

第四条　食を超える殺傷は慈悲の戒律にそむく。それ故に飢えをしのぎ、生存するための生植動物の捕殺は個人、集団を問わず、慈悲の内海においてのみなされなければならない。

第五条　衆議にあたっては食まずしいものたちの総意に深く聴き、慈悲の海浅いものたちに聞いてはならない。

第六条　琉球共和社会は豊かにしなければならない。衣も食も住も精神も、生存の全領域において豊かにしなければならない。ただし豊かさの意味をつねに慈悲の海に問い照らばならない。すことを怠ってはならない。

第七条　貧困と災害を克服し、備荒の策を衆議して共生のため力を合わさなければならない。ただし貧しさを怖れず、不平等のつくりだすこころの貧賤のみを怖れ忌避しなければならない。

第二章

（センター領域）

第八条　琉球共和社会は象徴的なセンター領域として、地理学上の琉球弧に包括される諸島と海域（国際法上の慣例に従った範囲）を定める。

（州の設置）

第九条　センター領域内に奄美州、沖縄州、宮古州、八重山州の四州を設ける。各州は適切な規模の自治体で構成する。

（自治体の設置）

第十条　自治体は直接民主主義の徹底を目的とし、衆議に支障をきたさない規模で設ける。自治体の構成は民意と自然条件および生産条件によって定められる。

（共和社会人民の資格）

第十一条　琉球共和社会の人民は、定められたセンター領域内の居住者に限らず、この憲法の基本理念に賛同し、遵守する意志のあるものは人種、民族、性別、国籍のいかんを問わず、その所在地において資格を認められる。ただし、琉球共和社会憲法を承認することをセンター領域内の連絡調整機関に報告し、署名紙を送付することを要する。

（琉球共和社会象徴旗）

第十二条　琉球共和社会の象徴旗は、愚かしい戦争の犠牲となった「ひめゆり学徒」の歴史的教訓に学び、白一色に白ゆり一輪のデザインとする。

（不戦）

第十三条　共和社会のセンター領域内に対し、武力その他の手段をもって侵略行為がなされた場合でも、武力をもって対抗し、解決をはかってはならない。象徴旗をかかげて、敵意のないことを誇示したうえ、解決の方法は臨機応変に総意を結集して決めるものとする。

（領域立ち入りと通過）

第十四条　共和社会センター領域内に立ち入り、あるいは通過する航空機、船舶などはあらかじめ許認可を要する。許認可の条件は別に定める。軍事に関連する一切の航空機、船舶その他は立ち入りおよび通過を厳禁する。

（核の禁止）

第十五条　核物資および核エネルギーの移入、使用、実験および核廃棄物の貯蔵、廃棄などについてはこんご最低限五十年間は一切禁止する。とくにこの条項はいかなる衆議によっても歪曲解釈されたり、変更されてはならない。

（外交）

第十六条　琉球共和社会は世界に開かれることを基本姿勢とする。いかなる国や地域に対しても門戸を閉ざしてはならない。ただし軍事に関連する外交は一切禁止する。軍事協定は結ばない。平和的な文化交流と交易関係を可能な限り深めることとする。

（亡命者、難民などの扱い）

第十七条　各国の政治、思想および文化領域にかかわる人が亡命の受け入れを要請したときは無条件に受け入れる。ただし軍事に関係した人間は除外する。また、入域後にこの憲法を遵守しない場合は、当人の希望する安住の地域へ送り出す。難民に対しても同条件の扱いとする。

第三章

（差別の撤廃）

第十八条　人種、民族、身分、門中、出身地などの区別は考古学上の研究的意味を残すだけで、現実の関係性においては絶対に差別をしてはならない。

（基本的生産手段および私有財産の扱い）

第十九条　センター領域内では、土地、水源、森林、港湾、漁場、エネルギー、その他の基本的生産手段は共有とする。また、共生の基本権を侵害し、圧迫する私有財産は認めない。

（住居および居住地の扱い）

第二十条　家屋の私有は基本的には認められない。過渡的措置として先住権のみを定められた期間保障し、居住していない家屋および居住地の所有権は所属自治体の共有とする。法人格所有の建造物は公有とする。居住地内の土地の利用は憲法の理念に反しない範囲で自由とする。

第二十一条　居住地および住居は生産関係に応じて、個人、家族、集団の意志と、自治体の衆議における合意によって決められる。

（女・男・家族）

第二十二条　女性と男性の関係は基本的に自由である。ただし合意を前提とする。夫婦はこの憲法の基本理念である慈悲の原理に照らして双方の関係を主体的に正すことを要する。夫婦のいずれか一方から要請がある場合は、自治体のえい智によってこれを解決する。女・男における私的関係にはいかなる強制も伴わない。夫婦および家族の同居、別居は合意に基づくことを要する。

（労働）

第二十三条　共和社会の人民は児童から老人まで、各々に適した労働の機会を保障されなければならない。労働は自発的、主体的でなければならない。主体的な労働は生存の根本である。

第二十四条　労働は資質と才能に応じて選択し、自治体の衆議によって決められる。

第二十五条　労働が自己の資質において不適だと判断した場合は、自治体の衆議にかって、自発的、主体的にできる労働を選択することができる。

第二十六条　労働の時間は気候、風土に適するよう定める。娯楽は労働の一環であり、創意と工夫によって、人類が達成したあらゆる娯楽を人民が選択できるよう自治体、州、共和社会のレベルで機会をつくる。娯楽の享受は平等でなければならない。

（信仰・宗教）

第二十七条　過渡的措置として、信教は個人の自由である。ただし、自治体の衆議で定められた共働、教育方針などには従わなければならない。

（教育）

第二十八条　基礎教育は十年間とし、自治体および州の主体的方法にゆだねる。基礎教育には一定の生産活動への実践参加を含める。

第二十九条　特別な資質と才能を必要とする教育は、自治州および共和社会総体の積極的協力によって十分に行わなければならない。専門教育の期間は定めない。入試制度は廃止し、代わりに毎年試験で進級を決める。

（娯楽）

第三十条　共和社会以外の国または地域で教育を受ける必要がある場合は、自治体、州、共和社会全体の推挙によって人選を決める。

第三十一条　すべての教育費用は共和社会の連絡調整機関でプールし、必要に応じて、均等に配分される。

第三十二条　共和社会の人民は、個々の資質と才能を適切に、十二分に伸ばさなければならない。ただし、資質と才能および教育の差によって、物質的富の分配に較差を求め、あるいは設けてはならない。

（専門研究センター）

第三十三条　各州に専門教育センターを最低一か所設置する。さらに共和社会立として高度の専門研究総合センターを設ける。同センターの研究員は、各州の専門教育センターの推挙で決める。

第三十四条　各州の専門教育センターおよび共和社会立の専門研究総合センターにおいては、教授と研究生が一体となって、半年毎に研究成果をリポートにまとめ、連絡調整機関へ提出することを要する。

（研究の制限）

第三十五条　総合研究センターにおける研究は基本的に自由であるが、生植動物、物質などを研究対象とし、技術と関連する自然科学領域の研究は、この憲法の基本理念である慈悲の戒律を破らない、と各衆議によって認められた範ちゅうを逸脱してはならない。

（域際間研究の重視）

第三十六条　すべての生産、経済、社会的行為および諸科学の研究にあたっては、自然環境との調和を第一義とする。過渡的な対策として、個別分野の伸展、研究深化よりも域際間の相互調整研究に重点をおかねばならない。

（医師・専門技術職者への試験）

第三十七条　医師その他専門技術職にあたるものは、三年に一回、共和社会の機関が課す資格試験を受けなければならない。

（終生教育）

第三十八条　共和社会の生涯をはじめとする諸組織は終生教育の機関であり、人民はつねに創意をもって学び、自己教育に努めなければならない。

（知識・思想の自由）

第三十九条　知識・思想の探求は人民個々の資質と才能の自然過程であり、従って自由である。ただしその蓄積をもっていかなる権力も求めてはならず、与えてもならない。知識・思想の所産は社会へ還元していかねばならない。

（芸術・文化行為）

第四十条　芸術および文化的所産は共和社会におけるもっとも大事な富である。芸術および文化の領域における富の創造と享受はつねに社会的に開かれていなければならない。創造過程における非社会的な観念領域の自由は抑制したり、侵害してはならない。ただし、社会に還元された所産についての批判は自由である。

（情報の整備）

第四十一条　情報洪水は人間の自然性の破壊につながる。専門研究総合センターでは情報を整備し、憲法の理念にそうよう絶えず努めなければならない。

第四章

（衆議機関）

第四十二条　自治体、自治州、共和社会は直接民主主義の理念からはずれてはならない。衆議を基礎として、それぞれの組織規模に適切な代表制衆議機関を設ける。ただし代表制衆議機関は固定しない。衆議にあたっては勢力争いを禁止し、合意制とする。代表制衆議機関で合意が成立しない場合は、再度自治体の衆議にはかるものとする。

（政策の立案）

第四十三条　各自治体はそれぞれの地域に応じた生産その他の計画を立案し、実施する場合、隣接自治体にもあらかじめ報告し、調整することを要す。その計画が自治体の主体的能力の範囲を超える場合は所属州の連絡調整機関ないしは共和社会連絡調整機関において調整をはかったうえ、主体的に実施し、豊かな社会づくりをめざさなければならない。

（執行機関）

第四十四条　各州および共和社会に連絡調整機関を設ける。連絡調整機関の組織は専門委員会と執行部で構成する。専門委員は各自治体および州、センター領域外に居住する琉球共和社会人民（最低限五人）の推挙と、州立専門教育センターおよび共和社会立専門研究総合センターの推挙する専門家を州および共和社会の代表衆議機関で最終的に人選して決める。各委員会の構成は別に定める。専門委員会は域際調整を十分に行なったうえ、立案し衆議機関へ建議する。衆議機関との調整を経た政策は、専門委員会の監督のもとに執行部で実施される。

域際調整を経ていない限り、連絡調整機関はいかなる政策も実施に移してはならない。

（公職の交替制）

第四十五条　公職にあたるものは専門委員を除いて、各自治体および州の衆議に基づいて推挙される。公職は交替制とする。その任期は別に定める。自治体および州の衆議によって、不適格と判断された公職者は任期中でも退任しなければならない。任期を終えた公職者の再推挙は認められる。公職者は要務以外のいかなる特権も認められず、また求めてもならない。

（条例・内法などの扱い）

第四十六条　各州および各自治体に残存する慣例、内法などはとくに慎重に吟味し、祖先たちのえい智を建設的に活かすことを要する。

（請願・公訴）

第四十七条　個人および集団がこの憲法の基本理念である慈悲の原理に照らして、不当な戒を受けたと判断する場合は、所属自治体の衆議開催を要求し、戒を解くことができる。所属自治体の衆議が分かれた場合は、近接自治体の衆議にはかり、未解決の場合は自治州の衆議にはかる。自治州の衆議が分かれた場合は共和社会の総意によって決める。

（司法機関の廃止）

第四十八条　従来の警察、検察、裁判所など固定的な司法機関は設けない。

第五章

（都市機能の分散）

第四十九条　集中と拡大化を進めてきた既存の都市的生産機能は、各州および自治体の単位に向けて可能な限り分散する。この目的を達成するために生産と流通の構造を根本的に変え、消費のシステムを再編成しなければならない。

（産業の開発）

第五十条　生態系を攪乱し、自然環境を破壊すると認められ、ないしは予測される諸種の開発は、これを禁止する。

（自然摂理への適合）

第五十一条　技術文明の成果は、集中と巨大化から分散と微小化へ転換し、共和社会および自然の摂理に適合するまで努力することを要す。自然を崇拝した古代人の思想を活かさなければならない。

（自然環境の復元）

第五十二条　すでに破壊され、あるいは破壊されつつある自然環境は、その復元に向けてすみやかに対策を講じる。各自治体は自然環境の破壊に厳密な注意を払い、主体的に復元をはからなければならない。復元にあたって、一自治体の能力を越える場合は、近接自治体とはかり、さらに州および共和社会の連絡調整機関にはかって人民の総意と協力によって目的を達成するものとする。

第六章

（納税義務の廃止）

第五十三条　個人の納税義務は撤廃する。

（備荒）

第五十四条　備荒のための生活物質は個人、家族、集団にそれぞれ均等に配分し、それぞれの責任において蓄える。一定量を自治体および州の連絡調整機関において蓄えるものとする。

いかなる組織および機関も定められた備荒用の物資の量を越えて富の蓄積をしてはならない。

定量を超えた場合は供出し、交易品とする。

（商行為の禁止）

第五十五条　センター領域内における個人および集団、組織などの私的商行為は一切禁止する。共和社会人民間の流通はすべて実質的経費を基準にして成立させる。

（財政）

第五十六条　財政は琉球共和社会の開かれた条件を利用して、センター領域内の資源を生かし、またセンター領域外の共和社会人民と合携えて、従来の国家が発想し得なかった方法を創造しなければならない。

ここに定められた理念、目的、義務を達成するため、琉球共和社会人民は献身的な努力と協力をはかる。

（『新沖縄文学』八一年六月号より転載）

道標《しるべ》求めて

琉米条約160年 主権を問う

〈88〉

第7部 青写真

胎動 ㊤

政策官庁に転換を

使途自由な財源確保課題

「本土政府が沖縄を占領下に放置して差別することによって、この10年間で約5億ドル相当の財源を節約した」。1970年春、沖縄の日本復帰を2年後に控え、経済学者の宮本憲一、久場政彦両氏は、沖縄開発のために年5億ドルを基金として復帰前後の短期間に日本政府が一括支出し、その使途や期間は沖縄住民と自治体の意思に一任する案を示した。基金を基に社会資本整備や地元産業振興などを展望したが、政府は取り上げなかった。

この提言を評価し「世の中の仕組みを理解し、仕組みづくりの議論をしない限り、いつまでも『居酒屋独立論』で終わる」と話すのは、上原良幸元副知事だ。県の21世紀ビジョンの策定に携わるなど県庁で沖縄の青写真を描いてきた。

沖縄の財源は現在、県税など自主財源と国からの補助金がそれぞれ3分の1、残りは地方交付税で賄われている。収入が支出を上回るのは東京都だけで、国は地方の足りない財源を地方交付税で補う。交付税は使途に縛りがないため各県はこれを強くほしがるが、沖縄は類似県と比べ、極端に少なく、縛りのある補助金の割合が高い。収入が最も少ない沖縄は本来、交付税は多くてもいいはずだが、交付税の算出根拠となる基準財政需要額が少ないのだ。

その理由について上原氏は「戦後日本の地方財政は沖縄の復帰を想定していなかった。広大な海域を持つ沖縄の財政需要は他の県と全く違う」と話し、算定式が沖縄に不適合だと指摘する。比較的自由度の高い一括交付金が取り沙汰されてきたが、地方交付税はさらに自由度が高い。

「大切なのは金額の量ではなく質だ。制度をチェックし、正す必要がある」

沖縄の振興策は地域の実態に合った政策の積み重ねというよりも、基地と絡めた政治的配慮の性格が強い補助金が多いため、真の自治や自立につながりにくいと言われている。本土との格差是正のために、ひも付きの補助金で進められた社会基盤整備は役割を終えつつある。自由に使える財源の確保と地域の個性を生かしたまちづくりが今日の課題だ。

県には、国の補助事業のメニューを執行する「執行官庁」から、地域の実態に合った政策を自分で考える「政策官庁」への移行が求められている。

最新の情報やモノ、人が行き交う拠点―。上原氏が描く沖縄の将来像だ。

1990年代の「国際都市形成構想」に関わった吉元政矩元副知事は東南アジア諸国連合（ASEAN）と日中韓の連携による東アジア経済圏構想の中で、沖縄の青写真を描く。「構想の中心を担う沖縄は中央政府に何も言わさず自分で考えて施策を展開する必要がある。特別行政特区を敷き、それを前提に自治政府をつくるべきだ」

東アジア経済圏は将来的には統一した安全保障体制につながると予測する。そのとき沖縄は「経済の中心と同時に平和の結び目だ」。全国の道州制の流れは「必ず来る」と確信し、安全保障、外交、金融以外は権限を握る琉球政府を描く。それに向け、翁長県政に対し「しっかりしたアイデンティティーを持って進んでほしい」と求めた。

（編集委員・新垣毅）

類似11県の地方交付税

（普通交付税＋特別交付税、2012年度）

	金額／人口	類似県＝100
和歌山県	165,215	84.3
宮崎県	165,783	84.5
長崎県	157,467	80.3
岩手県	245,379	125.1
鹿児島県	163,443	83.4
徳島県	194,648	99.3
沖縄県	150,199	76.6
秋田県	189,076	96.4
鳥取県	233,313	119.0
高知県	232,432	118.5
島根県	260,051	132.6
11県平均	196,091	100.0
全国平均	72,578	37.0

（注1）補助金には、県財政だけでなく市町村財政も含まれる　出所：総務省「平成24年度都道府県決算状況調」
※仲地健沖縄国際大教授作成

感想をお寄せください　メール：shirube@ryukyushimpo.co.jp　ファクス：098(865)5196

（琉球新報記事より転載）

道標《しるべ》求めて

琉米条約160年 主権を問う

第7部 青写真

〈89〉

胎動 ㊥

主権回復へ活動活発

各団体、国連直訴を強化

沖縄の自己決定権を訴える活動が活発化している。島ぐるみ会議、琉球弧の先住民会は、国連人権機関への直訴を強化する構えだ。

■島ぐるみ会議

2013年1月28日、首相官邸。県内市町村長らは、オスプレイの配備撤回と米軍普天間飛行場の県内移設断念を求めた建白書を安倍晋三首相に手渡した。建白書は県内41市町村全ての首長、議会議長、県議会議長らが署名しており、「沖縄の総意」を示した歴史的行動となったが、政府側は“無視”したままだ。

この建白書の要求を実現しようと、県内政財界や労働・市民団体の有志、有識者は「沖縄『建白書』を実現し未来を拓く島ぐるみ会議」を結成した。発起人には、保革を超えた幅広い層の約90人が名を連ねた。14年7月27日の結成大会には主催者発表で2千人余が参加。沖縄への米軍基地集中は「社会的正義にもとる軍事的植民地状態の継続」と主張し「構造的差別」の解消を訴えた。

メンバーは、名護市辺野古への新基地建設阻止行動を支援している。今後は国連人権機関への直訴や、訪米し米国世論に働き掛ける活動を展開する。一般会員は先月時点で1229人。1万人規模に増やす方針。

共同代表の一人、仲里利信氏（衆院議員）は「琉球への薩摩侵略から400年余、沖縄への差別や搾取の歴史が続いている。琉球国が独立国家だったことを前面に出し、主権回復を訴えていく。行き着く先に独立も想定しないといけない」と主張する。

沖縄の将来像は、軍隊のない「非武装中立」を描く。「沖縄は出撃基地であり続けていいのかが問われている」。県議会議長時代、沖縄と中国福建省の友好県省10周年の記念行事に招かれ、福建で「日本政府の外相級」の歓待を受けた。「琉球は橋渡し役として日中友好を先導すべきだ。琉球に国連アジア本部を誘致し、スイスのような場所になるのがいい」

■琉球弧の先住民会

1999年から国連人権委員会などにメンバーを派遣し「先住民」として「琉球人の権利」を訴えてきた。昨年9月には代表代行の当真嗣清氏が糸数慶子参院議員と共に国連先住民族世界会議に参加した。

目指すのは「大和政府によって奪われた権利」の回復、すなわち国際法の国際人権規約で定められた集団の権利としての「民族の自己決定権」、そして「土地権」の回復だ。名護市辺野古の新基地建設問題については「圧倒的大多数の琉球民族が『ノー』の意思表示をした。集団の権利は侵害されたままだ」と指摘する。

「島ぐるみ会議」の結成大会で気勢を上げる参加者たち＝2014年7月27日、宜野湾市民会館

沖縄の将来像について民族の自己決定権が確立した後、三つの選択肢があるという。

一つ目は、立法権や徴税権など高度な自治権を持った県や州として日本国内にとどまる形。二つ目は、日本国と完全にたもとを分かって自主独立の国家をつくる。三つ目は、一つ目の道の完成後、日本国の多数派・大和民族との間で差別や格差を完全になくすよう話し合い、それが実現した後、両民族が融合した多民族国家日本において、民族の自己決定権行使の主体となる―という選択だ。（編集委員・新垣毅）

感想をお寄せください メール:shirube@ryukyushimpo.co.jp ファクス:098(865)5196

道標《しるべ》求めて 〈90〉

琉米条約160年　主権を問う

第7部　青写真

胎動 ㊦

根幹に琉球人意識

基地なき共生社会訴え

沖縄の自己決定権確立を目指す団体が昨年、相次いで誕生し、新しい動きが始まっている。

■島々連絡会

地域や職業、専門分野を超えて幅広い層の人々が連携する「琉球の島々文化連絡会」は昨年10月19日に発足した。名護市辺野古への新基地建設強行や沖縄戦の「集団自決（強制集団死）」の軍強制を歴史教科書から削除した問題を沖縄の文化的危機と捉える。専門分野や地域を越えて連携し、琉球・沖縄の自然や文化を次世代に継承することが目的だ。

呼び掛け人10人は歴史学者や考古学者、憲法学者、社会学者、写真家、数理行動科学者、美術関係者、批評家と幅広い。一般賛同者は先月現在約120人。「琉球・沖縄文化プロジェクト（保全・回復・創造・継承）」と銘打ち、領域や世代を横断して研究発表、展示、上演上映、講演、シンポジウムなどを展開する。

「辺野古新基地建設に反対する県民の民意の根幹には、琉球・沖縄人としてのアイデンティティーがある。それが沖縄パワーの源泉だ。先祖から受け継いだアイデンティティーに基づいた民意は、世界の人々の共感や支持を得て沖縄が自決権を獲得していく原動力になる」。呼び掛け人の一人、安里進氏（考古学）は会の設立シンポジウムでこう強調した。

辺野古基地建設の強行は、民意の否定という民主主義の破壊にとどまらず、沖縄固有の文化やアイデンティティーの否定であり、沖縄の固有性の土台である自然も破壊される—。安里氏は会の認識をこう説明する。

連絡会は今後、沖縄が抱える文化の問題や沖縄のアイデンティティーについて、多様な立場から議論する場を提供していくという。

■樹立する会

沖縄の問題は「日本における民族問題であり、極めて普遍的な人類共通の人権問題だ」と主張する「琉球・沖縄の自己決定権を樹立する会」は昨年8月23日に設立された。同日、西原町に事務所を開設。設立・講演会には69人が集まり会則を確認した。今後、シンポジウムや本出版などの活動を展開する。幹事は21人、会員は60人を超える。

「琉球の島々文化連絡会」の設立会でトークセッションを聞く来場者＝2014年10月19日、那覇市の県立博物館・美術館

会則は沖縄の青写真をこう描く。非武の思想と伝統に基づいた「基地のない自立沖縄」「共生社会沖縄」「環境に優しい循環型経済社会」。アジア近隣諸国民と交流を深め「東シナ海を平和な海に再生する」とうたう。

「沖縄の人々が琉球民族としての自覚と誇りを取り戻すことが何より大事だ。自覚や誇りは、ウチナー・ナショナリズムに陥らず、人間の尊厳や人権など普遍的価値や共生の理念を根本にした人間解放の哲学でなければならない」

代表幹事の一人、大村博氏はこう語る。大村氏は「琉球自治州」を構想、自決権、外交権を持つ沖縄像を描いている。

（編集委員・新垣毅）

感想をお寄せください　メール：shirube@ryukyushimpo.co.jp　ファクス：098(865)5196

未来築く 自己決定権

戦後70年 差別を断つ

第1部「恒久」占領 ⑨

国際法上の根拠失う

破綻した3条

日本の「同意」で統治続行

「3条は効力を失っている」ー。サンフランシスコ講和条約締結から約2カ月後の1951年11月5日、国会でこのような指摘が出た。国連加盟国の地域には信託統治制度は適用されないため（国連憲章78条）、日本の国連加盟後は、制度適用をうたう3条の効力は消滅するのではないかーというものだ。これに西村熊雄条約局長はこう答弁した。

「独立国があってその領有しておる植民地の一部を信託統治に付し得ることは、すでに国連憲章（77条の1のc）によって予見している。何ら差し支えない」

国連憲章は、同制度の目的は植民地に置かれた地域を国連監督下で「自治または独立に向けて住民の漸進的発達を促す」こととし、77条で地域を3種類規定している。西村氏は、沖縄は日本の固有の領土と答弁した一方で「（日本の）植民地の一部」として「自発的に制度下に置かれる地域」にも位置付けられるという、矛盾した〝苦しい答弁〟をした。

3条をめぐっては、国際法研究者からも批判が噴出していた。「『非民主的な領土変更の禁止』に触れる」「一時的・権道的な信託統治制度の利用は制度の乱用であり、政治目的の粉飾だ」などだ。

56年12月12日。衆院外務委員会で中川融外務事務官・アジア局長は「米側は信託統治を要求する考えがないことは、何度も非公式に意思表明している」と明かした。同月、日本の国連加盟後、衆院法務委員会でこんな指摘が飛び出した。

「3条は米国がいつまでも長く施政権を持つ趣旨ではないのに、米国は沖縄を信託統治にする腹もなければ、法律上から見ても事実上も信託統治にはできない。…この制度の目的は沖縄に当てはまらない。日本の国連加盟後は77条も適用されない。国連に提案したとしても安保理でのソ連による拒否権行使は火を見るより明らかだ。3条は根拠を失っている。不能の条件を付した条文は無効だ」

この時点で日本政府が3条無効論・失効論を主張して施政権返還を強く要求すれば、条約上の日本の「同意」は崩れ、米国の統治権行使続行を止められたかもしれない。57年、岸信介首相はマッカーサー駐日米大使に「琉球は日本固有の領土だ。日本人は米国の沖縄統治の正統性に疑問を持っている」と述べたが、明確な法的主張はしなかった。

その後、ケネディ米大統領は62年3月の声明で「私は、琉球諸島が日本本土の一部であることを認める。自由世界の安全保障上の利益が、琉球諸島を日本国の完全な主権の下へ復帰せしめることを許す日を待望している」と表明した。

沖縄を信託統治下に置くと提案する意思を明確に放棄したのだ。これにより、3条無効・失効論の説得力は増し、米国による沖縄統治の違法性が強まった。しかし日本政府はずっと一貫して西村氏の答弁の論理で両論を退け続けた。

沖縄は条約発効から72年の日本復帰まで実に20年間、国際法上の実質的な根拠を欠いたまま、統治されたことになる。その状態は、日本の「同意」なくしては成立し得なかった。「同意」の理由を説明した国会答弁には、沖縄を植民地と位置付ける論理が潜んでいた。

（編集委員・新垣毅）

（第1部おわり）

サンフランシスコ講和条約第3条

日本国は、北緯29度以南の南西諸島（琉球諸島および大東諸島を含む）孀婦岩の南の南方諸島（小笠原群島、西之島および火山列島を含む）並びに沖の鳥島および南鳥島を合衆国を唯一の施政権者とする信託統治制度の下に置くこととする国際連合に対する合衆国のいかなる提案にも同意する。このような提案が行われ、かつ可決されるまで、合衆国は、領水を含むこれらの諸島の領域および住民に対して、行政、立法および司法上の権力の全部および一部を行使する権利を有するものとする。

国連憲章

第77条［信託統治地域］

1、信託統治制度は、次の種類の地域で信託統治協定によってこの制度の下におかれるものに適用する。

a.現に委任統治の下にある地域

b.第2次世界戦争の結果として敵国から分離される地域

c.施政について責任を負う国によって自発的にこの制度の下に置かれる地域

第78条［国際連合の加盟国となった地域］

国際連合加盟国の間の関係は、主権平等の原則の尊重を基礎とするから、信託統治制度は、加盟国となった地域には適用しない。

【参考文献】進藤榮一著「分割された領土」岩波書店、同著「敗戦の逆説」筑摩書房、同著「戦後の原像」岩波書店、同他著「東アジア共同体と沖縄の未来」花伝社、我部政明著論文「沖縄占領と東アジア国際政治」、同著論文「占領初期の沖縄における政軍関係」、同著論文「戦後沖縄の政治」、宮里政玄著「日米関係と沖縄」岩波書店、同著「アメリカの沖縄政策」ニライ社、同著「アメリカの沖縄統治」岩波書店、同著「アメリカは何故、沖縄を日本から切り離したか」沖縄市、同編「戦後沖縄の政治と法」東京大学出版会、井端正幸著論文「サンフランシスコ体制と沖縄」、豊下楢彦著「安保条約の成立」岩波新書、同著「昭和天皇・マッカーサー会見」岩波現代文庫。吉田健正「『軍事植民地』沖縄」公文研、三谷太一郎他著「近代日本と植民地8」岩波書店、平良好利著「戦後沖縄と米軍基地」法政大学出版局、新崎盛暉著「戦後沖縄史」日本評論社、鳥山淳著論文「戦後初期沖縄における自治の希求と屈折」、同著論文「破綻する〈現実主義〉」、袖井林二郎、竹前栄治編「戦後日本の原点」悠思社、「うるま新報」、「琉球新報」、波平恒男著論文「アメリカ軍政下の戦後復興」、日本国際政治学会編「沖縄返還交渉の政治過程」有斐閣、「国際法外交雑誌」54巻1〜3合併号「特集沖縄の地位」、宮内庁「昭和天皇実録」、日本弁護士連合会「沖縄報告書」法律時報、渡部允著「沖縄ー変わらぬ現実」acb、大田昌秀著「沖縄差別と平和憲法」BOC出版、南方同胞援護会編「沖縄復帰の記録」、福永文夫著「日本占領史」中央公論新社、国際連合広報局「国際連合の基礎知識」世界の動き社、「沖縄の証言・下」沖縄タイムス社、河野康子著「沖縄返還をめぐる政治と外交」東京大学出版会、新城利彦著論文「国際法と沖縄」

（順不同）

感想をお寄せください　メール：sabetsu-tatsu@ryukyushimpo.co.jp　ファクス：098(865)5196

うちなーの夜明けと展望

発行日　2015年8月1日
編　集　琉球・沖縄の自己決定権を樹立する会
出版責任者　幹事代表　大村　博
発行所　琉球新報社
〒900-8525
沖縄県那覇市天久905
電　話(098)865-5100
発　売　琉球プロジェクト
印刷・製本　丸正印刷株式会社